Orangerie des Tuileries

25 octobre 1976 -
28 février 1977

La peinture allemande
à l'époque
du Romantisme

Secrétariat d'Etat à la Culture
Editions des Musées Nationaux

En couverture:
Caspar David Friedrich «Sur le voilier»
Cat. 66

Cette exposition a été réalisée par la Réunion des musées nationaux
avec le concours des Services techniques du Musée du Louvre

ISBN 2.7118.0046.6

Commissariat général:

Werner Hofmann
Directeur de la Kunsthalle de Hambourg

Youri Kouznetsov
Conservateur en chef du département des dessins
de l'Ermitage de Leningrad

Michel Laclotte
Conservateur en chef du département des peintures
du Musée du Louvre

Hans Joachim Neidhardt
Conservateur au département des peintures
de la Gemäldegalerie Neue Meister de Dresde

avec la collaboration de

Jean-Pierre Cuzin
Conservateur au département des peintures
du Musée du Louvre

Dominique Didier et Elisabeth Walter
Conservateurs des Musées

Conservateur en chef du Jeu de Paume et de l'Orangerie:
Hélène Adhémar

Que toutes les personnalités qui ont permis par leur généreux concours la réalisation de cette exposition trouvent ici l'expression de notre gratitude.

Nos remerciements vont particulièrement aux différents responsables des musées et collections publiques suivants:

Suermondt-Museum, Aix-la-Chapelle;
Kunstmuseum, Bâle;
Staatliche Museen, Kupferstichkabinett und Sammlung der Zeichnungen, Berlin;
Staatliche Museen, Nationalgalerie, Berlin;
Staatliche Museen, Preussischer Kulturbesitz, Nationalgalerie, Berlin;
Staatliche Schlösser und Gärten, Schloss Charlottenburg, Schinkel-Pavillon, Berlin;
Rheinisches Landesmuseum, Bonn;
Kunsthalle, Brême;
Staatliche Kunstsammlungen, Neue Galerie, Cassel;
Historisches Museum Kölnisches Stadtmuseum, Cologne;
Wallraf-Richartz-Museum, Cologne;
Musée Thorvaldsen, Copenhague;
Hessisches Landesmuseum, Darmstadt;
Schlossmuseum, Darmstadt;
Staatliche Galerie, Dessau;
Museum für Kunst und Kulturgeschichte, Dortmund;
Institut und Museum für Geschichte der Stadt, Dresde;
Staatliche Kunstsammlungen, Gemäldegalerie Neue Meister, Dresde;
Staatliche Kunstsammlungen, Kupferstich-Kabinett, Dresde;
DEMAG, Société anonyme, Duisburg;
Kunstmuseum, Düsseldorf;
Museum Folkwang, Essen;
Museen der Stadt, Anger-Museum, Erfurt;
Städelsches Kunstinstitut, Francfort-s/Main;
Freies Deutsches Hochstift-Goethe Museum, Francfort-s/Main;
Schlossmuseum, Gotha;
Kunsthalle, Hambourg;

Niedersächsische Landesgalerie, Hanovre;
Kurpfälzisches Museum, Heidelberg;
Staatliche Kunsthalle, Karlsruhe;
Staatliche Kunsthalle, Kupferstichkabinett, Karlsruhe;
Kunsthalle, Kiel;
Museum der bildenden Künste, Leipzig;
Musée de l'Ermitage, Leningrad;
Museum für Kunst und Kulturgeschichte, Lübeck;
Musée Fabre, Montpellier;
Musée des Beaux-Arts Pouchkine, Moscou;
Bayerische Staatsgemäldesammlungen, Neue Pinakothek, Munich;
Bayerische Staatsgemäldesammlungen, Schack Galerie, Munich;
Staatliche Graphische Sammlung, Munich;
Städtische Galerie im Lenbachhaus, Munich;
Landesmuseum für Kunst und Kulturgeschichte, Münster;
Germanisches Nationalmuseum, Nuremberg;
Musée du Louvre, Paris;
Musée Tavet, Pontoise;
Staatliche Schlösser und Gärten, Potsdam;
Museum Narodowe, Poznan;
Staatliche Museen Heidecksburg, Rudolstadt;
Sammlung Georg Schäfer, Schweinfurt;
Staatsgalerie, Stuttgart;
Albertina, Vienne;
Kunsthistorisches Museum, Vienne;
Kunstsammlungen, Weimar;
Nationale Forschungs- und Gedenkstätten der klassischen deutschen Literatur, Weimar;
Von der Heydt-Museum, Wuppertal;

ainsi qu'aux collectionneurs privés qui ont préféré garder l'anonymat.

Avant-Propos

Assurés de leur supériorité dans ce domaine, les Français ignorent volontiers la peinture étrangère du XIXᵉ siècle, sauf parfois celle d'Angleterre. Chauvinisme longtemps cautionné, il faut le dire, par l'opinion internationale: doit-on rappeler une fois de plus le mot de Lionello Venturi? A qui lui disait: «Mais enfin, peut-on savoir pourquoi, quand on parle de l'art du XIXᵉ siècle, on s'occupe uniquement de la France?» il répondait: «Demandez-le à Dieu». La redécouverte d'un autre XIXᵉ siècle, à laquelle nous sommes conviés depuis vingt ans, implique désormais le refus d'un tel manichéisme et, pour l'amateur français, un regard neuf, exempt de toute suffisance nationaliste, sur les peintres d'Europe et d'Amérique du siècle dernier. Le très grand succès remporté en 1972 par l'exposition romantique anglaise du Petit-Palais apporte la preuve de cette curiosité, voire de cet enthousiasme, pour une peinture différente et nous encourage à ouvrir au public parisien des domaines encore moins familiers: aujourd'hui celui de l'Allemagne romantique, demain celui de la Russie de la première moitié du XIXᵉ siècle, plus tard celui de l'Italie et des Etats-Unis; on peut espérer que des expositions consacrées à l'Espagne, à l'admirable Age d'or danois, aux pays de l'Europe Centrale, compléteront peu à peu le cycle.

Il a fallu beaucoup de retouches pour façonner l'image du romantisme pictural allemand dont cette exposition présente le reflet; il est sans doute imprudent de la croire fidèle et définitive. L'histoire de l'art est faite, on le sait, d'incessantes résurrections et remises en cause. La première moitié du XIXᵉ siècle allemand en offre un spectaculaire exemple. Ses héros, Friedrich et Runge, ne furent-ils pas totalement oubliés jusqu'au début de notre siècle et n'assistons-nous pas aujourd'hui en revanche au juste retour des Nazaréens, longtemps encensés puis mis à l'index à leur tour? Si l'on s'en tient au point de vue français, il est fort instructif à ce propos de parcourir successivement certains des ouvrages consacrés en France au sujet, — une étude exhaustive sur la «fortune critique» de la peinture allemande en France, en pendant à l'excellent travail conduit par M. Wolfgang Becker (1971) sur les peintres allemands à Paris entre 1750 et 1840, serait la bienvenue —. Après le livre fondamental écrit en français et publié à Paris par l'historien polonais, le comte Athanase Raczynski, sur l'*Art Moderne en Allemagne* (1836) et les ouvrages sur le même argument d'Alfred Michiels (1840) et Hippolyte Fortoul (1841-42), c'est avant tout la peinture monumentale, religieuse ou historique, issue de l'idéal nazaréen et dominée par Cornelius, qui représente pour les amateurs français la peinture allemande moderne; et c'est cette tendance, directement connue d'ailleurs par les ingresques et les «lyonnais» qui, avec les paysagistes de Dusseldorf, illustre officiellement l'Allemagne dans les expositions parisiennes. La visite émerveillée de David d'Angers à Friedrich en 1834 n'a évidemment suscité aucun écho. Commentant les ouvrages de Raczynski et de Fortoul, non sans leur reprocher leur indulgence à l'égard de cette peinture et réprouver la manie rétrograde du primitivisme, F. de Mercey (*Etudes sur les Beaux-Arts*, 1855) fournit une liste des peintres à son avis les plus importants de l'Allemagne moderne: Cornelius, Overbeck, Hess, Veit, Schadow, Kaulbach, Schwanthaler et Schnorr, ce dernier obtenant seul des éloges quasiment sans restrictions de Mercey. On sent déjà ici, comme dans les commentaires d'Ernest Chesneau (*Les Nations rivales dans l'art*, 1868) et de bien d'autres après eux, une déformation critique due au réflexe nationaliste, bientôt inévitable. Le choix des artistes allemands de la première moitié du siècle retenus par Charles Blanc (1883), étudiés avec sérieux et sans trace de mauvaise foi, est plus large (Schinkel, Cornelius, Hess, Schadow, Overbeck, Begas, Schnorr, Rottmann, Schwind, Schirmer, Hasenclever, Rethel), mais indique que la révision critique des valeurs n'a pas commencé. Plus significatif encore, car il s'agit d'un travail de première main et qui se veut complet, le remarquable ouvrage du Marquis de La Mazelière (*La Peinture allemande du XIXᵉ siècle*, 1900). Alors que des centaines de noms sont cités, manquent ceux de peintres que nous jugeons aujourd'hui essentiels (Blechen, Carus, Dahl, Dillis, Fohr, Horny, Olivier, Rayski, Wasmann); Runge est tout juste nommé et Friedrich escamoté. Même après l'exposition de Berlin de 1906, qui les révèlent avec éclat, ces peintres sont encore candidement ignorés par *La Peinture au XIXᵉ siècle* de L. Bénédite, livre populaire fort illustré et souvent réédité avant et après la guerre de 14-18.

C'est l'attentif Focillon qui, dans sa *Peinture au XIXᵉ siècle* (1927), commence à donner au lecteur français une image plus équilibrée et plus nuancée de la première moitié du XIXᵉ siècle allemand. Il distingue Runge, Oldach, Friedrich et Kersting, Richter et, comme toujours, trouve à propos de chacun la formule cordiale et évocatrice (Koch «qui fait passer dans ses rochers latins et dans ses cascades d'Italie comme un écho de tyrolienne», Schwind dont la «touche lourde est comme une bonne tape dans le dos», les «poèmes domestiques» de Kersting «justes et purs, qui appartiennent moins au particularisme moral d'une race qu'aux grandes sérénités de la vie humaine»). Mais cette sympathie, qui ne s'étend pas aux Nazaréens, n'exclut pas la conviction que paysagistes et intimistes, même Friedrich, restent des petits maîtres «embaumés dans leur candeur provinciale.» Il est juste de dire qu'à l'époque, le génie de Friedrich, c'est-à-dire le fait qu'il ait su traduire en termes véritablement et exclusivement *picturaux* un profond sentiment poétique et métaphysique, n'est reconnu que par un petit nombre. Le jugement de Louis Réau, un de nos meilleurs germanistes, ne va pas non plus sans réticence (dans l'*Histoire de l'Art* d'André Michel, 1925). Il reconnaît, comme tous désormais, que Friedrich est le «plus grand paysagiste romantique de l'Allemagne», mais établissant le bilan d'ensemble de la première moitié du siècle, ne peut se retenir de faire le constat «de grandes ambitions avortées», des «tentatives et des velléités intéressantes mais trop vite brisées», utilisant en somme les termes par lesquels la bonne conscience officielle condamne toutes les avant-gardes. Il est d'ailleurs frappant que, parallèlement au travail des historiens (parmi lesquels il faut au moins citer en France Marcel Brion, qui s'est fait depuis longtemps le convaincant avocat des artistes réunis à l'Orangerie), le mouvement de réhabilitation du romantisme germanique ait été exalté et parfois suscité par des artistes contemporains. On sait l'influence qu'il exerça sur le cinéma fantastique de l'expressionnisme, l'intérêt passionné qu'y ont porté les surréalistes, et surtout Max Ernst, admirateur de longue date de Friedrich, plus récemment la fascination qu'exercent l'univers poétique et les miracles graphiques du romantisme allemand sur de jeunes peintres et graveurs, tels, pour citer seulement des artistes travaillant actuellement à Paris, Wolfgang Gäfgen, Jacques Monory, Olivier O. Olivier, Jörg Ortner, Ivan Theimer ou même sans doute Sam Szafran. Après le triomphe de Friedrich à Londres (1972) puis à Hambourg et à Dresde (1974), le brillant essai de Robert Rosenblum (*Modern Painting and the Northern Romantic Tradition*, 1975) qui donne de l'histoire de la peinture du XIXe et du XXe siècles une lecture nouvelle à travers Friedrich, Runge, Munch, Klee et Rothko, a valeur de consécration internationale. Non moins probantes de cette ouverture d'un jardin secret, oublié, puis longtemps réservé aux seuls initiés, certaines images somptueuses, tournées en Allemagne, de deux films tout récents, l'un français, l'autre anglais, la *Marquise d'O* d'Eric Rohmer et *Barry Lyndon* de Stanley Kubrick.

L'exposition qui révèle ce monde nouveau au public de l'Orangerie est sans doute l'une des plus complètes réalisées sur le thème. On ne saurait en avoir assez de gratitude à nos amis de Dresde, de Hambourg et de Leningrad qui ont composé l'exposition avec nous, et su convaincre leurs collègues de nous prêter les œuvres les plus rares et les plus significatives; seul le légitime souci d'éviter les risques du voyage à certains tableaux fragiles a limité la générosité des musées prêteurs, qu'il faut souligner. La reconnaissance des commissaires de l'exposition dont je suis l'interprète, s'adresse aussi à tous ceux qui les ont soutenus et aidés dans leur tâche technique et scientifique et tout particulièrement au Prof. Dr. Manfred Bachmann, Directeur Général des Musées de Dresde, au Dr. Helmut R. Leppien, Conservateur en chef du Département des peintures de la Kunsthalle de Hambourg et à M. Johannes Rost, Directeur-administratif des Musées de Dresde.

Michel Laclotte

Art - Nature - Histoire

1

«L'historien choisit son histoire dans l'histoire.» Ce mot de Gaston Bachelard n'est pas une lettre de franchise, il constate, il ne défend pas, il met en question l'objectivité à laquelle les panoramas de nos manuels prétendent. Nécessairement arbitraire, chaque voix tend à nous livrer le passé en topographie solide, en structures gouvernées par des nécessités internes. Des simplificateurs, qui cachent leur jeu derrière une rhétorique dynamique, nous parlent d'évolution et de processus logique, alors qu'ils travestissent la réalité fluide et contradictoire en une fiction homogène et sclérosée. L'incohérent inquiète, ce qui fait la fortune de ceux qui prennent l'histoire en main sous prétexte de la systématiser. Notre connaissance du XIXe siècle (pour ne parler que de celui-ci) en fait les frais. Sa révision, on le sait, est en cours. Lentement acheminée depuis un certain temps, elle vient de s'introduire sur la scène parisienne où de grandes expositions se constituent en théâtre d'essai pour un public dont la curiosité incite à mettre en cause les idées reçues.

Il y a des idées reçues qui consacrent et condamnent en même temps selon le contexte qui les commande. L'une de ces idées concerne l'art allemand dans son ensemble et particulièrement celui du XIXe siècle. Pour bien des observateurs, allemands et étrangers, c'est un art autre, issu d'une constellation particulière que l'on ne saurait mesurer aux normes de la peinture française. Chauvins et racistes de tous camps, quoique opposés dans leurs jugements, se rencontrent dans la mesure où ils appliquent l'optique de l'exclusion, qui, pour les uns conduit à l'exclusivité supérieure, pour les autres à l'écart. De telles conclusions nous apprennent que les peuples, dans leur autodéfinition culturelle, se défendent souvent contre leurs «défauts» en les exaltant comme qualités.

Un art autre — il faut se méfier de cette formule, car elle vise à l'élitisme, même si celui-ci se présente à rebours, c'est-à-dire comme une révolte d'en bas contre les suprématies établies. Qui dit art autre prétend à une rupture totale qui aurait comme but quelque chose de radicalement différent et d'une qualité inédite. On veut faire éclater les valeurs esthétiques, tandis qu'on les immobilise, car pour définir ce qui est «autre», il faut se référer à un système esthétique opposé et en même temps impénétrable, fermé et dogmatique. Il en résulte deux catégories d'art, d'apparence incompatible, qui, selon les goûts et les préjugés, sont portés soit au pinacle, soit au pilori.

La réalité ne se soucie guère des catégories aux frontières strictes, elle est faite d'individus que l'on aura toujours du mal à capter dans les entités d'un style, d'un courant ou d'une nation. Cette réalité est faite de transgression et elle défie les chemins à sens unique. Notre terminologie, qui règle la circulation comme il le faut, en grandes lignes, serait-elle à refaire? On peut se poser la question. Pour l'instant, contentons-nous de remarquer qu'elle obscurcit davantage qu'elle n'éclaircit. Créée comme signifiant, elle devient signifié et se substitue aux phénomènes qu'elle devrait préciser. C'est pourquoi il est malaisé de parler du Romantisme, terme qui demande, aussitôt qu'on l'applique dans le contexte européen, à ce qu'on lui reconnaisse une souplesse et une ouverture dialectique, afin qu'il puisse rapprocher les catégories et les qualités qui s'en réclament exclusivement des deux côtés du Rhin.

Spirituel et rêveur pour les uns, maladroit et obscur pour les autres, l'art allemand, en tant qu'*autre*, est presque un sujet de l'anthropologie appliquée qui pourrait beaucoup nous apprendre sur les mythes collectifs que sont les complexes d'infériorité et de supériorité des peuples. Nous nous bornerons à cerner quelques traits de la peinture allemande de la première moitié du XIXe siècle afin d'en dégager ses contributions et ses problèmes. Notre esquisse ne dressera pas une échelle de valeurs à part, elle ne plaidera pas des circonstances atténuantes, elle nous conduira inévitablement aux points forts et faibles, sans recourir aux arguments apologétiques.

Limité à quelques œuvres-clés, le choix de nos juxtapositions franco-allemandes n'est pas déterminé par ces «priorités» qui font la joie des historiens d'art; ce choix ne suit pas non plus le méandre historique auquel on a récemment consacré une étude minutieuse (1), mais il ne veut pas davantage effacer les physionomies nationales, sans souscrire pour autant au jugement de Mme de Staël: «Le contraste le plus parfait se fait voir entre les esprits développés dans la solitude et ceux qui sont formés par la société. Les impressions du dehors et le recueillement de l'âme, la connaissance des hommes et l'étude des idées abstraites, l'action et la théorie donnent des résultats tout à fait opposés. La littérature, les arts, la philosophie, la religion des deux peuples, attestent cette différence; et l'éternelle barrière du Rhin sépare deux régions intellectuelles qui, non moins que les deux contrées, sont étrangères l'une à l'autre.» (2ᵉ partie, chap. I).

Pour nos analyses sommaires et pour les conclusions que l'on peut en tirer (le titre de cet essai les laisse présager), nous tacherons de nous inspirer de l'esprit que David d'Angers, dans une lettre écrite en 1838 à Peter von Cornelius, salue comme un fait acquis, mais que nous attendons aujourd'hui encore: «...il est consolant de penser que les peuples comprennent enfin qu'il ne doit plus exister entre eux de ces mesquines rivalités, qui les ont fait trop souvent ennemis, et qu'il ne doit plus y avoir que le noble sentiment d'émulation pour ce qui est grand et généreux» (2).

II

En 1806, à l'âge de 29 ans, Runge peint le portrait de ses parents (Fig. 1). Le couple se dresse devant nous, grandeur nature, accompagné de deux enfants, les fils du peintre et de son frère. Armateur et marchand, le père est placé devant son chantier. Probité et propriété vont de pair. Rien n'ébranlera la solidité physique et morale de ce monde. Avec raison la critique a parlé du réalisme monumental de Runge, terme contradictoire mais qui révèle la tension entre deux pôles que le peintre a su maîtriser: la matière palpable et l'être humain qu'elle renferme — problème permanent du portraitiste dont Runge se saisit avec une insistance presque pénible. Sa main énergique impose aux modèles cette immobilité étrange que nous connaissons dans les premiers daguerréotypes. A la recherche d'un point de repère dans le contexte contemporain, on pense à David et son entourage — aux *Trois Dames de Gand*, même si elles ne sont pas de lui. Certes, la qualité de peinture de Runge se montre inférieure, mais sa conception supporte la comparaison. Pourtant, ce sont deux mondes: chez Runge le résultat sent l'effort, le travail acharné d'un apprenti; cette raideur nous frappe parce qu'elle donne à la gaucherie une dignité archaïque. La pesanteur qui se dégage du contour des parents caractérise aussi l'amour respectueux du fils et la distance du peintre, tout en exprimant un refus idéologique; Runge archaïse délibérément. Il a certainement connu les *Actions naturelles et affectées de la vie* (1779), juxtapositions moralisantes de Chodowiecki, commentées par Lichtenberg. C'est une satire des manières à la française et un appel aux Allemands pour qu'il s'en libèrent. (Un quart de siècle plus tard, Mme de Staël ne voit qu'un moyen de résister à l'ascendant des manières des Français: «...ce sont des habitudes et des mœurs nationales très décidées.» (I, chap. IX). Les parents devraient se promener avec leurs enfants et ne pas les laisser à la gouvernante (Fig. 2). Voilà l'appel moral

Fig. 1
Runge, *Les parents de l'artiste*
Hambourg

Fig. 2
Chodowiecki, *«Les actions naturelles et affectées»*
Hambourg

que l'on devine encore dans les sobres poses du portrait des parents. C'est un portrait prototype, sans égal dans la peinture bourgeoise de son époque. La démarche qui va de la minuscule gravure de Chodowiecki à la grande toile en dit assez sur l'effort que le peintre a dû déployer. Né à Hambourg, élève des académies de Copenhague et de Dresde, il ne pouvait et ne voulait pas s'appuyer sur cette culture picturale qu'un David avait su absorber dans sa négation même.

Il y a des coïncidences ou des affinités entre le centre artistique et la périphérie qui ne s'expliquent pas par la voie des influences. Nous voulons parler de Runge et de Girodet. En 1799, Girodet expose *La nouvelle Danaé (Fig. 3)* au Salon (3). Le tableau fait scandale. Ce pamphlet peint, aux allusions emblématiques, vise Mlle Lange, actrice aussi célèbre pour son talent que pour ses affaires amoureuses. Quelques années plus tard, en 1804-05, Runge achève péniblement *La leçon du Rossignol (Fig. 4)*. Psyché instruit ses enfants, elle a les traits de Pauline Bassenge, la jeune femme du peintre. Girodet et Runge emploient la même formule: un centre ovale, inscrit dans un tableau-cadre qui en est à la fois paraphrase et explication: des inscriptions — Runge cite Klopstock, Girodet se réfère à Horace, Virgile et La Fontaine — doivent commenter, mais il faut noter une différence: chez Girodet, le tableau-cadre comporte 4 médaillons détachés, tandis que Runge lui donne un rythme organique, il compare l'ensemble de sa composition avec les thèmes et les variations d'une fugue musicale.

Les deux peintres se servent de la mythologie grecque avec des intentions opposées; l'un veut démasquer la vanité et l'amour vénal, l'autre rend hommage à sa femme. Cependant, les deux tableaux participent à une constellation intellectuelle et poétique qui reflète la dialectique du Romantisme européen. Girodet ne se moque pas seulement de Mlle Lange, il attaque aussi la réputation du mythe ancien: dans son quiproquo, il semble appliquer la recette des «mélanges spirituels» que Novalis donne dans «*Blüthenstaub*», un brouillon d'aphorismes, écrits en 1797-98. *La nouvelle Danaé* n'est certainement pas dans la tradition picturale du Romantisme français, mais elle effleure l'ironie romantique de Friedrich Schlegel, qui (en 1798) se fit l'avocat du libertinage en disant qu'il ne voyait pas d'objection contre «un mariage à quatre». Runge n'a pas dû partager une telle opinion. Il ne s'intéressait pas aux promiscuités de la vie sociale, mais aux rapports et affinités entre l'être humain, la nature et l'univers. «Là où sont des enfants, il y a l'âge d'or.» Cet aphorisme de Novalis nous offre une des clés pour *La leçon du Rossignol* et nous fait penser à l'enfant-plante, cette métaphore de l'innocence que Runge et Novalis partagent (sans le savoir) avec William Blake en Angleterre.

En poursuivant ainsi nos chemins à travers la France, l'Allemagne et l'Angleterre, nous constatons des «affinités sélectives» qui font la richesse de la pensée dite romantique — richesse dont nous prive le cloisonnement national.

Comme Girodet, Runge exécute une série de dessins pour les poèmes d'Ossian (1805), terrain brumeux sur lequel Français et Allemands s'aventurent autour de 1800, à la recherche d'un passé mythique et sublime (4). Parmi les dessins de Runge nous choisirons la *Mort de Coban-Carglas* («Fingal vient à l'aube

Fig. 3
Girodet, *La nouvelle Danaë*
Minneapolis Art Institute

Fig. 4
Runge, *La leçon du Rossignol*
Hambourg

chez Coban-Carglas, portant les dépouilles de l'ennemi; devant lui sa lance est levée. A la vue du casque fendu, elle s'évanouit et meurt.») *(Fig. 5)*. Dans l'abandon de ce corps se mêlent discrètement les voluptés de la mort et de la jouissance. Ce thème baudelairien, préparé par Sergel, Füssli et Barry (5), se manifeste aussi dans un célèbre tableau de Ingres: *Roger délivrant Angélique (Fig. 6)*, mais avec une outrance qui frise le mélodrame. Cette toile fut commandée en 1817 et peinte à Rome. Le sujet est pris au *Roland furieux* de l'Arioste. Est-ce pure coïncidence ou peut-on y voir un document de ce «noble sentiment d'émulation pour ce qui est grand et généreux» dont parlera David d'Angers dans sa lettre à Cornelius? Rappelons quelques faits. Depuis la fin du XVIIIe siècle, mais surtout depuis l'arrivée de Overbeck et de Pforr, Rome était un peu une province de la peinture allemande; Cornelius y arrive en 1811 et devient vite le chef de groupe que l'on appellera les Nazaréens. Protestataires contre la discipline et contre les formules des académies, ils vivent en «commune» pseudo-monacale dans l'ancien couvent de Sant'Isidoro. En 1815, ils entrent en contact avec M. Bartholdy, Consul général de Prusse à Rome, qui leur demande de peindre des fresques dans sa résidence au Palazzo Zuccari. Les thèmes sont pris à l'histoire de Joseph. Cornelius, Overbeck, Veit et Schadow s'en partagent l'exécution. Cette commande fit la réputation du groupe. En 1817, le Prince Massimo invite Cornelius et ses amis à décorer son «Casino» près du Latran. Le programme prévoyait un hommage à la «trinité» de la poésie italienne: Dante, l'Arioste et le Tasse. Ingres, à Rome depuis 1806, a sans aucun doute été au courant de ces projets, et il n'est pas à exclure qu'avec *Roger délivrant Angélique*, il ait voulu donner sa propre interprétation du poème (6). Notons que la salle du Trône de Versailles, à laquelle la toile était destinée, devait comprendre plusieurs dessus-de-portes avec des épisodes tirés de l'Arioste et du Tasse. (Schnorr von Carolsfeld, qui commença en 1822, la salle de l'Arioste du Casino, ne peint pas la scène de la délivrance.)

Cette Angélique contorsionnée ressemble de loin à la Kriemhilde raphaëlesque de Cornelius, gravée en 1817 *(Fig. 7)*, mais le dessinateur allemand projette la douleur sur celle de la mère du Christ, tandis que chez Ingres le mouvement assoupli prend une signification équivoque, car il sait associer l'enchaînement d'Angélique à un délice sensuel. La critique du Salon de 1819 ne fut pas tendre avec son tableau. On reprocha au peintre «de nous ramener au goût de la peinture gothique», et Landon parla même du retour «à l'enfance de l'art». Ces flèches ne blessent pas moins que l'incompréhension dont sont victimes les Nazaréens à la même époque. Il suffit de penser à la critique du «Neudeutsche religios-patriotische Kunst» que Goethe, sous la plume de son acolyte Meyer, publia en 1817 (voir cat. n°s 203-206). L'autorité de Weimar se méfie non seulement du retour aux XIVe et XVe siècles, mais aussi il met en garde contre les erreurs et le primitivisme de l'époque de Dürer. C'est précisément de ce graphisme anguleux et chargé que s'inspire Cornelius pour ses illustrations de *Faust*, commencées à Francfort et terminées à Rome *(Fig. 8)*. Goethe les salue en 1811 avec des louanges tempérées et il ne peut s'empêcher de conseiller au jeune artiste l'exemple purificateur des Italiens. Même vers la fin de sa vie, il éprouvera peu

Fig. 5
Runge, *La mort de Coban-Carglas*, détail
Hambourg

Fig. 6
Ingres, *Roger délivrant Angélique*
Paris, Louvre

Fig. 7
Cornelius, *Kriemhild devant Siegfried assassiné*
Francfort

de sympathie pour le côté «vieil-allemand» du cycle. Ce mode d'expression n'a pas d'équivalent chez les primitivistes français ou les adeptes du style troubadour qui se contentent d'une mascarade sentimentale et historisante. Pourtant, les deux protagonistes — Faust et Méphisto — ne sont pas uniquement un document de la germanomanie des arts graphiques (à laquelle les événements politiques ont considérablement contribué) — ils appartiennent aussi à ce thème central du Romantisme qu'est l'Amitié. Là encore, il nous faut une optique dialectique. L'amitié telle que Friedrich l'exprime dans l'unisson presque religieux des deux hommes contemplant la lune (Cat. nº 68) est autre que la sombre complicité entre Faust et Méphisto. Mais ne peut-on y voir un lien plus complexe dont le dualisme congénital nous fait penser à la célèbre formule de Blake: «L'opposition est la vraie amitié.» (*Le mariage du ciel et de l'enfer*, 1793).

L'interprétation dialectique de l'amitié nous permet aussi de rapprocher deux tableaux-clés qui, sur le plan formel, semblent sans rapport: *Les deux hommes contemplant la lune* de Friedrich (1819-20) et *Dante et Virgile aux Enfers* (1822) de Delacroix — deux œuvres qui provoquent des «frissons nouveaux» bien différents.

Deux fois, l'homme est confronté à une situation extrême. Chez Friedrich, les deux amis anonymes se trouvent en face d'une nature transfigurée, immense et silencieuse. Mais dans leur solitude, ils ne sont pas franchement opposés à cette «nature morte»: ils y participent par leur immobilité même, ils s'y intègrent jusqu'à se confondre avec elle. Pourtant, ce n'est pas une idylle. La lune, au centre du tableau, confère

Fig. 8
Cornelius, *Faust et Méphisto*
Hambourg

une vie secrète aux apparences. Les racines de l'arbre se dressent, telles des griffes, vers les deux hommes. Le silence est menaçant et énigmatique (7).

Delacroix aussi peint une scène nocturne. Chez lui, tout est en agitation, terreur et désespoir s'entremêlent. La nature emprunte une vie anthropomorphe: ainsi, les eaux du lac ne se manifestent que dans les convulsions des condamnés. Les deux protagonistes sont physiquement menacés, leurs gestes pathétiques trahissent l'effroi qui cherche à se donner une contenance.

Le thème secret de Delacroix, c'est la révolte et la souffrance devenues action picturale. Ce que son pinceau violent évoque a été pris pour une «tartouillade» (Delécluze en 1822). Malgré sa protestation contre les convenances picturales, le tableau se place dans la tradition michelangelesque, tout en lui donnant une nouvelle vitalité. Friedrich, par contre, renouvelle l'art du paysage: il en fait un instrument d'introspection subjective et de contemplation religieuse. Pourtant, chez lui aussi, il y a révolte, mais elle est complètement intériorisée et chiffrée. Quand le célèbre Cornelius rendit visite à Friedrich en 1820, il entendit le commentaire suivant sur ce tableau: «Ces deux là, ils font des intrigues démagogiques». La boutade est révélatrice. Friedrich fait allusion au climat d'oppression qui commence à s'établir depuis les décisions de Karlsbad (1819). Les libéraux et les patriotes, appelés «démagogues», sont poursuivis, la presse et les étudiants étroitement surveillés. Friedrich lui-même se sent observé par l'œil vigilant de la réaction.

A la suite de cette comparaison, il semble facile de généraliser et de trancher entre Français et Allemands. Selon les schémas des catégories traditionnelles, les uns se verraient attribuer le paysage, les autres la peinture d'histoire. A l'appui de cette conclusion, on pourrait citer deux tableaux que l'on a maintes fois comparés: le *Radeau de la Méduse* (1819) de Géricault et la *Mer de glace* (1823) de Friedrich (cat. nº 73). Mais justement cette confrontation montre que le partage du terrain dont nous parlions est arbitraire. L'Allemagne connaît, elle aussi, les grandes compositions historiques, mais dans un esprit hiérarchique et conservateur, qui choisit dans l'histoire seulement les faits des êtres supérieurs: des dieux, héros et génies. Si Géricault souffle aux anatomies athlétiques la vie de la contemporanéité anonyme, il réussit en même temps à élever le «fait divers» d'un naufrage à un niveau symbolique, pas loin du Jugement dernier. De son côté, Cornelius, dans ses vastes programmes encyclopédiques pour Munich et Berlin, se veut strictement peintre d'histoire au service de la mythologie et de la bible. Pour lui, un simple naufrage contemporain n'est qu'une anecdote et par conséquent n'est pas un événement mémorable. Malgré cette conception sévère et puriste de l'épopée humaine, il est concevable que Cornelius ait été sensible aux formes de Géricault et qu'il se soit peut-être servi du «Radeau» pour revigorer son propre répertoire. La douleur d'«Hécube» *(Fig. 9)*, groupe central de la *Destruction de Troie*, rappelle Füssli (Schiff 722 et 1200), mais davantage encore le groupe des agonisants sur la partie gauche du *Radeau (Fig. 10)*. La fresque dont Hécube occupe le centre fait partie des décorations de la Glyptothèque de Munich. Cornelius l'a commencée en 1824. C'est l'année où le *Radeau* entre dans la collection de Charles X. Son exposition en Angleterre l'avait rendu célèbre et il est à supposer que Cornelius se soit procuré la reproduction gravée par Reynolds. S'il a fait vraiment un emprunt à Géricault, il s'est efforcé de consolider le «désordre» du *Radeau* en une structure tectonique.

III

Le tableau qui résulte de ces comparaisons est assez complexe. S'il nous apprend que les événements artistiques ne se développent pas en champ clos, il nous rend aussi sensible aux accents *différents* et il souligne le décalage entre l'heure française et l'heure allemande. Considérons accents et décalage et leurs rapports mutuels. Quelle est la situation autour de 1820 des deux côtés du Rhin? A première vue, le choix de cette date parait justifié par notre juxtaposition entre Géricault, Delacroix et Friedrich. En France, tout se concentre sur Paris. La peinture semble évoluer selon la logique qui lui est propre.

Chaque position se profile à l'intérieur d'un système de références et de valeurs où règles et contradictions se conditionnent mutuellement. La peinture d'histoire occupe le premier plan (Corot ne s'est pas encore manifesté). Ingres se met au service de l'histoire officielle et des mythes qui confirment la raison d'état (*L'Entrée à Paris du Dauphin, futur Charles V*, 1821; *Le Vœu de Louis XIII*, 1824), tandis que Géricault et Delacroix poursuivent la condition humaine dans les thèmes de la soumission et de la révolte. La soi-disant bataille du Romantisme va s'engager. Sous cet aspect, notre comparaison entre le *Radeau* et la *Mer de glace* suggère une fausse simultanéité car elle ne tient pas compte du contexte. La *Mer de glace* (cat. n° 73) et les *Deux hommes en contemplation de la lune* (cat. n° 68) ne sont pas des œuvres initiales mais une nouvelle étape dans une œuvre qui s'affirme déjà bien plus tôt, en 1808 et 1810. Nous pensons à l'*Autel de Tetschen (Fig. 11)*, exemple du paysage sacralisé et en même temps de la sécularisation de la peinture religieuse, et au *Moine au bord de la Mer (Fig. 12)* qui est l'expression la plus dépouillée de l'existence marginale de l'homme, métaphore aussi de cette contemplation poétique de l'océan dont parle Mme de Staël («... cette immensité toujours en mouvement et toujours inépuisable...», I, Chap. XII). «Une seule étincelle de vie dans le vaste empire de la mort, le point central solitaire dans le cercle solitaire» – Kleist a ainsi perçu l'aspect apocalyptique de ce tableau, mais aussi l'inédit: «Le peintre a sans doute percé une voie entièrement nouvelle dans le champ de son art...» (trad. de Max Ernst) (8).

Or, c'est autour de 1810 qu'en Allemagne les premiers jalons sont posés. A côté de Friedrich, Runge conçoit un nouvel

Fig. 9
Cornelius, *La douleur d'Hécube*
Hambourg

Fig. 10
Géricault, *Le radeau de la Méduse*
Paris, Louvre

Fig. 11
Friedrich, *L'Autel de Tetschen*
Dresde

art du paysage: son *Aurore* (cat. n° 213) et les *Heures du jour* (cat. n°s 203-206) sont des paysages-icônes aux significations inépuisables. Mort en 1810, Runge lègue un «torse», une œuvre tronquée, mais aux ambitions immenses. En même temps, Cornelius commence à illustrer le *Faust* (Cat. n°s 29-30), Pforr et Overbeck se concentrent sur leurs premiers tableaux-manifestes: *L'Entrée de Rodolphe d'Habsbourg à Bâle* (Cat. n° 169), *Italia et Germania* (Cat. n° 166). Ces manifestations de la première heure du Romantisme semblent disparates, leur vouloir attribuer un style commun serait un vain effort. Dispersés entre Hambourg, Dresde, Francfort, Vienne et Rome, ces peintres parlent avec des voix autonomes, ils suivent des impulsions isolées. Peut-on leur attribuer un accord spirituel qui constituerait le lien d'un mouvement?

Ce qui manque à la scène artistique en Europe centrale, c'est une Capitale qui provoque les forces et les fait converger. Sous-développées en matière de goût — «il n'y a de goût fixe sur rien, tout est indépendant» constate Mme de Staël avec l'exagération d'une admiratrice —, les provinces allemandes possèdent les instruments de la discipline que sont les Académies, mais leur pouvoir régulateur n'égale pas celui de leur modèle parisien. Malgré les énonciations de Weimar, la vie artistique manque d'autorité, elle se développe d'une manière multifocale. Cela contribue à la dispersion des forces, leur donne une relative autonomie et favorise les innovations inattendues, mais aussi les précurseurs qui s'ignorent.

Peints autour de 1810, les premiers tableaux-clés de Runge, Friedrich, Pforr et Overbeck se situent comme un choc (pour ne pas dire aberration) au milieu de cette époque de la peinture française qu'encadrent David et Delacroix. Depuis

Fig. 12
Friedrich, *Le moine au bord de la mer*
Berlin-Charlottenburg

qu'une récente exposition a immergé et dilué ces deux noms prestigieux dans un vaste réseau de continuité ininterrompue, le point de vue de Locquin se confirme selon lequel la révolution de 1789 n'a pas bouleversé l'évolution de la peinture française. Et ajoutons, comme vient de le faire un observateur perspicace de la scène franco-allemande, qu'avec raison, on pourrait dire que l'Allemagne a connu une révolution artistique qui a été épargnée au pays de la Grande Révolution (9). En effet, le *Moine au bord de la Mer* et l'*Aurore* n'ont pas d'équivalents en France ou en Angleterre.

Cette révolution artistique a eu lieu en pleine Europe napoléonienne. Juste au moment où les peintres français paraissent parfaitement intégrés dans l'expansion et dans la consolidation du régime, leurs collègues allemands poursuivent d'autres voies. Si chez eux les accents officiels manquent, ce n'est pas la conséquence de leur isolement. En 1810, par exemple, le roi de Prusse achète le *Moine au bord de la Mer* pour le jeune prince héritier. On se tromperait également si l'on voyait dans la rupture qu'annoncent ces tableaux-clés autour de 1810 une simple réaction à la misère politique et à la décomposition du pays. S'ils se refusent au goût officiel, ces peintures proclament pourtant une autonomie de la pensée créative qui ne recule devant aucune entrave. Dans la mesure où cette autonomie se proclame nationale, elle découle certainement de la situation politique, mais ses racines, il faut les chercher ailleurs. Pour mesurer cet apport et pour le situer dans son contexte intellectuel, nous nous reporterons à un témoin de l'époque.

Parmi les *Fragments* que Friedrich Schlegel publia en 1798 dans sa revue *Athenaeum*, il en est un qui est devenu célèbre: «La révolution française», la «Doctrine de la science» de Fichte et «Wilhelm Meister» de Goethe sont les plus grandes tendances de l'époque». Heine, pourtant un détracteur de Schlegel, s'est plu à développer ce thème en comparant Kant à la Convention, Fichte à l'Empire et Schelling à la Restauration. Schlegel parle de l'aspiration à la totalité sous ses deux formes, politique et intellectuelle. Ces deux voies vers un ordre intégral se basent sur la suprématie des principes et des idées. La réalité est pliée aux exigences d'un système cohérent. Si Napoléon est la forme impérialiste de cette systématisation, on peut dire que ce qui s'articule en Allemagne sur le plan de la philosophie et de la poésie — les deux sont souvent inséparables — en est l'équivalent et le complément — même sous forme d'opposition. Chez Fichte, Schleiermacher, Schelling et Hegel se constituent les impérialismes de la pensée abstraite. Ceci est trop connu pour que l'on ait besoin d'y insister, mais ce que l'on sait moins, c'est que les arts plastiques eux aussi participent à cette aspiration à la totalité.

Comme souvent, l'aversion et la méfiance rendent perspicaces. Goethe (10) regarde autour de lui et voit tout en dissolution et retourner au chaos. En parlant de Runge, il déplore que cet artiste, voulant trop embrasser, se perde dans l'Elémentaire; de Friedrich, il pense que ses tableaux invitent à être mis la tête en bas; Cornelius et Overbeck l'étonnent parce qu'il y voit pour la première fois des artistes qui cherchent un renouveau, en retournant au «sein maternel»: en effet, ces artistes se proposent de renverser toute tradition picturale; ils veulent renouer avec un cordon ombilical qui les reconduit aux origines perdues, à la «Source» de tout (voir Runge, cat. nº 207, *La Source et le Poète*) et au premier chaos d'où émerge la création. Tout est chargé d'une énergie programmatique et d'une prise de conscience, dans le sens religieux du mot.

L'Art est considéré comme un processus organique, aux origines inconscientes — Schiller parle d'une «obscure idée totale» d'où nait la conception de l'œuvre (11), et la Nature comme modèle et anticipation de la création artistique. Dans son discours *Du rapport des arts plastiques et de la Nature* (Munich, 1807), Schelling voit l'artiste non seulement agir en analogie avec la «natura naturans», mais il esquisse l'évolution de la peinture en parallèle avec la création du monde: l'histoire retourne au mythe. Michel-Ange est comparé à l'époque d'Uranus et des luttes des Titans. Dans les *Heures du jour*, Runge repense et réinvente la genèse dans un système où tout se répond et où les perspectives eschatologiques du Christianisme sont dissoutes dans un mouvement circulaire — l'éternel retour. Tout y trouve sa place, les heures du jour, les saisons, les âges de la vie, les époques de l'humanité, mais aussi la vie et la mort des couleurs. Cette imagination voit des rapports partout, elle parcourt les extrêmes et dans un tissu de significations, elle lie les évolutions cosmiques à l'intimité maternelle. Le but de Runge, c'est une grande naissance, la création d'une nouvelle spiritualité, qui soit aussi un art pour un large public. Il rêve de vastes murs à décorer, d'une architecture inédite où peinture et musique s'uniraient dans un véritable «Gesamtkunstwerk» wagnérien.

Le Tout organique commande aussi les idées de Friedrich. Il refuse catégoriquement formules et conventions, et comme Goethe, il rejette le terme «composition». Chez lui, le monde extérieur est saisi sous son aspect de paysage; cependant cette catégorie (inférieure, comparée à la peinture d'histoire) est renouvelée au point d'être transgressée, car le nombre de signifiés que Friedrich dissimule dans les signifiants habituels (arbre, rocher, nuage, etc.) en fait un véritable palimpseste énigmatique.

Commencement, fin et renouvellement y forment un leitmotiv où se rencontrent l'introspection subjective, l'angoisse et l'espoir religieux, auxquels s'ajoutent les messages politiques secrets (cf. cat. nº 73). Friedrich emploie ainsi la Nature sous forme de paysage comme un instrument multivalent où la réalité empirique devient métaphore intégrale.

Le désir de remonter aux origines inspire aussi les Nazaréens, mais à un degré moins «élémentaire». Si Runge et Friedrich tournent le dos aux préceptes de l'Histoire, Overbeck et Pforr refusent les tentations d'un art en perte de son innocence, puisque détourné de son message religieux par des préoccupations esthétiques. En voulant se défaire de tout artifice et de la rhétorique des derniers siècles, ils aspirent à une sorte de virginité de la création, mais cette pureté primitive, ils la voient déjà préfigurée dans l'art du moyen-âge. Leur point de référence n'est pas le premier acte de la Genèse, mais un art avant la chute. Ce n'est donc pas le paysage, c'est l'être humain dans ses actions qui les intéresse: hommes et femmes dans toute leur candeur, forts d'une religion qui ne connait qu'une dimension: la croyance, et non l'inquiétude d'un Friedrich ou l'hérésie d'un Runge.

Nous voyons alors deux conceptions des origines: la Nature et l'Histoire. L'artiste doit choisir entre le rythme circulaire, l'éternel retour, et l'évolution linéaire, nommée Histoire. En simplifiant la situation, (qui contient toute la problématique du XIXe siècle) (12), on pourrait dire que sur la scène allemande, les deux tendances trouvent leur porte-parole en Friedrich et en Cornelius.

Que la Nature menace ou console, qu'elle prenne la forme d'une révélation ou d'une énigme, toujours l'homme, en tant que spectateur passif, accepte la supériorité de sa partenaire. Il n'agit pas, il ne veut pas dominer, il reste anonyme: un moule, où nous, spectateurs aussi, pouvons entrer. Tel est, en grandes lignes, le monde silencieux de Friedrich. Même si, au milieu du rythme circulaire de la Nature, l'homme se pose des questions sur sa finalité, celà ne le conduit pas à l'action, mais se passe dans l'attentisme de la contemplation. Le passé, le présent et l'avenir sont intériorisés et réfléchis dans le sens hégélien.

Si Friedrich immobilise tout événement *(Mer de Glace)*, Cornelius, lui, transforme tout en mouvement et action. Un détail éclaircit tout: en 1811, Cornelius fait une excursion avec des amis à travers les montagnes du Taunus, près de Francfort. Dans son récit accompagné de dessins, la nature est presque absente, comme dans le dessin de *Faust et Méphisto (Fig. 8)*, elle n'est que toile de fond à toutes sortes d'exploits et d'aventures tragi-comiques. La Nature se transforme en champ d'action de l'Histoire.

Cornelius déteste la peinture de paysage: c'est pour lui «une mousse ou lichen sur le grand arbre de l'art». Ainsi la juge-t-il en vue de la réorganisation de l'Académie de Munich où il règne en maître depuis son départ de Rome en 1819. Appelé d'abord pour décorer les plafonds de la Glyptothèque

(Fig. 9), il étend son activité à l'Eglise Saint-Louis (1829) avant d'aller à Berlin en 1841. C'est là qu'il se consacrera entièrement aux cartons pour le cycle encyclopédique du nouveau Campo Santo. Cornelius, c'est le protagoniste de l'art public et officiel, dont le prestige rayonne aussi sur les fresques des Arcades du Hofgarten (scènes de l'histoire de Bavière) et sur celles de la Pinacothèque (l'histoire de la peinture en anecdotes). Art public qui transforme tout en Histoire et qui exalte l'homme agissant: son héroïsme et sa puissance font de cette histoire un processus permanent de domination. Cornelius ne connaît pas les contours immobiles de la contemplation, cernant des êtres anonymes et solitaires; sa pensée a besoin de masses en action et en conflit. Nous sommes à l'opposé de l'intimité de Friedrich: l'homme n'est plus simple témoin, il se veut vainqueur. Toute la différence est dans *Faust et Méphisto (Fig. 8)* et les *Deux hommes en contemplation de la lune* (cat. n° 68).

IV

Lorsque Cornelius élabora le programme des fresques du Campo Santo de Berlin, il pouvait se croire l'incarnation du Zeitgeist hégélien dans le domaine artistique, et tel le philosophe qui mettait l'état prussien au sommet de la pyramide de l'histoire, le peintre se consacra à une action parallèle, en liant la légitimité immuable de la dynastie régnante et de la religion à un vocabulaire formel que son éclectisme semblait destiner à la permanence. L'ordre hiérarchique, établi une fois pour toutes, grâce à l'Histoire et à l'Art conjugués, secrète un immobilisme politico-esthétique que rien n'ébranlera —

sauf les Fins dernières. Les *Quatre chevaliers de l'Apocalypse* (H. 4,78; L. 5,88) *(Fig. 13)* dépassent la rhétorique des grandes machines qui tournent à vide, et dans l'ensemble des cartons pour le Campo Santo, c'est de loin la seule composition dont le rythme frappe le regard en tant qu'évocation de la destruction et de la désolation comme une fin inéluctable. C'est un des rares moments où Cornelius va de la compilation à la vision.

Lorsqu'il se trouve à Rome en 1845 pour dessiner ce carton sur les Fins dernières, un autre dénouement approche dont les protagonistes seront ses compatriotes anonymes. Nous sommes à quelques années de la Révolution. Le «Zeitgeist» désobéit à son stratège philosophique et se cherche un autre maître. Du 18 au 19 mars 1848, le peuple berlinois s'engage dans la lutte revendicative contre un roi rêveur et chancelant, lutte que le monarque emportera finalement grâce aux tergiversations de la bourgeoisie. Dans les rangs des insurgés, on comptera 88 morts. Leur mise en bière le 22 mars est organisée par les autorités comme un geste de réconciliation. Peinte par Menzel, ce témoin sobre, sinon impartial, la manifestation est dépourvue d'illusion *(Fig. 14)*. Ce n'est pas un Campo Santo comme celui qui devait éterniser la gloire de la famille royale, ce n'est pas non plus une fin pathétique aux sons de l'Apocalypse. Les faits sont observés avec l'œil d'un reporter à la fois sympathisant et sceptique. Pour ce témoin, l'histoire ne s'écrit plus avec un grand H. Cette histoire n'a que deux composantes concrètes: victimes et survivants. Le Menzel de 1848 méconnaît la pose du vainqueur. Il ouvre un nouveau chapitre dans la peinture d'histoire: il n'évoque pas l'événement mais ses conséquences — son héros, c'est un collectif.

Fig. 13
Cornelius, *Les quatre chevaliers de l'Apocalypse*
Hambourg

Fig. 14
Menzel, *La mise en bière des victimes de la Révolution de 1848*
Hambourg

L'Histoire est donc descendue sur terre et devenue simple événement, cruel et banal: cela aussi, c'est un aspect de l'héroïsme de la vie moderne que Baudelaire évoque au même moment (Chap. XVIII du «Salon de 1846»). C'est la fin des fictions grandioses, des mises en scène érudites sur les murs des palais, des musées et des églises. C'est la fin de l'usurpation de l'Art par l'Histoire, la fin aussi de leur exaltation mutuelle au nom d'une hiérarchie implacable. Autrement dit: l'histoire écrite par les morts du 19 Mars met fin à l'Histoire dont le Campo Santo devait être le lieu de glorification. Après la révolution avortée, Frédéric Guillaume IV abandonne le projet malgré les insistances de Cornelius.

Chez Menzel (né en 1815), en ces années quarante, les découvertes et les trouvailles abondent. C'est un œil frais et un esprit lucide, c'est une peinture sans phrase et sans formule. Menzel applique la même optique au lendemain de la révolution qu'aux paysages berlinois; il note combien le chemin de fer dissèque la nature, il surprend le monde antique là où il est privé de son aura: dans le dépôt d'un musée (Cat. nº 144); il peint le palais d'un prince, comme lui, simple citoyen, le voit de sa fenêtre: réduit à un fragment (Cat. nº 137) et il relate la grandeur et décadence de Frédéric II dans une foule de dessins où l'observation intime relève toujours de l'admiration pour cet homme extraordinaire, mais ne tombe jamais dans l'idolâtrie *(Fig. 15)*. En 1845, il peint le *Balkonzimmer* (cat. nº 136), ce lieu banal a mi-chemin entre les fenêtres des Romantiques (cf. cat. nº 23, Carus; cat. nº 28, Catel) et les intérieurs devenus objets-portraits de Van Gogh

Fig. 15
Menzel, *Frédéric II*
Hambourg

(nous pensons à sa propre chaise et à celle de Gauguin). Mais cette toile semble défier toute généalogie iconographique ou tout autre classement. Jamais un intérieur ne fut à ce point ouvert et diaphane, jamais la lumière d'un jour ensoleillé ne fut aussi raffinée jusqu'au degré d'une apparition, jamais les quatre murs bourgeois ne furent si intimement pénétrés par la brise lumineuse de la Liberté.

Avant de s'imposer comme maître, le jeune Menzel offre un des rares moments dans la peinture européenne de son temps, où les dogmes s'effacent au profit d'une spontanéité à la fois intime et robuste, nerveuse et sensuelle — synthèse de prose et de poésie. Répétons-le: si romantique veut dire négation des règles et des dogmes au nom de la vie vivante, le jeune Menzel était un romantique — mais dans le sens français du terme. Nous insistons sur sa contribution parce que le souffle vital qui s'en dégage n'est pas celui d'un spécialiste qui ne voit la vie qu'en tranches. Avec la même énergie et la même curiosité, il saisit le petit fait divers, le paysage, le travail, le repos et les loisirs de l'homme, son héroïsme (dans le sens baudelairien) et sa bêtise (dans l'optique de Daumier ou de Flaubert). Pour lui, par conséquent, la polarité entre Nature et Histoire n'existe guère plus que les grands systèmes qui s'y sont attachés. Anti-systématique par tempérament et conviction, Menzel donne à l'art, à la nature et à l'histoire un nouveau dénominateur commun: l'imprévu et l'immédiat. Rien ne repose sur un ordre préétabli, rien ne conduit à une synthèse définitive. L'histoire se fait spontanément par décisions, accidents et erreurs; la nature est fragment, surprise, dissonance et désordre; l'art est le compte rendu de tous ces conflits et contradictions.

Devant cette véracité sans fard ni pose, les grands systèmes et les mythes de la prédestination s'écroulent. Cependant, cela ne pouvait faire école. Il faut reconnaître que le Menzel que nous cernons dans le dernier chapitre de notre exposition, n'est qu'un moment, qui restera un épisode dans l'art allemand et longtemps sans conséquence. Mais cet instant compte sur la scène européenne. Quant au contexte du Romantisme allemand et français, il réussit une transgression des frontières qui devait déconcerter les défenseurs des entités nationales. Dans le «Salon de 1846» de Baudelaire, nous lisons: «Qui dit romantisme dit art moderne, — c'est à dire intimité, spiritualité, couleur, aspiration vers l'infini, exprimées par tous les moyens que contiennent les arts». Rien que l'équilibre subtil entre l'intimité et l'infini vaudrait à notre avis au *Balkonzimmer* les termes romantique et moderne, selon Baudelaire. Moderne puisque romantique, le tableau de Menzel se situe aussi bien entre les écoles nationales qu'entre la première et la deuxième moitié du siècle.

Werner Hofmann

(1) Wolfgang Becker, *Paris und die deutsche Malerei, 1750-1840, Studien zur Kunst des 19. Jahrhunderts*, X, Munich 1971

(2) Ernst Förster, *Peter von Cornelius*, Berlin, 1874, tome II, p. 123

(3) Cf. Georges Levitine, «Girodet's New Danae: The Iconography of a Scandal», in *The Minneapolis Institute of Arts Bulletin*, 1969, p. 69

(4) Cf. le catalogue de l'Exposition *Ossian*, Grand Palais, Paris, 1974

(5) Sergel, *Mars et Vénus* (1771-72), Füssli, le *Cauchemar* (1781), Barry, la *Mort de Cordelie* (1774 ou 1786-88)

(6) «Nous valons mieux qu'eux» écrivait Ingres avant de quitter Rome pour Florence (Keith Andrews, *The Nazarenes*, Oxford, 1964, p. 40). Les rapports entre Ingres et les Allemands de Rome restent à étudier. Je pense à l'*Entrée dans Paris du Dauphin, futur Charles V* (1821) qui rappelle l'*Entrée de Rodolphe de Habsbourg à Bâle* de Pforr (1809-10; Cat. n° 169), rapprochement déjà fait par Robert Rosenblum dans son *Ingres* (New York, 1967, p. 119); et à la première version de *Paolo et Francesca* (Musée Condé, Chantilly, probablement peint en 1814) qui n'est pas loin de l'amitié amoureuse d'*Italia et Germania* d'Overbeck (Cat. n° 166). Voir en général: Henri Dorra, «Montalembert, Orsel, les Nazaréens et l'Art abstrait», in *Gazette des Beaux-Arts*, 1975, I, p. 137

(7) Le «tertium comparationis» et en même temps un trait d'union entre Friedrich et Delacroix est un dessin de Flaxman, qui situe Dante et Virgile dans la forêt des suicidés aux arbres menaçants. Ce dessin de 1792-93 est reproduit dans le catalogue *Search of Innocence*, University of Maryland, Art Gallery, 1975, p. 35

(8) *Paysage marin avec un Capucin*, Edition Hans Bolliger, Zurich, 1972

(9) Pierre Vaisse dans son compte rendu du livre de Becker (note 1) dans la *Zeitschrift für Kunstgeschichte*, 1972, p. 324

(10) Cf. Richard Benz, *Goethe und die romantische Kunst*, Munich, 1940

(11) Lettre à Goethe du 27 mars 1801

(12) Je traite ce problème dans mon livre *Das Irdische Paradies. Motive und Ideen des 19. Jahrhunderts*, Munich, 1974

La peinture allemande à l'époque romantique

La peinture romantique allemande n'est pas un mouvement homogène, mais un phénomène extrêmement complexe. Il existe toutefois des signes communs qui relient entre eux les différents courants qui l'animent. Une visite même rapide de l'exposition prouverait à l'évidence que cette peinture ne se contente pas d'utiliser d'autres formes, mais qu'elle a d'autres contenus que la peinture romantique française. Avec Géricault et Delacroix, triomphe l'emphase géniale des sentiments violents qui s'expriment dans un tourbillon sensuel de couleurs embrasées. La peinture romantique allemande se caractérise plutôt par une introspection méditative. Les Français aiment l'action dramatique, les romantiques allemands la réflexion silencieuse. Le romantisme allemand est avant tout une conception du monde, une «Weltanschauung», relevant de l'éthique, de la manière de penser. Il a par là un aspect littéraire et une valeur de programme. La ligne immatérielle, abstraite, prime la couleur, qui est utilisée le plus souvent discrètement, comme couleur locale. La recherche de sensations émotionnelles et esthétiques, son amour du fantastique et de l'exotisme font découvrir à Delacroix l'Orient. Runge et Friedrich découvrent l'infini des terres inconnues de l'âme.

On n'a pas choisi sans hésiter d'appliquer ici le terme «romantique» à la peinture allemande entre 1780 et 1850. La diversité des manifestations de cette grande période accuse l'imprécision et l'ambiguïté de notre terminologie. Cependant aucun concept exact ne saurait couvrir les multiples aspects de l'expression artistique de ce temps. Faut-il rappeler que le «romantisme» ne désigne pas un style, mais un état d'esprit, une vision intellectuelle du monde? De ce point de vue, même les peintres et les dessinateurs du néo-classicisme allemand se rapprochent du romantisme, de sorte qu'on peut à bon droit les compter parmi les représentants du mouvement (P.F. Schmidt, K. Lankheit).

René Huyghe écrit que l'art est pour l'historien des communautés humaines ce que le rêve des individus est pour le psychiatre. De même que celui-ci tente de dégager du rêve l'événement vécu, de même l'historien doit interroger l'art pour connaître la réalité sociale de l'époque concernée.

La nouveauté et la diversité apparemment déconcertantes de la production artistique en Allemagne entre 1780 et 1850 sont avant tout l'expression d'une époque de bouleversements, de remise en question de toutes les valeurs, de différenciation sociale et d'«individualisation» idéologique. Jusqu'alors les centres de gravité intellectuels de la culture européenne avaient été les institutions de l'absolutisme monarchique et de l'église catholique. A partir du moment où les structures sociales de l'ancien régime s'effritent, les idées qui les soutenaient perdent leur puissance civilisatrice et les forces artistiques réunies jusqu'à la fin du baroque dans une tendance stylistique unitaire commencent à se diversifier.

Le changement des idées dont d'Alembert se fait déjà l'écho en 1750 (en prévoyant des changements plus importants encore dont seul l'avenir indiquera le but, la nature et les limites) est le signe annonciateur d'une mutation dans les classes détentrices de la culture. La nouvelle idéologie de la bourgeoisie luttant pour son émancipation, voire pour la responsabilité politique, détermine la vie intellectuelle entre 1780 et 1850. La peinture allemande d'entre les deux grandes révolutions bourgeoises de 1789 et de 1848 reflète la dialectique de ce processus. Elle offre le spectacle passionnant de la libération progressive des liens et des entraves qu'imposaient depuis des siècles les traditions iconographiques et formelles et leur remplacement par des formes et des contenus nouveaux. «L'art libéré qui s'est défait du soutien, mais aussi des contraintes de la religion, doit dorénavant s'appuyer sur lui-même» écrit alors Jacob A. Carstens. Les prémisses de la peinture renaissante et baroque, considérées comme allant de soi (objectivité de l'action créatrice, imitation de la nature et sentiment de l'organique) sont dès lors abandonnées et remplacées à la fois par de nouveaux programmes, et par la liberté subjective du créateur. L'insécurité de l'artiste ainsi libéré se trahit par la recherche de grands exemples. Il les trouve dans l'Antiquité, dans la Renaissance ou au Moyen Age.

La diversité de la peinture allemande du XIXᵉ siècle, particulièrement frappante si on la compare avec le développement de l'art en France à la même époque, a encore une autre cause: le découpage du paysage artistique allemand, consécutif aux événements politiques. En France, le rôle dirigeant de Paris, exprimant la force du centralisme politique, s'est manifesté dans le domaine culturel d'une façon positive dès le XVIᵉ siècle. L'éclatement de l'Allemagne en une multitude de résidences princières au XVIIIᵉ et au XIXᵉ siècles entraîna la naissance d'autant de centres culturels dont seuls Dresde, Berlin, Munich, Dusseldorf et Hambourg pouvaient prétendre à une réelle importance pour le développement de la peinture.

L'avènement d'une nouvelle ère culturelle sous le signe de la bourgeoisie montante dans la deuxième moitié du XVIIIᵉ siècle n'est pas un phénomène allemand, mais européen. On sait en particulier combien furent animés, dans le domaine de la littérature et de la philosophie, les échanges des idées nouvelles entre l'Angleterre, la France et l'Allemagne, mouvement suivi beaucoup plus lentement par les arts plastiques. Tandis qu'Oeser, Winckelmann et Mengs formulent le nouvel idéal esthétique (la théorie néo-classique de l'art antique comme modèle), dans le sud catholique de l'Allemagne fleurit encore une peinture à fresque claire toujours dans le style «rococo». La force vitale du baroque est si résistante — même durant sa phase d'agonie — qu'en 1792, le jeune Joseph Anton Koch doit encore partir en guerre contre lui avec une caricature (fig. 1).

considérable, entre 1790 et 1810, sur des artistes allemands comme Hetsch, Wächter, Schick et Peter von Langer. Faute de de remplir en Allemagne une fonction sociale, la résonance de leurs compositions (pour la plupart empruntées à l'histoire romaine) est restée insignifiante.

Le représentant le plus original et le plus important du néo-classicisme allemand est Jacob Asmus Carstens qui s'est exprimé presque exclusivement par la technique du dessin. Son œuvre atteint cependant à des dimensions monumentales, tout comme celle de Philipp Otto Runge. Les deux artistes sont morts jeunes, avant d'avoir pu consolider les fondements de leur œuvre.

On peut les considérer — avec Caspar David Friedrich — comme les grands novateurs de l'art allemand, à l'aube du XIXᵉ siècle. Mais ils sont encore loin de la maturité et de la perfection.

La grandeur de Carstens réside dans son affranchissement de l'imitation de l'Antiquité, comme c'est le cas de David, qui lui permet de trouver une forme profondément personnelle pour exprimer sa conception idéaliste de l'art, loin de toute sentimentalité à la mode. La force d'expression spiritualisée de ses héros et de ses personnages symboliques (nᵒ 19), le rapproche de Runge — il fit comme lui son apprentissage à l'Académie de Copenhague — et des premiers romantiques de l'Allemagne du Nord. Son influence sur Koch et Cornelius, et par là sur le romantisme des Nazaréens de Rome, est riche de conséquences. Les relations étroites entre les expériences néo-classiques et romantiques, surtout au début du romantisme allemand, se manifestent par le grand nombre de contacts entre les deux tendances. C'est ainsi qu'Eberhard Wächter, élève de Carstens et de David, exerce une influence

Tendances néo-classiques en Allemagne

Pour que l'idéal de Winckelmann puisse gagner la peinture «bourgeoise», il faut attendre la fin du style «rococo» de Cour importé de France. Le manque de rigueur de talents médiocres, comme A.F. Oeser, F.H. Füger, A.R. Mengs et Angelica Kauffmann engendre une sorte de pseudo-classicisme, où la thématique est bien antiquisante, mais où l'odeur de boudoir, la grâce et la sentimentalité ne sont pas pour autant abandonnées. La forme nouvelle et définitive de l'idéal néo-classique vient de France. Avec la peinture de David et de son école, l'art se fait républicain. Sa prétention d'être l'art officiel s'exprime aussi bien dans les sujets que dans les formats monumentaux. La peinture néo-classique ne pouvait pas atteindre à une telle signification officielle en Allemagne. L'influence de l'école parisienne de David est pourtant

Fig. 1
Koch, *Le peintre à la croisée des chemins*
Stuttgart

à Vienne en 1808 sur les Nazaréens, en particulier sur Overbeck. Plus tard, à Rome, le néo-classique Thorvaldsen est lié d'amitié avec le groupe des Lukasbrüder. Souvent, traits néo-classiques et traits romantiques se rencontrent dans l'œuvre du même artiste, comme c'est le cas chez Joseph Anton Koch, Gottlieb Schick, Peter Cornelius et Friedrich Schinkel. Même les tableaux de Caspar David Friedrich suivent dans leur construction linéaire les principes néo-classiques.

Runge

Le dessin de Runge, *Achille et le Scamandre* (1810), fait pour le «Concours pour l'encouragement des beaux-arts» de Goethe se situe encore tout à fait sous le signe de ses débuts néo-classiques. Mais l'artiste leur tourne bientôt le dos et forge, sous l'influence de Tieck et de la lecture de Jacob Böhme, sa conception d'un nouvel art romantique: «...Nous ne sommes plus des Grecs; devant la perfection de leurs œuvres, nous n'éprouvons plus les mêmes sentiments qu'eux; encore moins pouvons-nous produire des œuvres semblables.» Il sait que le contenu nouveau exige un langage neuf. Mais il estime que seul le paysage, négligé jusqu'alors, peut convenir à cet objectif; il s'agit donc de créer une peinture de paysage. Un tableau comme le *Matin* du cycle des *Heures* que Runge avait projeté de réaliser montre clairement ce que devait être ce nouveau paysage: une synthèse symbolique de la nature, des hommes et des plantes, où la lumière et la couleur seraient également chargées de significations symbolique et métaphysique. Le contenu de cette peinture est l'idée romantique déjà formulée par Böhme, du divin comme force originelle toujours renouvelée du cosmos. L'unité organique de cette force — allant du plus petit brin d'herbe à la musique des sphères du système solaire — doit trouver son expression correspondante dans l'œuvre d'art. Il rêve de la présentation de la série complète des *Heures du jour*, avec un commentaire poétique de Tieck, accompagné de la musique de son ami Berger, dans un cadre architectural construit à cette fin. C'est l'idée d'une œuvre d'art totale. Mais les hautes visées de Runge devaient rester à l'état de projet, malgré des débuts prometteurs. Leur idéalisme pur était beaucoup trop éloigné de la réalité sociale. A l'opposé de cet art sublime de pure réflexion se situent les portraits de Runge, que leur auteur considérait comme de simples «Essais avec la couleur». La nouvelle éthique de la jeune bourgeoisie, la sincérité et la fraîcheur, l'idéal humain élevé et la dignité, se trouvent illustrés dans ces tableaux. Dans les portraits de groupes monumentaux de Runge, comme *Nous trois* (fig. 2) ou les *Enfants*

Hülsenbeck (Hambourg), la couleur et la plasticité s'intègrent parfaitement aux formes de grande dimension. A eux seuls, de tels portraits assurent à leur auteur un rang considérable dans l'histoire de l'art allemand.

Friedrich

Les idées de Runge sur le renouvellement du paysage furent réalisées par son compatriote de l'Allemagne du Nord, Caspar David Friedrich. Ce qui lie les deux artistes malgré les différences de leurs moyens d'expression, c'est la grande unité de leur «Weltgefühl», de leur sentiment cosmique, c'est aussi leur refus de l'Italie comme seule patrie des arts et le rejet des modèles dépassés comme sources d'un art nouveau.

«C'est du plus profond de nous-mêmes que tout devrait et doit à nouveau jaillir...» dit Runge; et Friedrich: «Le peintre ne doit pas seulement peindre ce qu'il voit devant lui, mais aussi ce qu'il voit en lui...»

C'est bien le repli dans le monde intérieur qui caractérise ce romantisme de l'Allemagne du Nord, dont le développement se situe essentiellement à la cour saxonne de Dresde. Dans cette ville, qui servait déjà vers 1800 de lieu de rencontre aux jeunes écrivains romantiques, l'esprit du premier art romantique allemand s'est réalisé de la façon la plus conséquente dans la peinture de paysage. Friedrich n'est pas un «paysagiste» au sens traditionnel du mot. Chez lui, la nature devient métaphore, chargée de spiritualité romantique. Comme pour les *Heures du jour* de Runge, il s'agit ici d'un «art d'idée».

Fig. 2
Runge, *Nous trois*
autrefois Hambourg

Mais en même temps les tableaux de Friedrich ont une consistance «charnelle», issue de l'observation de la nature. C'est seulement dans la dialectique inconciliable de l'idée et de la réalité que l'on peut saisir leur essence. Johan Christian Clausen Dahl reconnaissait déjà dans les tableaux de son ami Friedrich «une grande fidélité à la nature et un esprit d'observation minutieux». Friedrich a étudié, comme personne avant lui, le caractère particulier des côtes de la Baltique, ou des montagnes de Saxe, de Bohême ou de Silésie. Il s'est intéressé aux phénomènes atmosphériques, aux «ambiances» créées par les nuages et la lumière de la nature nordique, liées aux changements des heures et des saisons. Mais les impressions puisées dans les milliers d'études qu'il dessina d'après nature ne lui servent que de motifs de base, sur lesquels il construit sa vision plastique. Il transforme ainsi la nature perçue par les yeux en un paysage symbolique de son âme. Dans le phénomène tangible il voit une manifestation de l'invisible, ce qui d'ailleurs correspond à l'esprit de Schelling et à la philosophie romantique. Les tableaux de Friedrich sont des monologues sur les questions élémentaires de la vie et la mort de l'homme, en particulier sur les rapports entre l'homme, Dieu et la nature. Ils sont des allégories de la destinée humaine. Des concepts comme «le chemin de la vie» ou «le voyage de la vie» sont des mots clés pour leur compréhension. C'est en particulier dans la construction des paysages d'un «style riche en contrastes» (Börsch-Supan) peints entre 1806 et 1816 que s'exprime un dualisme correspondant à sa vision religieuse du monde. Ce dualisme se manifeste par le contraste évident entre un premier plan souvent obscur, dessiné avec exactitude, et un plan lointain, impossible à atteindre. La ville éloignée, les montagnes inaccessibles, l'horizon de la mer, l'espace infini avec la lune, mais surtout le ciel inondé de lumière et de couleurs, sont des symboles du royaume rêvé de l'au-delà, celui de la vie et de la paix éternelles. Cependant, une série de tableaux, peints entre 1806 et 1823, prouvent que Friedrich n'est aucunement un mystique étranger au monde qui l'entoure. Dans ces tableaux s'exprime son engagement politique aux côtés des forces de progrès de son temps et pour les luttes de libération nationale contre l'oppression napoléonienne (n° 62). Ici, l'attente du salut religieux se transforme en espoir social, la vision chrétienne d'un au-delà transcendant en une vision politique de l'avenir. Friedrich évite sciemment dans sa peinture, le «plaisant», l'arrondi, la composition pittoresque et les couleurs criardes. Sa construction picturale strictement géométrique s'appuie sur une structure linéaire précise. Une telle simplicité correspond autant à son mode de vie personnel (Kersting, *Friedrich dans son atelier*, n° 114) qu'à ses conceptions artistiques. Les couleurs tendent souvent vers une monochromie finement différenciée, elles deviennent parfois très réelles et aident l'artiste à atteindre — surtout dans les ciels clairs, transparents des dernières toiles — à une vivante harmonie. Friedrich a, contrairement à Runge, un grand nombre d'élèves dont les plus importants sont Carus, Oehme et Heinrich. Même son «antithèse» artistique à Dresde, le peintre de paysages réalistes, Dahl, originaire de Norvège, ne peut se soustraire à son influence. Presque tous essayent de suivre la manière de Friedrich, avec plus ou moins de succès. Mais son art totalement subjectif échappe à toute imitation d'école. Ainsi, c'est en dépassant sa leçon que ses émules ont le mieux réussi, en particulier en développant les éléments picturaux et réalistes de son œuvre.

Georg Friedrich Kersting, un ami plus jeune de Friedrich, joue un rôle particulier dans le cercle romantique de Dresde. Avec ses «Portraits d'intérieur», il crée une forme originale, typiquement allemande, de la peinture romantique. En apparence, rien ne rapproche ces clairs intérieurs fermés, ordonnés, des «paysages infinis» de Friedrich. Et pourtant, on y sent, tout comme dans les tableaux de Friedrich et de Runge, la tension spirituelle de l'époque, l'éthique d'un commencement et d'un éclatement.

L'art de Friedrich a également influencé la peinture contemporaine de Berlin. Ainsi, certains paysages romantiques de Schinkel, comme les *Bords de la Spree à Stralau* (1817, Berlin-Ouest, Nationalgalerie; fig. 3) ou la *Porte dans le rocher* (n° 226) accusent clairement l'influence du maître de Dresde. On peut en dire autant de quelques-unes des premières œuvres de Karl Blechen (n° 5), dont l'importance capitale pour la peinture allemande s'explique par l'audace de son réalisme pictural.

Fig. 3
Schinkel, *La Spree près de Stralau*
Berlin

Les Nazaréens et leur influence

L'art romantique de l'Allemagne du Nord est lié aux noms de deux grands peintres, Runge et Friedrich. Au même moment, on assiste, au sud des pays germanophones à une sécession: un groupe de jeunes peintres quittent l'Académie de Vienne en signe de protestation contre le formalisme dépassé des méthodes d'enseignement et s'installent à Rome, consacrant leurs efforts au renouvellement de l'art allemand. C'est précisément l'absence d'un centre culturel et politique en Allemagne, avec une vie artistique active, qui a incité les «Lukasbrüder» (les frères de Saint Luc), sous la direction de Pforr et d'Overbeck, à partir pour Rome, alors l'un des foyers du développement culturel européen. La raison de ce départ n'est pas la fuite devant les devoirs imposés par la société, mais la recherche d'un lieu favorable au recueillement et au recommencement. Ces artistes sont mus par le plus noble sentiment patriotique. Leur but est bien le renouvellement de l'art allemand sur la base d'une foi chrétienne et suivant l'exemple des artistes médiévaux. Les écrits de Wackenroder, de Tieck et surtout de Friedrich Schlegel ont fourni les fondements théoriques de leur programme. Dès leur installation dans le couvent désaffecté de Sant'Isidoro à Rome (1810), ils entreprennent avec un vibrant enthousiasme de transposer leurs idées dans la réalité de la pratique artistique.

Contrairement aux Romantiques de l'Allemagne du Nord, les efforts des Nazaréens tendent à la réalisation de grandes compositions à personnages, illustrant le genre historique au sens le plus large. Friedrich Overbeck suit l'exemple des pre-mières œuvres de Raphaël et des maîtres du Quattrocento, tandis que Pforr et Cornelius se sentent plus proches de Dürer et des primitifs allemands. L'impulsion artistique la plus forte est venue de Franz Pforr — jusqu'à sa mort prématurée en 1812 — dont l'imagination singulière tend à faire revivre le monde médiéval, où «la dignité de l'homme /s'est montrée/ avec force». Ses ambitions sont illustrées par les rares tableaux historiques qu'il a peints, comme par exemple la naïve *Entrée de Rodolphe de Habsbourg à Bâle* (n° 169), d'une facture semblable à celle des primitifs allemands. Pforr passait pour le maître, le pieux Overbeck pour le prêtre de la confrérie. Ce dernier place son art au service exclusif de la religion; chez lui l'imitation des exemples vénérés est devenue un programme, et il aboutit à un formalisme éclectique et assez stérile.

Le départ des Lukasbrüder du couvent Sant'Isidoro et l'adhésion de Peter Cornelius de Dusseldorf au groupe donnent au mouvement une nouvelle impulsion, et étendent son rayonnement et sa popularité. La personnalité énergique de Cornelius fait sortir le groupe des limites étroites d'une secte pieuse; il sait communiquer à ses camarades sa foi en une vocation messianique et leur assigne des buts plus élevés. Une nouvelle peinture monumentale doit naître et les murs des églises et des bâtiments publics d'Allemagne doivent annoncer l'idéal chrétien, historique et patriotique de tout un peuple.

Les cycles de fresques des Nazaréens illustrant l'histoire de Joseph à la Casa Bartholdy (aujourd'hui à la National-Galerie de Berlin, R.D.A.; fig. 4) et les poèmes de Dante, du Tasse et d'Arioste au Casino Massimo à Rome sont les pre-

Fig. 4
Cornelius, *Joseph et ses frères*
Berlin

Fig. 5
Schnorr von Carolsfeld, *Angélique et Médor*
Rome, Casino Massimo

mières productions collectives du romantisme allemand. Bien qu'ils soient encore tributaires des fresques de Raphaël et de Pinturicchio au Vatican et à la Villa Farnésine, les Nazaréens ne tardent pas à être salués par toute l'Europe comme les précurseurs d'un nouvel art monumental. En 1817, les fresques Bartholdy terminées, Julius Schnorr von Carolsfeld se joint aux Nazaréens. Il venait de Vienne où il faisait partie du groupe de Ferdinand Olivier, Josef Sutter et Josef Anton Koch et avait déjà peint ses premiers tableaux dans l'esprit nazaréen. A Rome, il devient la personnalité la plus importante du groupe, à côté de Cornelius. Il prouve ses dons lors de la décoration du Casino Massimo (fig. 5). Remarquons que le style nazaréen implique un certain renoncement à l'égard de la couleur, ce qui lui vaut d'être considéré comme une composante historique du classicisme. Une technique picturale lisse, impersonnelle, est pour les Nazaréens une condition préalable à l'effacement des formes devant l'esprit, suivant en cela la thèse de Winckelmann: «l'artiste doit offrir plus à l'esprit qu'aux yeux».

Même si les Nazaréens se sont fait connaître presque exclusivement par leurs compositions à personnages, on ne peut négliger leur activité de paysagistes. Dans ce domaine, Josef Anton Koch est leur guide et leur maître. Ses travaux antérieurs, peints dans un style néo-classique, accusent l'influence de Carstens. A partir de 1803, il suit l'exemple de Claude Lorrain et de Poussin et développe une forme personnelle de paysage idéal. Alors que ses collègues plus âgés, Hackert (n° 96), Klengel (n° 117) et Reinhart (n° 180), défendent encore le modèle des paysages pré-romantiques avec une composition idéalisée animée de personnages conventionnels,

chez Koch l'expérience vécue et la stylisation s'allient pour donner naissance à une vision expressive de la nature, dans l'esprit d'un romantisme héroïque. Tout pittoresque est banni de ses tableaux; ce qui est individuel est négligé au profit du général. Même ses œuvres ultérieures comme le *Paysage d'Olevano* (cf. n° 127) reflètent encore «l'expérience de la nature comme liberté et ordre éternel» (Rudolf Zeitler) (cf. fig. 6).

Pendant ses années viennoises (1812-1815), Koch influence d'une façon durable les jeunes artistes réunis autour des frères Olivier et de Friedrich Schlegel. De son côté, il est confronté grâce à eux avec l'univers des thèmes romantiques. On doit au cercle romantique de Vienne la découverte du paysage autour de Salzbourg et de Berchtesgaden. Les beautés de ces contrées ont été célébrées par nombre d'œuvres exécutées par Ferdinand Olivier (n°s 154, 155 à 158) au cours de voyages d'études qu'il fit en compagnie de Philipp Veit, Julius Schnorr von Carolsfeld et de son frère Friedrich Olivier. D'autres jeunes paysagistes comme les frères Reinhold (n° 182), les suivent dans cette voie.

Les paysages, pour la plupart à sujets bibliques, de Ferdinand Olivier doivent beaucoup aux peintres primitifs allemands; mais la sensibilité du peintre, aiguisée par la connaissance des œuvres de Dürer a précisément su apprendre chez les maîtres anciens l'attachement passionné à la vérité (fig. 7). Ce sont les débuts d'une vision réaliste de la nature, qui se manifeste par exemple chez F.-Ph. Reinhold.

Les principes de l'école de Koch dans le domaine du paysage se sont ainsi développés à Rome dans deux directions: d'une part une tendance plus romantique (L. Richter, n°s 192-

Fig. 6
Koch, *La cascade du Schmadribach*
Leipzig

Fig. 7
Olivier, *Le couvent des Capucins près de Salzbourg*
Leipzig

194; K.H. Fohr, n° 47), d'autre part une conception réaliste (M. von Rohden, n° 196; E. Fries, n° 86).

L'achèvement des fresques Massimo marque la fin de l'association. Les membres les plus influents — à l'exception d'Overbeck — quittent Rome pour transplanter les idées nazaréennes dans les académies des centres artistiques allemands les plus importants. Cornelius et Schnorr répondent à l'appel de Louis Iᵉʳ, roi de Bavière, qui les charge de décorer de fresques la Glyptothèque de Munich, ainsi que la Ludwigskirche et la Residence. Führich retourne à Prague et enseigne à partir de 1840 à l'Académie de Vienne. Veit s'établit à Francfort; Wilhelm Schadow enseigne dès 1819 à l'Académie de Berlin avant de devenir directeur de l'Académie de Dusseldorf en 1826. En 1846, Schnorr est appelé à enseigner à l'Académie de Dresde; en 1840 Cornelius s'installe pour la même raison à Berlin.

Après avoir quitté Rome, l'art nazaréen devient un art officiel et un dogme académique, jouant ainsi un rôle réactionnaire, empêchant l'émancipation des tendances réalistes dans la peinture allemande.

Les principes des Nazaréens de Rome continuent à se développer là où des idées nouvelles, de nouvelles significations peuvent s'y greffer: dans la floraison de ce qu'on appelle le Romantisme tardif ainsi que dans la peinture de l'école de Dusseldorf.

Les derniers romantiques

Les deux principaux maîtres de la fin du Romantisme, Ludwig Richter et Moritz von Schwind chargent ainsi l'idéal de beauté nazaréen d'un contenu folklorique et national. Elève de Koch, Richter s'est détourné dès 1835 des motifs italiens pour se tourner vers les beautés des paysages allemands (n° 194). Le ton populaire et chaleureux de sa peinture et plus encore des dessins et des gravures sur bois de la fin de sa vie lui assurent la sympathie du public qui lui est restée acquise jusqu'à nos jours. Ses thèmes, qu'il a volontairement limités à la représentation d'une nature faussement joyeuse avec des paysans endimanchés assez insignifiants, comme sortis de contes pour enfants, l'ont amené à la limite des idylles «Biedermeier».

La peinture de Moritz von Schwind s'inspire encore davantage de la poésie populaire, des contes et des légendes, sans toutefois donner dans la simple illustration. Lorsque, à l'instar des Nazaréens, il prend pour sujet la chevalerie moyenâgeuse, il établit une distance avec ses héros, non sans une légère ironie *(Fig. 8)*. Son art est fait d'un lien étroit entre l'homme et le paysage, entre une ligne énergique et une couleur magis-

tralement nuancée, entre une idée poétique et une perception sensuelle.

Depuis que Wilhelm Schadow est devenu le directeur de l'Académie en 1826, une peinture romantique tardive se développe à Dusseldorf, qui prétend en quelque sorte actualiser l'idéalisme nazaréen désormais dépassé. Le règne de l'esprit divin ne doit plus être représenté dans des peintures religieuses, mais dans des tableaux historiques. Schadow est le promoteur d'une nouvelle peinture de chevalet, exprimant des idées poétiques ou historiques, mais grâce à une exécution naturaliste. La couleur doit y retrouver ses droits perdus. On aboutit ainsi à un «réalisme de théâtre» dont les témoins principaux, tels *Aux eaux de Babylone* de Bendemann (cf. n° 4) ou le *Sermon hussite* de Lessing *(Fig. 9)*, sont célébrés par les contemporains pour «leur frappante vérité naturelle», mais dont la réussite paraît aujourd'hui contestable.

Vers le réalisme

D'un point de vue technique, le renouveau exige un retour à l'étude précise du modèle et de la nature. Sous l'influence croissante des idées progressistes, beaucoup de jeunes peintres de Dusseldorf se détournent à partir de 1830 de la doctrine académique pour se rapprocher de la réalité de la vie et de la nature. C'est ainsi que de la nécessité didactique de l'étude en couleurs d'après nature est sortie, à Dusseldorf comme précédemment à Munich, Dresde ou Hambourg, une nouvelle peinture de paysage réaliste. Ses principaux repré-

Fig. 8
Schwind, *Kuno von Falkenstein*
Leipzig

Fig. 9
Lessing, *Prédiction hussite*
Dusseldorf

sentants sont Lessing, Schirmer et A. Achenbach. Influencés par Ruysdaël, Everdingen et les paysagistes hollandais du XVIIe siècle, ils parviennent, dans leurs meilleures œuvres, à une expression très picturale et colorée, après avoir passé par une mise en scène encore romantique et théâtrale du spectacle de la nature.

Les tableaux de genre permettent de constater l'intrusion du présent et de ses aspects sociaux dans la peinture, souvent d'ailleurs par le biais d'une mise en scène appuyant l'effet sentimental. Ce sera sous l'influence de la situation révolutionnaire des années 1840 que des artistes comme Karl Hübner (*Les tisserands de Silésie*) et Hasenclever (n° 98) découvriront la critique sociale.

Simultanément, Rethel élève la peinture historique à la hauteur du réalisme monumental, avec ses fresques d'Aix-la-Chapelle à la gloire de Charlemagne.

L'abandon progressif des enseignements académiques idéalistes hostiles à la représentation de la réalité s'accompagne à partir des années 1830 de la montée d'un véritable réalisme, non seulement à Dusseldorf, mais aussi dans d'autres centres artistiques d'Allemagne. De toute façon, en marge du «grand art», notamment dans le portrait et de l'étude de paysage d'après nature, une sorte de continuité réaliste s'était toujours maintenue. Les portraits d'Anton Graff faisaient le lien entre la tradition picturale du baroque et la peinture bourgeoise du XIXe siècle. Ceux de Runge exécutés à Dresde laissent deviner la leçon de Graff et Ferdinand von Rayski a encore suivi le même exemple, avec ses portraits pénétrants, intuitifs, et ses larges et généreux traits de pinceaux.

Fig. 10
Krüger, *Parade Unter den Linden, Berlin*
Berlin

Constatons que, même des portraits limpides, d'une construction exclusivement linéaire des Nazaréens et de leurs disciples, se dégage une certaine chaleur humaine; on y sent une présence corporelle.

L'une des personnalités les plus intéressantes des débuts de la peinture du paysage réaliste est Georg von Dillis, à Munich. Ses nombreuses études à l'huile et à l'aquarelle d'après nature, appartiennent aux premières manifestations d'une nouvelle manière de voir. De la même façon que le Norvégien Johan Christian Dahl à Dresde, il note à larges traits ses impressions comme des expériences physiques vécues. Indépendamment l'un de l'autre, ils découvrent presque en même temps le jeu de la couleur et de la lumière ainsi que les phénomènes atmosphériques dans la nature et rejoignent par là la vision géniale de Constable. Les deux artistes ont marqué de leur personnalité, chacun dans le lieu où il exerça son activité, la formation des écoles de paysages réalistes. Tout en mettant à profit les acquits de Dillis, Wilhelm von Kobell montre un tempérament de peintre froid, très différent de son prédécesseur. Ses paysages sont clairement ordonnés, composés d'une manière presque abstraite, avec des décors strictement plantés. Carl Rottmann, l'un des coloristes les plus doués de l'Allemagne du Sud, a tenté de renouveler le paysage historique idéal de Koch par l'introduction des valeurs différenciées créées par la couleur et la lumière. Son influence se fait sentir dans les œuvres d'Eduard Schleich et de son groupe munichois de paysagistes.

Quelques artistes de Hambourg, comme Gurlitt, Morgenstern, Jacob Gensler (n° 90), Janssen (n° 109) et Wasmann (n° 250) ont également contribué au développement du réalisme naissant ou de la peinture de plein air. Ils ont généralement fait leur apprentissage hors de leur ville natale — aux Académies de Copenhague, de Dresde ou de Munich — et ont surtout influencé le paysage munichois.

Berlin a une importance particulière dans l'histoire du réalisme bourgeois en Allemagne. Là, un art réaliste s'était déjà manifesté à la fin du XVIIIe siècle avec Chodowiecki, pour aboutir à Karl Blechen et à Adolph Menzel, en passant par Gottfried Schadow et Franz Krüger. Il est vrai que les célèbres tableaux de défilés militaires de Krüger (*Fig. 10*) et les vues de villes de Gaertner (n° 88) marquent un temps d'arrêt sur le chemin vers l'unification de l'espace du tableau, par leur amour du détail propre au «Biedermeier». Mais la peinture berlinoise gravit, avec les œuvres de Karl Blechen, les premiers degrés d'un réalisme figuratif exploitant toutes les possibilités offertes par la couleur. Influencé par Dahl, Friedrich (n° 5) et Schinkel, Blechen franchit la distance entre la conception romantique de la nature et une vision objective, bien que dans ses dernières œuvres, il associe les deux tendances (n° 17).

L'expérience libératrice de son voyage en Italie parvient à son apogée dans la découverte émerveillée de la lumière radieuse du soleil méridional (n° 11).

Menzel, de dix-sept ans plus jeune, se libère dans ses premières œuvres importantes datant des années 1840, de tout le poids théorique hérité de ses prédécesseurs. Avec lui prend vraiment fin l'époque romantique, et la peinture réaliste atteint sa maturité. Dans les tableaux de ces années, pour la plupart de petit format, qui sont des transpositions picturales de la couleur, de l'air et de la vie mouvante — son pinceau dévoile la poésie de la vie quotidienne dans sa simplicité. Il n'y a plus, pour Menzel, de motif banal, indigne d'attention. Des têtes de porcs à l'abattoir, son lit défait (n° 140), sa sœur assoupie sur un divan (n° 145) sont pour lui tout aussi intéressants que la vue des toits et des jardins par la fenêtre (n° 137) ou un escalier (n° 143). Des tableaux comme l'*Intérieur avec M. von Maercker* (n° 142) ou l'*Intérieur au balcon* (n° 136), sont conçus par Menzel comme de simples «exercices de pinceau», en rien destinés à être exposés. Nous ne les admirons pas moins aujourd'hui comme de courageux exemples d'une nouvelle culture picturale, franchissant les portes du royaume sensible du monde visible.

Le développement d'un réalisme expressif dans la peinture allemande des années 1830 et 1840 a été interrompu par les suites de l'échec de la révolution de 1848. Le saisissant chant funèbre de Menzel pour les victimes de la réaction est resté inachevé (Hambourg, Kunsthalle). L'art allemand ne connaît pas d'œuvre comparable à la *Liberté sur les barricades* de Delacroix. Mais en 1848 paraît à Londres le *Manifeste communiste* de Marx et Engels.

Hans Joachim Neidhardt

(Traduit de l'allemand par Adam Biro)

Le dessin romantique allemand

Rêves et élans romantiques, sentiment de l'amitié et de l'amour, liens de l'homme et de la nature, émotions, élévation spirituelle... Autant d'états d'âme, de pensées, d'images de phénomènes romantiques qui avant de faire l'objet d'un tableau ou d'une fresque sont le plus souvent confiés d'abord au papier; ce n'est pas le peintre qui s'en empare le premier pour les noter, c'est le dessinateur. Certes il en a presque toujours été ainsi depuis la Renaissance, puisque le dessin est pour l'artiste une sorte de terrain d'essai pour la recherche de thèmes nouveaux et de nouvelles modalités plastiques pour les exprimer. Mais le romantisme allemand est dans ce domaine une époque de grandes découvertes et a suscité des réussites majeures. Citons seulement les *Heures du jour* de Runge, véritable manifeste du romantisme allemand et rappelons que la plupart des artistes allemands du début du romantisme furent d'admirables dessinateurs. D'ailleurs, non seulement Runge, mais Friedrich avant 1807 et presque tous les Nazaréens dans leur jeunesse se sont surtout consacrés au dessin. Même lorsqu'ils se tournent plus tard vers la peinture ou vers la fresque, ils se contentent bien souvent de transposer dans ces deux modes d'expression des procédés linéaires déjà élaborés dans le dessin. Combien d'idées et d'images des romantiques allemands sont restés ainsi sur le papier, éternellement vouées à une existence linéaire et abstraite? Et cela notamment parce que l'artiste romantique, dans les conditions qui lui sont faites par la société bourgeoise, pâtit de l'absence de soutien et de commandes officielles pour son travail. Que de fresques jamais réalisées, de tableaux jamais peints, d'illustrations jamais éditées pèsent sur la conscience de cette société! Le dessin reste par conséquent la forme d'expression la plus accessible et parfois la seule accessible dans la mesure où s'ajoutent souvent aux difficultés matérielles des difficultés d'ordre professionnel et parfois le défaut de pratique du peintre.

Mais ce ne sont pas là bien sûr les vraies raisons qui ont donné au dessin une place privilégiée dans le système d'expression des romantiques allemands. Le dessin au trait répond à l'essence même de leur art, il en est la forme parfaitement adéquate.

La ligne romantique

La primauté de la ligne sur la couleur, sur la tache, s'était affirmée avec les néo-classiques. Les romantiques, tout en reniant une bonne part du système classique suivent en l'occurrence leurs traces. Ils constatent que le dessin au trait de l'époque néo-classique, loin d'avoir épuisé toutes ses ressources, recèle des possibilités qui n'ont pas encore été révélées. C'est que la ligne, le contour disposent de propriétés non seulement figuratives, mais expressives; ils peuvent apporter une information et sur l'objet et sur l'état d'âme de l'artiste, sur sa relation à l'objet: ils peuvent exprimer directement le monde intérieur, subjectif et irremplaçable, de l'artiste romantique. Chez les romantiques donc, le contour qui délimite une forme est aussi bien perçu par le regard comme la limite du nez, de la jambe ou de toute la silhouette que comme une ligne qui organise la surface de la feuille selon une modalité décorative et rythmique, puisque les deux éléments y ont été préalablement introduits par le dessinateur. Ainsi la ligne plastique néo-classique se transforme-t-elle chez les romantiques en une ligne abstraite, qui de ce fait acquiert la faculté d'exprimer l'élément musical et l'élément symbolique.

C'est là une qualité nouvelle, propre au dessin romantique, qui ouvre à l'art des possibilités inouïes. La ligne, le contour, deviennent ainsi l'objet de l'attention et des soins tout particuliers des artistes romantiques. Christian August Kästner, célèbre dessinateur, critique d'art et poète écrit dans ses «Etudes romaines»: «La rigueur des contours qui donne des objets une image plus distincte que notre vision ne les perçoit dans la réalité, est le fondement indispensable de la clarté. Le contour, c'est la délimination de l'idée de l'artiste». L'image idéale du romantique qui, dans son âme, se trouve dépouillée de tout caractère accidentel, quotidien ne peut être projetée sur le papier que par une ligne idéale, d'une irréprochable pureté. «Le crayon ne saurait jamais être assez dur ni suffisamment taillé pour tracer un trait ferme et net jusqu'aux plus petits détails du contour», dit, poursuivant la pensée de Kästner, Ludwig Richter. Remarquons-le, toutes ces déclarations témoignent de l'origine classique du dessin romantique et de l'influence qu'ont eue sur lui les illustrations au trait de John Flaxman (rappelons quelle découverte elles furent pour Runge, Schlegel, les Nazaréens), l'œuvre graphique de Dürer, la pureté des contours du Pérugin ou des arabesques de Raphaël.

La ligne trace, «délimite l'idée de l'artiste», et cela relativement rapidement et efficacement. Pourtant, même dans le dessin, images et idées apparaissent souvent à leur créateur, et après lui au spectateur, sous un aspect bien différent de celui qu'elles avaient dans son imagination. Non seulement parce que le trait, même le plus rapide, ne parvient pas à suivre la constante mobilité et l'épanouissement de l'image dans l'âme agitée de l'artiste romantique, mais parce que l'idée ou l'image représentées «d'une manière immédiatement sensible, dans leur incarnation corporelle» (Schelling) perdent pour beaucoup leur caractère idéal. Dans le désir de le conserver à tout prix, l'artiste allemand renonce à tout ce qui pourrait rendre l'image par trop corporelle et prosaïquement matérielle: les ombres qui alourdissent, la couleur qui «salit». Seule la ligne abstraite, le contour tout nourri d'imagination sont aptes à traduire dignement la pureté idéale de l'image romantique.

Dans la hiérarchie romantique des genres, la sculpture et la peinture occupent le bas de l'échelle. La sculpture était particulièrement mal placée, qui non seulement reproduit concrètement les objets offerts par la nature mais utilise en outre à cette fin des formes existant dans cette même nature. Le haut de l'échelle appartient à la musique, art «super-romantique» dans l'idée que s'en font les Romantiques eux-mêmes et dans lequel l'élément spirituel, les émotions, surgissent directement, sans intermédiaire, sous leur aspect le plus pur, sans qu'il soit nécessaire de reproduire les phénomènes qui en

sont à l'origine. Vackenroder soulignait le caractère supraterrestre du langage musical: «De tous les arts, la musique est le plus merveilleux car elle exprime nos sentiments d'hommes d'une manière supraterrestre, elle les revêt du lumineux manteau des harmonies célestes, elle parle un langage inconnu de la vie commune...» Si les théoriciens du romantisme avaient voulu continuer leur classement et s'interroger sur la place du dessin dans cette hiérarchie, ils l'auraient probablement situé un échelon au-dessus de la peinture, plus près de la musique, car il parle, lui aussi, un langage «supraterrestre» et que ni les lignes ni les contours n'existent dans la «vie commune». En découvrant l'élément expressif, c'est-à-dire, selon cette classification, musical de la ligne, les romantiques ont contribué à rapprocher encore davantage le dessin de la musique. La ligne, non seulement abstraite mais musicale, a dans une large mesure rendu possible une notation adéquate de l'image idéale des romantiques.

Les techniques du dessin romantique

Ces exigences nouvelles font que les techniques préférées du dessinateur ne sont plus la sanguine, la pierre noire et le pinceau qui étaient en faveur à l'époque baroque et sont désormais trop picturaux, mais la plume et la mine de plomb, secs et rigoureux. La mine de plomb, perfectionnée en 1790 par le Français N.J. Conté (1755-1805), est répandue dans la pratique artistique par les romantiques allemands. Ils apprécient tout particulièrement et savent révéler les possibilités d'expression des modèles les plus durs, qui donnent une fine ligne d'argent miroitante. Sans doute ont-ils alors en tête les dessins à la pointe d'argent, purs et transparents, des maîtres italiens et allemands du début de la Renaissance chez lesquels ils vont souvent chercher l'inspiration. Le dessin direct à la plume se rencontre plus rarement chez les Romantiques que chez les artistes de l'âge baroque, mais ils emploient assez fréquemment la plume pour tracer des contours préparés au crayon, ou en association avec l'aquarelle et d'autres techniques. Il va de soi que le tracé, le caractère de la ligne s'en trouvent alors considérablement modifiés. La ligne coule plus lentement, plus régulièrement, et garde, en règle générale, la même épaisseur sur toute sa longueur.

Le lavis de sépia prend la relève du bistre. Les paysagistes surtout l'emploient volontiers, et parmi eux Friedrich qui mène cette technique à son achèvement classique. La sépia permet une inépuisable variété de tons et de nuances qui répond au goût de Friedrich pour les douces harmonies tonales, graduelles, fondues, fuyant les violents contrastes par des transitions nuancées.

Le désir d'introduire la couleur, à la fois principe symbolique et moyen répondant aux tendances réalistes de l'époque, conduit à l'aquarelle. Les romantiques allemands utilisent cette technique dans sa variante traditionnelle, héritée de Dürer (Dillis, Kobell), et dans une variante nouvelle, plus hardie et plus imagée, qui apparaît sous l'influence des aquarellistes anglais (Blechen, Rottmann, Fries). Ce qu'ils recherchent par-dessus tout et ce à quoi ils parviennent dans leurs aquarelles, c'est l'unité harmonique des deux éléments que sont le dessin et la couleur. La qualité proprement picturale de l'aquarelle leur reste étrangère. Les Nazaréens sont encore plus loin des effets chromatiques; ils ne cherchent le plus souvent qu'à colorer discrètement leurs dessins, tombant parfois dans le franc coloriage.

Telles sont les principales modalités techniques du dessin romantique. Même si, aux étapes plus tardives, on voit se manifester une tendance plus nette vers l'effet pictural et la couleur, le fondement même du dessin romantique allemand n'en reste pas moins la ligne, et les instruments essentiels du dessinateur sont la mine de plomb et la plume.

Carstens

Le passage de l'art du XVIIIᵉ à l'art du XIXᵉ siècle s'est fait, en Allemagne, sous le signe du dessin. La démarcation entre l'ancien et le nouveau s'est effectuée, dans ce domaine, plus tôt que dans la peinture et bien avant de se faire sentir dans la sculpture.

En 1795, à Rome qui était une sorte de centre de la vie artistique allemande, s'ouvre une exposition composée de onze dessins de Carstens, professeur à l'Académie de Berlin

Fig. 1
Runge, *Autoportrait*
Hambourg

Soulignons qu'il s'agit là de la première exposition de dessin, fait par lui-même remarquable et symptomatique. Ce fut aussi le premier champ de bataille entre les partisans du classicisme académique et les représentants de ce courant nouveau qu'on appellera bientôt le romantisme. Carstens n'est pas encore un Romantique et pourtant les disciples de Mengs ont raison de voir en lui un transfuge. Dans sa célèbre *Nuit* (nᵒ 19) le sujet classique prend une coloration chrétienne et ossianesque presque romantique. Les nouvelles recherches formelles de Carstens sont attestées par le caractère ouvert de la composition (particulièrement significatifs à cet égard le geste et le regard de Némésis qui vont du centre vers le côté, au-delà du carton) et la diminution des éléments plastiques et spatiaux au profit de la mise en valeur de la ligne et de la surface.

Runge

Huit ans plus tard, la série de dessins des *Heures du jour* de Runge que la gravure permit de multiplier (nᵒˢ 203-206), inaugure dans l'art allemand l'ère du Romantisme. Les contemporains y ont vu un langage émouvant, énigmatique, profond et authentiquement romantique, le discours symbolique des hiéroglyphes et des arabesques, «une œuvre abstraite et picturale, fantastique et musicale» comme l'auteur définit lui-même sa tentative.

Pour ce qui est du premier point, Runge a effectivement inauguré dans ses dessins le thème majeur des Romantiques. Non pas, comme il le pensait, le paysage, mais le thème de la naissance et de la mort, de l'enfantement, de la floraison, du flétrissement et de la fin, garant du recommencement d'un nouveau cycle, que ce soit dans l'âme de l'homme ou dans tout ce qu'elle peut projeter sur la terre et dans l'univers. Cela, il l'a illustré à travers les boutons et les fleurs, les tiges et les feuilles, à travers les nuages, les étoiles et la terre, à travers les petits génies et les allégories féminines, parce que l'homme a encore du mal à comprendre le langage direct de la nature et sa mystérieuse unité avec l'homme. Les *Heures du jour* ne sont pas seulement le matin, la journée, le soir et la nuit, c'est aussi le printemps, l'été, l'automne, l'hiver, et encore les âges de la vie et l'ensemble de la vie humaine.

Dans ce cycle on se trouve pour la première fois en présence de la qualité essentielle de l'image romantique: sa polyvalence, le fait qu'elle admet un nombre infini d'interprétations. Il ne faut pas voir là la simple subjectivité des pensées, des sentiments et des images de l'artiste. La philosophie idéaliste du Romantisme considérait l'artiste comme l'instrument inconscient d'une «force suprême intervenant à toutes les étapes de la création. Et donc «l'artiste introduit dans son œuvre, outre ce qui entre clairement dans sa volonté consciente, et comme s'il obéissait à son instinct, un certain élément d'éternité qui n'est pas accessible, dans la plénitude de sa révélation, à aucune intelligence finie» (Schelling).

Pour le langage artistique du cycle des *Heures du jour* et l'extrême subjectivité de ses symboles et de son contenu, les amis de l'artiste soulignaient déjà à quel point ils étaient difficiles à comprendre pour le spectateur. Runge, lorsqu'il transpose en 1808-09 les dessins dans la langue de la peinture (*Petit matin*, Hambourg, Kunsthalle, et n° 213), doit renoncer à beaucoup de choses. Malheureusement, il lui faut notamment renoncer à la principale trouvaille des dessins, l'expressivité musicale et rythmique de la ligne traduisant l'incarnation de la vitalité du règne végétal. L'omniprésence du motif de la croissance, de l'élan vers le haut, la dominante des lignes de force verticales sur les lignes de force horizontales donnaient aux dessins une sorte d'allégresse et de joie radieuse. Dans la peinture, ce rôle revenait, naturellement, à la lumière et à la couleur. C'est pourquoi le dessin préparatoire au *Grand matin* (cf. n°s 210 et 217) diffère sensiblement des autres travaux de l'artiste, de l'*Autoportrait* des débuts, encore largement baroque, des illustrations des chants d'Ossian (n° 202) qui se rattachent encore au classicisme, du *Paysage du Repos pendant la Fuite en Egypte* (n° 210) et *Nous trois* (n° 208) déjà pleinement romantiques. Le contour y est l'élément dominant, il est souligné à la sanguine mais le ton joue déjà un rôle plus important. La pierre noire que l'artiste utilise pour cela rend avec beaucoup de finesse les variations subtiles de trois sources distinctes de lumière: le soleil levant caché derrière l'horizon, les lys lumineux et l'étoile du matin. Ce dessin est l'un des meilleurs du Romantisme allemand.

Fig. 2
Friedrich, *Autoportrait*
Berlin

Fort important est la place du dessin préparatoire au tableau *Nous trois* (n° 208), surtout après la disparition du tableau lui-même dans l'incendie de 1931. Les lignes et les hachures en tous sens de la mine de plomb, tantôt légères et souples, tantôt se resserrant en contours durs et même quelque peu épais cernent délicatement les images, l'atmosphère romantique d'amitié profonde et sincère et de tendre amour. Le geste des bras de Pauline et de Daniel, la fiancée et le frère de l'artiste, n'est pas encore tout à fait trouvé, mais le caractère romantique de la manière qu'ont les personnages de s'aborder et d'aborder le spectateur, cette atmosphère de confiance où «c'est comme se donner la main et se regarder dans les yeux» (Runge) sont déjà clairement exprimés.

Friedrich

Runge, qui dans le couple romantique «Naissance-Mort» met l'accent sur le premier terme et recherche, dans les portraits, le contact, la rencontre, est très différent de l'autre chef de file du début du Romantisme allemand, Friedrich chez lequel on noterait plutôt des tendances opposées.

C'est dans le dessin que Friedrich fait ses débuts. Pendant les quatorze premières années de sa carrière artistique, on aurait pu penser qu'il se préparait à une activité purement graphique d'autant que c'est alors qu'il exécute toutes ses gravures sur bois et toutes ses eaux-fortes. Par la suite, quand Friedrich passe à la peinture, le dessin garde chez lui une certaine indépendance, tant sur le plan iconographique que sur le plan stylistique. Il réutilise les études dessinées d'après nature dans sa peinture à l'huile plutôt qu'il ne les fait spécialement pour un tableau donné. Du reste, comme le montrent les tableaux eux-mêmes, surtout ceux qui sont restés inachevés et comme le confirme C.G. Carus, la méthode de travail de Friedrich était celle d'un dessinateur et non d'un peintre.

Les premiers dessins de l'artiste, dont le *Paysage avec pavillon* (n° 48) fournit un exemple caractéristique, sont proches des vues colorées des écoles de Copenhague et de Dresde. Pourtant, déjà à ce stade, Friedrich fait bien plus que le simple portrait d'un site. La juxtaposition en contraste du pavillon de plaisir d'un parc et d'une pauvre chaumière recèle sans doute une signification profonde. Cette feuille se trouve, en ce cas, juste sur la ligne de partage entre le dessin-étude, exécuté au crayon ou à la plume immédiatement d'après nature ou répété tel quel à l'atelier à l'aquarelle, et le dessin-tableau, exécuté à la sépia et déjà porteur d'une charge romantique caractérisée.

Les fonctions de l'aquarelle et de la sépia dans la pratique graphique de l'artiste sont rigoureusement différenciées.

L'aquarelle, c'est une étude au crayon enrichie par la couleur. L'emploi de la couleur est, dans son principe, aussi strictement documentaire que les contours des dunes, des montagnes, de la végétation que note la ligne. La *Vue de la mer prise du rivage* (n° 74) et la *Source de l'Elbe* (n° 77) sont rigoureusement appuyées sur des études d'après nature, tout à fait probantes à cet égard. L'aquarelle y sert à exprimer le contenu objectif de la nature, à souligner la beauté qu'elle recèle. Les romantiques, on le sait, ont révélé la valeur esthétique de la terre natale allemande et s'en sont faits les ardents propagandistes. Friedrich fut un pionnier et l'un des participants les plus actifs dans la mise en œuvre de cette partie du programme romantique, et ses aquarelles en sont l'expression la plus pure. Dans les années 1820, l'artiste conçoit ainsi et exécute en partie au moins trois séries d'aquarelles qui doivent faire connaître et apprécier l'île de Rügen (n° 74), la Riesengebirge et la Suisse saxonne (Elbsandsteingebirge).

C'est avec le lavis de sépia, au contraire, qu'il exécute ses dessins les plus romantiques. L'intensité de l'émotion devant les phénomènes de la nature s'y manifeste presque de la même façon que dans ses peintures à l'huile. La méthode de travail est identique: une composition faite à partir d'études diverses, effectuées à des dates différentes et parfois dans des régions variées de l'Allemagne. Inversement, fort de l'expérience de la sépia (et non de l'aquarelle), il utilise, pour la peinture à l'huile, tantôt les glacis, tantôt une sorte de lavis sur un dessin tout aussi soigneusement préparé, visible à travers les couches transparentes et lumineuses de couleur. L'*Hiver* (n° 75), sépia qui fait partie du cycle «des Heures du jour et des saisons, des âges de la vie» démontre à l'évidence cette continuité. Elle montre aussi jusqu'à quel point l'artiste utilise les motifs de la nature réelle et dans quelle mesure il les recrée lui-même. Tous les sujets de cette série, que ce soit les ruines du monastère d'Elden, les arbres morts, les croix du cimetière et peut-être même la mer et le ciel nocturne reposent évidemment, sur des études d'après nature. Mais il n'existe nulle part un tel paysage dans sa totalité; Friedrich a rassemblé en un tout et fondu tous ces motifs (encore qu'il aurait suffi de la moitié pour atteindre un but analogue), la représentation de la nuit, de l'hiver et de la mort, au nom de l'idée romantique du caractère universel, cosmique des phénomènes de vieillissement, de destruction et de mort. L'artiste plie aux lois de la vie humaine la nature et l'univers entier, il les anime de pensées et de sentiments humains. Le langage symbolique de Friedrich est complexe, mais il repose sur un système simple d'interprétation des phénomènes naturels. Seule la croix, symbole de la résurrection, suppose la connaissance de la mythologie chrétienne. Il est singulièrement plus difficile de découvrir la symbolique des modalités

d'expression, cet affrontement des espaces, l'espace réel, terrestre, défini par la ruine en coulisses, et l'espace infini du monde, de l'univers, du ciel et de la mer qui vient s'y fondre. Cet affrontement est justement le symbole romantique de la mort-résurrection, de la fin de la vie terrestre et du passage du fini à l'infini. Ces deux plans symboliques se retrouvent sur les gravures sur bois (n°s 49-50) dans lesquelles, à la différence de la peinture comme de la sépia ou de l'aquarelle, l'homme apparaît pour la première fois non pas comme un simple attribut du paysage, mais comme le sujet principal de la représentation.

Le portrait et l'autoportrait n'existent, chez Friedrich, que dans le dessin. Si, pour les portraits, la réussite de l'artiste n'est que relative, l'autoportrait est l'occasion de véritables chefs-d'œuvre comme le dessin du Cabinet des dessins de Berlin dans lequel l'idée d'une vision externe et interne, «diurne» et «nocturne», consciente et inconsciente reçoit son expression la plus haute. Même l'*Autoportrait* de Hambourg (n° 51), ancien et plus modeste, dont seul l'œil droit est visible, porte en lui le germe de l'idée de «double» vision. «L'artiste doit reproduire non pas simplement ce qu'il voit devant lui, mais aussi ce qu'il voit en lui.» Cette réflexion de Friedrich définit sa place particulière dans le Romantisme allemand et trouve une évidente confirmation dans ses dessins où l'on trouve des études «diurnes» au crayon ou à l'aquarelle, et des sépias «nocturnes».

En tant que dessinateur et malgré la notoriété de ses travaux, Friedrich n'a pas eu une grande influence sur ses contemporains. Ou plus exactement cette influence se limite surtout, comme c'est le cas pour sa peinture, à l'aspect thématique. Elle séduit par la nouveauté du contenu. Seul Kersting, sans doute, a adopté la ligne précise et subtile, ferme mais inspirée qui distingue les dessins de Friedrich. Son *Friedrich et Kersting en excursion dans le Harz* (n° 113) est un témoignage convaincant de l'amitié des deux artistes et de la fidélité du disciple à l'esprit et à la lettre de l'art du maître. Blechen qui appartient à la deuxième génération romantique a, pendant cinq ans (1823-1828) de sa vie créatrice, suivi la trace de l'art de Friedrich. Mais même dans ces années-là, ses dessins manifestent une recherche d'expressivité réaliste et picturale étrangère à Friedrich.

Schinkel

Les contacts avec l'art de Friedrich et de Runge ont marqué la période romantique dans l'œuvre de Schinkel, encore qu'il faille plutôt rattacher le début des tendances romantiques de l'artiste (*Vue depuis le sommet de l'Etna au lever du soleil*, 1804, n° 223) au préromantisme de la période du Sturm und Drang. *Maria au bord de la mer* (n° 225) est traitée dans les conditions du début du Romantisme. Les images d'enfants de Runge ont à coup sûr servi de modèle à l'artiste. Les Romantiques, avec leur manière d'idéaliser l'âme enfantine, de chanter le pur étonnement de l'enfant découvrant le monde et de s'enthousiasmer devant la fraîcheur spontanée du regard enfantin en général n'en ont pas moins donné une image juste de l'enfant. Le monde intérieur de l'enfance possède, dans leur art, une signification particulière. «Nous devons devenir des enfants si nous voulons progresser» dit Runge. «Garde en toi l'âme pure d'un enfant et suis sans faute la voix de ton monde intérieur...» recommande Friedrich à l'artiste. «La vérité sort de la bouche des enfants» vient confirmer la vieille sagesse populaire. C'est ce que révèle de façon frappante la toute jeune fille de l'artiste dans ce portrait. N'est-elle pas de la race de ces enfants dont l'un avait suggéré à Diogène de renoncer à son gobelet et de boire dans le creux de sa main tandis que l'autre, le Christ enfant, en feignant de vouloir vider la mer avec une cuillère, avait amené saint Augustin à renoncer aux stériles efforts de l'esprit pour connaître la vérité divine?

Les Nazaréens

Si les mérites majeurs des dessinateurs du début du Romantisme relèvent du domaine du paysage et en partie seulement du portrait, dans le mouvement nazaréen, au contraire, la composition avec des personnages et le portrait ont à l'évidence éclipsé le paysage. Dans le cercle des Nazaréens, dessiner était une sorte de cérémonie sacrée. Réunis dans l'ancien monastère de Sant'Isidoro, ils posaient à tour de rôle les uns devant les autres dans le vieux manteau vénitien de Pforr. Les dessins de Pforr et d'Oberbeck ont dans une large mesure déterminé la manière de dessiner de leurs camarades: un style rigoureux, constamment linéaire, dans lequel le contour expressif joue le rôle principal, complété parfois, rarement, par un modelé léger et subtil. La musicalité et l'aisance des lignes du Pérugin et du jeune Raphaël, caractéristiques de ces dessins, s'allient parfois à la tendresse et au caractère immatériel des formes botticelliennes.

Avec l'arrivée dans la confrérie de Cornelius, de nouvelles qualités font leur apparition dans le dessin des Nazaréens: ampleur des formes et monumentalité. Dans l'œuvre de Cornelius lui-même, on peut déjà remarquer ces traits dans son premier cycle graphique d'illustrations du *Faust* de Goethe (n°s 29-30). Il suffit de les comparer avec les dessins de Pforr pour le drame de Goethe *Goetz de Berlichingen* (n° 170) pour noter le progrès dans l'exploitation des possibilités expressives

de la ligne et du dramatisme du récit. Dans les dernières feuilles du cycle, déjà conçues en Italie, et les illustrations de l'épopée nationale des *Niebelungen*, Cornelius, fort de l'expérience de Raphaël et de Michel-Ange, atteint à une véritable monumentalité, qui s'exprime pleinement dans les projets pour les grands travaux muraux de la Casa Bartholdy (n° 32) et de Munich (n° 33).

Dans le premier tome du *Faust* paru en 1808, les Romantiques virent la conversion d'un grand compatriote au «gothique patriotique» si cher à leur cœur et au Moyen Age allemand. Le sens profond de *Faust* comme drame non du passé mais de l'avenir de l'histoire de l'humanité, qui se découvre dans toute son ampleur dans la deuxième partie de l'œuvre, ne leur apparaissait pas encore. Ils ne prêtèrent attention ni aux déclarations modérées de Goethe à propos de leurs illustrations, plus proches de la critique que de l'éloge, ni aux propres tentatives de l'écrivain pour donner à ses images des traits visibles (n° 93). Pourtant, leurs dessins ne se réduisent pas à de simples illustrations du texte de Goethe. Cornelius et avec lui Riepenhausen (n° 195) s'efforcent de pénétrer l'essence même de la tragédie de Goethe et de la transposer dans le langage graphique. Ils ont créé, conformément à leur projet, des œuvres qui n'ont pas un caractère exclusivement illustratif. Les dessins au trait de Retzsch (n° 191) qui furent les premières illustrations de *Faust* (Goethe les vit dès 1810) et les lithographies de Delacroix parues dans l'édition française en 1828 répondaient mieux à leur destination première. A propos du dessin de Delacroix *Faust et Méphistophélès près de l'échafaud*, Goethe ne déclara-t-il pas que «Monsieur Delacroix avait là été au-delà de ce qu'il imaginait lui-même», et donc qu'il avait rendu la scène plus romantique. Retzsch, Cornelius et Riepenhausen expriment l'élément romantique du sujet par

Fig. 3
Overbeck et Cornelius, *Double autoportrait*
New York, coll. part.

des moyens plus classiques. Mais la différence dans la manière d'aborder le contenu de l'épisode n'en est que plus sensible: Delacroix le voit par les yeux de Méphistophélès et souligne l'élément de jeu et de sarcasme, Cornelius par les yeux de Faust et il communique à la scène un sombre sérieux. La version de Riepenhausen se distingue par son originalité et sa force symbolique: il voit, dans la première rencontre de Faust et de Marguerite, la lutte séculaire de deux éléments, le bien et le mal (nº 195).

Les Nazaréens savent apporter une note individuelle, personnelle même, dans le dessin d'un modèle nu, comme le fait, par exemple, Wintergest dans son *Jeune Saverio* (nº 254), sans parler des études de têtes qui, chez eux, touchent au genre du portrait psychologique. La *Tête de jeune garçon* de Cornelius (nº 31) est du nombre de ces chefs-d'œuvre du dessin dans lesquels la forme et le fond, la pureté et la rigueur de la ligne et l'expression enfantine et sereine des traits, proche d'un sérieux d'adulte, créent une remarquable unité, une image irremplaçable et inoubliable. C'est dans cette manière que sont exécutés l'*Autoportrait* de Rehbenitz (nº 179) et celui d'Overbeck (nº 168), les portraits de Fohr (nºs 45-46), de Schnorr von Carosfeld (nº 237), de Wasmann et les études de têtes de Janssen (nºs 110-111). Le portrait dessiné est, d'ailleurs dans l'art des Nazaréens, un genre majeur, qui a gardé toute sa signification.

Koch. Les paysagistes

Le genre du paysage chez les Nazaréens s'est formé sous l'influence du classique Koch qui a su convertir les jeunes artistes allemands aussi bien à ses paysages alpestres, avec la beauté sauvage et romantique de leurs rochers, de leurs glaciers, de leurs nuages et de leurs cascades qu'aux vues italiennes paisibles et policées, presque toujours pourvues, toutefois, d'éléments de «remplissage» romantiques. L'intérêt dès longtemps porté par Koch à l'illustration de Dante (nºs 124-125) l'amena à travailler en collaboration avec les Nazaréens aux fresques du Casino Massimo, à Rome, dans les années 1825-28. Les peintures murales sur des thèmes tirés de Dante, du Tasse, et de l'Arioste effectuées par Koch, Overbeck, Veit, Führich et Schnorr von Carosfeld confirment le lien de Koch avec les Romantiques.

Dans l'atelier de Koch travaillent beaucoup de jeunes compatriotes. C'est là que vient, en 1816, C.F. Fohr, riche des multiples facettes de son talent, dans l'intention de se consacrer à la peinture de paysage. On ne saurait dire ce qui lui réussit le mieux, le paysage, le portrait ou la composition avec des personnages. Il révèle le charme caressant de la nature de son Heidelberg natal (nº 44) et de Salzbourg (nº 43); les vieilles légendes de son pays revivent sous sa plume (nº 42); il réalise toute une galerie de portraits de ses collègues allemands qui se réunissaient au café Greco à Rome (nºs 45-46), témoignage remarquable par la finesse de ses notations. Et tout cela dans des dessins au crayon ou à la plume, parfois seulement colorés à l'aquarelle.

Ernst Fries et Carl Rottmann, ses amis et compatriotes, cherchent à enrichir l'école romantique d'Heidelberg par des recherches chromatiques. Rottmann, qui révèle aux Allemands l'originalité romantique de la nature en Grèce, sait parfaitement y réussir (nº 200).

A l'atelier de Koch sont également étroitement liées l'œuvre de Horny et celle de Ramboux, venus à Rome la même année que Fohr, en 1816. Tout en manifestant le même

Fig. 4
Fohr, *Autoportrait*
Heidelberg

Fig. 5
Schnorr von Carolsfeld, *Ferdinand Olivier*
Berlin

Fig. 6
Schnorr von Carolsfeld, *Friedrich Olivier*
Vienne

intérêt pour le passé que les autres Nazaréens, — Ramboux va même fort loin dans cette voie —, étudiant attentivement et utilisant le gothique allemand (n° 175) et italien, les deux artistes se tournent à la suite de Fohr, vers la vie des rues de l'Italie de leur époque. La grande sépia de Ramboux *Dans les jardins Farnèse* (n° 174), l'un de ses meilleurs dessins, dresse un vaste tableau de mœurs populaires. Nous ne connaissons que par des dessins Horny, qui aimait les Monts Sabins à la folie (n° 104). «Dans les Monts Sabins, écrit-il à sa mère, tous les villages sont perchés au sommet des rochers comme des nids d'hirondelles.» C'est l'un de ces nids, Olevano, chanté plus d'une fois par l'artiste (n°s 101-103), qui est devenu le lieu de son repos éternel. Horny utilise à la fois les fermes rythmes linéaires de Koch, qui soulignent la structure du paysage, et les fins contours purs de Cornelius et de Fohr qui, dans ses portraits, expriment l'élément poétique.

Le plus remarquable des paysagistes, parmi les Nazaréens, est Ferdinand Olivier, admis dans la confrérie de Saint-Luc comme membre correspondant. Il trouve son inspiration et se trouve lui-même dans les paysages de Salzbourg. C'est là, et non en Italie où il n'alla jamais, que se révéla à lui la «divine splendeur» de la nature, son calme grandiose et pénétrant. Dans sa conception du paysage, il se situe entre les Nazaréens et les Romantiques du Nord, entre Koch et ses élèves et Friedrich. Comme Friedrich et Runge, il place la nature sur un autel, mais ce qu'il vénère, ce n'est ni son infinité, ni l'«harmonie des sphères», c'est ce qu'elle possède de divin dans ses manifestations finies, dans chaque pierre, dans chaque fleur. L'arc de cercle, comme l'arc-en-ciel, ce symbole de l'union du ciel et de la terre, de Dieu et de l'homme, qui couronne souvent ses dessins et ses tableaux, fait le lien entre la beauté terrestre dans sa diversité et la beauté divine. Les *Vues de Salzbourg* d'Olivier (n°s 155-158) montrent bien ce qu'il possède en commun avec Friedrich et ce qui l'en sépare.

Les premiers dessins de paysages de Julius Schnorr von Carosfeld, le dessinateur le plus important et le plus varié du groupe, sont très proches de ceux d'Olivier mais exécutés dans une manière «vieille-Allemagne» encore plus stricte (n° 231). Dans sa période italienne, son style s'adoucit et les études de personnages commencent à jouer un rôle très important, surtout durant les années de travail aux fresques du Casino Massimo. Ces dessins des années d'Italie, marqués par une particulière intensité de perception de la nature et de l'homme, comptent parmi ses plus heureuses réussites (n°s 233-236). Dans les dessins de la résidence munichoise de Louis I pour le cycle des Niebelungen, on voit s'accentuer l'élément dramatique (n° 238) auquel se substituent, dans les illustrations plus tardives, un pathétique accru et un certain sentimentalisme.

L'art d'Overbeck et celui de Raphaël vu à travers ce dernier sont à la base des dessins des artistes de Hambourg, Janssen et Wasmann (*Tête d'un enfant*, n° 110; *Tête d'un meunier*, n° 252). Mais l'intérêt romantique pour les mystères de la vieillesse et de la mort tourne, chez eux, à une sorte d'observation impitoyable, de nature presque scientifique et médicale (*Tête de vieillard*, n° 111; *Tête d'une femme morte*, n° 253).

Janssen et Wasmann sont sans doute les derniers à prendre sérieusement à cœur les problèmes de «d'art néo-allemand, religieux et patriotique» (Goethe) des Nazaréens. *Mystère* (n° 89) de Genelli, réalisé au milieu du siècle comme une réminiscence des années passées en Italie et des contacts avec les «Allemands de Rome», est en réaction directe contre les idéaux et les goûts de ceux-ci. Dans ce genre de dessins de Genelli et dans des œuvres analogues de Kaulbach à ses débuts, comme l'*Asile d'aliénés* (n° 112), nous sommes en présence d'un phénomène intéressant et assez rare dans l'art des Nazaréens, l'ironie romantique. L'ironie romantique, le sentiment du caractère relatif et fugitif de tout sur la terre, est dans leur art la forme d'expression originale de l'élément critique. Et bien que Kaulbach, tout comme Genelli pour un dessin sur le même sujet (Leipzig), ait incontestablement visité des institutions pour malades mentaux afin d'apprendre à connaître «le langage physiognomonique de la folie humaine» (Genelli), ce n'est à l'évidence pas sur les vrais malades que porte leur ironie, mais sur les symptômes de leurs maladies chez les bien-portants, sur les fanatiques religieux, les dégénérés couronnés, les «Napoléon» domestiques et autres.

Schwind

L'ironie joue un rôle encore plus grand chez les derniers Romantiques. Elle est caractéristique de Richter encore qu'il faille le plus souvent le prendre au sérieux, est presque toujours présente chez Schwind et atteint à une résonance véritablement tragique dans les *Danses de mort* de Rethel.

Les liens d'amitié qu'il entretenait avec la poésie et les poètes, la musique et les musiciens ont joué un grand rôle dans l'activité de Schwind comme dessinateur et comme artiste en général. Les dessins des années 1820 contiennent déjà presque tous les thèmes et les sujets qui retiendront l'artiste dans sa peinture, ses fresques et son œuvre gravé toute sa vie durant; ils contiennent aussi les principales modalités de leur réalisation dans des cycles musico-narratifs. Dans les premiers dessins (n° 241), Schwind apparaît comme un représentant de l'âme romantique allemande dans sa variante viennoise qui se distingue par une atmosphère de chasteté et une délicatesse presque juvénile. Dans le *Dénue-*

ment et l'intelligence assaillant l'oisif (n° 240) qui vit le jour sous l'influence de Cornelius durant la période munichoise, Schwind passe déjà au dessin monumental, linéaire et plastique à la fois, qui caractérisera les fresques de Karlsruhe, Wartburg et Vienne. Mais c'est dans les dessins sur des contes allemands qu'on trouve le reflet des états d'âme et des émotions les plus poétiques, les plus personnels et les plus profonds de l'artiste. C'est précisément là le genre qui concrétise au premier chef, chez les Romantiques tardifs, l'intérêt pour la nature et pour le Moyen Age et c'est précisément avec ce genre qu'ils se sont fait une place solide dans la vie spirituelle du peuple allemand. Un humour populaire, joyeux, dans l'esprit de Hans Sachs, habite ces illustrations de Schwind.

Rethel

Comme Schwind, Rethel possédait un double talent de dessinateur et de fresquiste. Mais le dessin était à ses yeux le moyen de communication privilégié avec le spectateur. Même le fameux cycle d'Aix, consacré aux hauts-faits de Charlemagne, a connu la célébrité ou plutôt a, si l'on peut dire, survécu à sa gloire en existant plus de sept ans exclusivement sous forme de dessins (n°s 186-187). Les premières illustrations du maître (Le cycle des *Dits du Rhin*, 1835) péchaient par un côté trop théâtral, marque de l'école historique de Dusseldorf et de Lessing dont Rethel subissait alors très fortement l'influence. Mais dans les meilleurs dessins, tout en utilisant les contours expressifs de Cornelius et le rythme décoratif des arabesques de Neureuther, il s'efforce de sortir des clichés abstraits de la fin du Romantisme. Dans les esquisses pour les peintures murales d'Aix (1840-45) et les aquarelles de la série *Hannibal traversant les Alpes* (1842-44), il y parvient tout à fait. Apparemment, le fait de se tourner vers des événements historiques réels et d'étudier pour cela les annales historiques germaniques et Tite-Live lui a permis d'acquérir un langage sobre et véritablement monumental. En ce sens et par sa méthode, on peut mettre Rethel au nombre des peintres historiques de l'école réaliste. Mais le réalisme de sa réflexion ne l'a pas empêché de conserver une imagination romantique et d'imprimer, en dernier ressort, sa propre vision interne sur les événements. La charge émotionnelle romantique de l'image de Charlemagne apparaît, chez Rethel, même sur le visage de l'empereur mort (n° 187). L'attitude de l'artiste est exactement la même dans le cycle des *Danses de mort* (n° 190) qui est comme un écho à la révolution de 1848-49 en Allemagne. Rethel avait pu observer des combats sur les barricades de la fenêtre de son atelier à Dresde. Le croquis au crayon *Scènes de combat sur les barricades* (n° 189) est un document qui montre la maîtrise réaliste d'un chroniqueur, mais les dessins préparatoires de ce cycle pour la gravure sur bois (cf. n° 188) sont le fait d'un Romantique qui n'avait pas complètement rompu avec l'héritage réactionnaire des Nazaréens. Rethel n'est pas Delacroix et les *Danses de mort* sont en quelque sorte à l'opposé de la *Liberté sur les barricades* du grand artiste français, tant par ses caractéristiques idéologiques et politiques que par ses caractéristiques artistiques et techniques, mais c'est un document artistique tout aussi marquant de l'époque. Rethel a érigé avec cette série un monument remarquable aux héros des barricades du prolétariat révolutionnaire, tout comme jadis Dürer, avec son paysan le dos transpercé d'une épée, un monument aux héros de la Révolte paysanne en Allemagne.

Vers le réalisme

La vie, la réalité véritable, frappait de plus en plus fort à la porte du temple de l'art élevé par les Romantiques. Elle se fait entendre dans les aquarelles de Kobell qui dès le début du siècle se refusait au remplissage sentimental et romantique dans ses paysages un peu austères, vus par un œil lucide (n°s 121, 123), dans les études de portraits d'hommes et de chevaux de Krüger qui appartiennent au même stade de réalisme modéré «Biedermeier» (n° 131) et enfin dans un œuvre dessiné grandiose, profondément réaliste, embrassant toute la diversité des phénomènes de la vie et qui se distingue par une audace inouïe et une étonnante spontanéité de perception, l'œuvre d'A. Menzel (n°s 139-148). Même s'ils gardent parfois la trace de réminiscences romantiques, ces dessins isolent plutôt le monde du véritable romantisme du monde de la prose et de la vie et en marquent les limites.

Youri Kouznetsov

(Traduit du russe par Véronique Schiltz)

Planches couleurs

73
Caspar David Friedrich
La mer de glace

209
Philipp Otto Runge
Le repos pendant la fuite en Egypte

232
Julius Schnorr von Carolsfeld
La famille de saint Jean-Baptiste rendant visite à la famille de Jésus

165
Friedrich Overbeck
Vittoria Caldoni

166
Friedrich Overbeck
Germania et Italia

71
Caspar David Friedrich
L'arbre aux corbeaux

70
Caspar David Friedrich
Lever de lune sur la mer

80
Caspar David Friedrich
La grande réserve

24
Carl Gustav Carus
Promenade en barque sur l'Elbe près de Dresde

17
Karl Blechen
Le gibet sous l'orage

121
Wilhelm von Kobell
Terrasse près de Föhring

145
Adolph von Menzel
Emilie Menzel, la sœur de l'artiste, endormie

136
Adolph von Menzel
Intérieur au balcon

Catalogue

Les notices ont été rédigées par :

Gerd Bartoschek (G.B.)
Collaborateur scientifique,
Staatliche Schlösser und Gärten, Potsdam-Sanssouci.

Lothar Brauner (L.B.)
Collaborateur scientifique,
Staatliche Museen zu Berlin, Nationalgalerie.

Horst Dauer (H.D.)
Collaborateur scientifique,
Kunstsammlungen Weimar, Schlossmuseum.

Gerhard Femmel (G.F.)
Nationale Forschungs und Gedenkstätten
der klassischen deutschen Literatur in Weimar
Goethe-Nationalmuseum.

Werner Hofmann (W.H.)
Directeur de la Kunsthalle de Hambourg.

Hanna Hohl (H.H.)
Conservateur au Cabinet des Dessins de la Kunsthalle
de Hambourg.

Claude Keisch (C.K.)
Collaborateur scientifique,
Staatliche Museen zu Berlin, Nationalgalerie.

Youri Kouznetsov (Y.K.)
Conservateur, Chef du Département des Dessins du Musée
de l'Ermitage de Leningrad.

Michael Knuth (M.K.)
Collaborateur scientifique,
Humboldt-Universität Berlin, Sektion Aesthetik und Kunstwiss.
Bereich Kunstwissenschaft.

Rainer Kraus (R.K.)
Collaborateur scientifique,
Kunstsammlungen zu Weimar, Schlossmuseum.

Helmut R. Leppien (H.R.L.)
Conservateur en chef du Département des Peintures
de la Kunsthalle de Hambourg.

Gertraude Lippold (G.L.)
Collaborateur scientifique,
Staatliche Kunstsammlungen, Dresden, Kupferstich-Kabinett.

Harald Marx (H.M.)
Collaborateur scientifique,
Staatliche Kunstsammlungen, Dresden, Gemäldegalerie Alte Meister.

H. Joachim Neidhardt (H.J.N.)
Conservateur,
Staatliche Kunstsammlungen, Dresden, Gemäldegalerie Neue Meister.

Gottfried Riemann (G.R.)
Conservateur,
Staatliche Museen Berlin, Sammlungen der Zeichnungen
und Kupferstichkabinett.

Ursula Riemann-Reyther (U.R.R.)
Collaboratrice scientifique,
Staatliche Museen Berlin, Sammlung der Zeichnungen
und Kupferstichkabinett.

Les biographies ont été rédigées par Renate Miehe, Göttingen.

Traductions de
Raymond Barthe, Adam Biro, Jacques Chavy, Marcelle Rognon,
pour l'allemand et de Véronique Schiltz, pour le russe.

Andreas Achenbach

Cassel 1815 - 1910 Dusseldorf

A douze ans, ce fils de marchand est à l'Académie de Dusseldorf, élève de Schadow et de Lessing; deux ans plus tard il vend son premier tableau. Au cours d'un voyage en Hollande, en 1832 et 1833, il fait connaissance de la peinture hollandaise de paysage; il s'inspire particulièrement d'Hobbema. A son retour, il fréquente la classe de paysage de Schirmer. En 1835, il étudie en Suède le paysage des côtes nordiques, dont il deviendra bientôt le meilleur interprète. En 1836, il vit à Munich puis, avec son ami Rethel, à Francfort. De nombreux voyages d'étude le conduisent, entre autres, au Tyrol et en Norvège. En 1843, il se rend en Italie et y séjourne deux ans. Il s'installe à Dusseldorf en 1846. Achenbach produit en abondance des marines, des vues de bords de mer, des paysages du cours inférieur du Rhin, qui font de lui, bien qu'il n'appartienne pas à l'Académie, la figure centrale de l'école de Dusseldorf, qui devait alors sa floraison à la prospérité de l'industrie de la Ruhr.

Andreas Achenbach

1   La roue du supplice

1836
Toile. H 0,275; L 0,415
Monogrammé et daté en bas à droite: *18 AA 36*

Historique
Coll. Creutzer, Aix-la-Chapelle; acquis par le musée en 1912. Inv. n° 3430.

Bibliographie
Redslob, *Cicerone*, 1913, fig. 6; cat. Erfurt, 1924, n° 1, repr.; Cohen, 1924, p. 51; Koetschau, 1926, p. 113; Woermann, 1928, p. 163; Hütt, 1964, p. 75, 167, repr. p. 44; Becker, 1971, p. 105; cat. Erfurt, 1961, n° 1, fig. 20.

Exposition
1957, Berlin, n° 1.

Dès l'âge de vingt et un ans (1836), Andreas Achenbach, qui avait suivi, encore enfant, les cours de l'Académie de Dusseldorf, s'était émancipé de cet enseignement, lui préférant un semi-autodidactisme. Deux grands voyages l'avaient conduit en Hollande et le long des côtes allemandes, à Saint-Petersbourg et en Suède. En même temps que la mer (qui devait rester, sa vie durant, un de ses thèmes de prédilection), la nature nordique, avec ses pathétiques spectacles romantiques, l'avait fortement impressionné. Au printemps 1836, à l'instar d'autres peintres qui protestaient contre l'enseignement de l'Académie, il s'était installé à Munich, où il devait rester un an et demi. C'est là sans doute que ce petit tableau fut exécuté.

Ouvrage de virtuose, enlevé avec cette habileté qui valut à Achenbach, peintre prolifique entre tous, l'admiration de ses contemporains, *La roue du supplice* se situe dans la lignée du dernier romantisme, inauguré, pour la peinture de paysage, à Berlin par Blechen, à Dusseldorf par Karl Friedrich Lessing et Johann Wilhelm Schirmer. Un site lugubre et désertique, suggérant l'angoisse et hanté par la mort; la roue et le cadavre remplaçant le crucifix de Caspar David Friedrich, voilà bien le contrepoids de la confortable peinture de mœurs du Biedermeier. Le sujet, assez rare, s'apparente à un des thèmes favoris du romantisme tardif de l'école de Dusseldorf: les brigands et les prisonniers.

Selon Becker (1971), Achenbach aurait connu des décors de théâtre de P.L.Ch. Cicéri, en particulier celui du troisième acte de *Gustave III* d'Auber. Il faut remarquer cependant que le séjour du peintre à Paris ne date que de 1838. On pensera plutôt à un autre tableau de même sujet et de mêmes dimensions: le *Gibet sous l'orage* de Karl Blechen, peint vers 1833-1835 (Dresde), ouvrage visionnaire qui pourrait bien avoir inspiré Achenbach (ici n° 17). L'effet de brouillard, dont depuis trente ans Friedrich et ses émules ont donné tant de variations, fait maintenant partie du répertoire commun à tous les artistes.

Le biographe d'Achenbach, Bernd Lasch (Koetschau, 1926), porte sur *La Roue du supplice* un jugement sévère: il s'agirait là «sans doute de la contribution la plus absurde au déclin du second romantisme... L'esprit de parodie se manifeste notamment dans la scène, dépeinte avec un plaisir vulgaire, du supplicié sur la roue.»

En effet, l'objectivité avec laquelle sont abordés les accessoires d'une œuvre conçue de façon visionnaire donne à ce tableau un caractère quelque peu contradictoire. Mais dès la même époque, parallèlement à ses paysages d'inspiration romantique, Achenbach commençait à appliquer systématiquement cette objectivité et à élaborer le second volet de son œuvre, marqué, lui, par le réalisme.   C.K.

Erfurt, Angermuseum.

Andreas Achenbach

2   Paysage norvégien avec des pierres runiques

1839
Toile. H 0,370; L 0,520
Signé et daté en bas à gauche: *A Achenbach 1839*

Bibliographie
Cat. coll. Schäfer, 1966, n° 1.

1

Les contemporains d'Achenbach auraient sans doute qualifié d'«inhospitalier» ce paysage rocheux et touffu. Le motif, un tertre entouré de pierres gravées, qui paraît être un monument funéraire, est mis en relief par sa position au premier plan et par l'éclairage qui semble venir de projecteurs. Avec ce monument de l'antiquité païenne et cette tombe, le tableau évoque à la fois le passé et la mort. Achenbach a eu ici pour modèle non seulement Lessing, mais aussi Friedrich. Toutefois, dans son tableau, les symboles contribuent simplement à accentuer l'atmosphère mélancolique. On y retrouve aussi le caractère théâtral propre aux peintres d'histoire de l'école de Dusseldorf, en contact étroit avec le monde du spectacle.

La représentation d'une «réalité fidèle à la nature..., tendance et méthode de l'école de Dusseldorf», comme l'avait définie Wilhelm Schadow, directeur de l'Académie, est illustrée ici; à condition d'y reconnaître la précision graphique caractéristique en effet des paysagistes de l'école de Dusseldorf (avec un accent mis sur les premiers plans), et non la restitution d'un paysage réel. Le tableau a été librement composé à partir d'études de différents éléments, de même qu'une aquarelle, *Forêt de pins enneigée avec des pierres runiques* (1975, Dusseldorf, cat. exp. n° 3) que le jeune Achenbach avait peint en 1835 après son premier voyage dans le Nord. On trouve dans toute la Scandinavie des pierres runiques ou des monuments avec des inscriptions dans l'écriture runique. Mais la disposition en cercle des pierres que l'on observe dans ce tableau est inconnue de la recherche archéologique norvégienne.   H.R.L.

Schweinfurt, collection Schäfer.

Karl Joseph Begas

*Heinsberg (près d'Aix-la-Chapelle)
1794 - 1854 Berlin*

Sur le désir de son père, président de tribunal, Begas doit entreprendre des études de droit; pourtant, dès ses années de lycée à Bonn, il se consacre à la peinture. Il se rend à Paris en 1813 pour y étudier l'art dans l'atelier de Gros. Le roi de Prusse lui achète alors un tableau représentant la Vierge, lui commande d'autres tableaux reli-

gieux et lui accorde une bourse de trois ans pour poursuivre ses études. Au cours de son voyage de retour de Paris à Berlin, il s'arrête à Stuttgart où la collection Boisserée se trouve depuis 1818, et son sentiment national s'éveille devant ces témoins de la peinture allemande ancienne; les influences qu'il avait subies en France s'estompent. Grâce à une bourse du gouvernement prussien, il séjourne en Italie de 1822 à 1824, et il y rencontre le groupe des Nazaréens; il habite avec Thorvaldsen. De retour à Berlin en 1824, il est nommé professeur à l'Académie en 1826 et, en 1829, professeur de la classe de «composition et costume». En dehors de ses œuvres religieuses, il peint des tableaux d'inspiration littéraire comme la Lorelei et, par la suite, des peintures de genre réaliste; il a laissé aussi de nombreux portraits de personnalités de la vie intellectuelle berlinoise.

Karl Joseph Begas

3   Portrait de Thorvaldsen

1823
Bois. H 0,470; L 0,370

Historique
Palais de Gatchina, près de Saint-Petersbourg; transféré à l'Ermitage en 1920. Inv. n° 5761.

Il s'agit du célèbre sculpteur danois Bertel Thorvaldsen (1794-1854), proche ami et protecteur de beaucoup des Nazaréens.

En 1822-1824, Begas vivait à Rome sous le même toit que Thorvaldsen, à la Casa Buti.

C'est là, semble-t-il, que fut peint en 1823 le portrait de l'Ermitage qu'on peut considérer comme un tableau préparatoire pour le grand portrait qui se trouve à Berlin (lithographie de Legrand). Thorvaldsen est représenté avec ses outils de travail, une branche de laurier dans les mains, debout devant une de ses sculptures, *Spes (L'espoir)*. Il avait exécuté cette statue en 1818 dans un style archaïsant, sous l'influence des sculptures archaïques trouvées dans l'île d'Egine et acquises par le Kronprinz Louis de Bavière, qui lui en avait confié la restauration.   Y.K.

Leningrad, musée de l'Ermitage.

Eduard Bendemann

Berlin 1811 - 1889 Dusseldorf

Sa famille habite à Berlin la même maison que le sculpteur Gottfried Schadow; son père, banquier, a le goût des arts. Après de premières études dans l'atelier du peintre Wilhelm Schadow, il suit celui-ci à l'Académie de Dusseldorf en 1827 et l'accompagne en Italie en 1830 et 1831. Puis il vit à Dusseldorf où il est actif comme peintre d'histoire. Il s'installe à Berlin en 1837. En 1838 il est nommé professeur à l'Académie de Dresde, où il exécute des peintures murales pour le château, des portraits, des illustrations. Robert Schumann compte parmi ses amis. Il dirige l'Académie de

2

3

Dusseldorf de 1859 à 1867. Bendemann a continué le style héroïque de Cornelius, mais il l'a combiné avec les sentiments et la conception naturaliste de Schadow.

Eduard Bendemann

4   Aux eaux de Babylone

1831-32
Carton. H 0,265 ; L 0,385

Historique
Legs J.F. Lahmann, Brême, 1937.

Bibliographie
Raczynski, 1836, p. 145 ; Püttmann, 1839, p. 43 et suiv. ; Hagen, 1857, p. 345 ; Springer, 1858, p. 94 et suiv. ; Förster, 1860, p. 361 et suiv. ; Springer, 1884, p. 56 ; Hütt, 1964, p. 24 ; Cat. Brême, 1973, p. 31 et suiv.

Il s'agit d'une esquisse pour un tableau de grand format (1,83 × 2,80) conservé au Wallraf-Richartz-Museum de Cologne. Depuis sa première exposition en 1831, qui fut un succès exceptionnel, ce tableau fut pendant tout le XIXᵉ siècle l'une des œuvres les plus célèbres et les plus admirées du nouvel art allemand.

L'œuvre illustre le Psaume CXXXVII : «Nous étions assis aux eaux de Babylone et pleurions en songeant à Sion. Nous suspendions nos harpes aux saules qui sont en ce lieu. Car là nous commandaient de chanter ceux qui nous tenaient captifs, et de nous montrer joyeux dans nos pleurs: ˮChantez-nous une chanson de Sionˮ» (versets 1 - 3). On peut en lire la première phrase sur le cadre du tableau de Cologne. Le peuple de Juda, déporté en 598 av. J.-C. par Nabuchodonosor en Babylonie, est représenté par un groupe, devant les portes de Babylone, sous un tronc entouré de pampres. «Cinq personnages désignent tout le peuple juif et rappellent tous les âges de la vie: le vieillard, la mère, la vierge, la jeune fille et l'enfant. Le destin commun fait des enfants d'un pays les enfants d'une famille», écrit Hagen en 1857, en se servant de notes prises devant le tableau au moment de son apparition; «Babylone s'étend devant eux, mais le regard de leurs yeux est introspectif et leur esprit se concentre uniquement sur ce qui se trouve au dehors d'eux, au loin.» Tandis que le comte Raczynski, dans la première *Histoire de l'art moderne en Allemagne*, en langue française (1836), fait l'éloge du tableau, «d'une sagesse parfaite, d'un style grandiose et d'une expression profondément sentie», Förster, vingt-quatre ans plus tard, ne ménage pas ses critiques: «Il voulait exprimer la douleur de l'exil, mais en s'appliquant à l'étude fidèle et zélée du modèle, il négligea les études d'ordre psychologique et omit de trouver des motifs éloquents. La tête du vieillard tournée vers le côté exprime sans doute du dépit, mais pas de deuil, et encore moins la douleur de tout un peuple; les deux femmes aussi ne savent pas descendre l'échelle des sentiments plus bas que la maussaderie, et la jeune fille, elle, pourrait même dormir.»

Mais le blâme de Förster ne risquait guère d'amoindrir les «immenses applaudissements» suscités par le tableau et qui allaient se renouveler devant le *Jérémie sur les décombres de Jérusalem*. D'ailleurs, il semble avoir été le seul à émettre une critique négative. «La familiarité du peuple avec le motif, l'idée claire et simple qui s'y exprime, la sensation vive qu'il suscite, le rapport symbolique qui y réside sans exclure pour autant la fraîche immédiateté de la représentation, étaient des mérites rares. Et comme s'y joignaient de surcroît une conception digne, un coloris sinon profond, du moins séduisant, et que l'expression voulue passait parfaitement dans les aspects extérieurs, l'œuvre dut nécessairement rallier l'affection générale de tous les amateurs d'art.» (Springer, 1858). Plus de cinquante ans après la naissance du tableau, c'est encore Springer, alors professeur d'histoire de l'art à l'université de Bonn, qui écrit ceci:

«Bendemann ne démordait pas du ton dominant que l'école de Dusseldorf aimait prendre dans ses tableaux et faisait également prévaloir dans ses peintures l'élément lyrique, s'accompagnant d'une faible résonance de tristesse mélancolique. Mais en reliant cela à un contenu héroïque, en exprimant le reflet de grands événements dans l'état d'âme de

4

ses héros, il parvint à obtenir de l'art des effets nouveaux. Il rapprocha de nous le monde historique reculé, lui prêta des traits humains intéressants, communément intelligibles, en atténua tout ce qui était rébarbatif, âpre, passionnel et ramena de la sorte les héros sur un terrain à la portée d'une génération restant bon gré mal gré étrangère aux grandes affaires de la vie publique.»

Püttmann conduit l'analyse plus loin: «Pareil au barde Ossian, l'artiste détourne ses regards du point de vue du temps présent pour les plonger dans l'actualité de la plus haute antiquité; les gigantesques structures du passé surgissent du brouillard pour rendre évidente leur ressemblance ou dissemblance avec le temps présent. Voici, se déroulant devant le spectateur, une période de calamité de l'histoire du fataliste peuple juif, et bien que la description de cette calamité paraisse se draper dans les vêtements du passé, les rapports avec l'époque d'aujourd'hui n'en ressortent pas moins clairement et distinctement, pour la simple raison que l'ère de calamité du pauvre peuple n'a pas encore pris fin... Les tableaux «juifs» de Bendemann interviennent avec une éloquence très grave dans les débats à l'ordre du jour sur l'émancipation du peuple malheureux, et s'il est vrai que l'art est susceptible d'avoir une influence sur les progrès de la civilisation, comme il convient de l'espérer et aussi de le croire, ces tableaux-là pourraient se substituer avantageusement au meilleur plaidoyer.»

Comme parodie de la résignation sentimentale, telle qu'elle apparaît dans le tableau de Bendemann ou dans *Le Couple royal endeuillé* de Lessing, on peut citer *Les Tanneurs endeuillés* (au Städel de Francfort) d'Adolf Schroedter. L'hypothèse de Hütt, selon laquelle «la résignation qui dominait la bourgeoisie allemande dans les années suivant les guerres d'indépendance, et dont elle ne se remettait que lentement, aurait trouvé une expression accomplie» dans ce tableau, n'est nullement étayée par les jugements contemporains.

Notre tableau est une étude précise, conçue en 1832 ou dès 1831, pour le tableau de Cologne. Il en existe une petite répétition avec des variantes dans l'Angermuseum d'Erfurt; l'authenticité de deux autres répliques est douteuse.
                                                    H.R.L.

Brême, Kunsthalle.

Karl Blechen
Cottbus (Brandebourg) 1798 - 1840 Berlin

Après un apprentissage dans une banque, ce fils d'un fonctionnaire des contributions fréquente la classe de dessin et de paysage de l'Académie de Berlin. En 1823, à Dresde, il fait la connaissance de Dahl et aussi, probablement, celle de Friedrich. Sur la recommandation de Schinkel, il devient peintre de décors au Théâtre Royal de Berlin, récemment édifié. A partir de ce moment, il se tourne vers la peinture de paysages d'un romantisme fantastique. En 1828 et 1829, il parcourt l'Italie. C'est peut-être sous l'influence de Turner, dont il défend les œuvres contre les Nazaréens, ces «dessinateurs», qu'il transforme radicalement sa manière de peindre. De même que Corot, qui séjourne en Italie à peu près à la même époque, Blechen s'intéresse moins à la tradition et à l'histoire de l'art italien qu'à la lumière et aux couleurs de la nature méridionale. Il saisit avec réalisme l'impression instantanée reçue de la nature, en plein-air, et l'exprime avec spontanéité. A partir de 1831, il est professeur de paysage à Berlin; il utilise alors ses études rapportées d'Italie pour en faire de grandes peintures plus romantiques. Il transpose également ce style dans des motifs tirés de paysages de sa région natale. L'Usine de laminage près de Eberswald, de 1835, peinture d'esprit à la fois réaliste et impressionniste, constitue un des premiers paysages industriels et indique la direction que suivra Menzel. Durant l'été 1835, il visite Paris, où Vernet fait l'éloge de la «sûreté de sa technique» et de l'«intelligence de sa mise en œuvre». En 1836 se manifestent les premiers symptômes de dépression; en 1838, Bettina von Arnim tentera en vain de l'aider et de le sauver. Il meurt, privé de raison.

Karl Blechen

5 Église gothique en ruine

1826
Toile. H 1,29; L 0,96
Signé et daté en bas à gauche: *B 1826*

Historique
Acheté en 1931 dans une coll. part. berlinoise:
Inv. Gal. n° 2637 A.

Bibliographie
Rave, 1940, p. 156, cat. n° 172; Beenken, 1944, p. 171, fig. 37; Neidhardt, 1963, p. 104-106;

Heider, 1970, p. 42, repr.; Neidhardt, 1974, p. 57-58, repr.; cat. Dresde 1975, p. 20.

Expositions
1965, Berlin, n° 14; 1971, Zurich, n° 49.

Il s'agit du chef-d'œuvre de la première période de l'artiste, exécuté alors que Blechen travaillait comme décorateur au Théâtre Royal de Berlin. La composition et l'éclairage rappellent d'ailleurs la décoration théâtrale, tandis que le sujet (ruine gothique, pèlerin endormi) dérive de la littérature romantique. L'impression que les tableaux de C.D. Friedrich ont faite sur Blechen, qui les avait vus à Dresde en 1823, se reflète dans la conception de l'œuvre. L'édifice gothique, une église à cinq nefs entourée de tribunes, ne représente pas un bâtiment identifiable, mais une architecture imaginaire. Le pèlerin qui sommeille au pied d'un puissant pilier symbolise la menace qui pèse sur l'être humain dans un monde soumis à la loi de l'éphémère, mais aussi, probablement, la confiance du croyant. Les forces de la nature triomphent de l'œuvre de l'homme, les eaux rongent et minent les fondations: dans la crypte détruite, on voit un sarcophage à moitié englouti par l'eau. Et pourtant, en face de ce symbole de la mort, un jeune bouleau, poussé entre les ruines, s'élance vers la lumière comme un symbole de vie et d'espoir.

Un dessin préparatoire au crayon de Blechen pour cette composition se trouve à la Nationalgalerie de Berlin (NG 1173; Rave 1940, n° 173).
                                                    H.J.N.

Dresde, Staatliche Kunstsammlungen, Gemäldegalerie Neue Meister.

Karl Blechen

6 Vue sur des maisons et des jardins

v. 1828 ?
Carton. H 0,200; L 0,260

Historique
Brose, Berlin; acquis en 1891.

Bibliographie
Rave, 1940, N° 1730; Beencken, 1944, p. 174; Pinder, 1944, p. 98; cat. Hambourg, 1969, p. 28; Schmoll, 1974, p. 302.

Expositions
1971, Cologne, n° I; 1976, Hambourg, n° 256.

Il est difficile de situer avec certitude la date d'exécution de cette œuvre. La rapprochant d'une feuille d'un carnet d'esquisses précédant la période italienne, Schümann la place avant ou aux alentours de 1828.

«Pour un art qui visait encore uniquement à la représentation idéale d'une nature cohérente, un tel thème n'aurait pu faire l'objet d'un tableau. On n'aurait guère admis la rencontre d'éléments rassemblés en fait par le hasard et déterminée par un point de vue subjectif, qui suppose donc un doute envers la nature»; ce jugement de Beencken sur le «modernisme» de Blechen s'éclaire d'autre part de ce qu'apprend la tradition iconographique du motif. «La peinture hollandaise du XVIIᵉ siècle, dans la description du monde des gens simples, connaît déjà ces vues par dessus les toits sur des jardins tranquilles et des cours nues, qui constituent en quelque sorte l'«envers du décor» des vues solennelles des monuments architecturaux» (Schümann). Autre précédent, plus près de Blechen dans le temps, deux œuvres anglaises (signalées par Holsten), toutes deux de 1782, une étude à l'huile de *Naples* par Thomas Jones et un dessin de *Saint Barnabas* par J.B. Malchair (cf. cat. exp. 1976, Hambourg, p. 271). Faut-il aussi rappeler — la comparaison est souvent faite —, la première photographie de l'histoire, faite par Niepce en 1826: la vue de son jardin d'une fenêtre de mansarde. Comme Beencken, Holsten souligne le parallèle entre la vision de Blechen et l'extraordinaire expansion des villes au XIXᵉ siècle, «qui a modifié les rapports de confiance entre l'homme et la nature». H.R.L.

Berlin, Staatliche Museen Preussischer Kulturbesitz, Nationalgalerie.

Karl Blechen

7 Maisons dans un ravin près d'Amalfi

1829
Lavis brun sur traits de crayon. H 0,206; L 0,297
Inscription en bas à gauche: *Amalfi*

Historique
Reçu par l'Akademie der Künste de Berlin de la succession de l'artiste; depuis 1963, en dépôt permanent aux Staatliche Museen de Berlin (R.D.A.) (Blechen nº 47).

Bibliographie
Rave, 1940, nº 1146; Rave, 1941, p. 320.

Expositions
1960, Berlin, nº 44; 1973, Berlin, nº 136.

Ce dessin était la feuille 5 de l'«*Amalfi-Skizzenbuch*» (Album d'esquisses d'Amalfi) de Blechen (Rave, nº 1142 à 1206), démantelé sans doute déjà par l'artiste lui-même: l'album contenait 66 feuilles (à deux exceptions près, toutes jadis propriété de l'Akademie de Berlin). Le dessin fut exécuté lors d'une excursion à pied à travers la Valle dei Molini, près d'Amalfi. Les sépias d'Amalfi témoignent de façon particulièrement frappante des leçons tirées par Blechen de son expérience italienne, dans le sens de la clarté et de l'équilibre dans l'organisation de l'ombre et de la lumière.
G.R.

Berlin, Akademie der Künste (dépôt aux Staatliche Museen, Kupferstichkabinett und Sammlung der Zeichnungen).

Karl Blechen

8 Rue à Pompéi

1829
Aquarelle sur traits de crayon. H 0,242; L 0,352
Inscription en haut à droite: *Strada consolare*

Historique
Entré avant 1878 au Kupferstichkabinett de Berlin; Berlin (R.D.A.), Staatliche Museen, Sammlung der Zeichnungen (Blechen nº 159).

Bibliographie
Rave, 1940, nº 1225; Rave, 1941, p. 320.

Expositions
1880-81, Berlin nº 329; 1973, Berlin, nº 131.

Cette aquarelle est extraite du «*Neapler Skizzenbuch*» (Album d'esquisses napolitaines) de Blechen (Rave, nº 1210 à 1239), qui contenait 30 feuilles, parmi lesquelles des aqua-

6

7

8

9

relles (pour la plupart conservées à la Sammlung der Zeichnungen de Berlin, soit propriété de cette collection, soit en dépôt de
l'Akademie der Künste).

Blechen utilisa cet album en 1829 dans le
golfe de Naples, à Pompéi, à Paestum et aussi,
lors de son voyage de retour, à Assise et
Pérouse. Ce sont précisément les aquarelles
napolitaines qui attestent le changement
artistique décisif que l'expérience italienne
apporta à Blechen: la découverte du plein
air.   G.R.

Berlin, Staatliche Museen, Kupferstichkabinett
und Sammlung der Zeichnungen.

Karl Blechen

9   Grotte dans la Baie de Naples

Bois. H 0,375; L 0,290

Historique
G.R. Kern, Berlin; acquis en 1938.

Bibliographie
Rave, 1940, nº 1026; Brion, 1959, repr. couleurs
p. 106; cat. Cologne, 1964, p. 23 et suiv.

Ce tableau a dû être peint peu après le retour
d'Italie de Blechen. Un dessin pour la grotte
est conservé à Berlin (Rave, 1071). On
connait trois autres peintures (conservées à
Karl-Marx-Stadt, Bautzen et Berlin; Rave
1005, 1019, 1129) qui représentent des grottes dans la baie de Naples, parmi lesquelles
la *Caverne près d'Amalfi avec une croix* évoque
aussi un ermitage.

Blechen a souvent peint des moines et
ermites; il fit pendant son séjour en Italie
(1828-1829) de nombreuses études où figurent des moines. Dans ses paysages italiens,
ceux-ci ne sont plus que des personnages
dans un décor, l'aspect dramatique et fantastique du thème s'effaçant.

Le tableau exposé est exempt de toute
signification symbolique. Rappelons que le
thème romantique des moines avait largement
été diffusé en France vers 1825 par la littérature (*Le Solitaire*, roman du vicomte d'Ar-
lincourt) et en peinture par François-Marius
Granet et Auguste de Forbin, dont les œuvres
étaient connues à Berlin (Becker, 1971, p. 111,
171). C'est là qu'il faut chercher les sources
artistiques de Blechen, plutôt que dans les
symboles de mort de Friedrich. Il faut pour-

tant souligner l'atmosphère sombre et dou-
loureuse qui imprègne une des dernières
œuvres de Blechen, le *Moine dans une grotte
de la baie de Naples regardant les ruines du palais
de Jeanne d'Aragon* (Berlin; Rave 1647), qui
fut exposé sous ce titre en 1837.   H.R.L.

Cologne, Wallraf-Richartz-Museum.

Karl Blechen

10   Le parc de la Villa d'Este

v. 1830-1832
Toile. H 1,260; L 0,930

Historique
Coll. royales prussiennes depuis 1835 (palais de
Charlottenburg jusqu'en 1839; palais de Potsdam
où il est encore mentionné en 1921; plus tard
palais de Berlin); Staatliche Museen de Berlin
(R.D.A.), Nationalgalerie, 1958. Inv. nº A III 463.

Bibliographie
Kern, 1911, p. 90 et suiv., fig. 72, cat. p. 190; Rave,
1940, p. 28 et suiv., cat. nº 869 repr. p. 279; Rave,
Brême, s.d., p. 7 pl. couleurs 9; Berger, 1965, p. 12,
repr. couleurs sur la couverture; Heider, 1970,
p. 28, repr. couleurs 18; album de la National-
Galerie, 1968, nº 31, repr. couleurs sur la couverture.

Expositions
1832, Berlin, nº 52; 1881-82, Berlin, nº 176; 1966,
Berlin, p. 213.

11

Blechen a peint ce tableau d'après une esquisse à l'huile faite à Tivoli, lors de son
voyage en Italie (Rave 873; Berlin, Akademie
der Künste). Blechen s'est servi comme
étude préliminaire d'un dessin au crayon,
exécuté à Berlin, dont la disposition correspond à celle de l'œuvre définitive (Rave 873;
Berlin, Sammlung der Zeichnungen). La
date exacte de l'œuvre n'est pas connue, mais
le début de son exécution ne devrait pas être
antérieur à l'exposition de l'Académie de
Berlin de 1830, et la peinture a dû être terminée peu avant l'exposition de 1832. L'esquisse à l'huile, d'une facture déliée, à traits
de pinceau rapides, montre une image haute
en couleurs de la nature inondée de soleil,
contrairement à la toile exécutée à l'atelier,
où Blechen accentue le caractère de «peinture d'état d'âme» répondant à la conception
romantique. Les costumes des personnages
datent du XVIᵉ siècle et correspondent à la
construction de l'édifice (1549 et les années
suivantes), renvoyant le spectateur dans le
passé. Blechen renforce l'effet provoqué par
la Villa d'Este qui se dresse comme découpée
à l'horizon, par l'artifice de l'allée de hauts
cyprès qui conduit le regard. Au premier
plan, l'espace, animé par un violent contre-
jour et des ombres colorées, s'élargit tel une

scène de théâtre. Blechen, dans cette disposition et dans les personnages qui évoluent
à la manière de figurines, se souvient de
l'époque où il était peintre de décors au
Königstädtisches Theater de Berlin (1824-
1827).   L.B.

Berlin, Staatliche Museen, Nationalgalerie.

Karl Blechen

11   Le monastère Santa
Scholastica près de Subiaco

v. 1830-1832?
Toile. H 1,10; L 0,77

Historique
Galerie Carl Nicolai, Berlin; coll. Dr Eduard Baron
von der Heydt, Ascona; donné en 1952.

Bibliographie
Rave, 1940, nº 886; cat. Wuppertal, 1974, p. 271.

Blechen passa plusieurs jours à Subiaco en
1829. Il prit plusieurs fois pour sujet de ses
tableaux le monastère des Bénédictins; notre
tableau en montre une vue du côté ouest.
Dans 'le carnet d'esquisses de l'été 1829,
conservé à Berlin, se trouve une ébauche de
ce paysage; le musée de Wuppertal possède
également une vue dessinée, en sens inverse,
du monastère. Trois autres tableaux montrent le même sujet, sous un autre angle.
Notre tableau, non daté, a dû être peint dans
les années qui ont suivi le retour d'Italie. Il
n'est pas certain que le *Ravin près de Subiaco
avec vue sur le monastère S. Scholastica*, qui
figura à l'exposition d'automne 1832 de l'Académie de Berlin, soit notre version.
    C'est la clarté des tonalités qui frappe
d'abord dans ce tableau. On trouve souvent
des paysages peints dans des couleurs claires
dans la peinture flamande et hollandaise du
XVIIᵉ siècle. Mais alors que dans ces œuvres
les parties latérales de la composition sont
généralement foncées, ici, une zone sombre
traverse le tableau en diagonale. Blechen en
est venu à ces audaces de composition après
son voyage en Italie, qui lui a enseigné l'observation juste et minutieuse de la structure
du terrain, de l'architecture, de la végétation.
Les agaves sont dépeints avec précision;
aucun artifice dans la description des troupeaux de moutons autour des bergers.   H.R.L.

Wuppertal, Von der Heydt Museum.

Karl Blechen

12   La Vallée dei Molini
près d'Amalfi

v. 1830-1835?
Toile. H 1,100; L 0,775

Historique
Probablement famille von Decker, Berlin;
capitaine de cavalerie von Decker, château de
Dittersbach près de Lüben, en Silésie; Galerie
Carl Nicolai, Berlin, 1935; acquis par le Museum
der bildenden Künste, Leipzig, 1935. Inv. nº 1257.

Bibliographie
Rave, 1940, nº 1119, fig. p. 313; Jahn, 1961, p. 87,
pl. couleurs 84; Berger, 1965, p. 12, pl. couleurs 4;
Heider, p. 24 pl. couleurs 28; cat. Leipzig, 1967,
p. 17, fig. 54.

Expositions
1881-82, Berlin, nº 172; 1963, Cottbus nº 127.

On ne possède aucune donnée précise sur la
date d'exécution de ce tableau, qui ne fut
jamais exposé du vivant de l'artiste. Sans
doute peut-on le situer entre 1830 et 1835,
car après cette date l'état de santé de Blechen
ne lui aurait sans doute pas permis d'exécuter
un tableau de cette importance.
    On connaît deux études préparatoires
pour le tableau, l'une, peinte à l'huile, en
1829, lors d'une promenade de l'artiste dans

12

la vallée dite du moulin, près d'Amalfi (autrefois Berlin, Preussische Akademie der Künste; l'œuvre a été détruite pendant la dernière guerre; Rave 1120); l'autre, un dessin pour la femme au premier plan avec un berger, conservé à l'Akademie der Künste de Berlin (Rave 1562).

Les esquisses à l'huile et les dessins exécutés dans la vallée du moulin d'Amalfi comptent parmi les œuvres les plus remarquables de l'artiste et représentent peut-être le point culminant de sa production italienne. C'est ce qui l'a incité, à Berlin, à les utiliser pour des peintures, comme il le fit, d'après d'autres esquisses (cf. *La Villa d'Este*, ici n° 10), pour des tableaux destinés aux expositions de l'Académie.

Il existe un deuxième tableau de grande dimension représentant le même site, vu de plus haut. L'œuvre qui, elle non plus, n'est pas signée, paraît contemporaine de celle que nous présentons; elle fut également exposée pour la première fois seulement en 1881 (Berlin, Nationalgalerie; Rave 1940). La construction picturale des deux tableaux, qui caractérise d'autres paysages de Blechen (cf. *La Villa d'Este*, ici n° 10), repose sur un encadrement très clair de l'espace, avec un motif qui limite fortement l'arrière plan (ici le massif montagneux). Les costumes servent à rendre tangible le contenu sentimental romantique grâce à un motif dramatique.   L.B.

Leipzig, Museum der bildenden Künste.

Karl Blechen

13   Intérieur de la palmeraie de l'Ile aux Paons de Berlin

1832-34
Papier sur toile. H 0,64; L 0,56

Historique
Coll. du roi Frédéric-Guillaume III de Prusse, 1834; acquis en 1901.

Bibliographie
Rave, 1940, n° 1736; Beencken, 1944, p. 175 et suiv.; cat. Hambourg, 1969, p. 19; Heider, 1970, p. 30.

Frédéric-Guillaume III de Prusse avait acheté en 1830 à Paris la collection de palmiers de Foulchiron, sur le conseil d'Alexander von Humboldt. Il fit construire par Schinkel une serre à structure métallique, qui fut détruite par un incendie en 1880; la base de l'édifice est restée sur l'Ile des Paons, dans le Havel, près d'un petit château d'été du roi.

«Avec la représentation des Odalisques — esclaves blanches du harem — et une architecture de style indien, Blechen rend hommage à la mode orientaliste qui régnait vers 1830 dans plusieurs centres européens... La colonisation britannique avait fait connaître l'architecture indienne; on en reconnaît les signes dans l'architecture en fonte des maisons de campagne anglaises et de leurs dépendances. La Turquie et l'Algérie impressionnaient les peintres français (Schümann, cat. exp., Cologne, 1971, p. 17 et suiv.). Le roi commanda en 1832 à Blechen deux vues de la serre; les tableaux furent achevés en 1834. L'autre tableau, qui représente le mur opposé, se trouve à la Nationalgalerie de Berlin. Le roi destinait les deux peintures à sa sœur Charlotte, la tsarine Alexandra de Russie; pour des raisons inconnues, ils ne parvinrent pas à leur destinataire. Blechen avait demandé au roi 200 frédérics pour ce travail; le roi trouva cette somme trop élevée, et Blechen pria alors Schinkel d'intervenir; celui-ci ayant considéré le prix comme justifié, le roi paya ce qui lui était demandé.

On trouve à Berlin des études pour l'ensemble de la composition (Rave 1740-1) et de nombreux détails (Rave 1739, 1742-72). Plus tard, Blechen peignit une autre paire de tableaux, un peu plus grands (à Potsdam), certainement d'après de nouvelles études, car la végétation de la serre est ici beaucoup plus luxuriante.

Le caractère exceptionnel du tableau dans l'œuvre de Blechen peut s'expliquer par le fait qu'il a été peint sur commande.   H.R.L.

Hambourg, Kunsthalle.

Karl Blechen

14   La «Tour fendue» du château de Heidelberg

Toile. H 0,805; L 0,92

Historique
Don d'une amie des arts, 1954.

Bibliographie
Schrade, 1967, p. 108; cat. Brême, 1973, p. 37.

Blecken a visité le château d'Heidelberg, qui fut presque un symbole national pour le romantisme, en automne 1829, à son retour d'Italie. Deux esquisses à l'huile (Rave 1474, 1475) montrent la tour en ruines, que Ernst Fries avait aussi dessinée, et dont il avait fait une lithographie en 1820. Il est possible que notre tableau ait été exécuté seulement quelques années après la visite de Blechen à Heidelberg; il en existe une version très proche (Rave 1472) à Cottbus, et une, inachevée (Rave 1473), à Berlin.

Le sujet principal est la tour d'angle sud, typique du XVe siècle, que les troupes de Louis XIV avaient fait sauter en 1693, lorsqu'ils incendièrent le château et la ville, et dite depuis «Tour fendue». La tour à coupole, à côté, date du début du XVIe siècle, comme le pont et la guérite à gauche.

Pour obtenir une plus forte impression picturale, Blechen a rapproché les deux tours. La tour arrière est à contre-jour sur le ciel, la tour ronde éclairée de telle sorte que la cassure et l'éboulement sont entièrement atteints par la lumière. Différentes sources lumineuses agissent ainsi dans ce sombre symbole de la destruction, illustrant les relations romantiques entre la nature et l'œuvre de l'homme.   H.R.L.

Brême, Kunsthalle.

Karl Blechen

15   Église gothique en ruine

v. 1834
Aquarelle sur traits de crayon. H 0,373; L 0,259

Historique
Entré avant 1878 au Kupferstichkabinett de Berlin; Berlin (R.D.A.), Staatliche Museen, (Blechen, n° 562).

Bibliographie
Justi, 1919, p. 63; Rave, 1940, n° 1884; Hofmann, 1960, repr. 30.

Expositions
1881-82, Berlin, n° 375; Berlin, n° 17; 1972-73, Munich, n° 161; 1973, Berlin, n° 214.

Étude préparatoire pour une toile commandée par le Kunstverein de Königsberg (jadis conservée aux Städtische Kunstsammlungen de Königsberg) qui fut montrée pour la première fois à l'exposition de l'Académie de Berlin en 1834. Le thème de la ruine gothique avec

14

15

un pèlerin hanta longtemps Blechen (cf. ici
n° 5). G.R.

Berlin, Staatliche Museen, Kupferstichkabinett
und Sammlung der Zeichnungen.

Karl Blechen

16 Taillis avec deux chasseurs

v. 1835
Au verso: croquis de paysage avec des architectures
Plume et lavis brun. H 0,295; L 0,345

Historique
Coll. Dr Rolf Grosse, Berlin; Berlin (R.D.A.),
Staatliche Museen.

Bibliographie
Rave, 1940, n° 1923.

Expositions
1971, Berlin, n° 13; 1973, Berlin, n° 218.

Ce dessin, exécuté sans doute vers 1835, correspond à la reprise des thèmes romantiques
(notamment celui de la forêt), qui caractérise
les œuvres tardives de l'artiste, empreintes
d'un sentiment de plus en plus mélancolique.
G.R.

Berlin, Staatliche Museen, Kupferstichkabinett
und Sammlung der Zeichnungen.

Karl Blechen

17 Le gibet sous l'orage

v. 1835
Papier sur carton. H 0,295; L 0,460.

Historique
Acheté au Professeur Otto Krigar-Menzel, Berlin.
Inv. Gal. n° 2637 A.

Bibliographie
Kern, 1911, p. 178, 191, repr.; Rave, 1940, cat.
n° 1963, repr.; Brauer, 1940, p. 8, 4, repr.;
Wichmann, 1964, p. 56, 57, repr.; Heider, 1970,
p. 107, repr.; cat. Dresde 1975, p. 20.

Expositions
1921, Berlin, n° 61; 1958, Dusseldorf, n° 60; 1957,
Berlin, n° 12; 1965, Berlin, n° 16, p. 199; 1971,
Zurich, n° 50; 1973, Berlin, n° 207.

Selon Brauer, ce paysage, dont la partie inférieure est restée inachevée, a probablement
été exécuté dans le Harz en 1833; mais on
admet généralement une date plus tardive,
vers 1835. Le fait que l'œuvre ait été exécutée
sur papier, avec une certaine rapidité, fait
penser qu'il s'agit d'une étude sur nature;
l'impression fantômatique résulte de l'adjonction de la roue et du gibet qui accentue
le romantisme du contenu. H.J.N.

Dresde, Staatliche Kunstsammlungen,
Gemäldegalerie Neue Meister.

16

17

Clemens von Brentano

Ehrenbreitstein (près de Coblence)
1778-1842 Aschaffenburg

Un apprentissage commercial et de brèves études minières se terminèrent sans résultat pour cet élève des jésuites. En 1797, il étudie à Halle et à Iéna; il est en relations avec Wieland, Herder, Goethe, Schlegel, Fichte, Tieck. Il se rend à Göttingen en 1801; il fait un voyage sur le Rhin avec son ami Achim von Arnim. Il est incité à écrire son drame «Ponce de Leon» par un concours lancé par Goethe. A partir de 1804, il vit à Heidelberg; en 1806, il publie avec Arnim le recueil de chants populaires Des Knaben Wunderhorn. En 1807, à Cassel, il se lie d'amitié avec les frères Grimm et en 1809, à Berlin, entre en relations avec Kleist, Fouqué, Eichendorff. A partir de 1810, il correspond avec Runge. Au cours des pérégrinations incessantes des années suivantes, il écrit des contes, des nouvelles, des poèmes. Revenu à la foi catholique (1817), il consigne par écrit les visions d'une religieuse stigmatisée. A partir de 1833, il vit surtout à Munich, en contact avec Wasmann, Neureuther, Schwind, Kaulbach. Brentano, au double tablent, un des personnages les plus imaginatifs du romantisme allemand, n'est pas seulement un poète original, rénovateur de la littérature ancienne, il collectionne aussi les gravures, projette des illustrations pour ses contes. Il a également eu le mérite de répandre un style linéaire de gravure sur bois pour l'illustration des livres en publiant la reproduction d'un recueil de légendes populaires de la fin du Moyen-Age.

Clemens von Brentano

18 Gockel, Hinkel und Gackeleia.

Ein Mährchen, wieder erzählt
von Clemens Brentano

(un conte de fées, raconté dans une version nouvelle par C. Brentano). Frankfurt bei Schmerber, 1838.

Livre de 346 pages avec 15 lithographies pleine page en deux couleurs.
Mention d'achevé d'imprimer par Strixner sur la page de titre.
Illustration gravée.
H 0,205; L 0,125 (dimensions de la feuille).

Bibliographie
Rümann, 1926, p. 19, nº 130; Diehl, 1935, p. 67; Bang, 1944, p. 40-43; Holst-Sudhoff, 1965, p. 140-154; Gajek, 1970, p. 46-51; Traeger, 1975, p. 178-179, fig. 33, avec indications bibliographiques supplémentaires.

18

Les illustrations de cet ouvrage ont été esquissées par le poète lui-même, ou tout au moins avec son concours, et furent dessinées par Maximiliane Pernelle, Ludwig Emil Grimm et Kaspar Braun. Johann Nepomuk Strixner, dont la signature figure sur la page de titre, n'a sans doute collaboré comme lithographe qu'aux planches exécutées en dernier lieu.

Ce livre est l'un des témoignages les plus importants de l'aspiration des romantiques allemands vers une unité des arts. De même que beaucoup de poèmes de Brentano sont proches de la musique pure, de même ce conte est «imagé» dans sa façon de traiter les sujets et son langage. En retour, Brentano cherche à établir dans ses illustrations une unité suggestive entre texte et image. Treize planches traitées sur un ton narratif, apparemment ingénu, correspondent au style de l'ouvrage, non sans que le fabuleux touche parfois au «surréel». Le frontispice, une sorte d'exposition des protagonistes, et la feuille finale résument symboliquement les événements en s'inspirant des *Tageszeiten* (*Heures du jour*) de Runge (ici nºs 203-6).

Le motif fondamental de ce *Kunstmärchen* («conte artistique») de Brentano est emprunté à un recueil de contes napolitains du XVIIᵉ siècle, le *Pentamerone*. Toutefois l'adjonction de vers (provenant entre autres de *Des Knaben Wunderhorn*), l'introduction de perspectives plus variées et changeantes et d'outrances ironiques ont considérablement amplifié le propos, qui correspond ainsi à la conception plus universelle de la poésie romantique.

Il s'agit de l'histoire de deux époux tombés dans la pauvreté, Gockel et Hinkel, de leur fille Gackeleia et d'un coq légendaire Alektryo, qui appartient à la famille, et a une bague enchantée dans le gosier. «Chevaleresque», Alektryo se sacrifie pour sa maîtresse; grâce au pouvoir magique de l'anneau, la famille obtient, après bien des péripéties fantastiques, un château, et Gackeleia, de son côté, un prince qui devient son époux.

Le narrateur raconte comment, métamorphosé en enfant lors du banquet de noces, il fut délesté la nuit suivante du «Journal intime de l'aïeule». Ce Journal, retrouvé, qui reprend l'histoire du conte vu d'une autre perspective, a été rajouté à l'action proprement dite, en guise de conclusion au livre. Dans la dernière illustration (p. 331), le moment où est retrouvé le Journal met en évidence l'interdépendance des différents niveaux du récit. Amey (en bas à droite), en train de tresser une couronne, a un songe au cours de la nuit qui précède son mariage: elle se voit elle-même sous les traits d'une femme âgée. Elle trouve le trône de saint Edouard où est enchâssée la «pierre de sommeil» de Jacob, qui guérit les maux. Blotti contre le trône s'est endormi le «gamin» qui rendra à Amey son Journal le jour de ses noces; la plume qu'il porte sur l'oreille permet de l'identifier comme un poète. A l'aide de la bague enchantée d'Amey, l'anneau de Salomon, tous les grains de blé que l'enfant avait subtilisés jadis au paisible volatile au bénéfice du coq magique, voilà qu'à grand renfort de larmes, ils s'épanouissent en épis, et cela si vite que la Mort (le faucheur, à gauche sur l'image) ne parvient plus à les faucher. Du trône monte un pavot avec la nuit et huit étoiles personnifiées. Sur ses feuilles figurent les vers par lesquels se termine l'ouvrage: «O Stern und Blume, Geist und Kleid, Liebe,

Leid und Zeit und Ewigkeit.» (O étoile et fleurs, esprit et apparence extérieure, amour, douleur, temps et éternité.») En s'inspirant de la composition de la *Nuit* de Runge, l'espace et le temps de la fiction poétique sont transposés et réunis dans l'image.   H.H.

Hambourg, Kunsthalle.

Asmus Jacob Carstens

St. Jürgen (Schleswig) 1754 - 1798 Rome

Orphelin très jeune, Carstens, qui est attiré par la peinture, est obligé d'entrer en apprentissage chez un négociant en vins, en 1771. Le peintre hambourgeois J.J. Tischbein lui offre de le prendre comme apprenti pendant sept ans, à condition qu'il lui serve en même temps de domestique pendant trois ans. Bien que sans ressources, Carstens refuse. En 1776, il commence ses études à l'Académie de Copenhague, sous la direction d'Abildgaard, où il refuse — comme plus tard à Rome — de se plier au traditionnel dessin d'après les moulages. En 1783, son voyage en Italie s'interrompt à Mantoue, faute d'argent. A Zurich, où Lavater et Gessner l'encouragent, il vit, comme ensuite à Lubeck, en peignant des portraits; il est soutenu par le sénateur et poète C.A. Overbeck, et par le père de Friedrich. Il s'installe en 1787, à Berlin où il est professeur à l'Académie en 1790. Son amitié avec l'architecte H.C. Genelli, l'oncle du peintre, lui apporte des commandes de fresques pour le château et pour la maison du ministre von Heinitz. En 1792, il se rend à Rome muni d'une bourse d'étude de deux ans; il y étudie les œuvres de l'antiquité et celles de Michel-Ange et de Raphaël. Carstens, qui est lettré et dont la bibliothèque est citée en exemple par ses contemporains, fait des dessins sur des sujets puisés dans les poètes antiques, dans Shakespeare et dans Ossian. Dans ses dessins mythologiques et allégoriques, il fait preuve d'un néo-classicisme d'une grande rigueur formelle, et idéaliste à l'extrême; toutefois il frôle le «Sturm und Drang» et le romantisme, tant par ses thèmes métaphysiques que par l'antinomie entre l'idée transcendante et l'inachèvement de l'exécution. Après un vif échange de lettres avec l'Académie, il refuse de retourner à Berlin et se dégage de ses obligations académiques. On le congédie. Carstens, pour qui l'art est la représentation objective d'idées, constitue le prototype de l'artiste voué à la réflexion, qui se veut

indépendant des commanditaires. Dans une certaine mesure, il incarne la théorie exposée par Kant dans la Critique du jugement *(1790) sur l'autonomie subjective du génie. Cette esthétique de Kant, qui triomphe de la théorie artistique de Winckelmann axée sur le beau idéal objectif, Carstens la connaît grâce au kantien C.L. Fernow dont il est l'ami depuis l'époque de Lubeck; Fernow, arrivé à Rome en 1794, habite avec Carstens, et c'est lui qui écrira la première biographie de l'artiste après la mort de celui-ci; en 1795 et 1796, Fernow donne des conférences sur l'éthique et l'esthétique de Kant. En 1795, Cartens fait à Rome une exposition publique de ses dessins, qui s'élèvent à la plus haute poésie; il est pourtant très controversé dans le monde des artistes. Les sculpteurs Canova et Thorvaldsen, les peintres Koch, Schick, Cornelius, Overbeck saluent en lui le fondateur d'un nouvel art allemand.*

Asmus Jacob Carstens

19   La Nuit avec ses enfants

1795
Pierre noire, rehauts de blanc sur carton brun.
H 0,745; L 0,985
Signé en bas à gauche: *Asmus Jacobus Carstens ex Chersonesu Cimbrica Inv. R.*

Historique
Succession de Carstens; Carl Ludwig Fernow; acquis de Fernow par le duc Charles-Auguste en 1904 par l'entremise de Goethe; Weimar, Kunstsammlungen, Inv. n° KK 568.

Bibliographie
Von Alten, 1866, n° 69; Fernow et Riegel, 1867, p. 195, 370 et suiv.; Riegel et W. Müller, 1869; cat. Weimar, 1869 (1), p. 77, n° 12; Riegel, 1876, p. 74; guide Weimar, 1910, p. 62, fig. 128 a; cat. Weimar, 1913, n° 121; Köhler, 1920, p. 85; Hamann, 1925, p. 84; Heine, 1928, p. 129, fig. 168; Kamphausen, 1941, p. 202, pl. 21; Dörries, 1942, p. 40, fig. 78; Grimm, 1942, p. 30; Zeitler, 1954, p. 140, repr. p. 31; Menz, 1955, p. 18, fig. 12; von Einem, 1958.

Expositions
1804, Weimar; 1958-59, Berlin, Weimar, Leipzig, n° 22; 1968-69, Bregenz, Vienne, n° 153.

La Nuit étend son manteau sur ses enfants (La Mort et le Sommeil) pour les protéger; à gauche Némèsis, déesse de la Vengeance et de la Justice, monte la garde devant le mystère de ses sœurs; derrière, le Destin, visage voilé, et les trois Parques.

Cette allégorie est inspirée par diverses sources, la *Description de la Grèce* de Pausanias (livre V), la *Théogonie* d'Hésiode et un ouvrage contemporain, la *Götterlehre* (Théologie) de Karl Philipp Moritz, que Carstens avait illustrée avec une représentation de la *Nuit*, prototype de notre dessin, conçue à Berlin dès 1789-90. Le thème le préoccupait déjà depuis quelque temps (le *Matin*, 1788, Copenhague, Cabinet des Estampes).

Un carton fut exécuté à l'huile d'après notre dessin, en 1796, pour le baron de Knuth au Danemark. Cinq dessins de détail avec des études de draperies furent d'autre part acquis par Goethe. Le succès de la composition est

19

attesté par la publication d'une gravure au trait chez W. Müller à Weimar et les copies qu'en firent Thorvaldsen (Copenhague) et J.A. Koch (Karlsruhe).

Le dessin (exécuté à Rome en 1795) se situe à la fin de la période de pleine maturité de l'artiste et constitue, par sa rigueur et sa clarté, l'une de ses compositions les plus méditées et les plus réussies, illustrant ce qu'on appelle son «grand style». Interprétation allégorique d'une réflexion profonde sur le destin et sur le temps, il éclaire de façon convaincante l'«Ideenkunst» (art d'idées) de Carstens et, plus généralement, le «classicisme romantique».   H.D.

Weimar, Kunstsammlungen.

Asmus Jacob Carstens

20   La Chasse aux oiseaux de Cupidon

1787
Pierre noire, rehauts de blanc sur papier gris.
H 0,390; L 0,600
Signé et daté en haut à droite: *Jacobus Carstens ex Chers: Cimbr.: Inv. 1787*

Historique
Acquis en 1912 sur les fonds de la Riebecksche Stiftung. Inv. n° 556.

Bibliographie
Von Alten, 1866, n° 24; Fernow et Riegel, 1867, p. 350; cat. Weimar, 1913, n° 110; Heine, 1928, p. 52; Kamphausen, 1941, p. 76, pl. 3.

Exposition
1788, Berlin, n° 149.

20

Inspirée par le dicton «Musique et vin envoûtent les cœurs», la composition montre Vénus pressant une grappe de raisins dans une coupe tenue par Bacchus. L'Amour, jouant du pipeau, tente de les envelopper, tels des oiseaux, dans un filet. Le motif apparaît déjà dans une *Bacchanale autour d'un terme de Priape* (dessin au Cabinet des Estampes de Copenhague).   H.D.

Weimar, Kunstsammlungen.

Carl Gustav Carus

Leipzig 1789 - 1869 Dresde

De 1806 à 1811, Carus, dont le père possède une affaire de teinture, étudie la chimie, la physique, la botanique et la médecine. En 1814, il devient directeur et professeur de gynécologie à l'Académie de chirurgie et de médecine qui vient d'être créée à Dresde. Autodidacte, il a dessiné depuis sa prime jeunesse jusqu'à la fin de sa vie. Il fait de la peinture depuis 1811, une étroite amitié l'unit à Friedrich qui l'influence sur le plan technique comme pour le choix des sujets; il est aussi en relations avec Dahl. Il tient un journal très détaillé de ses voyages dans le Riesengebirge, en Italie et en France. A Paris, il rencontre David d'Angers. Il est en correspondance avec Thorvaldsen et le naturaliste Alexander von Humboldt. En 1821, il fait la connaissance de Goethe en Italie; il entretiendra avec celui-ci une vaste correspondance sur l'art et l'histoire naturelle. A partir de

1827, il est médecin attaché à la cour de Saxe. Il réunit une vaste collection d'œuvres d'art. Ses Neuf lettres sur la peinture de paysage, écrites entre 1815 et 1824, et publiées en 1831, deviendront le fondement théorique de la conception romantique du paysage; Carus y introduit le concept d'«imagerie de la vie de la terre». Il publie d'autres écrits sur les sciences naturelles, la médecine, la psychologie et la philosophie. En 1862, il devient président de l'Académie d'histoire naturelle Leopoldina-Carolina. Il publie ses souvenirs en 1865 et 1866. La caractérisation scientifiquement exacte des détails géologiques, botaniques et météorologiques de ses paysages, crée la liaison entre le romantisme de Friedrich et le réalisme «Biedermeier» de la génération suivante.

Carl Gustav Carus

21   Nocturne à Rügen

v. 1820?
Toile. H 0,380; L 0,475

Historique
En 1916, propriété du pasteur Rietschel, Leipzig; coll. J.F. Lahmann, Dresde; légué par ce dernier à la Gemäldegalerie de Dresde en 1937. Inv. Gal. n° 2215 L.

Bibliographie
Grashoff, 1926, p. 31; Prause, 1963, p. 31, fig. 20; Prause, 1968, n° 308 (cat. de l'œuvre); Sumowski, 1970, p. 122; cat. Dresde, 1975, p. 24.

Expositions
1965, Berlin, n° 23; 1969, Dresde, n° 3; 1971, Zurich, n° 52; 1974, Dresde, n° 73.

Ce tableau exécuté peu après le voyage de Carus à Rügen en 1819, montre, contrairement à l'*Incendie à Rügen* (Prause, 1968, n° 302) peint simultanément, une nette influence de Friedrich. Le renoncement au cadrage de la composition sur les côtés, grâce à des personnages placés au premier plan et le motif réduit au ciel et à la mer, avaient été audacieusement inaugurés dans un grand format par Friedrich dans son *Moine au bord de la mer* (1808-1809, Berlin, château de Charlottenburg). Dans ce tableau, Carus s'inspire plutôt de la *Nuit de lune avec des bateaux* de Friedrich (vers 1818, coll. Schäfer), qu'il avait pu voir dans l'atelier du peintre.   H.J.N.

Dresde, Staatliche Kunstsammlungen, Gemäldegalerie Neue Meister.

21

22

Carl Gustav Carus

22 Femme sur la terrasse

1824
Toile. H 0,480; L 0,330
Signé et daté en bas à gauche: *Carus 1824*

Historique
Don Johann Friedrich Lahmann, 1915. Inv. Gal.
n° 2214 A.

Bibliographie
Grashoff, 1926, p. 6; Prause, 1968, n° 363 (cat. de
l'œuvre), repr.; cat. Dresde, 1975, p. 24.

Expositions
1969, Dresde, n° 12; 1972, Londres, n° 116, fig. 95;
1974, Dresde, n° 78.

La toile est inspirée de C.D. Friedrich qui a
repris plusieurs fois, entre 1815 et 1820, ce
thème de la femme regardant au loin, d'une
terrasse ou d'un balcon. Par contraste avec
Friedrich, la scène prend ici l'accent d'une
ballade. La femme, perdue dans la contemplation du vaste paysage, est le symbole de
la nostalgie romantique pour les lointains.
Le lieu d'où elle regarde — la terrasse d'un
château-fort dont l'architecture appartient au

premier gothique — témoigne d'une vénération sentimentale pour le Moyen-Age.   H.J.N.

Dresde, Staatliche Kunstsammlungen,
Gemäldegalerie Neue Meister.

Carl Gustav Carus

23 Atelier au clair de lune

1826
Toile. H 0,285; L 0,215

Historique
Acquis vers 1920-21.

Bibliographie
Zeitler, 1966, p. 71; Prause, 1968, n° 80; cat.
Karlsruhe, 1971, p. 39 et suiv.; Nowald, 1973
(avec bibliographie complète).

«Je peins maintenant mon atelier, tel qu'il
apparaît dans la lumière de la lune à travers
un mince rideau tiré devant la fenêtre», écrit
Carus le 26 novembre 1826 à J.A. Regis.
    La description et l'interprétation de
Zeitler éclairent l'impression visuelle: «Un
coin de l'atelier de l'artiste avec son matériel
de peinture se détache avec force sur la
lumière mouvante et insaisissable de la lune.

Le caractère inquiétant du monde extérieur
est rendu sensible de la façon la plus simple:
l'ombre de la croisée sur le rideau se tord en
une forme indécise, tout près de laquelle se dessine la forme droite et nette de l'appuie-main.
Cette proximité fait apparaître les formes
solides comme menacées par des ombres
incertaines et beaucoup plus grandes». L'intérêt croissant porté depuis vingt ans par les
historiens à cette petite peinture est le signe
de son importance. Il s'agit en fait d'un
tableau-clé du romantisme (rappelons ainsi
les observations d'Eitner en 1955, Laufer en
1960, Chapeaurouge en 1960, Würtenberger
en 1961, Forssman en 1966, Bialostocki en
1966 et 1967, Schmoll dit Eisenwerth en
1967 et 1970). En 1973 parut une petite
monographie de Nowald qui résume ainsi
sa pénétrante interprétation: «Le tableau,
tout à la fois intérieur vide, atelier abandonné,
nature morte, image d'une fenêtre et représentation du clair de lune, possède un accent
de mélancolie significatif; mais chacun de
ces motifs garde aussi son propre sens, qui
enrichit cette mélancolie de notations secondaires en l'accompagnant de leur chatoiement. La glorification de la perception visuelle, la peinture conçue comme expression
d'une pensée, l'atelier élevé au rang de lieu
sacré, l'allusion à l'écoulement du temps, à
la vanité et à la mort; toutes ces idées, ici
sous-jacentes, élargissent et font comme oscil-
ler la signification du tableau, qui laisse une
large place au flou, aux perceptions impal-
pables, au sentiment et à l'intuition».   H.R.L.

Karlsruhe, Staatliche Kunsthalle.

Carl Gustav Carus

24 Promenade en barque sur
l'Elbe près de Dresde

1827
Toile. H 0,290; L 0,220
Signé et daté en bas à droite: *Carus 1827*

Historique
Coll. princesse Johanna de Saxe, 1827; coll. prince
Johann-Georg de Saxe; Galerie Abels, Cologne;
acquis en 1939.

Bibliographie
Prause, 1968, n° 49, p. 33; cat. Dusseldorf, 1969,
p. 22; Börsch-Supan, 1972, p. 58 et suiv.

Expositions
1970, New-Haven, Cleveland, Chicago, n° 9; 1971,
Cologne, n° 9.

24

25

A la manière d'un cadre, la cabine de la barque, en forme de caisson, circonscrit le regard sur l'Elbe et la silhouette de Dresde. Vues de dos, les figures de la dame, habillée à la dernière mode, et du conducteur du bateau situent en quelque sorte le spectateur à l'intérieur du tableau — comme nous y a accoutumés C.D. Friedrich, auquel renvoient également la «mise en valeur du contraste entre l'intérieur sombre et exigu et le paysage dégagé et bien éclairé» (Börsch-Supan) et la rigueur de la structure formelle. Le rapport est même fort étroit: Carus s'inspire de près de l'aquarelle de Friedrich *Dresdener Elbkahn* (1818), ou d'un tableau analogue. Cependant, d'une façon bien différente de celle de Friedrich, le tableau de Carus est totalement implanté dans le monde d'ici-bas et des plaisirs qu'il procure. Le but de cette promenade en barque, c'est d'admirer les beautés — détruites en 1945 — de Dresde. On reconnaît le clocher de la Kreuzkirche, la coupole de la Frauenkirche, les tours du château et de la Hofkirche, ainsi que les premières arches de l'Augustusbrücke — tous des édifices du XVIIIᵉ siècle.

H.R.L.

Dusseldorf, Kunstmuseum.

Carl Gustav Carus

25 Le Cimetière sur l'Oybin

v. 1828
Toile. H 0,675 ; L 0,520

Historique
Acquis en 1917 de Mlle Charlotte Rietschel, Zittau ; Inv. nº 1099.

Bibliographie
Grashoff, 1926, p. 28 et suiv.; Bülck, 1943, p. 47 et suiv.; Brion, 1959, repr. couleurs p. 110; Jahn, 1961, p. 84, fig. 79; Prause, 1963, p. 45 et suiv., nº 43; Prause, 1968, p. 29, 32, nº 297, fig. 13; Neidhardt, 1969, p. 30, fig. 17; cat. Dresde, 1974, p. 38, nº 80, fig. 12; cat. Leipzig, 1967, p. 30, fig. 52.

Expositions
1828, Dresde; 1928, Dresde, nº 31; 1957, Berlin, nº 43; 1965, Berlin, nº 27; 1966, Berlin, p. 218; 1969, Dresde, nº 19; 1974, Dresde, nº 80.

Le vieux cimetière et les ruines du monastère sur l'Oybin, un mont rocheux dans les montagnes de Zittau, inspirèrent à Carus, pendant une visite en 1820, des études qu'il exploita ensuite dans une série de tableaux et cela jusqu'en 1828. A la manière de Friedrich, il combina dans la toile *Cimetière sur l'Oybin* (peinte peu avant ou vers 1828) un dessin représentant une fenêtre de l'église du monastère (daté du 11 août 1820) et un autre représentant une croix tombale entre des sapins (tous deux au Kupferstichkabinett de Dresde). Carus avait généralement coutume de reprendre ses études faites sur nature dans ses tableaux sans les modifier. A l'emplacement du cimetière se situe en réalité une forte déclivité du terrain.

En rapprochant comme il le fait architecture et nature, il conserve à la fenêtre sa fonction de principal pôle d'attraction, tout en lui enlevant le rôle de motif principal.

C'est en même temps que fut peinte une toile fidèle à l'étude d'après nature, exécutée avec «une sobre exactitude», représentant le fenestrage gothique (Zittau, coll. privée). La coexistence chez Carus d'un esprit d'examen, mieux, d'une approche concrète de l'essence de la nature, et d'une sentimentalité romantique met en évidence un conflit entre ses activités scientifiques et ses activités artistiques, de l'ordre de celui que nous connaissons chez Goethe. Toujours est-il que, jusqu'à son voyage en Italie en 1828, on trouve dans l'œuvre de Carus bon nombre de tableaux symboliques montrant des cimetières ensevelis sous la neige et des paysages couverts de brouillard, grâce auxquels peut-être il tentait de se libérer de ses idées mélancoliques et de ses souffrances intérieures.

Carus emprunte à Friedrich le motif de la tombe et des ruines pour les employer également dans un sens allégorique. Dans ce tableau, les tombes enneigées et les ruines intimement associées aux jeunes arbrisseaux sont des symboles de la précarité. Quant aux grands sapins, ils expriment l'espérance en l'éternel retour de la vie.

Toutefois, l'apport d'idées dans un paysage n'aboutit pas ici à cette «transparence métaphysique» évidente chez Friedrich. Malgré toute la concentration de symboles romantiques, la nature, dans l'*Oybin* de Carus, n'est pas seulement enveloppe, parabole et symbole, elle possède aussi un caractère bien terrestre. Le ciel gris n'évoque aucune idée mystique de façon très naturelle, il fait écran à la luminosité de la neige. Dans une mesure beaucoup plus forte que Friedrich, Carus était un visuel. Il n'en reste pas moins qu'au niveau du contenu et de la technique, il se rapproche par moment tellement de Friedrich que se posent parfois des problèmes d'attribution. Cependant, la paternité du tableau nous est garantie par une lettre de Carus.

Signalons que Carus put voir des arbres semblables, en rangs serrés, couverts de neige sur une toile de Friedrich, *Neige précoce (Frühschnee)* (Hambourg, Kunsthalle), peinte à peu près au même moment. La facture des détails, comme par exemple les aiguilles de sapins, paraît cependant légèrement différente chez Carus.   M.K.

Leipzig, Museum der bildenden Künste.

Carl Gustav Carus

26 Vue de Dresde prise de la terrasse Brühl

1830
Toile. H 0,285; L 0,217

Historique
Coll. de la reine Caroline de Bavière, 1831; coll. prince Ysenburg Pömhott; coll. comte Wclezek; coll. duc Luitpold de Bavière, 1952; vente Weinmüller, Munich, 1952.

Bibliographie
Schrade, 1967, p. 84; Prause, 1968, n° 51; cat. coll. Schäfer, 1966, n° 13.

Le crépuscule sur Dresde. De la terrasse Brühl, le regard se dirige vers l'ouest sur le château

26

avec la tour Hausmann (construite en 1722), la Hofkirche (construite en 1739-56) et l'Augustusbrücke; on trouve ces mêmes monuments au fond du tableau *Promenade en barque sur l'Elbe* (ici n° 24). «C'est la réalité du jour qui s'éteint. Avec le crépuscule, l'homme aussi se replonge en lui-même» (Schrade) — un homme âgé contre lequel se presse un enfant. Ainsi, Carus, observateur minutieux, a donné à son tableau du crépuscule sur Dresde un accent symbolique.

Le tableau a été exécuté en 1830; dans une lettre datée du 28 mai 1831, Carus parle à Régis de la visite de la reine mère de Bavière, qui a acheté «un tableau que je venais de terminer (une vue du pont vers l'église catholique et le château au crépuscule)».   H.R.L.

Schweinfurt, collection Schäfer.

Franz Ludwig Catel

Berlin 1778 - 1856 Rome

Après avoir débuté comme sculpteur sur bois et illustrateur et après avoir étudié à Paris de 1798 à 1800, Catel expose en 1802, à Weimar, des paysages à l'aquarelle qui reçoivent l'approbation de Goethe. En 1807, à Paris, il commence à peindre à l'huile: tableaux d'histoire, paysages, tableaux de genre. Il étudie les maîtres anciens au Musée Napoléon. Il va s'installer à Rome en 1811, où il fréquente Koch et les Nazaréens. Ses voyages le mènent surtout dans le sud de l'Italie; en 1818, il se rend en Sicile avec la princesse Galitzine. L'aristocratie européenne lui commande de nombreuses «vedute» dans le style conventionnel. En 1841, il est nommé professeur à Berlin. Catel, qui jouit d'une certaine fortune, soutient les artistes allemands vivant à Rome, en organisant des expositions, grâce aussi à son activité à l'Union des artistes allemands, fondée en 1845, dont il devient le président en 1852.

Franz Ludwig Catel

27 Le jardin de Frédéric IV de Saxe-Gotha-Altenburg à Rome

1818
Bois. H 0,135; L 0,185
Signé et daté au verso: *Catel aus Berlin fecit. Garten von Rom. 1818*

27

Historique
Eduard Wolfgang (1825-1874, sculpteur et
conservateur des sculptures du château de Gotha);
acquis de sa succession par le musée de Gotha
en 1918. Inv. nº Z.V. 2170.

Expositions
1965, Berlin, nº 28; 1975-76, Weimar, p. 59,
sans nº.

Après deux longs séjours à Rome, le duc Frédéric (IV) de Saxe-Gotha-Altenburg (1774-
1825, qui devait succèder en 1822 à son frère
Auguste) s'y installa en 1814 pour ne rentrer
en Allemagne qu'en juillet 1820. Il s'était
converti au catholicisme en 1817. Mécène
bien connu, il donnait des concerts, des soirées théâtrales, et recevait chez lui, au Palazzo
Fiano, la haute société allemande et italienne
de Rome. Parmi les peintres de son choix se
trouvent Schick, Koch, Reinhart; ce dernier
lui dédia le premier volume de son *Almanach
de Rome* (1810).

Une étiquette de la main de l'ancien propriétaire, fixée au verso du tableau, identifie
les personnages représentés. Il s'agirait, à
droite, de Buttstädt, le valet de chambre du
duc; à gauche, de l'un des deux peintres
Riepenhausen, qui habitait la même villa
que le duc. Franz et Johannes Riepenhausen
(1786-1831, 1788-1860), originaires de Göttingen, s'étaient installés à Rome en 1805.
Précurseurs du style «nazaréen» d'Overbeck
et de ses compagnons, ils furent bientôt
dépassés par ceux-ci. Le lieu de l'action est
probablement la «jolie villa à Albano» que

le prince habitait durant l'été (Seidler 1875,
p. 230).

Ce tableautin vivement exécuté fait valoir
les qualités de coloriste de Catel qui n'apparaissent plus qu'affaiblies dans ses toiles de
plus grandes dimensions. Peintre de genre
autant que paysagiste, familier des vues
romaines de P.H. de Valenciennes et de
J.V. Bertin (Becker 1971, p. 94), Catel éprouve
tôt l'attirance des effets de plein air et de la
lumière intense du soleil. Il affectionne les
charmilles et les pergolas avec leurs jeux de
lumière et d'ombre, et le contrejour de pièces
sombres ouvertes vers des extérieurs enso-
leillés.   C.K.

Gotha, Schlossmuseum.

Franz Ludwig Catel

28   Schinkel à Naples

1824
Toile. H 0,620; L 0,490

Historique
Coll. Schinkel, Berlin; acquis de ses héritiers en
1918.

Bibliographie
Mackowski, 1922, p. 150; Greifenhagen, 1963,
p. 92 et suiv.; cat. Berlin, 1968, p. 47.

Le 23 octobre 1824, Schinkel écrit à Rome
dans son journal: «Très tôt, avant sept heures,
je me rendis chez Catel, qui voulait ajouter

mon portrait dans un tableau représentant
une chambre à Naples, d'où l'on voit, par la
fenêtre ouverte, la mer et l'île de Capri, et
sous la fenêtre les arbres de la villa Reale
— exactement comme lorsque j'y habitais.»
Le mois précédent, Schinkel avait fait à Naples un séjour de quelques semaines, il habitait près du Casino Chiatamone sur les bords
mêmes de la baie. On ne sait si Catel avait eu
l'intention, primitivement, d'ajouter à son
tableau un personnage quelconque ou un
portrait précis; le texte du journal ne le mentionne pas.

De la chambre on ne voit plus guère que
la fenêtre ouverte et ses rideaux de tulle tirés
sur le côté. Schinkel, architecte royal et professeur à l'Académie, très digne dans son
habit noir en dépit d'une pose assise noncha-
lante, est en pleine lumière. La table sur
laquelle il pose un bras, les papiers qu'il tient
à la main, ceux qui sont posés sur la table,
correspondent aux conventions du portrait.
Par ailleurs, le portrait est plutôt inhabituel
quant à la relation entre l'espace et le personnage, et quant à sa composition. La nature
morte devant Schinkel, une corbeille avec
des grappes de raisin, surprend aussi; il faut
la comprendre comme un rappel de la végétation extérieure, et aussi comme un contraste
voulu avec la nature morte de gauche. Celle-
ci, composée d'objets antiques, équilibre la
composition et évoque en même temps les
intérêts artistiques de Schinkel. Greifenhagen
a identifié deux objets: une amphore pana-
thénaïque du peintre d'Antiménès et un grif-
fon de bronze, probablement du Péloponèse,
qui appartenaient à Bartholdy, consul général
prussien à Rome, et entrèrent au musée de
Berlin en 1827; il n'est pas certain que le
piédestal de l'époque d'Auguste et la lampe
de bronze aient fait partie de la collection de
Bartholdy.   H.R.L.

Berlin, Staatlichen Museen preussischer
Kulturbesitz, Nationalgalerie.

Peter von Cornelius

Dusseldorf 1783 - 1867 Berlin

*Initié de bonne heure aux arts par son père, ins-
pecteur de la Galerie et professeur de la classe
élémentaire de l'Académie de Dusseldorf, Cor-*

nelius suit régulièrement les cours de dessin de l'Académie à partir de 1795 environ. Après la mort de son père, en 1800, il exécute lui-même des commandes de portraits et d'illustrations. Depuis 1803, il est en relations avec les frères Boisserée ainsi qu'avec le chanoine Wallraf, de Cologne, qui est amateur d'art; ce dernier lui procure en 1807 la commande de la décoration peinte de l'église de Neuss sur le Rhin. En 1803 et 1805, il participe sans succès au concours des «Amis de l'art» de Weimar. En 1811, il commence ses illustrations pour le Faust de Goethe, paru en 1808; c'est un écho romantique à la poésie, considérée comme nationale, de Goethe. De 1809 à 1811, il travaille à Francfort. Il se rend à Rome en 1811, en passant par Heidelberg où il visite la collection Boisserée. Il appartient bientôt au «Lukasbund» réuni autour d'Overbeck dont il s'inspire étroitement; on l'appelle le capitaine du groupe. Il est comme fasciné et continue d'abord à travailler aux illustrations pour Faust ainsi que pour le Chant des Nibelungen, traduit du moyen haut-allemand pour la première fois en 1807, et pour Roméo et Juliette de Shakespeare. Il entretient d'étroites relations avec l'historien Niebuhr, représentant de la Prusse à Rome.

En 1816, il commence avec Overbeck, Schadow et Philipp Veit, un cycle de fresques pour le palais Zuccaro, résidence du consul général de Prusse, J.S. Bartholdy, qui ont pour thème des scènes de l'histoire biblique de Joseph. Cette résurrection d'un art mural monumental — un an auparavant, les membres de l'Académie de France à Rome s'étaient aussi occupés de peinture de fresques — est devenu le germe d'un mouvement dont les adeptes ont par la suite, orné de fresques d'innombrables bâtiments officiels. A partir de 1817, il fait des esquisses pour la salle de Dante, au casino Massimo; toutefois il ne les exécute pas, car en 1819, Louis, le prince héritier de Bavière, l'appelle à Munich pour décorer la Glyptothèque que Klenze vient de construire. Tandis qu'il peint l'été avec des élèves à Munich — ces travaux, influencés notamment par Jules Romain, dureront jusqu'en 1830 —, il enseigne l'hiver à Dusseldorf, en qualité de directeur de l'Académie de cette ville. En 1825, la plupart de ses élèves de Dusseldorf le suivent à Munich lorsqu'il y devient directeur de l'Académie. Il rencontre Schelling dont les conceptions esthétiques n'ont pas été sans conséquences lors de l'«épuration» des chaires d'enseignement spécialisées de l'Académie en faveur de la peinture d'histoire; celui qui était autrefois un adversaire déclaré de l'Académie, se soucie à présent de

lier l'enseignement théorique à l'enseignement de la technique. En 1838, il fait un voyage à Paris, où l'Académie des beaux-arts le compte parmi ses membres correspondants, depuis 1835: il est alors le plus célèbre des peintres allemands. En 1839, il achève les grandes fresques de la Ludwigskirche, à Munich. Sa rivalité avec Klenze ainsi que des différends avec le roi, le conduisent à se mettre au service de la Prusse en 1841. A Berlin, il exécute des tableaux d'histoire, des peintures religieuses et des projets de décoration pour le mausolée de la famille des Hohenzollern qui ne sera jamais réalisé, projets pour lesquels il s'était inspiré de la frise du Parthénon et des cartons de Raphaël, à Londres, qu'il avait vus au cours d'un voyage en Angleterre. Des séjours à Rome en 1843-1844, 1845-1846 et 1853-1861, maintiennent le contact avec ses amis. Son action de pédagogue, d'organisateur, de découvreur de jeunes talents est probablement aussi importante que son œuvre de peinture.

Peter von Cornelius

29 Faust et Marguerite dans le jardin de Marthe

Plume sur papier préparé en blanc. H 0,349; L 0,400

Historique
Acquis chez un marchand de Francfort en 1901.

Bibliographie
Förster, 1874, vol. 1, p. 68; Kuhn, 1921, p. 52-56; Wegner, 1962, p. 55-58.

Expositions
1972-73, Harvard, Rotterdam, n° 8/7.

La feuille appartient à un groupe de plus de cinquante dessins, que Cornelius a exécutés après 1809. Ils constituent les études préliminaires à ses «XII tableaux pour le Faust de Goethe» qui, gravés par F. Ruscheweyn, parurent en 1816 chez Wenner à Francfort, avec une dédicace au poète (Rümann, 1926, p. 39, n° 263).

La scène du jardin est la scène VI; elle se présente sous une forme plus simple et schématisée que le présent dessin. La scène se passe dans le jardin de la voisine de Marguerite (Faust, I, vers 3073-84). Faust a baisé la main de Marguerite; celle-ci, confuse, se défend. En opposition, le couple bouffon formé par Méphisto et Marthe. Pour cette composition, par laquelle Cornelius a commencé son travail, sept projets sont conservés. Ils permettent de suivre l'évolution stylistique de l'artiste; alors que les premières esquisses se concentrent sur l'antithèse des deux couples et sont traitées d'une manière légère, encore imprégnée de classicisme, des détails anecdotiques s'introduisent ensuite de plus en plus: costumes d'époque, silhouette d'une ville médiévale qui évoque Nuremberg, plantes dessinées avec minutie. Les formes sont davantage divisées, les lignes cassées et froissées jusqu'à l'exagération. Au lieu du crayon tendre, Cornelius utilise alors une plume fine; il est passé de la restitution spontanée d'une image à l'expression très consciente d'un idéal artistique. Il a trouvé cet idéal dans l'art de l'ancienne Allemagne, et en particulier dans les gravures de Dürer. Etre «ardent et sévère», selon «la manière de Dürer», était devenu sa devise (Förster, 1874, vol. 1, p. 59). Cornelius avait eu la révélation de cet art en voyant la collection d'art ancien allemand et néerlandais composée par les frères Boisserée à Cologne, et sûrement en lisant les écrits de Friedrich Schlegel dans la revue Europa (1803-5), qui avaient annoncé ce nouvel intérêt du mouvement romantique pour le Moyen-Age national. Schlegel invite les artistes à méditer le principe mûrement réfléchi du vieux Dürer et à le faire leur, de ce Dürer qui disait «je ne veux pas peindre à l'allemande!» (Schlegel, 1805, p. 116). On comprend alors la forte influence que Striner exerça en 1808, avec la publication de ses Albrecht Dürers christlich mythologische Handzeichnungen zu Kaiser Maximilians Gebetbuch (dessins de mythologie chrétienne d'Albrecht Dürer pour le livre de prières de l'Empereur Maximilien), sur la technique encore jeune de la lithographie — c'était l'année même où parut la première partie du Faust de Goethe. Cette parution fut un événement national, alors que la publication du fragment de 1790 était passée presque inaperçue. Les Romantiques croyaient pouvoir désormais trouver un des leurs dans ce personnage aux antipodes du classicisme.

De la même façon que Goethe, dans le sujet de Faust, rappelle le monde du XVe et des débuts du XVIe siècles, Cornelius cherche une expression qui puisse le relier à Dürer. La réaction du poète devant cette démarche éclaire l'écart entre le jeune Cornelius et un Goethe vieillissant, qui dans le domaine des

29

arts plastiques reste attaché aux concepts de représentation classique des formes. En mai 1811, lorsque Boisserée lui transmet les premières feuilles du *Faust* de Cornelius parues à Francfort, il réagit d'abord de manière positive dans une lettre au baron Reinhard: «Ce jeune homme s'est maintenant plongé tout entier dans la vieille manière allemande, qui convient bien aux situations de Faust; il a mis au jour des idées heureuses, très riches, bien élaborées, souvent remarquables, et il est très vraisemblable qu'il ira plus loin dans cette voie, pourvu qu'il puisse d'abord prendre conscience des étapes qu'il a encore à franchir (Förster, 1874, p. 62). Mais il écrit le même jour au peintre: «Le monde de l'art allemand du XVIᵉ siècle qui forme la base de vos travaux comme un deuxième monde naturel ne peut être tenu comme parfait. Il est allé à l'encontre de son propre développement, mais sans jamais l'atteindre complètement, comme on a réussit à le faire au-delà des Alpes.» (Förster, 1874, p. 80). Goethe recommandait donc de considérer le modèle de la culture italienne comme le plus haut sommet de l'art. Plus tard il devait prendre des distances encore plus marquées avec les illustrations de Cornelius. H.H.

Francfort, Freies Deutsches Hochstift, Musée Goethe.

Peter von Cornelius

30 Faust et Méphisto au Rabenstein

1811
Plume à l'encre brune sur traits de crayon.
H 0,348; L 0,519
Signé et daté en bas à droite: *P. Cornelius invt. 1811*

Historique
Acquis en 1903 à la vente d'une coll. anonyme de Francfort, galerie Gutekunst, Stuttgart: Berlin (R.D.A.), National Galerie, Sammlung der Zeichnungen (Cornelius nº 98).

Bibliographie
Raczynski, 1840, p. 166; Riegel, 1866, p. 28 et suiv.; Koch, 1905, p. 43; Kuhn, 1921, p. 48 et suiv.; Simon, 1925, p. 12 et suiv.

Expositions
1965, Berlin, nº 34; 1970, Dresde, nº 151.

Premier projet pour une des douze illustrations du *Faust* de Goethe (cf. nº 29). Celui-ci fut exécuté en 1811, c'est-à-dire encore à Francfort, tandis que le dessin définitif conservé au Städelsches Institut de Francfort a été fait à Rome. Ici l'influence du graphisme de Dürer est particulièrement sensible: le rapport entre les coursiers au galop montés par Faust et Méphisto et les *Cavaliers de l'Apocalypse* de Dürer est évident. G.R.

Berlin, Staatliche Museen, Kupferstichkabinett und Sammlung der Zeichnungen.

Peter von Cornelius

31 Tête de jeune garçon

Crayon. H 0,194, L 0,174

Historique
Coll. Mme E. Rethel-Sohn, Dusseldorf.

Expositions
1958, Munich, Nuremberg, Hambourg, Heidelberg, nº 10; 1969, Lubeck, nº 12, avec indications bibliographiques; 1972, Londres, nº 544.

Cette feuille fait vraisemblablement partie d'une série de portraits dessinés qui appartient à la période romaine de Cornelius (1811-1818). La tête est représentée dans une stricte frontalité. Les lignes de contour bien définies et le modelé précis donnent des indications graphiques à la fois délicates et nettes qui évoquent le caractère d'un dessin à la pointe d'argent. Le souci de stylisation se manifeste particulièrement dans la manière dont les cheveux sont réunis en mèches ondulées. Le goût du détail précis emprunté à la tradition des vieux maîtres allemands et le sens des formes italo-classiques se font ici contrepoids. Le regard grave du garçonnet semble refléter la manière pénétrante, tout intériorisée, avec laquelle l'artiste se penche sur son modèle. H.H.

Munich, collection privée.

30

31

32

33

Peter von Cornelius

32 Joseph interprète les rêves du pharaon

1816
Plume, aquarelle, gouache, crayon, rehauts de
blanc sur papier brun. H 0,386 ; L 0,357
Signé en bas à gauche : *P. Cornelius Roma 1816*

Historique
Acquis en 1860, d'Eduard Cichorius, Leipzig ;
Berlin (R.D.A.), Staatliche Museen, Sammlung der
Zeichnungen (Cornelius n° 20).

Bibliographie
Riegel, 1866, p. 388 ; Förster, 1874, p. 172 et suiv. ;
Boetticher, 1891 et suiv., n° 51, 1 ; Koch, 1905,
p. 74, fig. 47 ; Andrews, 1964, p. 104, pl. 79 a ;
Geismeier, 1967, p. 48, pl. 13, 1.

Expositions
1965, Berlin, n° 53.

Il s'agit d'un projet pour l'une des fresques
de la Casa Bartholdy à Rome. On sait que le
consul général de Prusse à Rome, Bartholdy,
avait commandé le décor d'une salle de son
palais (le palazzo Zuccaro, via Gregoriana,
aujourd'hui siège de la Bibliotheca Hertziana,
Max-Planck Institut) à Cornelius, ainsi qu'à
Friedrich Overbeck, Philipp Veit et Wilhelm
Schadow ; Cornelius devant assurer la direction du travail. Les peintures murales ne
devaient avoir d'abord qu'un caractère décoratif, mais Cornelius dépassa le projet initial

et les artistes exécutèrent un ensemble de
fresques consacrées à l'histoire de Joseph.
Prises dans leur ensemble, les fresques du
palazzo Zuccaro, achevées en 1817 et qui
furent transférées en 1886-1887 à la National-
Galerie de Berlin (elles y sont aujourd'hui
placées selon la disposition originale), constituent la première tentative importante pour
une rénovation «programmatique» de la peinture murale dans l'art allemand moderne,
tentative qui sera suivie de bien d'autres (ne
citons que le Casino Massimo, à Rome ; la
Glyptothèque et la Residence, à Munich ; la
Wartburg près d'Eisenach, en Thuringe).

Le dessin exposé, préparant l'une de ces
fresques, illustre la scène de prédiction par
Joseph des sept vaches grasses et des sept
vaches maigres (*Moïse*, livre 1, chapitre 41).
La lunette complémentaire comportant la
représentation des sept vaches grasses n'a
pas été exécutée par Cornelius mais, après
des modifications, par Philipp Veit. Par rapport à l'esquisse, la fresque exécutée montrant la scène devant le pharaon est moins
serrée dans l'ordonnance relative des personnages. Il est clair que l'influence des
Loges de Raphaël au Vatican contribua à
l'élaboration de la composition.   G.R.

Berlin, Staatliche Museen, Kupferstichkabinett
und Sammlung der Zeichnungen.

Peter von Cornelius

33 Le Quadrige du Soleil

v. 1820
Fusain sur carton gris. H 1,69 ; L 2,15

Historique
Entré avant 1875 dans l'Administration générale
des musées berlinois ; Berlin (R.D.A.), Staatliche
Museen, Sammlung der Zeichnungen (Cornelius
n° 32).

Exposition
1956, Berlin, p. 19 et suiv.

Ce carton a été exécuté pour préparer l'un
des éléments du plafond peint à fresque de
la Göttersaal (Salle des Dieux) de la Glyptothèque de Munich, érigée par Klenze entre
1816 et 1830 pour la collection d'antiquités
du roi Louis Ier de Bavière.

Escorté de quatre Heures, Hélios (dieu
du Soleil) passe avec son quadrige à travers
la porte du zodiaque. Il personnifie le milieu
du jour, les autres parties du jour étant représentées dans les trois autres compartiments
du plafond par Eôs (le Matin), Selêné (le Soir)
et Nyx (la Nuit).

C'est en 1819 que Cornelius fut appelé à
Munich par le prince héritier de Bavière
Louis, et chargé par lui de la décoration de la
Glyptothèque. Les fresques de la Salle des
Dieux furent terminées en 1823. Les compo-

34

35

Par rapport à un dessin à la plume conservé à Munich, qu'il faut dater des alentours de 1813, le tableau à l'huile est d'une composition «beaucoup plus mûre et réfléchie» dit Lindtke, qui insiste aussi sur la «substitution à la silhouette d'une ville italienne ébauchée à l'arrière-plan de la représentation sur le tableau à l'huile d'une ville typique de la vieille Allemagne». Riegel cite en 1866 sept représentations de la mise au tombeau datant de la période romaine de Cornelius.

La datation proposée du tableau exposé n'est pas acceptée par tous les critiques: le catalogue du musée Thorvaldsen le situe vers 1815, Lindtke autour de 1823, Riegel et Kuhn dans la période romaine, entre 1811 et 1819, et Andrews aux alentours de 1812.

H.R.L.

Copenhague, musée Thorvaldsen.

Johan Christian Clausen Dahl

Bergen (Norvège) 1788 - 1857 Dresde

Fils d'un pauvre pêcheur, il entre en apprentissage chez un peintre décorateur puis, à partir de 1811, fréquente l'Académie de Copenhague. Il se forme en étudiant des paysagistes hollandais comme Ruysdael, Both et Everdingen, tout autant qu'en prenant modèle sur Eckersberg, élève de Juel et de David, dont il deviendra l'élève en 1816. C'est alors qu'il fait ses premières études d'après nature. Etabli à Dresde depuis 1818, il acquiert une grande partie de la succession de Graff. Il devient professeur à l'Académie en 1824. Depuis 1823, il fait maison et atelier communs avec son ami Friedrich qui l'influence profondément sur le plan artistique; il fréquente le cercle de Carus et de Tieck. En 1820-1821, invité par le prince héritier de Danemark, il fait un voyage en Italie; c'est là — surtout grâce aux impressions produites par le golfe de Naples — que son art du paysage mûrit et conquiert son indépendance. Les nombreuses études, témoignant d'un sentiment de la nature plein de fraîcheur, et les descriptions de la réalité, d'une vérité presque scientifique, qu'il a réalisées en 1826 au cours d'un premier voyage dans sa patrie — il en fera quatre autres —, sont le point de départ des compositions que la Norvège lui a inspirées. Dahl fonde en Norvège les sociétés artistiques, ainsi que la Galerie Nationale; il y réalise aussi un

sitions murales et les plafonds de la Glyptothèque ont été détruits pendant la dernière guerre.

G.R.

Berlin, Staatliche Museen, Kupferstichkabinett und Sammlung der Zeichnungen.

Peter von Cornelius

34 La mise au tombeau

Bois. H 0,34; L 0,47

Historique
Coll. Thorvaldsen, Rome; succession de l'artiste.

Bibliographie
Reumont, 1840, p. 175; Riegel, 1866, p. 392; Riegel, 1883, p. 93; Kuhn, 1921, p. 102 et suiv.; Andrews, 1964, p. 102; Lindtke, 1964, p. 87; cat. Copenhague, 1975, p. 196.

La composition rappelle la *Mise au tombeau* de Raphaël (1507) de la Galerie Borghèse. Mais en comparaison avec l'aspect dramatique de l'œuvre de Raphaël, elle paraît paisible et détendue. Herman Riegel parle d'une visite à Cornelius, alors âgé de quatre-vingt-un ans: «... Nous parlâmes alors de la technique de l'huile et de la couleur, et Cornelius raconta qu'il avait peint à l'huile à Dusseldorf une *Mise au tombeau*, justement pour s'exercer à traduire ses idées dans cette technique, et il disait que le tableau n'était pas mauvais. Il l'avait vendu à un homme des pays nordiques, qui avait fait faillite, et Thorvaldsen l'avait ainsi acquis; il se trouvait maintenant dans le musée de ce dernier à Copenhague, on disait que c'était un tableau catholique, ce qui n'était pas exact, puisqu'il représentait seulement une scène de l'Evangile.» Le ta-

travail de conservation des monuments histori-
ques. Il visite Paris en 1847. A Dresde, l'œuvre
de cet homme qui jouit de l'estime de ses contem-
porains, sera le germe d'un premier mouvement
réaliste, dont feront partie parmi d'autres Blechen,
Gille et Menzel.

Johann Christian Clausen Dahl

35 Deux hommes sur une terrasse au bord de la mer près de Naples

1820
Toile. H 0,147; L 0,286
Signé et daté en bas à gauche: *d. 14 Augst 1820*
Au verso, d'une autre main: *Johann Chr. Cl. Dahl fec.*
et inscription indiquant qu'il s'agit d'une étude
sur nature représentant probablement une
promenade près de Naples.

Historique
Don de Ludwig Justi, directeur de la National-
Galerie, 1911; Berlin (R.D.A.), Staatliche Museen,
Nationalgalerie (Dahl n° 2).

Bibliographie
Absent du catalogue de Langaard, Oslo, 1937;
Justi, 1926, n° 12.

Exposition
1965, Berlin, n° 39.

Il s'agit vraisemblablement d'un autoportrait
de Dahl en compagnie du peintre Franz
Catel. Dahl était arrivé le 24 juillet 1820 à
Naples. Les études de Dahl effectuées dans le
golfe de Naples se caractérisent par un effet
lumineux et une clarté anticipant en quelque
sorte l'impressionnisme, et le traitement pictural libre des phénomènes atmosphériques.
G.R.

Berlin, Staatliche Museen, Nationalgalerie.

Johann Christian Clausen Dahl

36 Étude de nuages

Papier. H 0,160; L 0,245

Historique
Don de la galerie d'art Arnold, Dresde, 1919.
Inv. Gal. n° 2206 A.

Bibliographie
Zimmermann, 1960, p. 213, repr.; Zimmermann,
1964, p. 7; cat. Dresde, 1975, p. 28.

Probablement exécuté après que Dahl fût
revenu à Dresde (1821) de son voyage en
Italie, ce paysage évoque la vallée de l'Elbe
aux environs de Dresde. Dahl a vraisemblablement été incité à faire des études de nuages
par Carus, qui connaissait la théorie des
nuages de Luke Howard, et qui, dans ses
Neun Briefen über Landschaftsmalerei (neuf
lettres sur la théorie du paysage) écrites dans
les années 1815-1824, exigeait de l'artiste
qu'il étudiât «les lois particulières des phénomènes atmosphériques, les différentes
natures de nuages...».
H.J.N.

Dresde, Staatliche Kunstsammlungen,
Gemäldegalerie Neue Meister.

Johann Christian Clausen Dahl

37 Deux clochers à Copenhague au couchant

Toile sur carton. H 0,115; L 0,152

Historique
Acquis en 1910.

Bibliographie
Cat. Hambourg, 1969, p. 42.

Expositions
1937, Oslo, n° 660; 1976, Hambourg, n° 254.

36

37

Le soleil éclaire de fins nuages dans le ciel de Copenhague. On ne voit de la ville que deux clochers et les faîtes de quelques toits; à côté du clocher pointu de l'église Saint-Pierre, celui de la classique église Notre-Dame, construite de 1811 à 1829. D'après son style, Holsten date cette étude de l'époque suivant le retour d'Italie (1821) et d'avant 1830. Dahl a manifestement été inspiré par le *Soir* de Friedrich de 1824 (Essen, coll. Henke; BS 320). Alors que dans le tableau de Friedrich le clocher de la Hofkirche et la tour du château de Dresde s'élèvent, derrière une colline, dans un grand ciel nuageux, on ne voit ici que les sommets des clochers. Bientôt, Dahl fera de pures études de nuages, comme avant lui Thomas Girtin et John Constable. Il renonce déjà ici à une base de composition solide, le champ visuel commence au-dessus de l'horizon.

H.R.L.

Hambourg, Kunsthalle.

Johann Christian Clausen Dahl

38 Vue d'une fenêtre sur le château de Pillnitz au bord de l'Elbe

1823
Toile. H 0,700; L 0,455
Signé et daté en bas à gauche: *J.C. Dahl 1823*

Provenance
Acquis en 1939

Bibliographie
Cat. Essen, 1963, p. 15; Schmoll, 1970, p. 111 et suiv.; 119 et suiv.; guide, Essen, 1970, p. 1-4.

Au-delà de la fenêtre, le regard suit un chemin sinueux qui conduit à l'Elbe, puis, pardessus la terrasse de jardin, se pose sur le château de plaisance du roi Frédéric-Auguste de Saxe, dominé par une crête montagneuse; les monts de grès de la Suisse saxonne se profilent sur l'horizon. Une chaude lumière vespérale emplit le paysage qui apparaît comme un tableau dans le tableau.

La vue par une fenêtre est un motif en vogue dans la peinture romantique allemande. La «première image à travers une fenêtre (*Fensterbild*) sans personnages de l'époque moderne, considérée comme une fin en soi» (Schmoll, dit Eisenwerth), est due à Friedrich; il s'agit en fait de deux lavis de

sépias dont chacun montre une fenêtre avec une vue prise de l'atelier sur l'Elbe (Vienne, Kunsthistorisches Museum); l'une d'elles fut exposée en 1806. C'est de 1807 que date la première toile de ce type, de Ludwig Kaaz: une vue prise depuis la villa Grassi, près de Dresde.

Le musée d'Oslo conserve une aquarelle sans la fenêtre, probablement préparatoire au tableau de Essen.

H.R.L.

Essen, Museum Folkwang.

Johann Christian Clausen Dahl

39 Vue de Dresde au clair de lune

1839
Toile. H 0,780; L 1,300
Signé en bas au milieu: *Dahl 1839*

Historique
Coll. du comte Colloredo, Dresde-Vienne; acheté en 1937 au marchand de tableaux Haberstock, Berlin, avec le concours du Museumsverein de Dresde. Inv. Gal. n° 2206 D.

Bibliographie
Neidhardt, 1973, p. 103, fig. 8; cat. Dresde, 1975, p. 28.

38

Expositions
1839, Dresde, n° 118; 1958, Düsseldorf, n° 47; 1964, Dresde, n° 45; 1969, Stockholm n° A 14; 1971, Zurich, n° 56; 1972, Londres, n° 123; 1974, Dresde, n° 89.

Dahl a peint ce tableau en 1839 pour le représentant de l'Autriche à Dresde, le comte Colloredo. D'autres versions se trouvent dans les musées d'Hanovre (1841) et de Bergen (1839 et 1843); une étude à l'huile datant d'août 1838 est conservée à la Galerie nationale d'Oslo. Un dessin du 8 octobre 1834, concordant exactement avec le présent tableau, se trouve au musée de peintures de Bergen (crayon et lavis, H 0,243; L 0,459), il porte l'annotation suivante, portée ultérieurement: «*Als Mondscheinstück führ Graf Colloredo K. Königlich Östersche Gesandte in Dresden - bis 1836*» (clair de lune pour le comte Colloredo représentant autrichien à Dresde - jusqu'en 1836). Il est donc à la base de notre tableau. La silhouette de la vieille ville de Dresde avec l'Augustusbrücke, la coupole de la Frauenkirche, la Hofkirche, est vue de la rive opposée (Neustadter Ufer), du point déjà choisi par Bellotto dans l'une de ses célèbres vues de la ville, datée 1748 (Gemäldegalerie, Dresde, n° 606). La concordance parfaite du point de vue, au-dessous du «Palais japonais», ainsi que le cadrage du tableau, permettent de supposer que Dahl connaissait la peinture de Bellotto.

H.J.N.

Dresde, Staatliche Kunstsammlungen, Gemäldegalerie Neue Meister.

Heinrich Anton Dähling

Hanovre 1773 - 1850 Potsdam

Fils de marchand, il suit des cours de dessin depuis 1788, fréquente l'Académie de Berlin à partir de 1793 et peint pour vivre des portraits en miniatures. Il se rend à Paris en 1802, et l'étude des chefs-d'œuvre du Musée Napoléon l'amène à la peinture à l'huile. Suivent des voyages à Cassel, Dusseldorf, Amsterdam, Dresde. C'est seulement lorsqu'il est devenu professeur à l'Académie de Berlin qu'il parvient à un style pictural personnel dans ses paysages, ses tableaux religieux et ses scènes de genre «Biedermeier».

39

Heinrich Anton Dähling

40 Käthchen von Heilbronn et le comte Wetter vom Strahl

vers 1825
Toile. H 0,535 ; L 0,497

Historique
Lieutenant général Mühry, Hanovre, 1832;
galerie Haberstock, Berlin, 1916.

Bibliographie
Cat. Hanovre, 1973, p. 100 et suiv.

Le tableau s'inspire de *Käthchen von Heilbronn* (1807-1810), drame d'Heinrich von Kleist, et plus précisément de la deuxième scène du quatrième acte. La poésie de la scène de dénouement de ce «grand spectacle historique de chevalerie» échappe à l'analyse: le comte Wetter vom Strahl qui, pour des raisons inexplicables, est poursuivi en Souabe par la fille du bourgmestre de Heilbronn, rencontre Käthchen endormie. Parlant dans son sommeil, elle se souvient de leur première rencontre: il lui était apparu en songe, accompagné d'un chérubin, et il l'avait saluée comme sa fiancée. Il reconnaît alors qu'il avait eu au cours de la même nuit la même vision.

Alors que le jeune Schwind, dans un tableau du musée de Dusseldorf datant à peu près du même temps, suit exactement les indications de la mise en scène, la composition de Dähling a toute la dignité de l'école de David. Les deux personnages portent des costumes du début du XVIᵉ siècle; la composition ternaire est inspirée de la Renaissance; le comte, avec son profil grec, fait penser au jeune Ulysse accompagné de son chien fidèle. Mais Dähling place la scène en pleine nature, dans la forêt chère aux romantiques, alors que dans l'œuvre de Kleist, elle se situe devant la porte de la ville, sous un portique entouré de murs. Cette tension entre romantisme et classicisme fait le charme du tableau, que Schreiner date des alentours de 1825. Un grand dessin préparatoire est conservé à Berlin.

H.R.L.

Hanovre, Niedersächsisches Landesmuseum, Landesgalerie.

40

Georg von Dillis

Grüngiebing (Haute-Bavière) 1759 - 1841 Munich

Fils d'un garde forestier, Dillis étudie la philosophie et la théologie à l'université d'Ingolstadt; après avoir été ordonné prêtre en 1782, il fréquente l'Académie de dessin de Munich; il se dégage en 1786 de ses obligations ecclésiastiques et enseigne le dessin à la cour et dans de nombreuses familles aristocratiques. En 1790, il devient inspecteur de la Galerie de peintures au Hofgarten. Son ami le comte Rumford le met en rapport avec de riches anglais qu'il accompagne dans leurs voyages à Salzbourg, en Italie du nord et en Suisse. Dillis, qui est membre d'une commission militaire, découvre en 1792 les musées de Dresde, de Prague et de Vienne. Au cours d'un voyage en Italie, en 1794 et 1795, il exécute un grand nombre d'aquarelles d'après nature et son premier grand tableau à l'huile. En 1796 et 1800, il doit protéger les trésors d'art de la Galerie devant l'avance des troupes françaises. Les années 1805 et 1806 le voient de nouveau à Rome of il fréquente Angelica Kauffmann, Koch, Thorvaldsen, Rohden. Ses études d'histoire de l'art

l'emportent sur sa production picturale. En 1806, il retrouve Louis, le prince héritier de Bavière, à Paris; il y étudie les œuvres d'art et y découvre le premier musée classé de façon chronologique et topographique: ce sera pour lui un modèle lorsqu'il organisera la Pinacothèque de Munich, inaugurée en 1836. En 1808, il devient professeur de peinture de paysage et directeur du cabinet de dessins de Munich. A partir de 1808, il fait plusieurs voyages en Italie afin d'acheter des œuvres d'art pour le prince héritier dont il restera le conseiller artistique jusqu'à sa mort. En 1814, sur sa demande, Dillis est déchargé de son enseignement. Dès 1806, pendant son séjour à Paris, Dillis avait mis en doute l'utilité des Académies et admis que la nature était le seul maître du paysagiste; en 1826, l'enseignement du paysage est supprimé à l'Académie, à son instigation. En 1815, il se rend à Paris pour accélérer le retour des œuvres d'art de Bavière exposées au Musée Napoléon. En 1817 et 1818, il voyage en Italie avec Louis de Bavière. Directeur général de la Galerie depuis 1822, il fait acheter l'importante collection Boisserée, à Heidelberg, qui comprend des chefs-d'œuvre néerlandais et allemands du XVᵉ siècle (1827). Dillis a contribué à faire

de Munich la capitale de l'art en Allemagne; il est en outre l'initiateur de l'école munichoise du paysage réaliste, dans laquelle on compte aussi Kobell et Rottmann.

Georg von Dillis

41 Vue de Saint-Pierre de Rome

1818
Papier sur toile. H 0,292; L 0,434

Historique
Acquis en 1869 par le comte Schack pour la Schack-Galerie.

Bibliographie
Hanfstaengl, 1924, p. 57 et suiv.; Lessing, 1934, p. 271 et suiv.; cat. Munich, 1969, p. 91 et suiv.; Baumgart, 1974, p. 225 et suiv.

Exposition
1976, Hambourg, nº 253.

De la villa Malta, située sur le Pincio à proximité de la Trinité des Monts, le regard se dirige vers l'ouest au-dessus des toits de Rome; au fond, la coupole de Saint-Pierre émerge de l'océan des maisons, plus en avant, on distingue San Carlo al Corso. C'est une étude dépourvue de la structure des compositions classiques; son originalité réside dans le choix d'un cadrage qui donne l'effet d'être tout à fait fortuit: dans l'imagination, on peut «prolonger» l'image de tous côtés. Il ne s'agit pas d'une *veduta*: le motif principal est déplacé sur le côté et le palazzo du centre n'a pas d'importance particulière. «Dans la moitié gauche de l'image, les éléments s'estompent dans un voile de brume diffus» (Holsten). Ce que Dillis recherche, ce n'est donc pas la reproduction précise des choses mais celle de l'atmosphère, de la lumière voilée. Le tableau acquiert son unité grâce au chromatisme uniformément gris ocré de la partie inférieure et au bleu adouci d'un ciel presque sans nuages.

Au printemps 1818, Dillis, en qualité de compagnon de voyage du prince héritier Louis de Bavière, séjourna pendant plusieurs mois à la villa Malta, que Louis avait louée (et qu'il acheta en 1827 à l'intention des artistes allemands). Dillis était chargé, au cours du voyage, de faire des dessins destinés à être utilisés plus tard pour des œuvres achevées en Bavière (en effet, il y a à Munich trois dessins qui montrent la même vue; toutefois, comme Lessing l'a observé, il ne faut

41

pas les considérer comme des dessins préparatoires). En outre, il fit trois études à l'huile
de vues de Rome prises sous différents angles,
parmi lesquelles notre tableau ; elles comptent
parmi les premières études à l'huile de la
peinture allemande (cf. Reinhold, ici n° 183).
C'est sous l'attribution à Rottmann que Schack
en fit l'acquisition ; elles furent restituées à
Dillis, alors presque oublié, par Hanfstaengl
(1924), grâce à des arguments stylistiques,
restitution confirmée par la comparaison
avec les dessins de Dillis (Lessing). Depuis
le même point d'observation mais dans un
format monumental embrassant des panoramas plus vastes et avec une plus grande
précision de dessin, Reinhart a peint en 1835,

pour Louis de Bavière, quatre *Vues de Rome*
(aujourd'hui à la Neue Pinakothek).   H.R.L.

Munich, Bayerische Staatsgemäldesammlungen
(Schack-Galerie).

Karl Philipp Fohr

Heidelberg 1795 - 1818 Rome

*Il apprend à dessiner et à peindre à partir de
1808 chez Friedrich Rottmann, le professeur de
dessin de l'université d'Heidelberg. Issel l'emmène à Darmstadt en 1810. Le pédagogue Dieffenbach devient son mentor ; plus tard il sera*

*son biographe. En 1814 et 1815 il réalise deux
albums d'aquarelles : des scènes historiques et
des vues de la vallée du Neckar et du pays de
Bade. Grâce au soutien de la princesse héritière
de Hesse, il peut étudier à l'Académie de Munich
en 1815 et 1816. Mais pour lui, les maîtres
anciens de la Galerie, ses randonnées à travers
le Tyrol et l'Italie du nord, jusqu'à Venise, et
son ami Ruhl, qui lui fait connaître la littérature
romantique et lui apprend à peindre à l'huile,
sont plus importants que l'Académie ; Ruhl et lui
illustrent ensemble Tieck et La Motte Fouqué.
En 1816, il est de retour à Heidelberg d'où
rayonne une puissante impulsion pour faire
revivre le passé de l'Allemagne, grâce à la collection des frères Boisserée (avec ses tableaux d'an-*

ciens maîtres allemands et néerlandais), et aux efforts du groupe réuni autour de Brentano, d'Arnim et de Görres en faveur de la poésie populaire du Moyen-Age. Il fait partie d'un groupe d'étudiants démocrates. Il transmet leur esprit et leur costume «dans le vieux style allemand» aux jeunes artistes allemands de Rome, où il arrive en 1816. Il fait alors atelier commun avec Koch, et est en rapport avec les Nazaréens. En dehors de ses paysages pleins de sentiment, il trace de subtils portraits au crayon dont la virtuosité graphique impressionne ses contemporains. Il se noie au cours d'une baignade dans le Tibre.

Karl Philipp Fohr

42   Récompense et châtiment

1813-14
Plume, lavis, aquarelle sur traits de crayon.
H 0,188; L 0,245
Annoté au milieu, sous l'image: *Belohnung und Strafe./Badische Monatsschrift 1807*

Historique
Acquis dans le commerce d'art en 1950.

Bibliographie
Cat. Karlsruhe, 1966, n° 14, fig. 5.

Exposition
1968, Heidelberg, n° 20.

Cette œuvre constitue la vingtième page d'un «Carnet d'esquisses de la région du Neckar», que le peintre offrit au début de 1814 à sa bienfaitrice Louise de Hesse. En fait les trente feuilles de l'album, aujourd'hui démembré, ne sont pas des esquisses, mais des dessins aquarellés soigneusement exécutés, que Fohr réalisa sur la base de rapides études d'après nature, faites au cours de ses promenades dans l'Odenwald et la vallée du Neckar pendant l'été 1813. Ce sont des paysages avec des monuments historiques, pour la plupart des châteaux et des ruines. Neuf d'entre eux se rattachent à des scènes légendaires ou historiques que l'artiste associe à ces lieux — idée bien romantique: le temps devient présent dans l'espace, l'histoire revit au sein des paysages. Dans les scènes représentées, l'artiste a utilisé des études d'armes et d'armures qu'il avait faites dans la salle des chevaliers du château d'Erbach.

La feuille exposée évoque le château de Stolzeneck sur le Neckar. La légende raconte qu'y vivaient autrefois un chevalier et sa sœur. Lorsque le chevalier partit en guerre, un chevalier étranger courtisa en vain la solitaire. Alors le prétendant repoussé tua tout ce qu'il trouva de vivant dans le château et jeta la jeune fille dans les oubliettes. Mais son corbeau échappa au massacre, et nourrit sa maîtresse plus d'une année avec des fruits et des racines qu'il allait chercher dans les bois, jusqu'à ce que le frère revienne. Lorsque celui-ci, qui avait déposé ses armes, tira sa sœur des oubliettes, le chevalier étranger surgit; il avait déjà tiré son épée lorsqu'arriva sur lui une nuée de corbeaux, attirés par la bête apprivoisée, qui lui crevèrent les yeux et le tuèrent. — La source de Fohr fut la *Badische Monatschrift* (revue mensuelle de Bade) du 6 mars 1807. Les deux actions, «récompense» et «châtiment», se jouent chez lui sur deux plans dans l'espace: le frère et la sœur regardent, de l'intérieur sombre du château en ruine la fin de l'ennemi dans l'encadrement clair de la porte ouverte. L'impression de merveilleux qui se dégage de la scène est

42

43

44

donnée essentiellement par le graphisme
dense du dessin, auquel la couleur confère
un éclat presque féérique. Jensen (cat. exp.
1968, Heidelberg) fait remarquer que l'artiste,
dans ces dessins, a interprété le schématisme
de la tradition baroque finissante en le trans-
formant, grâce à sa technique minutieuse,
en une manière de dessiner «structurelle» qui
lui appartient en propre.   H.H.

Karlsruhe, Staatliche Kunsthalle.

Karl Philipp Fohr

43 Procession dans le cimetière Saint-Pierre de Salzbourg

1815
Plume, encre brune et lavis. H 0,340; L 0,342

Historique
Acquis en 1864 par Eduard Cichorius; acquis en
1908. Inv. C 1908-118.

Bibliographie
Passavant, 1820, p. 207; Straub - Fischer, 1966,
p. 347 à 353; Ziemke, 1968, nº 52; Schmidt, 1968,
p. 188; Bernhard, 1973, p. 296.

Expositions
1819, Rome; 1925, Heidelberg; 1968, Francfort-
sur-le-Main, nº 52; 1970, Dresde, nº 156; 1971,
Zurich, nº 257.

En automne 1815, à son retour d'Italie du
Nord vers Munich, Fohr s'arrêta pour visiter
Salzbourg. Artiste romantique par excellence,
s'intéressant avec passion à Dürer et à l'art
du Moyen Age, il ne prêta naturellement pas
la moindre attention à la ville baroque, mais
alla dessiner le cimetière Saint-Pierre (St.-
Peters-Friedhof) avec la Margaretenkapelle
et la citadelle médiévale de Hohensalzburg.
Afin d'en faire ressortir particulièrement le
caractère historique, il y inséra une procession
de moines qui passe devant des personnages
agenouillés vêtus dans le goût de la Renaissance allemande. Ce qui importait à Fohr, ce
n'était pas la valeur symbolique du cimetière
au sens d'un Caspar David Friedrich ou d'un

Carl Gustav Carus, mais la représentation du Moyen Age chrétien au sens du «paysage spirituel» tel que Friedrich Schlegel et Ludwig Tieck le réclamaient.

Le paysage en question est dominé par la citadelle de Hohensalzburg dont l'archevêque Gebhard posa la première pierre en 1077 pour consolider sa position compromise dans la lutte entre l'empereur et le pape. Agrandie vers 1500, elle reçut en 1681 l'aspect qu'elle garde encore de nos jours. La forteresse n'a jamais été soumise par la force des armes. Les catacombes à droite, dans la paroi de rocher, au-dessus du cimetière Saint-Pierre, remontent au IIIe siècle; par conséquant, l'Ägidiuskapelle qu'elles abritent est l'église chrétienne la plus ancienne au nord des Alpes. A gauche sur l'image, la Margaretenkapelle (cf. Olivier, ici n° 156).

Une esquisse pour l'aquarelle dresdoise se trouve au Städelsches Institut de Francfort.

G.L.

Dresde, Staatliche Kunstsammlungen, Kupferstichkabinett.

Karl Philipp Fohr

44 Le Château de Heidelberg entre des châtaigniers

1816
Plume et lavis sur traits de crayon, sur papier gris-bleu. H 0,529; L 0,750

Historique
Johann Gottlob Quandt (ami et collectionneur de nombreux romantiques allemands), Leipzig et Dresde, jusqu'en 1860; acquis en 1901 de la galerie Rudolf Lepke, Berlin; Berlin (R.D.A.), Staatliche Museen, Sammlung der Zeichnungen (Fohr n° 5).

Bibliographie
Dieffenbach, 1823, p. 79; vente Johann Gottlob von Quandt, Dresde, le 1.10.1860 et jours suivants, n° 331; Boetticher, 1895, p. 315, n° 3; Grossberger, 1924, n° 533; Hardenberg - Schilling, 1925, p. 48 et 72, pl. 22; Lohmeyer, 1935, p. 245 et 263, fig. 138; Dörries, 1950, p. 116, avec fig.; Jensen, 1968, p. 46, note 14, p. 99, n° 6.

Expositions
1968, Francfort, n° 123; 1965, Berlin, n° 55.

Vue du château de Heidelberg de l'est; derrière, le cours sinueux du Neckar et la plaine rhénane. Le dessin a été exécuté en 1816 à Heidelberg. En 1817, le commerçant francfortois Philipp Passavant commanda à Fohr,

45

46

qui était entre-temps parti pour Rome, une vue de Heidelberg (dans le journal de Wilhelm von Harnier, elle est désignée, à la date du 11 mars 1817, sous le titre *Heidelberg avec un beau lointain*). Cette peinture se trouve aujourd'hui au Städelsches Institut de Francfort (cat. Francfort, 1968, n° 124, fig. 44). C'est le dessin exposé qui a servi de modèle.

G.R.

Berlin, Staatliche Museen, Kupferstichkabinett und Sammlung der Zeichnungen.

Karl Philipp Fohr

45 Le peintre Wilhelm von Schadow

v. 1817-18
Crayon. H 0,132; L 0,104
Ancienne inscription sur le montage: *Maler Wilhelm Schadow aus Berlin.*

H.H.

46 L'architecte Waldmann

v. 1817-18
Crayon. H 0,124; L 0,107
Ancienne inscription sur le montage: *Architekt Waldmann*

Historique
Don de la famille Fohr, 1908.

Bibliographie
Poensgen, 1957, pl. 18, 22.

Expositions
1968, Heidelberg, n° 148, 158; 1968, Francfort, n° 154 (avec indications bibliographiques supplémentaires).

Les deux feuilles proviennent de ce qu'on appelait le *Fohr-Album*, un album sur les pages duquel étaient collés des dessins de Fohr et d'autres artistes, et qui fut dépecé par la suite. Il s'agit d'études préparatoires pour un portrait de groupe qui aurait constitué un souvenir à l'intention des artistes allemands de Rome et de leurs amis qui se rencontraient régulièrement dans le fameux café Greco. Il avait fait le projet de reproduire ce portrait de groupe dans une gravure de grand format et d'en faire des tirages destinés à ses amis, espérant du reste que leurs admirateurs seraient autant d'acheteurs virtuels. A sa mort prématurée, il laissa une cinquantaine de portraits préparatoires dessinés ainsi que trois ébauches de la composition d'ensemble. Il projetait une mise en place en trois groupes où, manifestement, il comprenait le cercle formé autour de Joseph Anton Koch et de ses partisans, à gauche, et le cercle des Nazaréens autour d'Overbeck et de Cornelius, à droite, comme les deux pôles intellectuels de cette société d'artistes.

Le premier des portraits exposés ici montre le peintre Wilhelm Schadow, qui avait été admis en 1813 dans le *Lukasbund* et devint plus tard, comme directeur de l'Académie des beaux-arts de Dusseldorf, le chef de file d'une «école»; le second, l'architecte badois

47

Waldmann qui, à la suite de son séjour à Rome (1817-1818), nommé architecte régional à Constance, y élabora des projets néoclassiques pour la construction d'églises.

Schadow, selon Fohr lui-même «particulièrement subtil et plein d'esprit, mais, hélas! devenu catholique» (Poensgen, 1957, p. 43), paraît complètement introverti; Waldmann, par contre, semble davantage tourné vers les plaisirs de l'existence. Fohr allie à un recensement impeccable et épuré des éléments physionomiques un souci de différenciation sensible. «Toutes les possibilités du crayon, celles de la ligne pure, des hachures les plus délicates, de tons estompés moelleux,

d'un éclat soyeux, sont exploitées; l'art du dessin est porté au niveau de la virtuosité, tout en restant dominé et économe de moyens» (Schwarzweller, cat. exp. Francfort, 1968, p. 8).   H.H.

Heidelberg, Kurpfälzisches Museum.

Karl Philipp Fohr

47 Paysage dans les monts Sabins

1818
Toile. H 0,98; L 1,35

Historique

Coll. des Princes de Hesse.

Bibliographie
Beencken, 1944, p. 163; Andrews, 1964, p. 38 et s., 93; Schrade, 1967, p. 60, 62; Baumgart, 1974, p. 214 et suiv.

Exposition
1968, Francfort, n° 7.

C'est le dernier tableau de Fohr, qui date de sa vingt-deuxième année; il est généralement considéré comme «une des œuvres les plus importantes de la peinture allemande de paysage» (Schrade). Il représente le paysage de Rocca Canterano, non loin de Subiaco. La construction des différents plans est claire, leur couleur et leur éclairage contrastent et donnent ainsi une impression de profondeur. Trois groupes de personnages animent la scène et élargissent la signification de l'œuvre: les bergers qui emmènent leurs troupeaux, la mère avec ses enfants dont les regards, tournés vers le spectateur, unissent cet élément à l'ensemble du tableau, les pèlerins sur les collines couvertes de châtaigniers. La comparaison s'impose avec les vastes paysages de Koch. Ce dernier a transmis à Fohr «le sens de la grandeur du paysage, de la noblesse de la montagne, et de la structure des paysages» (Schrade). Mais Fohr limite le cadre du paysage, et ses personnages, plus grands, sont plus étroitement intégrés à l'environnement. «Le paysage s'anime dès les premiers plans, il n'est plus un cadre pour l'homme ni un lieu apaisant de contemplation, mais le chemin de son voyage — un chemin pleinement actif, qui change, et l'homme participe aussi à ce changement.» (Beencken). Dans une lettre à ses parents du 2 mai 1818, Fohr mentionne ce tableau, en disant qu'il le terminerait dans les trois mois. Lorsqu'il mourut le 29 juin, certains détails du premier plan et du plan intermédiaire gauche étaient inachevés.

Un grand dessin préparatoire, mis au carreau, se trouve à Francfort; les musées de Berlin et de Francfort conservent des dessins de détail pour le paysage et les personnages, et celui de Hambourg un calque aquarellé.

H.R.L.

Darmstadt, Schlossmuseum.

Caspar David Friedrich

Greifswald 1774 - 1840 Dresde

Né en Poméranie, alors possession suédoise, fils d'un fabricant de savon, Friedrich commence à apprendre le dessin avec Quistorp, professeur de dessin de l'université de Greifswald. De 1794 à 1798, il est élève de Juel et d'Abilgaard à l'Académie de Copenhague. Puis il s'établit à Dresde, où il étudie à la galerie de peintures. Friedrich se libère des influences de Zingg et de Klengel, qui enseignent le paysage à Dresde, en faisant d'assez longs séjours dans son pays natal et dans l'île de Rügen, en mer Baltique. En 1802, il rencontre Runge à Greifswald; par la suite, celui-ci lui fera connaître le poète Tieck à Dresde. En 1805,

48

Goethe décerna une récompense à deux dessins présentés par Friedrich au concours des «Amis de l'art» de Weimar. Friedrich est en relations avec les poètes Kleist et Novalis; les peintres Carus, Dahl et Kersting deviennent ses amis. Il fait un voyage en Bohême en 1808 et 1809. En 1808, l'exposition de l'Autel de Testschen est à l'origine d'une dispute esthétique devenue célèbre parce que Friedrich a fait de la peinture de paysage un langage symbolique religieux. Kleist commente cette œuvre-clef du premier romantisme. En 1810, le prince héritier de Prusse achète le Moine au bord de la mer que Friedrich avait exposé à l'Académie de Berlin. Entre 1810 et 1813, il entreprend des randonnées dans le Harz, dans le Riesengebirge et dans l'Elbsandsteingebirge. En 1814, il prend part à l'exposition patriotique destinée à célébrer la libération de Dresde. En 1816, il refuse une invitation à faire un voyage à Rome. Cornelius et aussi, probablement, Blechen, ainsi que le poète allemand F. de La Motte Fouqué et David d'Angers lui rendent visite. En 1824, il devient professeur «hors programme» à l'Académie de Dresde, mais à la mort de Klengel, il ne succède pas à celui-ci à la tête de la classe de paysage. Quelques-uns de ses tableaux sont parfois exposés par les Kunstvereine de Hambourg, de Brême et de Königsberg. Le peintre, qui, dès sa jeunesse, avait tendance à la mélancolie, se retranche de plus en plus dans l'isolement. Grâce à l'entremise du poète V.A. Joukovski, il peut vendre des tableaux au tsar Nicolas Ier, en 1835 (et de nouveau, peu avant sa mort), mais cela n'amé-

liore que provisoirement sa mauvaise situation financière. Il est malade depuis 1835 et mourra en état d'aliénation mentale. En dépit des efforts de ses amis Dahl et Carus, l'œuvre de Friedrich tombera dans un oubli presque total jusqu'à ce qu'elle soit redécouverte grâce à l'Exposition centennale de Berlin, en 1906. La peinture de paysages de Friedrich n'interprète pas seulement la nature en tant que miroir du sentiment subjectif et chiffre de l'élément métaphysique, elle inclut aussi la réalité politique de son temps sous une forme symbolique codée; elle représente ainsi de la façon la plus conséquente le postulat du début du romantisme, d'une liaison entre le fini et l'infini.

Caspar David Friedrich

48   Paysage avec pavillon

v. 1797
Plume, lavis et aquarelle. H 0,165; L 0,220

Historique
Acheté à la vente aux enchères de la coll. Georg Blohm, de Hambourg, chez Commeter, Hambourg, 1927. Inv. nº 1928-3.

Bibliographie
Cat. vente Commeter, 1927, nº 120, pl. V; Börsch-Supan, 1960, p. 65, note 1; Hinz, 1966, nº 330; Sumowski, 1970, p. 54, 158, 160, 182; Vaughan, 1972, p. 23; Börsch-Supan, 1973, nº 12, p. 238.

Expositions
1972, Londres, nº 2; 1974, Hambourg, nº 7.

Le pavillon se trouvait près de Klampenborg, au nord de Copenhague. Il forme avec la chaumière un contraste qu'il faut analyser comme une métaphore. Pour Börsch-Supan, la chaumière incarne l'existence terrestre, le pavillon le paradis. Cette interprétation ne tient pas compte du rôle important que joue le thème de la «hutte primitive» dans les théories de l'architecture du XVIIIᵉ siècle – Goethe le trouva dans l'*Essai sur l'architecture* de l'Abbé Laugier (Paris, 1753), et entama une polémique avec ce dernier dans son traité *Von deutscher Baukunst* (de l'architecture allemande) – ni du fait que ce thème, et sa mise en relation avec le palais des maîtres, avaient déjà un contenu de critique sociale avant que Nicolas de Chamfort, au cours de la troisième année de la Révolution, ne donne le mot d'ordre : «Guerre aux châteaux, paix aux chaumières». Ainsi, dans le troisième volume de la *Geschichte und Theorie der Gartenkunst* (1779-1785) de Christian L. Hirschfeld, le poème suivant est proposé comme inscription pour un monument dans un jardin :

Le berger au courtisan

Tu dors sur des couches molles;
je dors sur le trèfle doux;
Tu te vois dans le miroir;
je me vois dans le lac paisible;
Tu marches sur des tapis
je marche dans l'herbe tendre;
Tu bois des vins coûteux;
je bois l'eau qui ne coûte rien;
Tu habites entre des murs peureux;
j'habite à l'air libre;
L'art te dépeint le printemps;
pour moi, c'est la nature qui le peint.

Friedrich, au cours de son séjour à Copenhague, devait avoir connu ce manuel largement diffusé, qui étudie d'ailleurs de nombreux exemples de jardins danois. A côté du poème, dans l'ouvrage de Hirschfeld, est placée une gravure, qui est une anticipation du contraste remarqué dans le *Paysage avec un pavillon*; devant, à droite, une baraque primitive, à gauche à l'arrière-plan, séparé par un étang, un pavillon de jardin. C'est une caractéristique de Friedrich d'apporter un contraste qualitatif entre les plans lointains et proches pour accentuer le contenu de l'espace. Cette méthode ne s'ébauche qu'avec hésitation dans notre aquarelle. Le premier plan est

réservé à l'habitation prosaïque, l'arrière-plan à la poésie de l'architecture. On peut remarquer un écho de cette dialectique dans la *Porte dans le mur d'un jardin* (ici nº 78).

La remarque sur la métaphore chaumière-palais peut s'appuyer sur la position sociale de Friedrich et la modestie de sa vie. Dans une lettre du 12 mars 1814, à Ernst Moritz Arndt, il exprime son patriotisme démocratique : «Aussi longtemps que nous resterons les valets des princes, nous ne connaîtrons jamais rien de la grandeur de l'espèce (il se réfère aux monuments pour de grands personnages allemands). Là où le peuple n'a pas de voix, il ne lui est pas non plus permis de se comprendre et de s'estimer à sa valeur.» (*Ecrits*, 1974, p. 24). W.H.

Hambourg, Kunsthalle.

Caspar David Friedrich

49 Femme près d'une toile d'araignée au milieu d'arbres morts (Mélancolie, L'araignée)

1801-04
Gravure sur bois. H 0,169 ; L 0,118

49

Bibliographie
Lichtwark, 1905, p. 19-27; Hartlaub, 1941, p. 261-281; von Einem, 1950, p. 126, fig. 8; Bandmann, 1960, p. 132-136; Börsch-Supan, 1960, p. 93; Musper, 1964, p. 285; Sumowski, 1970, p. 136-138; Börsch-Supan, 1973, nº 60, p. 17, 21, 257 et suiv.

Expositions
1804, Dresde, nº 240-242; 1964, Heidelberg, nº 179; 1972, Londres, nº 21; 1974, Hambourg, nº 53.

50 Femme avec un corbeau au bord du gouffre

1801-04
Gravure sur bois. H 0,168 ; L 0,118

Bibliographie
Lichtwark, 1905, p. 19-27; Hartlaub, 1941, p. 261-281; Börsch-Supan, 1960, p. 93; Musper, 1964, p. 285; Sumowski, 1970, p. 136-138; Börsch-Supan, 1973, nº 61.

Expositions
1804, Dresde, nº 240-242; Heidelberg, nº 177; 1972, Londres, nº 22; 1974, Hambourg, nº 54.

Il s'agit de deux des trois bois que Friedrich fit graver par son frère Christian et qu'il présenta pour la première fois en 1804 à l'exposition de l'Académie de Dresde. Le troisième bois (BS 62) montre un enfant qui dort sur une tombe. Les premiers dessins ne sont pas connus, mais dans le *Carnet d'esquisses* dit

50

de Mannheim se trouvent quatre feuilles avec les sujets utilisés pour les bois. Börsch-Supan suppose que Friedrich pensait à des illustrations pour une édition de ses propres poèmes. Le dessin de Dresde du 5 octobre 1801 (BS 51) se réfère à la *Femme avec la toile d'araignée*, sans en avoir la rigueur formelle ni la densité: les arbres sont un décor accidentel; la toile d'araignée manque; un banal bloc de rocher occupe le premier plan à la place de la végétation luxuriante du bois gravé (qui rappelle les eaux-fortes de Kolbe; cf. ici n° 130).

Ce bois gravé a été souvent comparé à la *Mélancolie* de Dürer. Bandmann l'interprète ainsi: «des arbres morts, des chardons et une toile d'araignée créent un décor qui exprime par des symboles naturels la situation sans issue de la jeune fille. Ce n'est pas un personnage qui pourrait porter un nom allégorique ou mythique, mais tout simplement un être empli de mélancolie» (Günter Bandmann, *Melancholie und Musik*, Cologne/Opladen, 1860, p. 133). Cette interprétation, et d'autres avec elle, ne voient qu'un aspect des choses. Elles négligent la coloration de l'époque, en particulier le lien d'un tel thème avec le sentiment de la nature au XVIIIᵉ siècle, dont la transcription artistique débuta en Angleterre (J. Wright of Derby). De plus, il faudrait remarquer que la jeune fille n'est pas entourée seulement d'objets morts: elle est assise dans une nature luxuriante, qui forme autour d'elle un enclos protecteur. Cet enchevêtrement, résumé symboliquement par la toile d'araignée, a plusieurs significations: il protège, il dissimule, et il retient prisonnier. Ce n'est pas le «désespoir sans fond» qui est ici représenté, mais une créature fragile, blessée – qui découvre le caractère sans issue de l'épais bosquet, en même temps que sa fonction protectrice.

C'est dire ce qui sépare ce personnage de la *Femme avec un corbeau au bord du gouffre* (ici n° 50). Celle-ci est arrivée au terme de son existence, abandonnée, sans protection. C'est à elle que convient l'expression «sans issue». Ce qui confère à son attitude un «frisson nouveau», c'est une simplicité dépourvue de tout pathos, qui vient du fait que Friedrich a restitué une scène de la vie quotidienne. Comme modèle, il a pris l'étude d'une *Femme à côté d'un bahut* (Cologne, coll. privée, Börsch-Supan, 56) du 29 novembre 1801. Non seulement Friedrich évite les formules rhétori-

ques auxquelles les artistes confiaient l'expression du désespoir humain au milieu de la nature, mais il rompt aussi avec la tradition qui considère cette situation comme le privilège d'êtres exceptionnels et poétiques. Son personnage est d'origine modeste, encore plus anonyme que l'*Atala* de Chateaubriand (dont Girodet peint les *Funérailles* en 1808) et la fille de Young, que son père enterre secrètement (Vafflard, *Young et sa fille*, Salon de 1804). En d'autres termes: sa détresse a un contexte qui renvoie à la littérature anglaise du XVIIIᵉ siècle, tout en étant moins porté par le sentiment de la nature (*Night Thoughts*, de Young; *Meditations among the Tombs*, d'Harvey; *Elegy*, de Gray...). Friedrich était cultivé; peut-être a-t-il connu les anglais (une édition berlinoise d'*Ossian* montre une femme qui s'agenouille, désespérée, au bord d'un gouffre; repr. cat. exp. Hambourg, 1974, p. 71). Plus tard, Friedrich ne peindra plus qu'une fois l'être humain aussi grand, dans le paysage qui l'entoure et au centre de la composition, comme il l'a fait dans cette gravure: ce sera dans le *Voyageur au-dessus de la mer de nuages* (ici n° 65).   W.H.

Hambourg, Kunsthalle.

Caspar David Friedrich

51   Autoportrait

1802
Crayon et lavis. H 0,175; L 0,105
Inscription en haut à gauche: *den 8t März 1802.*

Historique
Acquis de Harald Friedrich, Hanovre, 1906.
Inv. n° 41114.

Bibliographie
Hinz, 1966, n° 314; Sumowski, 1970, p. 136; Börsch-Supan, 1973, n° 72

Expositions
1964, Heidelberg, n° 157; 1972, Londres, n° 15; 1974, Hambourg, n° 38.

L'arrondi en forme de médaillon donne de la distance et confère au portrait une contenance qui contraste avec l'autoportrait à caractère privé, non-représentatif. La coiffure à visière donne de l'acuité au regard, mais diminue la plasticité; la petite bouteille sert à mettre l'encre de Chine ou l'eau. Börsch-Supan renvoie aux autoportraits tardifs

51

d'Anton Graff (1736-1813) que Friedrich doit avoir connus.

Dans l'*Autoportrait* de Dresde de 1800 (BS 37), Friedrich se permet une grimace vulgaire et donne à sa physionomie une expression ambiguë. Lorsque David d'Angers, entraîné à l'analyse des physionomies, rendit visite en 1834 au peintre alors âgé de soixante ans, il affirma: «On voit que l'énergie de son caractère domine ses passions qui ont dû être très fortes» (1928, p. 107, repris par Börsch-Supan, 1973, p. 179). Mais il y a aussi de nombreux témoignages de l'espièglerie de Friedrich. C'est elle qui l'a sans doute poussé à se peindre avec une coiffure à visière qui ressemble à un pansement.

Comment Friedrich ampute ici la vision «artistique» par rapport à la vision normale avec un expédient technique assez particulier, il le justifiera plus tard théoriquement: «Ferme ton œil physique, afin de voir d'abord ton image avec le regard de l'âme» (*Ecrits*, 1974, p. 92). Ce credo passe au-dessus des possibilités de l'autoportrait traditionnel, c'est-à-dire que dans la mesure où la représentation de soi-même ne correspond plus au genre de l'«Autoportrait», elle devient son prétexte potentiel: l'âme se reflète en tout.

W.H.

Hambourg, Kunsthalle.

Caspar David Friedrich

52 Autoportrait le bras appuyé

v. 1802
Crayon et plume. H 0,267; L 0,215

Historique
Acquis de la Galerie Arnold, Dresde, 1932.
Inv. n° 1932-153.

Bibliographie
Hinz, 1966, p. 37, 40, n° 337; Sumowski, 1970, p. 136, 176, 184; Börsch-Supan, 1973, n° 75.

Exposition
1974, Hambourg, n° 40.

Il s'agit vraisemblablement, d'après Sumowski, de l'étude préparatoire pour *L'artiste à table,* autoportrait brûlé dans la maison de Friedrich à Greifswald; pourtant, dans ce tableau, l'artiste regardait le spectateur en face. Börsch-Supan suppose que Friedrich s'est inspiré de l'*Autoportrait à la fenêtre* de Rembrandt (Bartsch, 22). «L'expression fière de Rembrandt est cependant remplacée ici par une expression désarmée, mélancolique, nostalgique». En raison de la précision du trait, on pourrait conclure à une étude préparatoire à une gravure sur bois.

W.H.

Hambourg, Kunsthalle.

Caspar David Friedrich

53 Brouillard

1807
Toile. H 0,345; L 0,520

Historique
Comtes von Meden, Elley, Kurland (qui l'avaient sans doute acheté vers 1808 à l'artiste), jusque vers 1918; vendu après 1918; prêt de Paul Rusch, Dresde, à la Galerie de Dresde en 1922-24; Hugo Simon, Berlin, 1925; vendu aux enchères chez Fischer, Lucerne, 1939; Galerie du XIXᵉ siècle, Vienne; transféré au Kunsthistorisches Museum de Vienne en 1953. Inv. n° NG 97.

Bibliographie
Morgenblatt für die gebildeten Stände, 1808, p. 132; de Prybram-Gladona, 1942, p. 70, notes 391, 392;

52

de Prybram-Gladona, 1942, p. 70, notes 391, 392; cat. Kunsthistorisches Museum, Vienne, 1967, 1973, n° 159.

Expositions
1972, Londres, n° 30; 1974, Hambourg, n° 71.

Ce tableau fait partie, avec son pendant, le *Rivage avec pêcheurs* (BS 158, également à Vienne, Kunsthistorisches Museum), des premières peintures à l'huile de Friedrich. Ces deux œuvres sont aussi la première preuve du penchant du peintre à associer des tableaux qui contrastent ou se complètent. Les deux pendants de Vienne montrent le départ et le retour, signifiés par le travail des pêcheurs, et composés l'un en fonction de l'autre. La différence dans le rendu des formes est bien marquée: dans le *Rivage,* les formes de la nature sont clairement lisibles et emplies d'une vie organique; dans le *Brouillard,* la végétation est absente, l'accent est mis sur l'incertitude et l'obscurité. La mer et le ciel semblent se mêler, le voilier et la barque paraissent fantomatiques et irréels. Friedrich se réfère à un dessin du musée d'Oslo du 17 juillet 1806 (Hinz, 423). Il peut avoir eu connaissance des tableaux de Joseph Vernet, comme le suppose Sumowski; il est cependant décisif de remarquer comment il fige la scène dans une immobilité envoûtée. On réduit l'aura de cette scène et sa magie si on lui accorde une dimension allégorique

comme le fait Börsch-Supan: car qui peut décider si la barque va vers le voilier, ou si, au contraire, elle s'en éloigne?

Le brouillard est un procédé volontaire qui couvre le paysage d'un voile riche de contenu. Friedrich remarque dans ses notes: «Si l'on a l'imagination pauvre et ne perçoit dans le brouillard que du gris, alors cette aversion est compréhensible. Pourtant, un paysage enveloppé de brume paraît plus vaste, plus sublime, il anime l'imagination et renforce l'attente, semblable à une fille voilée. L'œil et l'imagination sont généralement plutôt attirés par le lointain vaporeux que par ce qui s'offre aux yeux clairement de près» (*Ecrits*, 1974, p. 129). La poésie de la forme indistincte commence avec le traité de Burke sur le Sublime: «... in nature dark, confused, uncertain images have a greater power on the fancy to form the grander passions than those have which are more clear and determinate.» (ed. Boulton, 1958, p. 62) (dans la nature des images sombres, confuses, incertaines ont une plus forte emprise sur l'imagination pour susciter de grandioses passions que celles qui sont plus claires et plus nettes). Selon Sumowski, le brouillard signifiait au XVIIIᵉ siècle l'éloignement de Dieu et l'obscurité du destin de l'homme, «d'impossibilité de la révélation»; il était aussi la métaphore des troubles politiques. Ruskin évoque aussi cette multivalence dans ses «laws of evanescence» (*Modern Painters*).

Pour Young, la mer «reflète le visage mélancolique de la vie humaine» (*Night Thoughts*). Friedrich la voit de la même façon: dans le *Brouillard* pour la première fois.

W.H.

Vienne, Kunsthistorisches Museum.

Caspar David Friedrich

54 Tumulus dans la neige

Toile. H 0,610; L 0,800

Historique
Coll. Carl Schildener, Greifswald, dès 1826, vente coll. Schildener, Leipzig, 30 septembre 1845; acheté par J.C.C. Dahl, qui lui donne le n° 1 dans sa liste des œuvres de Friedrich établie le 7 juillet 1847 (Oslo, Galerie Nationale, Cabinet des Estampes); exposé à Munich en 1858 comme appartenant à Dahl; vente coll. Dahl, 1859; acheté à Catherina Dahl lors de la succession de Siegwald Dahl, fils du peintre. Inv. Gal. n° 2196.

53

54

Bibliographie
Schildener, 1828, p. 42; von Einem, 1938, p. 112; Börsch-Supan, 1960, p. 40, 47, 48, 51; Sumowski, 1970, p. 54, 100, 101, 155, 193; Börsch-Supan, 1973, p. 17, 25, n° 162; Märker, 1974, p. 131; Schmied, 1975, p. 54, pl. 4; cat. Dresde, 1975, p. 36.

Expositions
1906, Berlin, n° 509; 1940, Dresde, n° 5; 1958, Dusseldorf, n° 39; 1969, Stockholm, n° 411; 1972, Londres, n° 31; 1974, Hambourg, n° 72; 1974, Dresde, n° 4.

Le site et la date d'exécution de ce tableau sont l'objet de discussions. Une étiquette ancienne collée sur le châssis de la toile, portant l'inscription: *Friedrich. Akadem. Zeitschrift, Bd. 2. Heft 2, Seite 40, Nr. 14* renvoie à l'article du professeur Carl Schildener, paru dans la revue académique de Greifswald en 1828, article dans lequel l'auteur dit qu'il possède ce tableau, que c'est «l'une des premières peintures à l'huile de Friedrich» et qu'il s'agit d'une tombe hunnique (aujourd'hui disparue) près de Gützkow, à proximité de Neubrandenburg, que Friedrich a dessinée d'après nature.

Les analyses stylistiques des critiques sont aussi contradictoires. Tandis que Börsch-Supan considère le tableau comme une œuvre caractéristique des débuts du peintre, Sumowski le tient pour «une production typique de ce que l'on appelle la crise de son style» (1816-1820).

On retrouve l'arbre de droite avec de minimes variantes dans les tableaux suivants: *L'hiver* (Munich; BS 165), *Cimetière dans la neige* (détruit; BS 254) et *Pins dans la neige* (Hambourg; BS 365). Le dessin à la sépia *Tumulus au bord de la mer* (Weimar; BS 147) est à considérer comme une ultime étude préparatoire pour notre tableau.

La composition présente une étroite parenté avec l'*Echappée dans la vallée de l'Elbe* (Dresde, n° 2197 F) probablement contemporaine. Börsch-Supan suppose que les deux tableaux, de même format, ont été conçus pour être des pendants, et il y voit une opposition symbolique entre «la conception héroïco-païenne de la vie» et la conception chrétienne. En revanche, Schildener considérait déjà le *Tumulus sous la neige* comme une «scène de l'ancienne vie nationale». D'autres auteurs (Wilhelm-Kästner, Emmrich, Geismeier) interprètent également ce tableau dans le sens de «l'espoir du réveil de l'esprit patriotique, dont les tumulus de l'Antiquité nationale passent pour les témoins» (Geismeier, 1973, p. 45). Pareille interprétation est tout à fait en accord avec la pensée symbolique de cette époque de renouveau spirituel et patriotique, avant les guerres de libération. Elle peut s'appuyer aussi sur de nombreux témoignages littéraires, où les monuments de l'antiquité germanique, y compris le chêne, symbole naturel de l'«héroïsme» germanique, sont interprétés en rapport avec le contexte historique.   H.J.N.

Dresde, Staatliche Kunstsammlungen, Gemäldegalerie Neue Meister.

Caspar David Friedrich

55 Brouillard matinal en montagne

1807-08
Toile. H 0,710; L 0,104

Historique
Ancienne acquisition du prince de Schwarzburg-Rudolstadt; au château Heidecksburg (comme anonyme) en 1892; identifié en 1941. Inv. n° 203.

Bibliographie
Prometheus, 1808, p. 21; Scheidig, 1947, p. 7-17, pl. 2; Grote, 1950, p. 401; Emmrich, 1964, p. 28, pl. 9; Hinz, 1966, p. 81; Sumowski, 1970, p. 40, 208; Geismeier, 1973, p. 45, n° 55 (couleurs); Börsch-Supan, 1973, n° 166, p. 25, 70, 300, pl. 5 (couleurs); Börsch-Supan, 1973, p. 74, pl. 5 (couleurs); Jensen, 1974, p. 92-95, pl. 2 (couleurs).

Expositions
1957, Berlin, n° 94, 1972, Londres, n° 34; 1974, Dresde, n° 6.

Récemment daté de 1807-08 par Börsch-Supan, qui se réfère à une description parue en 1808, ce paysage compte parmi les premières peintures à l'huile de Friedrich, qui avait débuté avec des dessins à la sépia et des gouaches. Il fut exécuté à la même époque que *La croix dans la montagne*, destinée à la chapelle du château de Tetschen. L'écart sensible entre les deux œuvres, malgré leur sujet semblable, est interprété par Börsch-Supan (1973, p. 25) comme un exemple des deux «modes» dont dispose Friedrich: le tableau de Tetschen représente le mode idéal et symbolique, tandis que le paysage de Rudolstadt reste plus proche de l'expérience visuelle et s'attache à rendre par un coloris subtil les conditions atmosphériques d'un matin d'automne. Il ne renonce pas pour autant au symbolisme. Sur la cime on peut discerner un crucifix, et ce motif cher à Friedrich donne lieu à des interprétations supplémentaires: la montagne serait le christianisme, le brouillard représenterait «les erreurs humaines et l'étroitesse de la connaissance humaine» (Börsch-Supan, 1973, p. 228).

Dès 1807-08, Friedrich avait entrepris des randonnées dans les monts de Bohème. Le *Brouillard matinal en montagne* se situe au début d'une longue série de vues montagnardes. Il avait été préparé, entre autres, par une sépia, datant de 1804-05 (BS 122; Weimar, Goethe-Nationalmuseum), qui allie déjà le motif de la croix dans la montagne à celui du brouillard, mais sans l'isolement des rocs et des sapins par la vapeur: en effet, le tableau de Rudolstadt est dépourvu d'assise, les éléments semblent planer dans le vide, fixés uniquement par la construction géométrique. De là résulte l'effet d'inaccessibilité et de solitude.

Le motif du brouillard, lui aussi, sera fréquemment repris dans l'œuvre de Friedrich. L'exemple le plus frappant est le *Voyageur au-dessus de la mer de nuages* (vers 1818, ici n° 67). Friedrich a lui-même, dans ses écrits, donné les raisons de sa prédilection pour les paysages brumeux (cf. ici n° 53).

Entre Friedrich et le prince de Schwarzburg, qui acheta probablement le tableau, on pourrait penser à un intermédiaire: l'officier prussien Otto August Rühle von Lilienstern (1780-1847), un ami de Friedrich, qui prit vivement sa défense dans la querelle du retable de Tetschen. Son livre *Voyage avec l'armée en 1809*, dans lequel il parle du peintre qu'il considère comme une «nature tout à fait nordique et ossianique», parut, en 1810-12, précisément à Rudolstadt.   C.K.

Rudolstadt, Staatliche Museen, Schloss Heidecksburg.

Caspar David Friedrich

56 Fenêtre avec vue sur un parc

Lavis de sépia sur traits de crayon. H 0,390; L 0,305

Historique
Coll. impériales, Palais d'hiver à Saint-Petersbourg (marque: couronne impériale); transféré à l'Ermitage après 1917. Inv. n° 43909.

55

Bibliographie: Izergina, Sumowski, 1970, p. 147, 196, 233, 237; Börsch-Supan, 1973, n° 174.

Expositions:
Leningrad, 1974, n° 11; Hambourg, 1974, n° 223; Dresde, 1974, n° 173.

Le motif de la fenêtre a attiré Friedrich tout au long de sa carrière de dessinateur: une *Fenêtre aux volets ouverts avec une vue sur un paysage lointain éclairé par le soleil* est mentionnée pour la première fois à l'exposition de l'Académie, en 1806, et l'un des derniers dessins sur ce thème a été réalisé, semble-t-il,

en 1837 (l'Union artistique de Saxe l'acquiert en octobre de la même année). Les plus connus sont les deux dessins à la sépia représentant deux fenêtres de son atelier de Dresde, au numéro 26 du quai de l'Elbe (Vienne, Kunsthistoriches Museum; BS 131, 132). L'embrasure et la croisée sont très proches, dans leur aspect, de celles des fenêtres de cet atelier, sans être identiques. Il est possible que l'artiste ait représenté l'une des fenêtres donnant sur le parc de sa demeure. L'intérieur austère, ascètique, qui s'oppose au monde lumineux et joyeux de l'extérieur, symbolise

très vraisemblablement l'affrontement de la réalité concrète et du monde du rêve. La parenté stylistique de ce dessin avec ceux exécutés par l'artiste en 1806-1811 permet de le dater de cette même période, encore qu'une certaine mollesse de l'image rende également possible une datation plus tardive.

La comparaison s'impose avec les *Fenêtres* de Carus (ici n° 23) et de Dahl (ici n° 38). Voir aussi l'*Atelier de Friedrich* de Kersting (ici n° 114).   Y.K.

Leningrad, musée de l'Ermitage.

Caspar David Friedrich

57 Paysage de montagne avec un arc-en-ciel

1809-10
Toile. H 0,700; L 1,020

Historique
Comte Karl August de Weimar, 1810 (?); Paul
Cassirer, Berlin, 1932; coll. Hirschland, Essen;
transféré en 1939 au Musée Folkwang d'Essen et
rendu en 1946 à son ancien propriétaire; acquis
définitivement en 1948. Inv. n° G. 46.

Bibliographie
Parthey, 1863, n° 12; P. Wescher, 1932, p. 170;
Eberlein, 1940, p. 21; de Prybram-Gladona, 1942,
p. 26, 28; cat. Museum Folkwang, Essen, 1960,
n° 41 et 1971, n° 46; Börsch-Supan, 1973, n° 183;
Geismeier, 1973, p. 37, 54; Jensen, 1974, fig. 5;
Rosenblum, 1975, p. 45.

Exposition
1974, Hambourg, n° 80.

57

Ce tableau fut peint vers 1810, vraisemblablement en pendant au *Paysage avec un arc-en-ciel* disparu en 1945 (BS 182, autrefois à Weimar). Les deux tableaux furent acquis par le duc Karl August de Weimar, d'ailleurs sur le conseil de Goethe et bien que le «travail de confiseur» de Friedrich (lettre à la femme peintre Thérèse aus dem Winckel, 9 octobre 1810) ne correspondît pas à ses goûts personnels. Le tableau disparu montrait un berger dans un paysage désolé. Déjà Parthey (1863, n° 13) y voyait l'illustration d'un poème de Goethe, le *Schäfers Klagelied* (la complainte du berger), de 1802. Börsch-Supan en déduit que Friedrich a voulu évoquer la vision de la nature de Goethe et lui opposer, dans l'*Arc-en-ciel* d'Essen, sa propre vision religieuse du monde.

Le tableau représente le Rosenberg dans la Suisse saxonne. Déjà von Einem (1938, p. 71) interprétait le personnage du premier plan comme un autoportrait. La précision amoureuse du détail que Friedrich apporte dans la description des éléments du paysage et du personnage (que le duc raillait dans l'expression «travail de confiseur») est nimbée de mystère grâce à l'organisation des effets lumineux, et élevée ainsi jusqu'aux domaines de l'imagination. Ainsi, le charme essentiel du tableau résulte d'une combinaison arbitraire de phénomènes naturels. La lumière dans les nuages vient de la lune. Mais comme un arc-en-ciel n'est visible «que si la source lumineuse se trouve dans le dos de l'observa-

teur, il faudrait donc, en accord avec l'éclairage du premier-plan, que le soleil soit présent». Aussi Börsch-Supan essaie-t-il d'expliquer cette situation paradoxale à partir de la réalisation de l'œuvre: elle aurait été conçue d'abord comme un paysage nocturne, et ce n'est que plus tard que Friedrich aurait peint un arc-en-ciel au-dessus des nuages. Mais cette hypothèse n'explique pas le halo de lumière au premier plan, dont il est difficile de penser que la source puisse être la lumière de la lune. La façon dont Friedrich intègre souverainement dans un seul et même tableau des processus naturels différents qui s'excluent l'un l'autre, et qui provoque chez l'observateur une sorte d'effet-choc, anticipe son *Paysage fluvial* de la Gemäldegalerie de Cassel, peint des deux côtés, où un seul et même paysage représente deux moments du jour; sur l'un des côtés, c'est une ambiance matinale, et sur l'autre une nuit de pleine lune (vers 1830-35, BS 439).

Le tableau d'Essen fait sans aucun doute partie des professions de foi les plus importantes de Friedrich. Son «message» tient dans l'arc-en-ciel. Au contraire de Koch (ici n° 129), Constable, Turner ou Rottmann (cf. cat. exp. Hambourg 1976, cat. 151-153, 222), Friedrich ne voit pas dans l'arc-en-ciel le mirage fugitif d'une gamme transparente de couleurs, il lui fait parcourir toute la surface du tableau comme une courbe de lumière, nue, découpée — «raide et opaque», dit le duc de Weimar —. Dans ce demi-cercle, apparaît déjà la forme

sacrée de l'*Autel de Tetschen* (Börsch-Supan, 1960, p. 84), qui devait être poussée jusqu'à ses ultimes conséquences géométriques dans un tableau disparu, *Croix devant un arc-en-ciel dans la montagne* (BS 229).

Börsch-Supan, de la même façon qu'il voit dans la lumière de la lune le symbole de la lumière que le Christ apporte au monde, interprète l'arc-en-ciel (*Genèse* IX) comme le signe de la réconciliation de Dieu avec les hommes. Mais la froideur même de cette lumière ne s'inscrit-elle pas en faux contre cette interprétation? Rosenblum a relié l'«archaïsme structurel» du tableau à la «fearful symmetry» de Blake. La frontalité et la symétrie du tableau — qui en font un paysage-icône — sont ici clairement utilisés comme moyens formels d'une hiérarchisation; ils ne provoquent pas la confiance dans la nature (ni dans son créateur), mais son élévation et sa transfiguration en un «ordre fixé et immuable» (Rosenblum, p. 45). Ce paysage symbolique a-t-il un arrière-plan religieux?

L'apparition simultanée de la lune et du soleil a dans l'art ancien un caractère emblématique; elle peut accompagner des situations extrêmes, comme la Crucifixion du Christ ou l'Ouverture du 5e et du 6e sceau. «Le soleil devint noir comme un sac de crin, et la lune tout entière devint comme du sang» (*Apocalypse* VI, 12, cf. bois gravé de Dürer, B. 65). Vu de cette façon, le tableau de Friedrich, avec ses deux sources de lumière, serait l'écho sécularisé et intériorisé de la connaissance apocalyptique, qui pousse rois et esclaves à s'adresser aux montagnes et aux rochers: «Tombez sur nous, dérobez-nous à la vue de celui qui est assis sur le trône»... (VI, 16). L'arc-en-ciel se référerait donc au trône de la Majesté divine (*Apocalypse* IV, 3). Friedrich aurait transformé le Dieu révélé de l'*Apocalypse* en «deus absconditus» — en une icône sous forme de paysage.

Dans ses mémoires, Friedrich fait prendre position à un peintre sur les bouleversements de l'époque. Cette analyse soutient notre essai d'interprétation «apocalyptique»: «Aucune puissance humaine ne peut contenir le cours de notre grande et funeste époque, dit-il, époque d'agitation, de bouleversement qui atteint toutes les branches de l'activité humaine, les arts et les sciences, car c'est un Dieu qui l'a amenée et qui aussi la conduira...» (*Ecrits*, 1974, p. 100). Seul un élément du tableau ne participe pas à sa «fearful symmetry»: Friedrich lui-même, voyageur appuyé tranquillement sur son bâton. Avec ce personnage, le peintre recule-t-il devant les dernières conséquences formelles de sa conception, ou voilet-il volontairement la dimension «apocalyptique» de son tableau au bénéfice du «travail de confiseur»? W.H.

Essen, Museum Folkwang.

58

Caspar David Friedrich

58 Paysage du Riesengebirge

1810-11
Toile. H 0,450; L 0,580

Historique
Coll. impériales, Saint-Petersbourg; fonds d'Etat des musées à Leningrad; transféré au musée Pouchkine en 1928. Inv. n° 2199.

Bibliographie
Grundmann, 1931, p. 81, 91; Razoumovskaïa, 1939, p. 73-80; Börsch-Supan, 1973, n° 187.

Exposition
Moscou, 1930, n° 73; Moscou, 1963, p. 61; Leningrad, 1974, n° 7; Hambourg, 1974, n° 87; Dresde, 1974, n° 10.

Exécuté en 1810-1811, ce paysage constitue l'une des premières illustrations picturales des impressions du voyage de Friedrich dans le Riesengebirge (Monts des géants) en 1810.

Il s'agit de la vue de Warmbrunn sur la Petite Sturmhaube. Mais le motif, fortement amplifié par rapport à la réalité, évoque, par son caractère grandiose, les vues alpestres. L'homme et ses activités, incarnées par le laboureur, sont peu de choses à côté de ce paysage montagneux, solennel et majestueux. Ainsi l'idée de montagne vient-elle se substituer à la vue réelle; le monde quotidien et agité de la plaine s'oppose au monde élevé,

inspiré, idéal de la nature. Le tableau exprime très clairement une contradiction caractéristique du romantisme allemand: un goût sensuel de la nature allié à une interprétation spiritualiste de celle-ci.

Le tableau est entré dans les collections de la maison impériale à Saint-Pétersbourg du vivant de Friedrich, et apparemment grâce à l'intermédiaire de V.A. Joukovski. Y.K.

Moscou, musée Pouchkine.

Caspar David Friedrich

59 Matin dans le Riesengebirge

peu après 1810
Toile. H 1,080; L 1,700

Historique
Acquis par Frédéric-Guillaume III à l'exposition de l'Académie de Berlin, 1912; Palais royal «Unter den Linden», jusqu'en 1837; Nouveau Palais de Potsdam, jusqu'en 1844; château de Bellevue, jusqu'en 1865; plus tard au palais de Wiesbaden; château de Berlin, depuis 1930; actuellement, prêt de la Nationalgalerie der Staatlichen Museen Stiftung Preussischer Kulturbesitz.

Bibliographie
Journal des Luxus und der Moden, 1811, p. 371-373; Aubert, 1915, p. 7, 9, 15; Landsberg, 1939, p. 25; de Prybram-Gladona, 1942, p. 28, 126, 127, note 822; Lankheit, 1950, p. 138; Börsch-Supan, 1960, p. 7, 22, 83, 88, 89; von Einem, 1966, p. 34; Sumowski, 1970, p. 83, 130; cat. Berlin, 1970 (guide), p. 34; Börsch-Supan, 1973, n° 190.

Expositions
1972, Londres, n° 38; 1974, Hambourg, n° 90.

En juillet 1810, Friedrich parcourut avec Kersting le Riesengebirge (Monts des Géants). Le tableau fut peint peu de temps après. Sumowski a identifié cinq études dessinées de paysages, à partir desquelles furent exécutés des détails de la composition. Avec cette méthode de montage, Friedrich projette son expérience de la nature sur son «idée d'ensemble» du tableau (Schiller parle le 27 mars 1801 dans une lettre à Goethe de la «sombre idée d'ensemble» qui devrait précéder la réalisation artistique). Une de ces études, un groupe de rochers (Hinz, 440), apparaît dans le tableau, du côté opposé. Friedrich ne donne donc pas une description du Riesengebirge, mais évoque son aspect d'ensemble. L'espace général du tableau est organisé un peu comme dans une marine. Les chaînes de

59

hauteurs qui apparaissent dans le lointain semblent une montagne de vagues figées.

Le tableau, qui connut un grand succès à l'exposition annuelle de l'Académie de Dresde, en 1811, possédait un pendant, un *Paysage du soir* (BS 191), aujourd'hui disparu. «La dame près du crucifix qui tend une main fragile à un homme, dans ce lieu impraticable» fit l'objet d'une admiration limitée de la part du critique du *Journal des Luxus und der Moden* «car ce qui est moderne et individuel semble mesquin au milieu du grand spectacle de la nature». Les deux personnages, attribués dès 1811 à la main de Kersting, ont connu des interprétations diverses. La pointe de mystère qu'ils ajoutent à la tension entre réalisme et poésie doit avoir compté dans les intentions de Friedrich. Le peintre inaugure

ainsi une voie qui conduira à «d'allégorie réelle», pourvue de sens multiples, type de tableau important pour le XIXᵉ siècle et que cette formule de Courbet, sous-titre qu'il donna à son *Atelier du peintre*, définit bien (Hofmann, 1960, p. 11 et suiv.). Avec l'*Autel de Tetschen* (Dresde), le *Matin* inaugure une nouvelle possibilité offerte à la peinture religieuse, qui trouvera son accomplissement dans le *Christ jaune* de Gauguin: ce n'est plus une crucifixion qui est peinte, une œuvre d'art se substitue à l'événement de l'histoire sainte, qui est ainsi rendu présent — en effigie — et intégré à l'expérience subjective (Hofmann, 1960, p. 139; Rosenblum, 1975, p. 27).

Citons quelques-unes des interprétations dont ce tableau a fait l'objet. Aubert (1915, p. 9) se réfère au poème de Körner *Lever de*

soleil sur le sommet des Géants et pense que la femme représente la Germanie. Lankheit (1950, p. 138) attire l'attention sur l'idée de Schleiermacher, selon laquelle l'être aimé conduit à Dieu. Von Einem (1966, p. 34) y voit l'idée baroque des fiançailles transposées symboliquement. Börsch-Supan suppose une allégorie de la foi (1973, p. 315).

La valeur provocante et libératrice du tableau se cristallise dans le couple au pied de la croix, mais elle ne se limite pas à celà. Il est décisif qu'un phénomène naturel, le lever du soleil, corresponde à un symbole de la foi. Friedrich procède de même dans le *Paysage d'hiver avec une église* (BS 194, ici nº 60), sur lequel Börsch-Supan a insisté. Il faut enfin se souvenir de l'interprétation que Madeleine Landsberg a donné dans la revue

surréaliste *Minotaure* (12-13, 1939, p. 25):
«Le premier plan, opaque, du tableau se dissout en s'éclaircissant graduellement; aux
arrière-plans, tout devient lointain, léger,
décoloré jusqu'à la plus entière transparence.
«L'air sacré, sœur de l'esprit», que chantait
Hölderlin, devient une transcendance qui
émane des choses et qui les transfigure. Sur
le sommet, au pied de la croix, se tient une
figure féminine, transparente et presque invisible, tandis que l'homme, du fait de ses vêtements sombres, se confond encore avec les
rochers. La femme lui tend la main. Le dessin
dans son détail montre, comme toujours chez
Friedrich, des lignes fermement tracées et
minutieusement élaborées. Cependant, le
mouvement d'ensemble est la négation même
de ces limites: l'ascension qui mène de l'obscurité chthonique à une lumière lunaire. Le
haut et le lointain s'identifient dans l'illimité.»

W.H.

Berlin, Verwaltung der Staatlichen Schlösser
und Gärten, château de Charlottenburg.

60

Caspar David Friedrich

60 Paysage d'hiver
avec une église

1811
Toile. H 0,330; L 0,450
Inscription non autographe transcrite de l'ancien
châssis sur le nouveau: *Friedrich Dresden den 20.
Juli 1811.*

Historique
Dr Ludwig Puttrich, Dresde, 1813; acquis de Paul
Rusch, Dresde, 1942. Inv. nº C 4737.

Bibliographie
Journal des Luxus und der Moden, 1812, p. 118;
de Prybram-Gladona, 1942, p. 126; Börsch-Supan,
1960, p. 27; Sumowski, 1966, p. 40; Sumowski,
1970, p. 26, 98, 220; Vaughan, 1972, p. 16, 20, 30;
Börsch-Supan, 1973, nº 194.

Expositions
1972, Londres, nº 40; 1974, Hambourg, nº 94.

Sur le nouveau châssis est reprise l'inscription
du châssis original: *Friedrich Dresden den 20.
Juli 1811*, que Börsch-Supan ne tient pas pour
autographe. Un dessin conservé à Oslo, du
28 avril 1807 (Hinz, 467) se rapporte au grand
groupe de sapins. Le tableau fut reproduit en
aquatinte, avant 1828, par Johann Jacob
Wagner.

Son pendant est le *Paysage d'hiver* des
Staatliche Museen de Schwerin (BS 193),
qui montre un homme appuyé sur des béquilles, au milieu d'arbres mourants et de sou-
ches évoquant des pierres tombales. Le tableau de Dortmund forme un contrepoint à
ce «néant absolu» (Börsch-Supan). L'homme,
délivré de ses béquilles, prie devant la croix;
l'église à l'arrière-plan, une invention de
Friedrich, est là comme une vision de l'au-
delà, comme la Jérusalem céleste (Sumowski
1966, p. 40). Dans cette «anticipation spirituelle de la mort» (Sumowski, 1970, p. 25),
s'accomplit un choix, qui est caractéristique
de Friedrich. L'homme qui prie ne regarde
pas, ou ne regarde plus l'église: pour le spectateur du tableau, celle-ci n'apparaît que
comme une vision, et nous place devant une
décision que l'homme du tableau (et avec lui
Friedrich) paraît avoir déjà prise: il prie le
Christ dans la nature, celui-ci lui est accessible et lui accorde sa protection — l'église, à
la fois comme construction et comme puissante institution, est pour la créature qui se
meurt comme un fantôme insaisissable. Cette
dualité est ici l'expression d'une pensée qui
donne une valeur égale au sapin d'une part,
à la croix et à l'église d'autre part» (Börsch-
Supan, 1960, p. 27). Le spectateur du tableau
est ainsi placé devant un choix, à la croisée
des chemins. Mais s'il y a une symétrie purement formelle entre les deux plateaux de la
balance, l'accent spirituel paraît autre. Le

groupe de sapins n'anticipe pas sur l'église;
en lui la certitude de la foi apparaît au grand
jour; elle semble au contraire s'estomper
dans le bâtiment architectural.

W.H.

Dortmund, Museum für Kunst und
Kulturgeschichte, Schloss Cappenberg.

Caspar David Friedrich

61 Terrasse d'un jardin

1811-12
Toile. H 0,535; L 0,700

Historique
Acquis par Frédéric-Guillaume III de Prusse
à l'Exposition de l'Académie de Berlin en 1812,
avec le *Matin dans le Riesengebirge* (Berlin, château
de Charlottenburg, BS 190); Prinzessinnen-Palais,
Unter den Linden, 1823; transporté vers 1843 au
château d'Erdmannsdorf en Silésie
au Berliner Schloss en 1906, jusqu'à la deuxième
guerre mondiale; transféré au château de
Charlottenhof après 1945. Inv. GK 17878.

Bibliographie
Journal des Luxus und der Moden, 1812, p. 357;
Morgenblatt für die gebildeten Stände, 1812, col.
1068; Schmidt, 1916, p. 467; Wolfradt, 1924, p. 50,
153; Eberlein, 1924, pl. XII; Grundmann, 1931,
p. 77; von Einem, 1938, p. 87, 113; de Prybram -
Gladona, 1942, p. 82, note 488; Sigismund, 1943,
p. 63, 107, note 8 p. 121; Börsch-Supan, 1960,
p. 24, note 1 p. 33; Börsch-Supan, 1960, p. 75;
Geismeier, 1965, p. 56; Hinz, 1966, p. 69, note 1;
Börsch-Supan, 1969, p. 400; Sumowski, 1970,
p. 72, 197, 198; Guide Potsdam, 1971, p. 32;
Geismeier, 1973, p. 41; Börsch-Supan, 1973,
nº 199, p. 17; Jensen, 1974, p. 143, 144; Schmied,
1975, p. 70.

Expositions
1812, Dresde, nº 426 ou 427; 1812, Berlin, nº 582

61

(«plusieurs paysages»); 1906, Berlin, nº 535; 1913,
Breslau, nº 17; 1957, Berlin, nº 88; 1972, Londres,
nº 42; 1974, Hambourg, nº 96; 1974, Dresde,
nº 16.

Le tableau a été exécuté entre septembre 1811 et mars 1812. Pour le premier plan, Friedrich a en effet utilisé une *Vue d'un parc* dessinée le 10 septembre 1811 (Dresde, Kupferstichkabinett; Hinz nº 588), où se trouve déjà préfigurée la rigoureuse structure orthogonale du tableau. L'œuvre fut montrée pour la première fois en public à l'Exposition de l'Académie de Dresde, inaugurée le 5 mars 1812. Elle était exposée avec un pendant, aujourd'hui disparu (BS 200), que nous ne connaissons que par des descriptions et qui montrait un jardin d'agrément avec deux femmes et des enfants jouant devant un vaste paysage vallonné avec des arbres fruitiers en fleur.

Le «message» du tableau est susceptible d'une interprétation symbolique. Le premier plan dans l'ombre peut être interprété comme un élément d'une nature soumise aux lois de l'intellect et prend un aspect négatif; il est ainsi opposé au paysage ensoleillé des chaînes de montagnes de l'arrière-plan. On y accède par un portail où apparaît, de façon significative, la forme d'une croix. Comme c'est habituel chez Friedrich pour ce qui concerne la signification de tableaux associés en paires, cette toile doit être regardée de façon antithétique par rapport à son pendant où était représenté un monde organisé harmonieusement.

Dans un compte rendu de l'Exposition de l'Académie de Dresde, le tableau est désigné comme une «Gartenpartie» de style français (*Journal des Luxus und der Moden*). Dans l'inventaire du Prinzessinnen-Palais de 1823, il a pour titre *Vue depuis le «Grand Jardin» près de Dresde* — indication qu'il paraît difficile de suivre aveuglément étant donné la fantaisie de cet inventaire (où, pour citer un exemple, la toile avec des *Joueuses de harpe sur la Schlackenburg près de Teplitz en Bohême*, de Johann Erdmann Hummel, est qualifiée de *Grotte du «Grand Jardin» près de Dresde*!). Il est vrai que le dessin préparatoire évoque par son ordonnance, quelque parc baroque ressemblant au *«Grosse Garten»*, auquel font également songer le plan d'eau bordé d'allées et le bâtiment visible au loin, qui rappelle les *Kavalierhaüser*.

Pas plus que le parc, il n'a été possible de localiser le panorama de montagnes à l'arrière-plan. Il a certainement été peint à partir d'études d'après nature, comme l'attestent à la fois la méthode de travail habituelle à Friedrich et le fait que la même chaîne de collines figure aussi sur un tableau bien postérieur, *Matin dans les montagnes* (appartenant jadis à la princesse Mathilde de Saxe, brûlé en 1911; BS 416). Grundmann (1931) pense à l'Isergebirge, que Friedrich vit en effet au cours de son voyage dans le Riesengebirge en 1810. Il rejette l'hypothèse défendue auparavant, en raison de la provenance du tableau, selon laquelle la toile représenterait la vue qu'on avait de la terrasse du château d'Erdmannsdorf.

Cette peinture est un exemple particulièrement frappant du motif de la «frontière spatiale», utilisé fréquemment par Friedrich pour délimiter des aires de représentation de valeurs différentes. Sous ce rapport, on doit surtout citer le tableau commémoratif, qui date d'environ 1817, peint pour le médecin de l'Assistance publique berlinois Johann Emanuel Bremer (Berlin, château de Charlottenburg, BS 228), où une enceinte de jardin s'interpose comme une barrière devant un paysage visionnaire qui symbolise l'au-delà; dans ce tableau on peut lire le nom du défunt dans le dessin de la porte du jardin.   G.B.

Potsdam - Sanssouci, Staatliche Schlösser und Gärten, château de Charlottenhof.

Caspar David Friedrich

62 Le chasseur dans la forêt

1813-14
Toile. H 0,657; L 0,467

Historique
Acquis par le prince Malte von Putbus, probablement à l'exposition de l'Académie de Berlin d'octobre 1814; coll. Hirschland, Essen; transféré en 1939 au Musée Folkwang d'Essen, et

rendu en 1945 à son ancien propriétaire; acheté plus tard à ce dernier par la galerie Grosshennig de Dusseldorf.

Bibliographie
Vossische Zeitung, 1814, 137e numéro, n° 59; Aubert, 1911, p. 610; de Prybram-Gladona, 1942, p. 29, 118, notes 764-766; Sumowski, 1970, p. 98 et suiv.; Börsch-Supan, 1973, n° 207; Jensen, 1974, p. 133 et suiv., fig. 27; Schmied, 1975, pl. couleurs 14.

Expositions
1972, Londres, n° 43; 1974, Hambourg, n° 113; 1974, Dresde, n° 19.

On peut situer la date d'exécution de ce tableau entre l'été 1813 (au cours duquel Friedrich exécuta des dessins préparatoires, cités par Sumowski) et mars 1814 (date d'ouverture de l'exposition d'art patriotique à Dresde). Exposé à Berlin en octobre de la même année, le tableau fut interprété par la *Vossische Zeitung* comme une profession de foi patriotique: «Un corbeau juché sur une haute branche chante son chant de mort pour un chasseur de l'armée française qui parcourt solitaire le bois de sapin couvert de neige.» Aubert (1911, p. 610) a rapproché le tableau du *Val rocheux* (Brême, Kunsthalle, BS 206) et des *Tombes de soldats tombés pour la liberté* (Hambourg, Kunsthalle, BS 205) et formé ainsi un groupe de «tableaux patrio-

62

tiques de l'année 1814». Ceux-ci, et d'autres tableaux faits pour le souvenir et l'exhortation politique (cf. Jensen 1974, p. 133 et suiv.), ne laissent aucun doute sur les sentiments anti-napoléoniens de Friedrich. Il en résulte, comme Friedrich traite ces thèmes avec son répertoire pictural habituel, que les «signifiants» religieux (arbres, rochers, etc.) se réfèrent ici à des «signifiés» politiques, et qu'ils sont donc interchangeables et à significations multiples: «l'épicéa est devenu le symbole de l'espoir patriotique de la victoire, le front continu des sapins puissants et menaçants, vers lequel marche l'homme égaré et solitaire — le signe de la force et de la détermination de l'alliance antinapoléonienne» (cat. exp. Dresde 1974, n° 19, p. 124). Et le personnage du chasseur vu de dos? En général, Friedrich a donné à ses personnages vus de dos une attitude noble d'interrogation philosophico-religieuse (cf. BS 250, ici n° 65). En accordant ici cette attitude à l'ennemi vaincu, il lui témoigne son respect, et le fait participer, lui, le chasseur anonyme, à la condition humaine, qui se voit dans une confrontation constante avec l'Inconnu. Mais en même temps qu'il enferme cette menace dans son paysage, il l'adoucit en lui conférant un caractère général: ce n'est pas un tableau qui appelle le «vae-victis». Qui penserait, sans connaître le contexte historique ni le titre du tableau, à un propos politique, à l'approche implicite de la mort? Ainsi se pose inévitablement la question: cette particularité du tableau correspond-elle à une intention artistique, ou résulte-t-elle d'une carence artistique: la gamme étroite des moyens plastiques de Friedrich? Ce problème a été évoqué en 1822 au cours d'une conversation de Friedrich avec l'écrivain de La Motte-Fouqué. Le peintre demanda: «Me trouvez-vous donc si monotone? On dit que je ne peux peindre rien d'autre que le clair de lune, le crépuscule, l'aurore, la mer et ses rivages, des paysages de neige, des cimetières, des landes désertes, des fleuves, et autres choses de ce genre. Qu'en pensez-vous?» L'auteur de *Undine* répondit: «Je pense que l'on peut peindre une quantité infinie de choses avec les mêmes objets, lorsqu'on pense et peint comme vous!» (*Friedrich, Baron de La Motte-Fouqué, Goethe und einer seiner Bewunderer*, Berlin 1840, p. 47, cité par Börsch-Supan, 1973, p. 130).

W.H.

Allemagne Fédérale, collection privée.

Caspar David Friedrich

63 Matin. Départ des bateaux

Après 1815
Toile. H 0,220; L 0,302

Historique
Vente coll. G.A. Reimer, Berlin, 1843, non vendu; Mme E. Zeller, descendante de Reimer, Stuttgart, vers 1900; Dr H. Tannenbaum, Mannheim, 1922; coll. Hackenbroch, Francfort, 1934; acquis de la galerie Baumann, Dusseldorf, 1934. Inv. n° PNM 635.

Bibliographie
Von Einem, 1938, p. 53; Hinz, 1964, p. 250-255, 267; Sumowski, 1970, p. 122-124, 227; Börsch-Supan, 1973, n° 234; cat. Hanovre, 1974, p. 143.

Expositions
1972, Londres, n° 56; 1974, Hambourg, n° 127.

C'est le premier tableau d'un cycle qui représente les quatre moments de la journée des pêcheurs et des marins (BS 234-237). Le personnage vu de dos, sur le bateau qui part, est passé de la contemplation à l'action. Le

63

drapeau — blanc avec des bords bleus et un emblème jaune — reste inexpliqué. Börsch-Supan y voit une évocation de l'héroïsme et du patriotisme. Dans le mouvement des bateaux disparaissant dans l'espace vers la droite, Friedrich joint l'expérience de l'espace à celle du temps. Les instruments des pêcheurs, à gauche, forment contrepoids. Ces éléments verticaux s'unissent pour former un triangle, construction picturale que l'on trouve souvent chez Friedrich (cf. BS 183, ici n° 57) à côté du schéma «hyperbolique» (Wolfradt, 1924).

W.H.

Hanovre, Niedersächsisches Landesmuseum.

Caspar David Friedrich

64 Vue d'un port

1815-16
Toile. H 0,900; L 0,710

Historique
Acquis par Frédéric-Guillaume III de Prusse à l'exposition de l'Académie de Berlin de 1816, en même temps qu'un autre tableau, aujourd'hui disparu, *Terrasse au crépuscule devant la place de la cathédrale* (BS 219), comme cadeau d'anniversaire pour le Kronprinz Frédéric-Guillaume (IV); dans les appartements de Frédéric-Guillaume IV, au Berliner Schloss en 1826, 1857 et 1863; au château de Charlottenburg en 1840; vraisemblablement au pavillon de chasse de Göhrde, près de Hanovre entre 1866 et 1883; redécouvert à Göhrde avant 1925; au Berliner Schloss jusqu'à la deuxième guerre mondiale; transféré au château de Charlottenhof après 1945. Inv. GK I 6180.

Bibliographie
Journal des Luxus und der Moden, 1816, p. 657; von Quandt, 1816, col. 1271, 1272; Donatus, 1816, p. 34; *Zeitung für die elegante Welt*, 1816, col. 1824; Wolfradt, 1924, p. 117; von Einem, 1938, p. 112; Wilhelm-Kästner, 1940, p. 41, 42, 68; de Prybram-Gladona, 1942, p. 77, notes 458, 460, p. 657; Sigismund, 1943, p. 27, 85, 112, 121; Börsch-Supan, 1960, p. 12, 51, 58, 90, note 4, p. 91; Hinz, 1966, p. 82, note 1; Sumowski, 1970, p. 81, 82; Guide Potsdam, 1971, p. 32; Geismeier, 1973, p. 42; Börsch-Supan, 1973, n° 220, p. 29; Jensen, 1974, p. 29-34.

Expositions
1816, Dresde, n° 396; 1816, Berlin (hors catalogue); 1972, Londres, n° 48; 1974, Hambourg, n° 120; 1974, Dresde, n° 22.

Friedrich peignit ce tableau à la suite de son voyage à Greifswald en août-septembre 1815. A l'appui d'une datation entre septembre 1815 et l'exposition d'août 1816, on peut citer plusieurs études d'après nature exécutées pendant le séjour dans son pays natal et qui furent utilisées pour la toile. Mentionnons d'abord les dessins préparatoires pour les deux grands voiliers (Mannheim, Kunsthalle; Hinz n° 668; Dresde, Kupferstichkabinett; Hinz n° 667). Le 10 septembre 1815, Friedrich dessina le pont sur le Ryck à la Porte de Steinbeck, à Greifswald (Oslo, Galerie Nationale; Hinz n° 664). Cette vue ou une vue analogue pourrait avoir servi de base pour l'idée picturale du tableau: les mâts des bateaux mouillant derrière le pont le long des berges du fleuve se retrouvent, dans une disposition différente, sur la toile, dans une partie de la forêt de mâts à droite. Il semble que parmi

eux figurent aussi les deux navires qui — pris d'un autre point de vue — sont les plus grands du tableau. C'est un dessin fait le 9 septembre 1815 (Oslo, Galerie Nationale; Hinz nº 660) qui a servi de modèle au voilier donnant de la bande et aux mâts à l'extrémité droite. D'autres études isolées, d'une part pour le bateau avec les deux hommes à l'extrême gauche, et d'autre part pour le navire aux voiles arrisées à l'arrière-plan, sont conservées toutes deux à la Galerie Nationale d'Oslo (Hinz nº 658, 657). Pour le mât avec une voile hissée de l'embarcation à droite, Friedrich utilisa un dessin fait en 1798 (Hambourg, coll. privée; Hinz nº 58). Le motif du bateau quittant le port, où est assis un couple vu de dos, en costumes «vieille Allemagne», se rencontre de façon semblable dans le *Matin*, qui fait partie d'une série de *Parties du Jour*, peinte en 1816-1818 (Hanovre, Landesmuseum; BS 234).

La dénomination *Port de Stralsund par mer calme*, dans l'inventaire du château de Charlottenburg, établi en 1840, ne qualifie certainement pas davantage le sujet du tableau que le titre *Port de Greifswald* qu'il portait après sa redécouverte. Les descriptions de 1816 ne comportent pas de mentions qui permettraient de préciser le lieu représenté.

La composition suit les règles d'une symétrie assouplie; son axe, au milieu du tableau, est marqué par le croissant de la lune qui se lève. De cette façon, et aussi grâce au vide du premier plan et à l'abandon de points de repère topographiques, la représentation acquiert une force symbolique. Les éléments du tableau se combinent, dans l'ambiance vespérale, pour donner une image idéale du port, «lieu de rassemblement et de repos» auquel on peut attribuer le sens de «havre de vie, origine et finalité divines des errances d'ici bas» (Geismeier, 1973, p. 42). Börsch-Supan (1973) s'est fait avec insistance l'avocat d'une interprétation du port en tant qu'allégorie de la mort et promesse d'un au-delà chrétien. Remarquons cependant, que le tableau pourrait aussi contenir un «message» historique d'actualité, dont il faudrait chercher la clef dans le motif du drapeau danois — considéré par Börsch-Supan comme un symbole chrétien — et le drapeau suédois qui n'y apparaît pas moins de quatre fois. En effet, il n'est pas impossible d'y voir une prise de position de Friedrich sur le sort subi

par sa patrie proprement dite au cours des années 1814-1815, car, avant d'être rattachée à la Prusse, la Poméranie occidentale, suédoise depuis le XVIIᵉ siècle, avait été pendant quelque temps une possession de la couronne danoise.

Börsch-Supan n'a pas hésité à apprécier cette peinture comme étant le fruit le plus important du voyage à Greifswald de 1815. Si on le compare avec un *Port au clair de lune* de petit format (Winterthur, Fondation Oskar Reinhart; BS 198) qui constitue la plus ancienne représentation d'un port dans l'œuvre de Friedrich qui ait été conservée, on constate que l'artiste a transposé le motif, dans un format en hauteur qu'on préférait à cette époque, et lui a conféré «une forme solennelle» (Börsch-Supan, 1973, p. 29).

Notons d'ailleurs que Friedrich eut recours au même format pour le tableau de port peint après le séjour dans sa ville natale effectuée en 1818 (jadis à la Kunsthalle de Hambourg, brûlé en 1931; BS 284). Sur cette toile, un groupe de monuments de Greifswald est inclus dans la composition. Elle fait ainsi partie d'un groupe d'œuvres peintes autour

de 1820, que Börsch-Supan a qualifiées judicieusement de «simulacres de *vedute* dont le contenu symbolique est voilé» (BS 284).

Potsdam-Sanssouci, Staatliche Schlösser und Gärten, château de Charlottenhof.

Caspar David Friedrich

65 Le voyageur au-dessus de la mer de nuages

v. 1818
Toile. H. 0,984; L. 0,748

Historique
Galerie Dr W. Luz, Berlin, 1939; coll. Dr Oetker, Bielefeld, 1950; acquis de la galerie Bühler à Stuttgart, 1970. Inv. nº 5161.

Bibliographie
Grote, 1950, p. 401-404; Huyghe, 1961, p. 259; Hinz, 1966, nº 498, 499, 607; Börsch-Supan, 1973, nº 250; Jensen, 1974, p. 201 et suiv.

Expositions
1974, Hambourg, nº 135; 1974, Dresde, nº 25.

Selon une tradition incertaine, le tableau représente un certain M. von Brincken, employé des Eaux et Forêts saxon. Börsch-Supan

65

pense l'identifier avec un colonel de ce nom; il s'agirait d'un tableau commémoratif: Friedrich aurait peint un officier tombé, quelques années plus tôt, pendant les guerres de libération. On a pu identifier des dessins pour trois parties du tableau: pour les rochers du premier plan (3 juin 1813, Hinz n° 607), les rochers à gauche, derrière (13 mai 1808, Hinz n° 499), et les montagnes de l'arrière-plan (12 août 1808, Hinz n° 498). Tous ces éléments, que Friedrich subordonne souverainement au sujet du tableau, ont pour modèle l'Elbsandsteingebirge. Grote (1950, p. 402) reconnaît dans la montagne de gauche le Rosenberg.

«Le tableau, par son sujet, est isolé dans l'œuvre de Friedrich» (Börsch-Supan). Cette observation convient surtout à la structure du tableau, dans la mesure où l'on a seulement présent à l'esprit des œuvres comme le *Paysage de montagne avec un arc-en-ciel* (BS 183, ici n° 57). Parmi les œuvres de Friedrich, c'est le tableau d'Essen, *Femme devant le soleil couchant* ou *soleil levant* (BS 249), qui date de la même époque, mais est de plus petit format, qui se rapproche le plus du *Voyageur*. Symétriques par rapport à l'axe central, les deux compositions constituent des exceptions au principe de construction que nous avons observé ailleurs: souvent Friedrich aime «désaccentuer» le centre, comme dans *Brouillard* (ici n° 53), *Prairies près de Greifswald* (ici n° 69) et *Lever de lune sur la mer* (ici n° 70). Ici il semble faire le contraire: le centre est accentué par la figure humaine, mais aussi caché, c'est-à-dire évité par notre regard; dans la mesure où ce qui est situé derrière prend un caractère de chose «cachée», la silhouette vue de dos, pareille à un «moule» (1) pousse le spectateur à s'identifier à elle: car elle voit ce qui pour nous est dissimulé. Ce n'est pas le personnage vu de dos, si souvent représenté (von Einem, 1940, p. 156; cat. exp. Hambourg, 1974, p. 40 et suiv.), qui est une trouvaille de Friedrich, mais la force qu'il prend dans la structure formelle et dans la conception du tableau; en d'autres termes: c'est l'attitude concentrée d'interrogation (contrairement au geste traditionnel qui montre, qui attire l'attention), et l'invitation faite ainsi au spectateur qui établit l'autorité de Friedrich.

Pour Börsch-Supan, cette interprétation d'un homme qui se tient au-dessus des nuages n'est compréhensible chez Friedrich que si

le personnage représenté est un défunt et si l'œuvre est un tableau commémoratif. Il faut lui objecter que les alpinistes en costume de ville — Jensen (1974, p. 201) parle d'un costume «à la mode» — font partie d'une tradition picturale bien établie: c'est nous qui maintenant y voyons une sorte de «rencontre fortuite» (1). Mais en aucune façon, Friedrich n'a forcé sa conception picturale; comme Jensen le dit (p. 202) elle vient plutôt à la suite du promeneur de Rousseau, fasciné par la grandeur de la nature; mais en même temps Friedrich renonce au pathos des formules habituelles (Grand-Carteret, 1902; cat. exp. Hambourg, 1974, p. 41) et porte le thème jusqu'à ses conséquences monumentales. La forme humaine agit de façon irrésistible, la nature entière s'ordonne autour d'elle: les deux lignes des pentes de montagne qui descendent à droite et à gauche aboutissent exactement à sa poitrine. Il n'apparaît pas en «étrange désaccord avec la nature infinie» (Jensen, 1974, p. 201), mais se tient debout en face d'elle, pleinement conscient. La «pose monumentale» (Börsch-Supan) n'a rien de l'attente religieuse de la femme dans le soleil du matin (BS 249). Il ne faut l'interpréter ni comme une méditation, ni comme une interrogation. Loin d'être conscient de sa petitesse, cet homme fait plutôt penser

66

66

aux paroles de Blake: «De grandes choses sont faites, lorsque l'homme et la montagne sont face à face.»   W.H.

Hambourg, Kunsthalle.

(1) En français dans le texte.

Caspar David Friedrich

66 Sur le voilier

1818-19
Toile. H 0,710; L 0,550

Historique
Coll. impériales, Peterhof, depuis 1820; transféré à l'Ermitage en 1945. Inv. n° 9773.

Bibliographie
Isergina, 1956, n° 5, p. 265, 266, 275; Sumowski, 1970, p. 84, 204, 207, 219, 234; Börsch-Supan, 1973, n° 256.

Expositions
1965, Berlin, n° 62; 1974, Leningrad, n° 1; 1974, Hambourg, n° 139; 1974, Dresde, n° 26.

C'est peu de temps après son voyage de noces dans son pays natal, à Greifswald et dans l'île de Rügen, que Friedrich exécuta cette toile, en 1818-1819. Les deux personnages représentés sont précisément Caroline Bommer, la femme du peintre, et l'artiste lui-même, dont la ressemblance trait pour trait n'est d'ailleurs pas soulignée. Le tableau symbolise le voyage commun des deux époux sur la mer de la vie vers la terre promise du bonheur.

On trouve, au musée d'Oslo, dans l'album de voyage de l'artiste, des croquis au crayon du personnage masculin et du voilier.

L'œuvre fait sans doute pendant au tableau *Le port la nuit*, ou *Les sœurs* (cf. ici n° 67). Elle a probablement été acquise, en même temps que ce second tableau, par Nicolas Ier (qui n'était alors que prince héritier) et son épouse Alexandra Fedorovna lors de leur visite à l'atelier de l'artiste, à Dresde, en décembre 1820.   Y.K.

Leningrad, musée de l'Ermitage.

Caspar David Friedrich

67 Le port la nuit ou Les sœurs

1818-19
Toile. H 0,740; L 0,520

Historique
Coll. impériales, Peterhof, depuis 1820; transféré à l'Ermitage en 1945. Inv. n° 9774.

67

Bibliographie
Isergina, 1956, p. 264, 265; Feist, 1956, p. 449;
Sumowski, 1970, p. 86, 109, 124, 131, 200, 205,
234; Börsch-Supan, 1973, n° 263.

Expositions
1820, Dresde, n° 574; 1965, Berlin, n° 60; 1974,
Leningrad, n° 2; 1974, Hambourg, n° 143; 1974,
Dresde, n° 28.

Le tableau, qui date des années 1818-1819, a reçu le titre: *Les sœurs* dans le catalogue de l'exposition de 1820 à l'Académie de Dresde; il s'agit de la femme de Friedrich, Caroline Bommer, et de sa belle-sœur. Comme le tableau qui lui fait pendant, *Sur le voilier* (cf. ici n° 66), le *Port la nuit* a un caractère autobiographique et reflète les impressions du voyage de noces au pays natal en 1818. Alors que le premier personnifie l'amour romantique sanctifié par les liens du mariage, le *Port la nuit* évoque le sentiment romantique de l'amitié. Le port, à la fois point de départ et terme du chemin de la vie, avec ses bateaux et son monument aux marins disparus, enveloppé par le voile de brume nocturne de l'incertitude, mais comme protégé par la présence de la cathédrale gothique, est l'objet de la contemplation et de la méditation des deux sœurs. Leur intimité spirituelle et l'unité de leurs pensées et de leurs sentiments sont soulignées par les tours jumelles de la cathédrale et les silhouettes des pleureuses près de la croix. Les flèches effilées de la cathédrale (pour laquelle Friedrich a utilisé un dessin de l'église Sainte-Marie à Halle) et le sommet des mâts pointent vers le ciel, qui s'éclaircit à la partie supérieure, en symbole d'espérance.

Un dessin pour les figures se trouve à Berlin au Kupferstichkabinett und Zeichnungensammlung. Pour le fronton de la façade ouest de la cathédrale, l'artiste a utilisé le dessin de l'hôtel de ville de Stralsund, conservé au musée d'Oslo.   Y.K.

Leningrad, musée de l'Ermitage.

Caspar David Friedrich

68 Deux hommes contemplant la lune

1819
Toile. H 0,350; L 0,440

Historique
Coll. J.C.C. Dahl, au moins depuis 1830, car figure dans un inventaire de la coll. datant de cette époque (Oslo, bibliothèque de l'Université): «Paysage au clair de lune. Deux hommes contemplent le lever du croissant de lune»; acheté à Dahl en 1840. Inv. Gal. n° 2194.

Bibliographie
Von Einem, 1938, p. 114, fig. 58; de Prybram-Gladona, 1942, p. 129; Beenken, 1944, p. 148; Emmrich, 1956, p. 484 et suiv., 487; Brion, 1960, p. 56, 72; Börsch-Supan, 1960, p. 58, 94; Brion, 1967, p. 163, pl. 32; Geismeier, 1965, p. 55; Sumowski, 1970, p. 74, 178, 179, 204; Börsch-Supan, 1972, p. 629, fig. 47; Jensen, 1974, p. 81, repr.; Börsch-Supan, 1973, p. 32, n° 261; Hofmann, 1974, p. 43; Schmied, 1975, p. 82, pl. 19; cat. Dresde, 1975, p. 36.

Expositions
1906, Berlin, n° 510; 1940, Dresde, n° 5; 1957, Berlin, n° 93; 1958, Düsseldorf, n° 40; 1966, Berlin, n° 412; 1969, Stockholm, n° 2; 1971, Zürich, n° 60; 1972, Londres, n° 58; 1974, Hambourg, n° 142; 1974, Dresde, n° 27.

D'après une note du livre de compte de Dahl (Oslo, bibliothèque de l'Université), ce tableau a été exécuté en 1819. Cette indication concorde avec le fait que ce tableau est mentionné dans la relation que Karl Förster a faite de la visite qu'il a rendue avec Peter Cornelius à l'atelier de Friedrich le 18 avril 1820. A cette époque le tableau était achevé. «Ils se livrent à des menées démagogiques» dit alors ironiquement Friedrich à Cornelius en lui montrant les deux personnages du tableau, faisant ainsi allusion à la persécution des démocrates et des républicains après 1815.

Dans une lettre du 26 septembre 1840 (conservée à la Gemäldegalerie de Dresde), Dahl écrit que les deux hommes représentés sur le tableau sont Christian Wilhelm Bommer, le beau-frère de Friedrich, et August Heinrich, un élève du peintre. Par contre, W. Wegener (1859, p. 71-77) parle de Friedrich lui-même et de Heinrich; comme il est visible ici qu'un homme jeune s'appuie sur un homme plus âgé, cette interprétation semble plus vraisemblable. En ce qui concerne le lieu représenté, M. Semrau (1917) et G. Bock (1927) ont émis l'hypothèse qu'il s'agissait d'une falaise de l'île de Rügen. Toutefois, les structures rocheuses et la forêt de sapins de l'arrière-plan évoquent plutôt une contrée montagneuse, le Harz, par exemple. La composition asymétrique et souple est inhabituelle chez Friedrich, et rappelle celle des tableaux du XVIII siècle. Le contraste entre un premier plan «praticable» et l'infini du cosmos confère sa tension métaphysique au sujet représenté, tension ressentie consciemment par les deux personnages qui regardent: pour eux, comme pour le spectateur, la lune est le symbole du but inaccessible de la nostalgie romantique.

Friedrich a fait, sur commande, plusieurs répliques du tableau (lettre de H. Dahl, du 26.9.1840). Ces répliques se trouvent aujourd'hui dans une collection particulière suisse (Sumowski, 1970, repr. 447) ainsi que dans une collection privée de Wuppertal-Barmen (Sumowski, 1970, repr. 395). Une variante, *Un homme et une femme contemplant la lune* (BS 404), est conservée à la Nationalgalerie de Berlin. Une copie exécutée par Julius von Leypold a été exposée à Dresde en 1824 (il s'agit peut-être de la copie conservée de nos jours dans une collection particulière de Dresde).   H.J.N.

Dresde, Staatliche Kunstsammlungen, Gemäldegalerie Neue Meister.

Caspar David Friedrich

69 Prairies près de Greifswald

Après 1820
Toile. H 0,350; L 0,489

Historique
Acquis de Mme Anna Siemssen, née Friedrich, Greifswald, 1904. Inv. n° 1047.

68

69

Bibliographie
Eberlein, 1925, p. 30; von Einem, 1938, p. 115;
cat. Hambourg, 1969, p. 71; Börsch-Supan, 1973,
n° 285.
Exposition
1974, Hambourg, n° 159.

Un dessin mis au carreau (Hambourg, coll. privée; cat. exp. 1974, Hambourg, n° 158) a servi de première idée pour ce tableau. La topographie de Greifswald est restituée avec exactitude: on reconnait, de droite à gauche, Saint-Jacob, Saint-Nicolas, le lanternon de la croisée de l'hôtel de ville, devant, la porte Vetten et Sainte-Marie (Börsch-Supan). Le point de vue est identique à celui du paysage nocturne conservé à Oslo (Galerie Nationale, BS 224), dans lequel Friedrich se permet une transposition symbolique: il place sa ville natale dans une île; enlevée ainsi à notre champ d'expériences, devenue inaccessible, la ville, dans le clair de lune, se présente comme un symbole de l'au-delà. On hésite à lui donner la même valeur dans le tableau de Hambourg. Etendu dans une portion de l'espace, le paysage semble plutôt ici se concentrer en une image idéale des souvenirs de jeunesse de l'artiste et que, manifestement, il transfigure rétrospectivement. Pourtant, la vision naturelle verse aussi dans l'irréel, grâce à la douceur de la lumière qui rend la réalité absolument transparente. De nouveau, Friedrich décentre la composition comme dans *Brouillard* (ici n° 53) ou dans *Lever de lune sur la mer* (ici n° 70); il éloigne les tours de l'axe central, de telle sorte qu'elles l'encadrent. Ainsi les monuments deviennent des repères vers lesquels le regard se dirige à travers la pure étendue. W.H.

Hambourg, Kunsthalle.

Caspar David Friedrich

70 Lever de lune sur la mer

1822
Toile. H 0,550; L 0,710

Historique
A partir de 1828 dans la coll. du consul Wagener, Berlin, qui constitua le fonds initial de la Nationalgalerie fondée à Berlin en 1861. Inv. n° NG 78.

Bibliographie
Wolfradt, 1924, p. 125; Beenken, 1944, p. 148;
Lankheit, 1952, p. 105; Geismeier, 1965, p. 54;
cat. Berlin, Nationalgalerie, 1968, p. 68, 69;
Sumowski, 1970, p. 130; Börsch-Supan, 1973,
n° 299; Schmied, 1975, n° 28.
Exposition
1974, Hambourg, n° 163.

Ce tableau a pour pendant le *Village dans la lumière du matin* (Berlin, Nationalgalerie, BS 298). «Les deux œuvres constituent la représentation la plus condensée des moments du jour, symbole d'un développement religieux» (Börsch-Supan). L'idée d'un tel entrecroisement conceptuel est déjà exprimée dans la première paire de tableaux de Friedrich (ici n° 53), qui oppose la croissance organique (*Rivage de la mer*) à la nature pétrifiée (*Brouillard*): dans le *Brouillard*, Friedrich mêle le proche et le lointain, dans le *Lever de lune*, il les sépare radicalement l'un de l'autre. Les deux tableaux s'apparentent pourtant par l'accentuation formelle: dans les deux cas, le centre, laissé libre, est flanqué à gauche d'une masse lourde, à droite d'une masse légère (le navigateur et le bateau, les deux femmes et l'homme). Le mouvement est dirigé vers la gauche.

Dans le *Lever de lune*, le proche et le lointain sont, pour ainsi dire, entretoisés par le «schéma hyperbolique» observé par Wolfradt. L'impression dominante qui définit les trois silhouettes (Geismeier croit qu'elles ont été peintes par Kersting) est l'attente. Ce motif apparaît déjà dans la *Femme avec la toile d'araignée* (ici n° 49). Il donne à l'œuvre une dimension temporelle; mais ici le temps n'est pas compris comme élément de changement, mais au contraire de repos et d'immobilité. La lune représente selon Börsch-Supan un symbole du Christ, les bateaux figurent la vie allant vers sa fin, la dernière phase de la «navigatio vitae». Fin et commencement se mêlent, l'ici-bas est attiré vers un au-delà promis par la lune.

Lankheit a comparé le tableau avec celui de Runge, *Nous trois* (cf. ici n° 208) où Runge se représente avec sa femme et son frère; il montre une conception des relations humaines, qui emplit aussi bien l'amitié que l'amour de signification religieuse. Le Christ est présent dans le sens des paroles «Là où deux sont rassemblés en mon nom...» (Bettina von Arnim compare Arnim mort avec le Christ qui mourut pour les siens; R. Steig, H. Grimm, *Achim v. Arnim und die ihm nahestanden*, III, p. 620, Berlin 1913). Selon Lankheit l'individualité se dissout chez Friedrich alors que la tension qui emplit le tableau de Runge est surmontée. W.H.

Berlin, Staatliche Museen
Preussicher Kulturbesitz, Nationalgalerie.

70

Caspar David Friedrich

71 L'arbre aux corbeaux

v. 1822
Toile. H 0,540; L 0,710. Inscription ancienne
au dos du cadre: *Hünengrab*

Historique
Galerie Caspari, Munich, en 1925; vendu avant
1931; temporairement au Musée Folkwang d'Essen
de 1940 à 1945; coll. Hirschland, New York; acquis
en 1975. Inv. R.F. 1975-20.

Bibliographie
De Prybram-Gladona, 1942, p. 96, note 590;
Börsch-Supan, 1960, p. 41; Sumowski, 1970,
p. 117, 118, 179; Börsch-Supan, 1973, n° 289;
Börsch-Supan, 1976 (à paraître).

C'est par une inscription ancienne au dos du
tableau («Hünengrab», tombe des Huns) que
l'on peut comprendre que le tertre sur lequel
s'élève l'arbre est un tumulus païen. On distingue au fond à gauche les falaises d'Arkona,
dans l'île de Rügen.

Cinq dessins d'après nature ont été utilisés, d'après Sumowski, pour des détails de
ce tableau (Hinz 494, 495, 511, 517) qui pourrait être daté, selon Börsch-Supan, vers 1822;
un tableau aujourd'hui disparu, de sujet voisin (BS 288), est en effet daté 1822 par une
description contemporaine.

Les arbres dénudés ont toujours préoccupé

Friedrich (voir ici par exemple le *Tumulus
dans la neige*, BS 162, n° 54), mais en général,
à vrai dire, comme des éléments secondaires
ramifiés accompagnant un motif central
compact et homogène. Dans le tableau du
Louvre, l'arbre est la figure centrale et en
même temps le support de la structure du
tableau. Il absorbe le mouvement du tertre
et le transforme en forces spatiales. L'opposition entre symétrie et asymétrie dans le
développement de l'arbre, remarquée par
Börsch-Supan (1960, p. 41), atteint aussi les
directions de sa croissance: elles tendent
leurs forces avec la même intensité vers la
droite et vers la gauche, vers le haut et vers
le bas. Cela différencie le tableau des autres
compositions de Friedrich, où la dominante
verticale caractérise l'espace pictural et est
ressentie par le spectateur comme traduisant
une immobilité solennelle et figée (cf. *Tumulus dans la neige*, BS 162, ici n° 54). Ce tracé
géométrique orthogonal, orienté par les côtés
du tableau, trouve son aspect idéal dans la
croix, et c'est dans les gréements de bateaux
à voiles et les tableaux représentant des
fenêtres (*Fenêtre avec vue sur un parc*, BS 174,
ici n° 56; *Vue d'un port*, BS 220, ici n° 64) qu'il
apparaît le plus clairement. L'*Arbre aux corbeaux*, avec son delta de lignes qui s'étendent
dans toutes les directions, constitue le pôle

opposé. Il faut surtout comparer la dynamique figée de cet arbre à celle des banquises
de la *Mer de glace* (BS 311, ici n° 74). Les
tableaux sont tous les deux des paysages de
tombes, donc des métaphores de la mort.

C'est à l'*Arbre aux corbeaux* que peut du
reste le mieux s'appliquer le rapprochement
établi par Rosenblum entre les arbres de
Friedrich et ceux de Van Gogh (Rosenblum,
1975, p. 40, 77, ill. 96). W.H.

Paris, musée du Louvre.

Caspar David Friedrich

72 La Tombe de Hutten

1823 ou 1824
Toile. H 0,935; L 0,734

Historique
Acquis vraisemblablement après 1826 par le
grand-duc Charles-Auguste; acquis entre 1922
et 1926 de la Schatullverwaltung grand-ducale.
Inv. G 690.

Bibliographie
Literarisches Conversationsblatt 1824, p. 979 et 1121;
Grundmann, 1931, p. 75; von Einem, 1938, p. 67;
Schmitt, 1944, p. 26; Börsch-Supan, 1969, p. 49;
Eimer, 1963, p. 23 et 35: Emmrich, 1964, p. 60 et
118; Hinz, 1966, p. 15 et 73; Prause, 1967, p. 69;
Sumowski, 1970, p. 62, 69, 73, 78 et 206; Geismeier,
1973, p. 46; Börsch-Supan, 1973, n° 316; Jensen,
1974, pl. 20; Schmied, 1975, repr. 30.

Expositions
1824, Dresde, n° 581; 1826, Hambourg, n° 49;
1826, Berlin, n° 324; 1953, Berlin, n° 7; 1972,
Londres, n° 72: 1974, Hambourg, n° 181; 1974,
Dresde, n° 46.

Ce tableau, exécuté en 1823 ou 1824, a été
identifié de façon convaincante par M. Prause
avec une œuvre montrée en 1824 à l'Exposition de Dresde et décrite alors dans le
Literarisches Conversationsblatt. Si elle appartient, par son thème, aux représentations
d'églises en ruine, l'œuvre reçoit une signification propre, qu'explicitent les inscriptions
sur le sarcophage: «Hutten», «Jahn 1813»,
«Arndt 1813», «Stein 1813», «Görres 1821» et
«F. Scharnhorst 1822» (la suite de l'inscription
manque).

Exécuté une décennie après le début de
la guerre d'indépendance contre Napoléon
et composé à l'occasion du tricentenaire de
la mort d'Ulrich von Hutten (1488-1523),
le tableau est, en 1823, à la limite de ce qui
peut être dit pendant la période de la Restauration. Un guerrier en uniforme du corps

71

72

73

franc Lützow s'abîme dans un recueillement silencieux devant le tombeau de l'ardent humaniste de la Réforme, tombeau recouvert des noms des adversaires les plus notoires de la Restauration. L'œuvre représente donc une profession de foi sans équivoque de Friedrich en faveur des forces démocratiques de ce temps et doit être considérée comme une exhortation. En outre, il correspond à la volonté de Friedrich d'ériger des monuments aux héros du mouvement de libération. Ces idées de liberté se conjuguent au sein de l'œuvre avec des préoccupations religieuses: la fin de la religiosité médiévale (la ruine, la statue sans tête de l'«Ecclesia») précipitée par la Réforme est montrée de façon allégorique. Il semble qu'il cherche en même temps à évoquer le dépérissement de la vraie foi, propre à son époque. En revanche, la verdure sortant des décombres peut symboliser l'espoir mis par Friedrich en un changement positif de la situation.

Il existe des dessins préparatoires pour l'Ecclesia et pour le guerrier; un dessin des ruines de monastère sur l'Oybin (Hambourg) a servi de modèle pour le chœur en ruine.

R.K.

Weimar, Kunstsammlungen.

Caspar David Friedrich

73 La mer de glace

v. 1823-24
Toile. H 0,967; L 1,269

Historique
Acheté en 1843 par Christian Claussen Dahl, provenant de la succession de Friedrich; acquis de la veuve de Sigwald Dahl, fils de Christian Claussen Dahl, à Dresde, en 1905. Inv. nº 1051.

Bibliographie
De Prybram-Gladona, 1942, p. 74; Beenken, 1944, p. 237; Hentzen, 1958, p. 152; Stechow, 1965, p. 241 et suiv.; Sumowski, 1970, p. 4, 212; Börsch-Supan, 1973, nº 311; Jensen, 1974, p. 206; Schmied, 1975, nº 30.

Expositions
1949, Bâle, p. 11; 1974, Hambourg, nº 167; 1974, Dresde, nº 44.

Stechow (1965) réussit à prouver que c'est à la suite d'une erreur que le tableau de Hambourg porta son titre, d'une suggestive poésie, *Le naufrage de «l'Espérance»*. Ce titre se réfère en fait à un tableau disparu qu'Alexandra Feodorovna, qui devint plus tard tsarine, avait commandé à Friedrich et qui devait représenter «la nature nordique dans toute son épouvantable beauté» (Alexandra Feodorovna à Joukovski, le 23 juin 1821). En face de cette conception d'une «beauté négative», comme nous pourrions dire aujourd'hui, Johann Martin von Rohden devait peindre un pendant: *«La nature du sud dans sa somptuosité luxuriante»*. Les deux tableaux, le *Paradis terrestre* et l'*Enfer*, ont disparu. Dans la *Mer de glace* de Hambourg, Friedrich voulait reprendre l'idée du tableau précédent (Börsch-Supan). Pour les deux blocs de glace du premier plan, il utilisa une des trois études à l'huile qu'il avait faites pendant que l'Elbe était gelée (1820-1821) (Hambourg; cat. exp. 1974, Hambourg, nº 153). Il s'en tient ainsi au conseil qu'il donne lui-même: «Observe la forme exactement, la plus petite comme la grande; ne sépare pas le petit du grand, mais distingue bien le détail de l'ensemble» (*Ecrits*, 1974, p. 92). Par ailleurs, la monotonie des blocs de glace, récuse l'esthétique de la «varietas» et les règles d'atelier dont il se moque: «courbe contre droite, froid contre chaud, clair contre sombre, ce sont les béquilles avec lesquelles la misère avance en boîtant» (*idem*, p. 93). Friedrich n'applique pas la règle artistique de «l'unité par la diversité». L'uniformité des blocs de glace, qui se résument à des droites, des bords effilés et des angles aigus, donne au tableau son aspect monumental. Rien n'adoucit l'aggressivité coupante de ce signe au superlatif (cf. BS 289, ici n° 71). Au contraire de la plupart des contemporains, que rien ne pouvait gagner au goût des solitudes sans vie, David d'Angers fut profondément impressionné par le tableau lors d'une visite de l'atelier de Friedrich: «Parmi la grande quantité de beaux ouvrages qu'il a chez lui, j'ai été vivement frappé d'un site de la mer du nord; c'est une montagne de glaçons qui a englouti un vaisseau dont on voit encore les débris. C'est une grande et terrible tragédie; aucun homme n'a survécu. C'est bien compris pour ne pas partager l'attention» (cité par Börsch-Supan, 1973, p. 79).

Dans l'inventaire des tableaux de Friedrich dressé à sa mort, le tableau figurait sous le titre *Naufrage de l'expédition au pôle nord*; c'est pourquoi on s'est toujours demandé si les sources de cette œuvre n'étaient pas des récits de voyage. Selon Sumowski (1970, p. 212), Friedrich pourrait avoir eu connaissance d'un tableau demi-panoramique exposé à Prague en 1823, l'*Expédition au pôle nord* de Sacchetti, un peintre de décors de théâtre. Börsch-Supan tient pour probable qu'il a été inspiré par un panorama de Johann Carl Enslens («*Séjour d'hiver de l'expédition au pôle nord*»), qui fut présenté à Dresde en 1822. Le tableau de Friedrich rappelle en fait la méthode illusionniste des peintres de panoramas. Le premier plan paraît être, physiquement, d'une façon presque palpable, à trois dimensions (il semble cependant inaccessible, comme séparé de nous par un gouffre), alors qu'au plan intermédiaire, les glaçons s'aplatissent, et que l'arrière-plan donne l'impression d'un trompe-l'œil.

A vrai dire, ce ne sont pas les influences extérieures qui sont importantes, mais ce que Friedrich en a fait. Börsch-Supan place le tableau dans un contexte religieux. Les blocs de glace qui se dressent vers le ciel sont pour lui l'expression de la divinité de la nature, les débris du bateau symbolisent la fragilité de l'homme et l'impossibilité d'atteindre l'essence de Dieu. Le tableau représente certainement la dernière étape de la «navigatio vitae»; mais il pourrait aussi faire allusion, en un langage codé, à l'engourdissement glacé qui caractérisa la situation politique allemande à l'époque de Metternich. Le navire serait ainsi le cercueil de l'idée de liberté (Jensen 1974, p. 206). Le tableau partage cette perspective politique, sur laquelle Georg Schmidt a insisté pour la première fois (cat. exp. Bâle 1949, p. 11), avec le *Radeau de la Méduse* de Géricault (1819) — le texte sur Friedrich paru dans la revue surréaliste *Minotaure* (1938-1939) suivait directement un court passage sur Géricault —, mais cette comparaison ne doit pas faire oublier les différences essentielles entre les deux tableaux. Chez Friedrich, il n'y a pas de résurrection possible pour le navire; chez Géricault, le salut s'annonce déjà. Le *Radeau* ne peut être interprété que d'une seule façon; le tableau de Friedrich, même dans sa dimension politique, a plusieurs sens: «la forme des immenses blocs de glace qui se dressent comme des tours et montrent le ciel est comme une question muette et une plainte en même temps» (cat. exp. Dresde 1974, n° 44 et Märker, 1974, p. 174, note 1). Peut-être est-elle aussi le signe d'une protestation — cette protestation qui caractérise la silhouette d'une «sculpture» composée de blocs de glace, qui date d'un siècle plus tard et qui, elle, est clairement un mémorial politique: le *Monument pour les victimes de mars*, que Walter Gropius, peut-être inspiré par Friedrich, érigea à Weimar en 1921 (repr. Hans Maria Wingler, *Das Bauhaus*, 1962, p. 214).   W.H.

Hambourg, Kunsthalle.

Caspar David Friedrich

74 Vue de la mer prise du rivage

v. 1824
Aquarelle sur traits de crayon. H 0,246; L 0,364

Historique
Entré avant 1878 au Kupferstichkabinett de Berlin (Friedrich n° 2).

Bibliographie
Von Einem, 1950, p. 126, repr. 11; Hinz, 1966, n° 411; Sumowski, 1970, p. 161; Börsch-Supan, 1973, n° 324.

Expositions
1957, Berlin, n° 98; 1964, Heidelberg, n° 160a; 1972, Londres, n° 75; 1974, Hambourg, n° 171; 1974, Dresde, n° 172.

Le motif est pris sur la côte est de l'île de Rügen qui, représentée par les vues les plus diverses, exécutées pendant ou après les séjours qu'il y fit à plusieurs reprises, joue

74

un rôle important dans l'œuvre de Friedrich. La feuille faisait partie d'une série d'au moins 37 aquarelles (ou dessins colorés), évoquant les divers aspects de Rügen, que Friedrich avait faites en 1824 pour servir à l'illustration d'un ouvrage qui aurait comporté des vues gravées de l'île, ainsi que des images de costumes folkloriques et des textes d'autres collaborateurs. Faute de graveur et d'éditeur, le projet fut abandonné. En plus de la feuille présente, deux autres seulement ont été conservées (Halle et Moscou, BS 325 et 326).

Un dessin à la mine de plomb, qui se place tôt dans son œuvre puisqu'il date du 2 juillet 1806, figurant dans un album de croquis (Galerie Nationale, Oslo; provenant de Dahl, Hinz nº 410), a été utilisé par Friedrich presque tel quel pour cette aquarelle, selon un procédé caractéristique pour beaucoup d'entre elles.   G.R.

Berlin, Staatliche Museen, Kupferstichkabinett und Sammlung der Zeichnungen.

Caspar David Friedrich

75 Hiver

1826
Lavis de sépia sur traits de crayon. H 0,193; L 0,276

Historique
Acquis de Harald Friedrich, Hanovre, 1906. Inv. nº 41118.

Bibliographie
Vaughan, 1972, p. 28; Börsch-Supan, 1973, nº 432.

Expositions
1964, Heidelberg, nº 161; 1974, Hambourg, nº 188.

Il s'agit du cinquième dessin d'un cycle de sept; Friedrich tente ici d'établir une concordance symbolique entre les âges de la vie humaine et les moments du jour et de l'année, en intégrant l'homme aussi bien dans le devenir de la nature que dans le concept chrétien du salut.

L'*Hiver* est à la fois le soir et le soir de la vie. Friedrich a traité dès 1803 le thème du retour éternel des choses, en quatre dessins, qui furent détruits au cours de la deuxième guerre mondiale (BS 103-106), et également plus tard, en 1826, avec sept dessins. David d'Angers a vu cinq feuilles achevées d'un autre cycle lors de sa visite de 1834: «Il vient de terminer plusieurs grands dessins représentant les quatre saisons, qui sont aussi les

quatre âges de la vie de l'homme. C'est une bien belle pensée, bien poétique et bien philosophique, que ce beau poème» (Cerf, 1928, p. 105). Dans la description de David D'Angers, il manque l'*Hiver*, ce qui pose la question de savoir si ce dessin appartient au cycle de 1834 ou à celui de 1826. Börsch-Supan plaide pour la date la plus tardive, Eckhart Schaar, d'après les indications données par le style, la technique, le papier, pour la plus récente (cat. exp. Hambourg, 1974, nº 188).

L'église est la ruine d'Eldena vue de l'est. Par la fenêtre de l'ouest, dont le motif architectural fait penser à la toile d'araignée tendue entre deux troncs d'arbre du bois gravé antérieur (ici nº 49) le regard tombe sur le soleil couchant. Le trajet lumineux du soleil couchant est pour Börsch-Supan une référence aux paroles du Christ «Je suis le chemin, la vérité, la vie.» L'*Hiver* fait partie de la tradition des «Paysages-Vanités» gothicisants, et de la «poésie des nuits et des tombeaux» venue d'Angleterre (Tieghem). Le frontispice de Bentley pour les poèmes de Gray (1753) inaugure ce thème. La ruine, pour Friedrich, est plus qu'un memento qui rendrait l'homme conscient de son passé. Il voit dans les ruines d'une église la relique d'une époque de foi révolue, et, «en effigie», transforme en ruines des églises intactes, comme la cathédrale de Meissen: «le temps de la magnificence du temple et de ses serviteurs est passé, et de cet ensemble détruit, surgit un autre temps, et un autre désir de clarté et de vérité. De grands pins sveltes et toujours verts ont poussé sur les décombres, et sur les images saintes pourries, les autels détruits, les encensoirs cassés, se tient, la Bible dans la main gauche et la main droite posée sur le cœur, penché sur les restes du monument épiscopal, un pasteur évangélique, les yeux tournés vers le ciel bleu et regardant les petits nuages clairs et légers» (Friedrich, *Ecrits*, 1974, p. 102). Aucun parmi les tableaux connus de Friedrich ne correspond à cette description (cf. l'*Eglise de Jacob en ruine*, BS 488).

Friedrich se distancie également de l'église en tant qu'institution et symbole de prestige social. Intéressé par les projets de restauration de la basilique de Stralsund, il écrit au bourgmestre de la ville: «c'est un bâtiment où l'on se rassemble pour s'humilier devant Dieu pour qui la hiérarchie sociale n'existe pas; là devrait donc cesser raison-

nablement toute différence de classe sociale, et le riche doit pouvoir sentir au moins en en ce lieu qu'il n'est pas plus que le pauvre, et le pauvre recevoir de façon claire la consolation que nous sommes tous égaux devant Dieu...» (*Ecrits*, 1974, 37). On peut en conclure que la religiosité de Friedrich se fondait sur l'«humilitas».

Vaughan suppose qu'il s'est inspiré dans l'*Hiver* du *Cimetière juif* de J.Iv. Ruisdael (Dresde). Peut-être Friedrich s'est-il reporté encore plus loin dans le passé, à l'art de l'époque de Dürer. Mais il ne l'a pas fait comme les Nazaréens, par de timides emprunts stylistiques; en fait il ne lui importait pas de reprendre à son compte la «pieuse naïveté» qui l'enchante dans les tableaux anciens (*Ecrits*, 1974, p. 91). Ses personnages ne rappellent que de loin la Sainte Famille — en vérité, il s'agit d'une allégorie du salut qui suppose la mort et la résurrection du Sauveur. De cette façon, la tombe serait à rapprocher de la résurrection du Sauveur promise par le soleil couchant.   W.H.

Hambourg, Kunsthalle.

Caspar David Friedrich

76 La porte du cimetière

v. 1826-27?
Toile. H 0,310; L 0,252
Au dos du châssis, inscriptions anciennes: *Friedrichs* et *Mathilde Huchting*.

Historique
Acquis de Mme H. Gärtner, Brême, sur les fonds du Galerie-Verein, 1933. Inv. nº 10416.

Bibliographie
Cat. Brême, 1973, p. 112; Börsch-Supan, 1973, nº 357.

Expositions
1959, Brême, nº 28; 1972, Londres, nº 90; 1974, Hambourg, nº 196.

Börsch-Supan a découvert qu'il s'agit ici du *Cimetière de Priessnitz près de Dresde*; c'est sous ce titre que le tableau fut présenté dès 1833 au Kunstverein de Brême.

Vue rapprochée et profondeur réduite constitue des arguments en faveur d'une datation dans la seconde moitié des années 20; Gerkens (cat. Brême, 1973, p. 112) propose vers 1826-27. Friedrich confère aux données du réel une signification symbolique. Les éléments architectoniques fournissent la

75

76

77

structure du tableau: le mur n'est pas seulement une frontière; la couleur relie son volume au premier plan de façon à former avec lui une masse compacte. La tour quadrangulaire qui domine souligne cette pesante matérialité. L'ouverture forme un contraste avec cette masse: des entrecroisements linéaires, dédaigneux des directions architecturales dans leur tracé légèrement oblique, laissent apparaître l'espace, et, par leur légère convergence, appellent le regard vers le haut. Deux poutres en diagonales relient les lignes parallèles des battants de la porte et forment un «toit» à angle obtus — écho des toits des tombes à l'arrière-plan. Là où les deux battants se touchent, l'angle aigu devient obtus, répondant ainsi à la tour pointue de l'arrière-plan.

Une telle «multivalence» formelle du portail correspond à son rôle symbolique d'intermédiaire. Le mur ferme, la porte ouvre. Elle forme un lien entre le premier plan — l'ici-bas — et le royaume intermédiaire du cimetière, et aussi entre ces deux domaines et le monde de l'au-delà qui les domine, représenté par la tour pointue. A côté de sa valeur de métaphore, le rôle de la porte semble poser problème: il semble que seul peut la passer celui qui cherche son chemin par «la porte étroite» (Luc, XIII, 24). Cette difficulté du passage ne donne-t-elle pas à l'œuvre comme un caractère d'exhortation? Celui qui saisit la signification spirituelle du tableau accomplit le vrai passage.   W.H.

Brême, Kunsthalle.

Caspar David Friedrich

77 La source de l'Elbe

v. 1828-30
Crayon et aquarelle. H 0,247; L 0,340

Coll. Johan Georg von Sachsen, Dresde; galerie Rusch, Dresde, 1924; Ludwigsgalerie, Munich; coll. part., Berlin.

Bibliographie
Grundmann, 1958, p. 154; Sumowski, 1970, p. 164, 165, 241; Börsch-Supan, 1973, n° 386.

Expositions
1972, Londres, n° 96, 1974, Hambourg, n° 202.

Entre l'étude d'après nature d'Essen (datée du 10 juillet 1810, Hinz n° 543) et cette aquarelle, il faut compter presque deux décennies si l'on situe, avec Sumowski, son exécution à la fin des années 20. Comme bien souvent, Friedrich se reporte à la réserve de documents que constituent ses dessins, tout en y apportant de sensibles déplacements d'accent: sur l'étude d'après nature, l'homme près de la source n'est qu'ébauché. Avec la *Porte* (ici n° 78), la *Source de l'Elbe* offre un des plus beaux exemples des «coloris subtils du crépuscule» (Sumowski, 1970, p. 164, 241). Bien que le terme «Peinture de la vie de la terre» (qui vient de Carus, dans ses *Neuf lettres sur la peinture de paysage*) s'applique bien peu aux paysages de Friedrich, ici, il pourrait en être tiré. Dans la *Source de l'Elbe*, la nature n'est représentée ni comme pérennité immobile, ni comme événement atmosphérique. La comparaison avec des représentations prosaïques de la topographie (Grundmann 1958, p. 154) montre à quel point Friedrich a transformé le paysage: il a compris ce processus ample, qui courbe doucement la prairie et rayonne jusqu'au sommet neigeux dans le lointain. Saisi dans ce mouvement de pulsion, le paysage se développe dans une continuité montante, qui fait perdre à l'espace sa discontinuité changeante. Börsch-Supan rend compte de ce rythme unificateur, lorsqu'il interprète les montagnes comme l'au-delà, tout en considérant le premier plan comme entièrement positif et comme «parabole du monde terrestre, avec le cours d'eau comme symbole de la vie». L'homme tourné pensivement vers la source (personnage de dos, comme atténué) n'est pas tragiquement isolé, mais légèrement enfoncé dans les plis de la terre. Placé au bord du tableau, il tire à lui et à sa retraite toutes les énergies des formes. La poésie de cette feuille tient à cette impression d'intimité et de proximité; elle fait penser aux «perspectives du caché», que Bachelard a évoquées dans *La Terre et les Rêveries du repos*.   W.H.

Munich, collection privée.

Caspar David Friedrich

78 Porte dans le mur d'un jardin

v. 1825-30
Crayon, lavis et aquarelle. H 0,122; L 0,185

Historique
Acquis de Harald Friedrich, Hanovre, 1906.
Inv. nº 41123.

Bibliographie
Sumowski, 1970, p. 159; Börsch-Supan, 1973, nº 496.

Expositions
1964, Heidelberg, nº 175; 1972, Londres, nº 111; 1974, Hambourg, nº 200.

La «touche légère», qui fait conclure Börsch-Supan à une datation «vers 1837-40», nous conduit plutôt à dater cette œuvre de la seconde moitié des années 20, où nous pourrions aussi placer la *Vue de la mer prise du rivage* (BS 324, ici nº 74). Notre aquarelle se distingue, entre toutes les œuvres comparables, par ses coloris délicats, qui, non seulement rendent transparents les lointains, mais éclairent le mur ombragé et le dépouillent de sa matérialité. Il ne s'agit pas cependant ici d'une «tranche de vie» préimpressionniste. Une fois de plus, Friedrich a utilisé plusieurs études d'après nature: ainsi, derrière les tours de Dresde s'élèvent les contours de l'Elbsandsteingebirge — ce qui ne correspond pas à la réalité. Cette distanciation idéalisante relie cette vue de Dresde au type de

tableau dont fait partie la *Ville à l'horizon* (cat. exp. Hambourg, 1974, p. 45) et que l'on rencontre aussi chez des contemporains de Friedrich. Mais la comparaison avec Schinkel, Constable et Linnell (cat. exp. Hambourg, 1976, nºˢ 239, 242, 243) montre que le motif atteint chez Friedrich une signification particulière. La frontière que marque le mur du jardin porte le regard directement du premier plan vers les lointains, mais il ne souligne pas la distance entre ce qui est proche et éloigné; il représente la frontière entre la matérialité accessible et un lointain qui semble échapper à une saisie empirique. On voit de nouveau apparaître dans cette opposition la métaphore chaumière-palais (cf. ici nº 48) à laquelle Börsch-Supan attribue un sens eschatologique. Pour lui, le lointain est «l'image du paradis», le premier plan représente le monde terrestre marqué par l'ombre de la mort. Mais il faut observer que ce monde est baigné de la chaude lumière du soleil, et que la porte du jardin s'ouvre précisément dans cet «Ici-bas». Il faut donc considérer ce premier plan comme un contraste avec le monde institutionnalisé urbain (cf. BS 431), comme une modeste retraite, à laquelle mène «la porte étroite» (Luc XIII, 24) et le «chemin resserré» (Matthieu VII, 13), un univers de repli sur soi. Dans la symbolique religieuse s'introduit peut-être aussi une transposition poétique de l'isolement de Friedrich, que Gotthilf Heinrich von Schubert décrit ainsi: «Friedrich habitait à l'extérieur de la banlieue de Pirna, dans une maison

située près de l'Elbe, qui, comme la plupart des maisons du voisinage, appartenait à des gens de condition modeste. L'aménagement de sa chambre convenait tout à fait bien à ce voisinage...» (*Écrits*, p. 229; cf. ici nº 114).   W.H.

Hambourg, Kunsthalle.

Caspar David Friedrich

79 Paysage du Riesengebirge

v. 1830?
Toile. H 0,350; L 0,488

Historique
Chez Heinrich Friedrich, neveu du peintre, à Greifswald, en 1895; acquis de Mme Anna Siemssen, née Friedrich, Greifswald, 1904. Inv. nº 1052.

Bibliographie
Aubert, 1895-96, p. 292; de Prybram-Gladona, 1942, p. 84, nº 498; Börsch-Supan, 1960, p. 15; cat. Hambourg, 1969, p. 71-72; Sumowski, 1970, p. 80, 228; Börsch-Supan, 1973, nº 304; Schmied, 1975, nº 29.

Exposition
1974, Hambourg, nº 203.

La datation de ce tableau prête encore à discussion. Börsch-Supan propose vers 1823, Sumowski la fin des années 20, et n'exclut pas le fait que le tableau soit identifiable avec un paysage exposé à Berlin en 1832. En le comparant à d'autres œuvres, dans lesquelles Friedrich tend ses lignes du premier plan en une horizontalité homogène et sépare nettement celui-ci de l'arrière-plan (par

78

79

exemple BS 387, 389, 390, 393), nous concluerons aux années autour de 1830. Le tableau représente vraisemblablement la vue prise de Warmbrunn sur les premiers contreforts du Riesengebirge (montagne des Géants) et ses sommets neigeux (cf. BS 386, ici n° 77).

La nature est vue dans sa grandeur et sa simplicité. «Une bande flamboyante vert-jaune limite un premier plan relativement profond. Derrière, la montagne s'élève, sans transition, comme un mur, dans un bleu profond qui s'estompe dans le lointain. Bien que plusieurs chaînes s'étagent l'une derrière l'autre, l'ensemble apparaît plutôt comme le tracé d'une silhouette que comme un volume. La tension entre le premier plan et l'arrière-plan repose donc moins sur le contraste entre l'espace vide et les masses, que sur le contraste entre les surfaces horizontales et verticales, les lignes droites et les contours sinueux.» (Börsch-Supan, 1960, p. 15). De la même façon, la lumière parcimonieuse, comme condensée, fait éclater l'opposition entre les premiers plans et le lointain dans la zone claire du champ de blé. Ce jaune traverse l'espace du tableau comme une gerbe de lumière. Une dynamique horizontale est créée, considérée comme une chose «durable» qui paraît soulever le premier plan vers la droite: ce qui lui donne une tension, une élasticité, sur laquelle s'élève la masse immobile de la chaîne de montagne. La zone éloignée est certes orien-

tée sur la «durée», elle donne pourtant l'impression qu'on la voit de la fenêtre d'un train en marche. Proximité et lointain incarnent l'opposition entre le mouvement et l'immobilité, qui semble pourtant levée grâce au dénominateur commun de la continuité. Le rayon de lumière, qui est en même temps une déchirure, amène le regard du spectateur *dans* le tableau – en le faisant renoncer aux axes de la perspective.

La crête de montagnes éloignée, pour Börsch-Supan symbole de Dieu, évoque des valeurs inaccessibles pour lesquelles Ruskin employa plus tard les mots de «mountain gloom». W.H.

Hambourg, Kunsthalle.

Caspar David Friedrich

80 La grande réserve

v. 1830-32
Toile. H 0,735; L 1,025

Historique
Acheté à l'artiste par le Kunstverein de Saxe en 1832; mis en loterie en décembre 1832; gagné par le ministre des Conférences du roi de Saxe von Nostiz und Janckendorf; acheté à Mlle Ella von Nostiz und Jänckendorf en 1909. Inv. Gal. n° 2197 A.

Bibliographie
Jähnig, 1932, p. 366; von Einem, 1938, p. 119, repr.; de Prybram-Gladona, 1942, p. 80, notes 484, 485; Emmrich, 1956, p. 484; Börsch-Supan, 1960, p. 40, 108, 111, 112, 113; Sumowski, 1970, p. 129, 132, 171, 227, 228; Börsch-Supan, 1973,

p. 41, n° 399; Jensen, 1974, p. 63-67; Schmied, 1974, p. 116, pl. 37; cat. Dresde, 1975, p. 37.

Expositions
1940, Dresde, n° 9; Dresde, n° 80; 1971, Zurich, n° 62; 1972, Londres, n° 100; 1974, Hambourg, n° 208; 1974, Dresde, n° 62.

Ce tableau représente la grande réserve d'Ostra, sur la rive sud de l'Elbe, au Nord-Ouest de l'ancienne limite de Dresde, que les peintres de cette ville ont beaucoup fréquentée (par exemple, E.F. Oehme et C.F. Gille). Le cours d'eau est probablement l'Elbe à l'étiage. Comme le tableau a été acheté en 1832 par le Kunstverein de Saxe, mis alors en loterie, et reproduit par une gravure sur cuivre de Johann Philipp Veith pour la *Bilderchronik*, on place généralement son exécution un peu auparavant, donc vers 1831-1832 (la gravure de Veith lui donne pour titre: «Le soir au bord de l'Elbe»). Le tableau représente un des sommets de l'évolution de coloriste du peintre. L'observation réaliste du motif – l'atmosphère d'un soir d'automne, peu après le coucher du soleil – se charge, comme toujours dans les peintures de Friedrich, d'un contenu symbolique. C'est le principe d'un dualisme lourd de sens qui s'exprime ici, en particulier dans le contraste entre le domaine du terrestre plongé dans l'obscurité et la plénitude lumineuse du ciel, symbole du supraterrestre, de la «patrie éternelle». H.J.N.

Dresde, Staatliche Kunstsammlungen, Gemäldegalerie Neue Meister.

Caspar David Friedrich

81 Le cimetière sous la lune

v. 1834
Lavis de sépia sur traits de crayon
H 0,140; L 0,190
Signé en bas à gauche: *C.D. Friedrich*

Historique
Donné par Friedrich à David d'Angers; coll. Paul et Hubert Prouté; don de MM. Prouté au Cabinet des Dessins du Louvre, 1974 (la feuille est encore considérée comme perdue par Sumowski et Börsch-Supan). Inv. R.F. 35801.

Bibliographie
Cerf, s.d., p. 107; de Prybam-Gladona, 1942, p. 101; Sumowski, 1970, p. 154, 231, cat. 339; Börsch-Supan, 1973, n° 443; Sérullaz, 1975, p. 55 et suiv.

«Quand je l'ai prié de mettre son nom en bas d'un dessin qu'il m'avait donné, représentant

80

81

une fosse sur le rebord de laquelle le fossoyeur avait planté sa pelle, et sur laquelle est perché un hibou, et la lune qui éclaire cette scène de tombeau, il laissa tomber un peu d'encre dessus. Je vis que son premier mouvement était de le déchirer: mais il n'en fit rien, parce que je l'assurai que l'on pourrait prendre cette tache pour un oiseau. Il sourit, avec cette expression enfantine que l'on ne retrouve que chez les hommes remarquables d'Allemagne.» C'est ainsi que David d'Angers décrit, avec la finesse d'observation d'un physionomiste, cette scène mémorable, point culminant de sa visite au peintre (1834) (Bruel, 1958, vol. 1, p. 329).

Friedrich n'a jamais signé ses œuvres — trait que l'on peut considérer comme la preuve d'une modestie pleine de fierté. Lorsqu'il s'accommode en souriant de la tache d'encre, il révèle la malice et l'humour discret que lui attribuent amis et visiteurs, peut-être aussi l'idée qu'il n'y a pas de limites à la multiplicité des interprétations. La feuille réunit et condense tous les éléments de la poésie funéraire du XVIIIe siècle (cf. *Elegy* de Gray). De là l'aspect fantomatique de la lune, que souligne Jensen, en s'opposant ainsi à l'interprétation de Börsch-Supan (la lune comme symbole de la victoire du Christ sur la mort; mais ne va-t-il pas trop loin lorsqu'il dit du dessin: «Il est d'un vide et d'une hostilité à la vie désespérés.»? (Jensen, 1974, p. 232). Nous le définirions plutôt comme une idylle teintée de fantomatique, dont la tonalité est comparable à celle de certains lieder de Schubert.   W.H.

Paris, musée du Louvre, Cabinet des Dessins.

Caspar David Friedrich

82 Souvenir du Riesengebirge

1835
Toile. H 0,735; L 1,025

Historique
Sächsischen Kunstverein, 1835; coll. P.P. Dournovo, Saint-Pétersbourg, 1835; fonds d'Etat des musées, transféré à l'Ermitage en 1925. Inv. n° 4751.

Bibliographie:
Isergina, 1956, p. 266, 276; Sumowski, 1970, p. 133, 234; Börsch-Supan, 1973, n° 418.

Expositions:
Dresde, 1835, n° 465; Léningrad, 1974, n° 10; Hambourg, 1974, n° 219; Dresde, 1974, n° 65.

Exécuté en 1835, ce tableau est l'un des plus majestueux et profondément «philosophiques» de l'œuvre tardif de Friedrich. Si on le compare au *Brouillard se levant sur le Riesengebirge* (vers 1820, Munich, Neue Pinakotek, BS 264), construit sur les mêmes dessins d'après nature du voyage dans le Riesengebirge en 1810 (Essen, Museum Folkwang), le sujet a subi des modifications considérables. Le premier plan est travaillé d'une manière plus concrète et plus fouillée (pour le motif des pierres, l'artiste a utilisé un dessin aquarellé aujourd'hui au Cabinet des dessins de Dresde. Les montagnes du second plan (Silberkamm, Ziegenrücken et Planur) sont moins escarpées. Les rythmes doux et comme nonchalants de leurs contours sont plus proches du cours sinueux des sources de l'Elbe, au premier plan. A l'arrière-plan les cîmes neigeuses se dressent, au contraire, plus verticalement vers le ciel, mais elles deviennent immatérielles, comme des nuages. Traité ici dans toute son ampleur, depuis la pierre du premier plan qui paraît tangible jusqu'à la chaîne inaccessible, «aérienne», du fond, le motif de la montagne illustre en quelque sorte la proximité de la terre et du ciel, grâce au passage progressif, et donc moins dramatique, du plan réel, terrestre à l'infini du ciel, de l'être au non-être. Le tableau évoque admirablement l'idée de l'infinitude de la nature, et en même temps de l'atténuation, de la conciliation de ses principes contradictoires. Cette conciliation s'exprime à l'évidence par l'intermédiaire de la lumière, qui jamais encore dans l'art de Friedrich n'a joué un rôle aussi total: non certes la lumière vivante et vibrante des Impressionnistes, mais la lumière métaphysique des Romantiques, l'«âme souveraine du tout», comme l'appelait Schelling.

Après l'exposition de 1835 à l'Académie de Dresde, le tableau fut acquis par l'Union artistique (Kunstverein) de Saxe pour 160 thalers (prix fixé par l'artiste lui-même) et utilisé pour une loterie où il fut gagné par P.P. Dournovo.

Le titre est celui de la la lettre de la gravure au trait de Carl Berchling paru dans la *Bilderchronik* (1835) de l'Union artistique de Saxe.   Y.K.

Leningrad, Musée de l'Ermitage.

Caspar David Friedrich

83 Falaise de craie dans l'île de Rügen

v. 1835
Aquarelle sur traits de crayon
H 0,317; L 0,252

Historique
Coll. Crusius, Leipzig; acquis en 1952 de la coll. Lehmann, Leipzig. Inv. 1952-57.

Bibliographie
Hinz, 1966, n° 649; Sumowski, 1970, p. 88 et suiv.; Börsch-Supan, 1973, n° 490.

82

83

84

Expositions
1957, Berlin, n° 101 ; 1958, Stralsund, n° 32 ;
1972, Londres, n° 110 ; 1974, Dresde, n° 206.

Le motif, pris sur la côte est de Rügen, est un ravin situé à proximité du lieu-dit Königsstuhl, au bord de la côte crayeuse si caractéristique de l'île. Friedrich s'est ici reporté en partie à une étude d'après nature datée du 11 août 1815 (Hinz 647). En raison de son style libre et pictural, on classe en général ce dessin parmi les œuvres de la dernière période de Friedrich ; il n'est pourtant pas exclu qu'il ait été exécuté bien plus tôt, pour la série des vues de Rügen de 1824-1825 (cf ici n° 74). Contrairement à la peinture à l'huile du même motif, conservée dans la Fondation Reinhart, Winterthur (BS 257) qui date de 1818-1820, il est évident que l'aquarelle, comme le prouve l'absence de personnages et d'anecdote et aussi la réduction des arbres, fut conçue comme une stricte «veduta». G.R

Leipzig, Museum der bildenden Künste.

Caspar David Friedrich

84 Lever de lune sur la mer ou Coucher de soleil sur la mer

v. 1835-37
Lavis de sépia sur traits de crayon, encadré de noir.
H 0,256 ; L 0,385

Historique
Coll. Woldemar von Seidlitz, Dresde ; Ebba von Seidlitz, Kloster Lüne ; acquis sur les fonds de la fondation Campeschen, 1952. Inv. n° 1952-131.

Bibliographie
Pan, 1897, vol. 1, p. 111 ; Stubbe, 1958, vol. 3, p. 213 ; Börsch-Supan, 1973, n° 485.

Exposition
1974, Hambourg, n° 231.

Le dessin représente un paysage près de Stubbenkammer. Pour les rochers et les rivages, Friedrich a utilisé un dessin sur nature daté de 1801, qui fait partie du grand carnet d'esquisses de Rügen (Dresde, Hinz n° 276). Ces emprunts au matériel des dessins antérieurs sont fréquents dans les dernières

années de l'artiste. La datation oscille entre 1829 et 1837. A cause de sa parenté de formes avec la *Grande Réserve* (1831-32, ici n° 80), on pourrait se prononcer pour le début des années 30. Dans les deux œuvres, l'espace paraît animé d'un mouvement glissant, presque rotatif. Le regard ne trouvant pas d'arrêt au premier plan, le spectateur a l'impression de planer au-dessus du paysage et, avec le peintre, de regarder la terre d'en-haut ; ainsi naît une impression d'éloignement. La courbe des nuages fait écho à la rondeur de la terre. La nature a l'aridité et la simplicité d'un paysage originel : comme dans la *Grande Réserve* (ici n° 80), et d'autres œuvres ultérieures, elle se caractérise par l'absence de l'homme.

Avant que l'histoire de l'art officielle ne redécouvre Friedrich, une revue du Jugendstil s'en chargea ; le *Lever de lune sur la mer* fut reproduit, avec un court texte, en 1897 dans la revue *Pan* de Meier-Graefe (I, p. 111). W.H.

Hambourg, Kunsthalle.

85

86

Caspar David Friedrich

85   Chouette sur la croix d'un tombeau

1836-37
Lavis de sépia sur traits de crayon
H 0,259; L 0,222
Signé en bas à gauche: *C.D. Friedrich*

Historique
Fonds d'Etat des Musées, vers 1920. Inv. n° 7283.

Bibliographie
Lioubimova, 1966, p. 76; Sumowski, 1970, p. 79, 151, 155; Börsch-Supan, 1973, n° 463.

Expositions
1974, Leningrad, n° 23; 1974, Dresde, n° 230.

L'artiste utilise assez largement pour cette œuvre des dessins de jeunesse: pour la plante du premier plan il se sert d'un croquis de 1799 (Berlin, Kupferstichkabinett und Zeichnungensammlung, Staatliche Museen) et pour la chouette d'un dessin non parvenu jusqu'à nous, qu'il utilise également dans un autre dessin à la sépia: *Chouette volant*, conservé à l'Ermitage (BS 462). Tout le langage allégorique de la *Chouette sur la croix d'un tombeau* est pourtant lié à l'œuvre tardif de l'artiste.

Y.K.

Moscou, musée Pouchkine.

Ernst Fries

Heidelberg 1801-1833 Karlsruhe

Ce fils d'un riche fabricant est l'élève, avec Fohr et Carl Rottmann, de Friedrich Rottmann, le professeur de dessin de l'université de Heidelberg, puis, à partir de 1812, d'un peintre de la cour, à Karlsruhe. Il revient ensuite à Heidelberg, et entreprend des voyages sur les bords du Rhin et de la Moselle. Il subit l'influence du paysagiste écossais G.A. Wallis. Il fréquente l'Académie de Munich en 1815 et 1816. Il exécute ses premières lithographies en 1817. En 1818 et 1819, il suit des cours d'optique et de perspective à Darmstadt; puis on le trouve à Munich, sur les bords du Rhin, dans le Tyrol, en Suisse. Il séjourne à Rome de 1823 à 1827, où il est accueilli dans le groupe réuni autour de Koch et de Rohden. Il exécute ses premières peintures à l'huile. Il rencontre Corot, en compagnie de qui il dessine. Après un séjour à Heidelberg, il s'installe à Munich en 1829, et entretient des relations avec Rottmann. En 1831, il devient peintre de la cour à Karlsruhe. Il se suicide dans un accès de fièvre délirante.

Ernst Fries

86   Le val de l'Anio près de Tivoli

Toile. H 0,508; L 0,582

Historique
Succession Fries; acquis en 1930.

Bibliographie
Cat. Fries, 1974, n° 10.

Deux parois de rochers se dressent à pic, couvertes de végétation; derrière, les monts

Albains, avec la ville de Tivoli; l'eau de l'Anio tombe en cascades sur des rochers. Un chasseur et son chien constituent les seuls éléments vivants du décor. De gros nuages forment des accents dans le ciel. Des formes contrastées aux contours mouvementés caractérisent le tableau, non entièrement achevé, qui est à mettre en rapport avec des aquarelles exécutées en 1826. Fries s'arrêta en effet à Tivoli, au cours d'un voyage qu'il entreprit en octobre 1826 à partir de Rome.

H.R.L.

Heidelberg, Kurpfälzisches Museum.

Eduard Gaertner

Berlin 1801-1877 Zechlin (Brandebourg)

De 1814 à 1821, il travaille comme apprenti peintre à la Manufacture de porcelaines de Berlin, puis comme compagnon chez Gropius, le peintre du théâtre de la cour, qui soutient son intérêt pour la peinture d'architectures; parallèlement il suit les cours de l'Académie. En 1825, le roi lui *accorde une aide financière pour aller à Paris se perfectionner dans la peinture des panoramas et des dioramas. Il est de retour à Berlin en 1828; à partir de 1830 il s'essaie à peindre en plein-air, sous l'influence de Krüger. Le succès de ses vues de la ville de Berlin lui vaut d'être invité, en 1837, à Moscou et à Saint-Petersbourg par le tsar Nicolas Ier.*

Eduard Gaertner

87 Rue Neuve-Notre-Dame à Paris

1826
Toile. H 0,440; L 0,350
Signé et daté sur le mur au premier plan à droite:
Ed. Gaertner, Paris 1826.

Historique
Acquis par Frédéric-Guillaume III de Prusse à l'exposition de l'Académie des Beaux-Arts de Berlin de 1826; signalé en 1883 et 1922 au château de Berlin; transféré après 1945 au Neues Palais. Inv. nº GK I 1295.

Bibliographie
Kunstblatt, 1827, nº 41; Schmidt, 1922, p. 23-25; Becker, 1971, p. 363.

Expositions
1826, Berlin, nº 1001; 1973, Potsdam, nº 10.

Vue par la rue Neuve-Notre-Dame sur la façade ouest de la cathédrale. Au premier plan, la rue oblique vers le Marché Neuf. Elle est traversée par l'artère qui relie le pont Notre-Dame au Petit Pont. A l'extrémité de la rangée de maisons de gauche, l'hôpital des Enfants trouvés. Au cours des travaux de transformation de Paris sous Napoléon III, la rue Neuve-Notre-Dame disparut. Sa partie est, aujourd'hui, absorbée par la place du Parvis-Notre-Dame, la partie ouest par la Préfecture de Police.

Gaertner envoya cette toile de Paris avec quatre aquarelles à l'exposition de l'Académie de Berlin, inaugurée en septembre 1826, où ils arrivèrent en retard (dans le catalogue, ils sont énumérés parmi les suppléments). Les aquarelles «plurent énormément» (cf. J.G. Schadow, *Kunst-Werke und Kunst-Ansichten*, Berlin, 1849, p. 238). Trois d'entre elles furent également acquise par Frédéric-Guillaume III: il s'agit de vues du «*Cheval de bronze*» sur le *Pont-Neuf*, de l'*Ile de la Cité le soir, depuis le quai de Montebello près du pont de La Tournelle* et de *Notre-Dame vue du quai de Montebello* (toutes trois à Potsdam-Sans-Souci, Aquarellensammlung; exp. 1973, Potsdam, nºs 11 à 13). La quatrième aquarelle, inachevée en ce qui concerne les personnages, représente une *Vue à travers une arche du Pont des Arts sur le Pont-Neuf* (Berlin, Staatliche Museen, Sammlung der Zeichnungen; Becker, 1973, fig. 187). En 1827, le roi acquit encore deux vues de Paris (*Notre-Dame vue du quai de Montebello* et *Pont Saint-Michel vu du quai des Augustins le soir*; Berlin-Charlottenburg, Staatliche Schlösser und Gärten). Lors de l'exposition de 1828, il acheta une vue du *Garde-meuble* (on ignore ce qu'elle est devenue), ainsi que deux aquarelles (le *Pont Louis XVI (de la Concorde)*, Potsdam-Sanssouci, Aquarellsammlung; exp. 1973, Potsdam, nº 14; le *Pont-Neuf vu du quai de l'Ecole*, disparue depuis 1945). Telle est la liste des célèbres vues de Paris de Gaertner, manifestement destinées dès l'origine à Frédéric-Guillaume III. Des dessins préparatoires s'y rattachant sont conservés au Märkisches Museum, Berlin, dont, pour la *Rue-Neuve-Notre-Dame*, un dessin mis au carreau, avec des figures à l'échelle de la toile.

De toutes ces vues, c'est la *Rue-Neuve-Notre-Dame* qui décrit le mieux la ville comme un ensemble, à la fois marqué par ses monu-

87

88

ments, témoins des époques révolues, et par l'activité de ses habitants. Cela est dû sans doute au motif choisi, mais surtout à la structure de l'image qui oppose l'animation des façades des maisons à la façade harmonieusement articulée de la puissante cathédrale. L'éclairage de midi provoque des contrastes bien tranchés entre lumière et ombre dans la zone de la rue. La cathédrale est encore placée dans le contre-jour, qui, combiné à la brume planant au-dessus du parvis, lui confère une qualité matérielle toute différente. En fonction de l'étroitesse géométrique de l'«échappée», les maisons semblent se bousculer, ce dont le peintre tire un parti qui n'est pas dépourvu d'ironie: une fenêtre avec du linge suspendu correspond à la tour nord de la cathédrale. L'exactitude de la description concrète (qui ne fait pas grâce des dégradations de crépi et de la maçonnerie) va de pair avec le souci de rendre avec précision les valeurs atmosphériques. C'est la singularité d'une telle vision ou encore celle de la mise en page, différente du schéma traditionnel des *vedute*, qui surprit un critique

visitant l'Exposition de l'Académie des Beaux-Arts de Berlin, puisqu'il mentionne la toile comme «une petite place au Pont-Neuf de Paris, où l'on voit l'église Notre-Dame qui paraît seulement être tenue à une trop grande distance» (*Kunstblatt*, 1827).

Il est fort probable que Gaertner reçut des conseils de son maître Karl Wilhelm Gropius, qui séjourna à Paris en 1821-1822 et ouvrit à Berlin, en 1827, un Diorama, d'après le modèle créé par Daguerre. Les vues intérieures que Gaertner fit de la cathédrale de Berlin en 1824 et, plus encore, de la chapelle du château de Charlottenburg en 1825 (Berlin-Charlottenburg, Staatliche Schlösser und Gärten) dénotent en tous cas des qualités picturales bien supérieures au niveau de la peinture d'architecture berlinoise du temps. On ignore l'atelier parisien où il se perfectionna. Il omet lui-même de mentionner qui que ce soit à ce sujet dans son curriculum vitae rédigé en 1833 en vue de son admission à l'Académie des Beaux-Arts de Berlin. Selon une tradition orale, cela aurait été l'atelier de François-Edouard Bertin, qui avait juste

quatre ans de plus que lui. Le nom de Jean-Victor Bertin, le professeur de Corot, serait plus désigné. Qu'il ait entretenu aussi des relations avec Daguerre est fort probable. La production de ce dernier lui servit certainement d'exemple tout comme celle de peintres tels que Bouhot, Mongin et Van Dael.

G.B.

Potsdam-Sanssouci, Staatliche Schlösser und Gärten, Neues Palais.

Eduard Gaertner

88 Vue de Berlin, avec la Neue Wache, le Zeughaus, le Palais du Kronprinz et le château

1849
Toile. H 0,580; L 1,180
Signé et daté en bas à gauche: *E. Gaertner, 1849*

Historique
Acquis en 1913.

Bibliographie
Cat. Hambourg, 1969, p. 76.

Sur la «promenade» principale de Berlin, *Unter den Liden*, de gauche à droite, sont représentés avec précision : la *Königswache* (corps de garde royal), appelée ultérieurement *Neue Wache* (nouveau corps de garde), construite par Schinkel entre 1816 et 1818 (très endommagée en 1945, reconstruite en 1956-1957; aujourd'hui Monument expiatoire aux Victimes du fascisme et du militarisme); devant, les monuments de Scharnhorst (au fond) et Bülow, généraux des guerres d'Indépendance, statues de marbre érigées en 1822 sur les plans de Schinkel, montées sur de hauts socles ornés de bas-reliefs, œuvres du sculpteur D. Ch. Rauch (à présent dans le square de l'Operncafé, situé à proximité); le *Zeughaus* (arsenal) édifié entre 1695 et 1706, par Andreas Schlüter, avec des trophées sur l'attique (fortement endommagé en 1944-45, reconstruit en 1965, et qui abrite aujourd'hui le *Museum für Deutsche Geschichte* (Musée de l'Histoire allemande); le Château Royal, à savoir les façades donnant l'une sur le Lustgarten, l'autre sur la Schlossfreiheit, construit dans la période 1707-1713 par Eosander von Göthe, avec la coupole ajoutée en 1848 (aujourd'hui détruit); la *Kommandantur* (bureau de la Place), bâtie en 1797 (transformée en 1874, détruire en 1945); le

Kronprinzenpalais, édifié en 1663 (objet de travaux de transformations essentielles en 1857; abritant entre 1919 et 1937 la *Neue Abteilung der National- Galerie* (Département nouveau de la Galerie Nationale); complètement détruit en 1945; reconstruit en 1968-69; constitue aujourd'hui, sous le nom de *Palais Unter den Linden*, la maison d'accueil de la Ville), relié par un arc au *Prinzessinenpalais* (palais des Princesses), édifice datant de 1811 (détruit en 1945, reconstruit entre 1961 et 1963, devenu aujourd'hui l'*Operncafé*).

Baignés d'une lumière d'après-midi rayonnante, sous un ciel presque sans nuages, de nombreux flâneurs, isolés ou formant des groupes, animent la peinture qui prend nettement de la sorte le caractère d'un tableau de genre.

Les représentations de cette partie précise de l'avenue *Unter den Linden*, datant de la même époque, sont fréquentes (Krüger, W. Brücke); c'était évidemment le lieu de rencontre préféré des badauds berlinois. On en trouve d'autres exemples dans l'œuvre de Gaertner à partir de 1829.   H.R.L.

Hambourg, Kunsthalle.

Buonaventura Genelli

Berlin 1798-1868 Weimar

Les premières directives artistiques lui sont données par son père, puis, à partir de 1813, par son tuteur Hummel, à l'Académie, et par son oncle, architecte, qui lui fait obtenir une bourse du gouvernement pour un voyage d'étude en Italie. Il vit à Rome de 1822 à 1832, où il est l'ami de Koch et de Cornelius, et il étudie la littérature antique. En 1832, il se rend à Leipzig pour peindre les fresques de la «maison romaine» de l'éditeur Härtel; des dissensions entre l'artiste et son client en empêchent la réalisation. En 1836, il s'établit à Munich; il y vit dans la misère malgré le soutien que lui apportent ses amis. En 1856, il fait la connaissance du comte Schack, collectionneur et mécène, qui le pousse vers la peinture à l'huile. En 1859, il est appelé à la cour de Weimar où il continue de travailler pour son ami Schack.

Buonaventura Genelli

89 Mystère

v. 1850-61
Crayon. H 0,315; L 0,355

Historique
Don de l'éditeur et collectionneur Alphons Dürr, 1913; n° d'inv. 1.2367.

Bibliographie
Rosenberg, 1887, vol. 2, p. 127; Christoffel, 1922, pl. 18; Ebert, 1959, n° 985; Ebert, 1971, p. 30, 182, fig. 28.

La planche *Mystère* est la dix-septième de la suite autobiographique *(La vie d'un artiste)* qui représente en vingt-quatre dessins certains des épisodes de la vie de Genelli. Cette autobiographie dessinée fut entreprise dans les années quarante, mais la plupart des compositions se situent entre 1850 et 1861. Sur l'insistance des amis de Genelli, le cycle, comme beaucoup de ses ébauches, a été gravé et publié en 1868, l'année de sa mort.

Au sujet de la signification du dessin, qui est énigmatique, comme tant d'autres inventions de Genelli, Max Jordan écrivait en 1867 dans son texte d'accompagnement à l'édition des gravures: «Dans son atelier, l'artiste imagine et exécute une illustration représentant le Sauveur tel qu'il est décrit par Dante, embrassé par sa fiancée, la Pauvreté, la seule à l'avoir suivi jusqu'à la Croix. Une femme

89

sert de modèle pour la figure céleste et offre la splendeur de son corps au regard du peintre. Mais pendant que celui-ci regarde et peint, un bruit soudain interrompt son travail silencieux: un chat s'est faufilé dans l'atelier, et, en cherchant un jouet, a trouvé par terre la couronne d'épines que l'artiste avait tressée pour servir de modèle à la couronne du Christ Le jeu du chat avec le symbole sacré remplit les deux âmes de la plus profonde émotion.»

On trouve déjà la même représentation de la Pauvreté fiancée du Christ parmi les dessins exécutés par Genelli au milieu des années quarante pour la *Divine Comédie* de Dante, parus d'abord chez Cotta entre 1846 et 1852. Dans l'édition de 1865 qui, comme le cycle *De la vie d'un artiste*, a paru chez Alphons Dürr à Leipzig, ce dessin, correspondant au onzième chant (vers 70-72) du *Paradis*, est la trente-troisième des trente-six compositions.

Dans *Mystère*, où l'esquisse de la Pauvreté avec le Christ sur la croix est le sujet du tableau sur le chevalet, la confrontation de l'artiste avec la beauté vivante du modèle illustre sa lutte pour l'idéalisme comme programme artistique, s'opposant à une conception réaliste de l'art. D'un côté la vocation artistique exigeant des sacrifices dans le sens de l'idéalisme, de l'autre la beauté tangible de la réalité qui, au demeurant, doit servir d'exemple à l'art le plus élevé. Une répétition de cette image symbolique est la petite scène du chat jouant avec la couronne d'épines, où, comme dans une vignette, le message, renforcé, se retrouve sur un autre plan.   U.R.R.

Leipzig, Museum der bildenden Künste.

Jakob Gensler

Hambourg 1808-1845 Hambourg

Il est le plus doué de trois frères peintres; les premières leçons lui ont été dispensées par Hardorff, à Hambourg. En 1824, il se rend chez Wilhelm Tischbein, à Eutin. De 1828 à 1830, il est élève à l'Académie de Munich où, avec un groupe de jeunes peintres de plein-air, dont Kobell, il dessine des personnages et des paysages d'après nature. En 1830, il passe par le Tyrol en se rendant à Vienne, où il est profondément impressionné par Waldmüller. Il est de retour à Hambourg en 1831: il décrit les environs de la ville

90

dans des tons subtils pleins de poésie. Il faut signaler les vues de fleuve peintes après un voyage en Hollande (1841).

Jakob Gensler

90 Grève de l'Elbe, soleil caché

1840
Papier sur carton. H 0,337; L 0,475
Daté et monogrammé en bas, au milieu:
Sbr. 12. 1840 JG.

Historique
Don de Mme A. Brettschneider, 1912.

Bibliographie
Bürger, 1916, n° 260; cat. Hambourg, 1969, p. 86.

C'est de façon sommaire, dans une facture relâchée, qu'est traduite cette bande de rivage du cours inférieur de l'Elbe, entre Hambourg et la mer du Nord. Cette étude à l'huile, peinte d'après nature, porte la date de son exécution, le 12 septembre 1840 (Gensler a posé par mégarde le coup de pinceau gris qu'on voit entre le tronc et le bateau).

L'étude, charpentée d'une manière saisissante avec ses forts contrastes de lumière et d'ombre, fut utilisée en 1842 pour un tableau à peine plus grand: *Cordages sur la plage près de Blankenese* (Hambourg, coll. part.). Le dessin au crayon et lavis de la Kunsthalle, Hambourg, daté des 7 et 8 septembre 1840, est donc antérieur à l'étude présentée ici.   H.R.L.

Hambourg, Kunsthalle.

Christian Friedrich Gille

Ballenstedt, dans le Harz, 1805 - 1899 Wahnsdorf (près de Dresde)

En 1825, il fait ses études à l'Académie de Dresde; en 1827, il se signale comme le plus doué des élèves de la classe de peinture de Dahl dont il continue, tout en l'élargissant, la peinture fluide et atmosphérique. En dehors de ses tableaux, il exécute des gravures puis, à partir de 1850, des lithographies, principalement des portraits d'après ses propres dessins. Pendant longtemps, l'importance de Gille comme peintre n'a pas été reconnue; c'est pourtant l'un des pionniers du paysage réaliste.

Christian Friedrich Gille

91 Au bord de la Weisseritz

1833
Carton. H 0,315; L 0,400. Daté au dos, de la main de l'artiste: *Von 3 1/2 - 6 1/4 14 Sept. 33.*

Historique
Legs J.F. Lahmann, Dresde à la Gemäldegalerie de Dresde, 1937; Inv. Gal. n° 2233 P.

Bibliographie
Zimmermann, 1964, p. 81, repr. p. 82; cat. Dresde, 1975, p. 40.

C.F. Gille, du même âge que Rayski, est comme celui-ci une figure exceptionnelle de la peinture à Dresde dans les années 1830. Cet élève très doué de Dahl est avec Blechen

91

l'un des premiers réalistes importants dans la peinture allemande de paysages. Cette image des bords de la Weisseritz, comme le prouve l'indication précise de la date et de l'heure au dos du carton, a été peinte directement d'après nature. La vallée de la Weisseritz, petit affluent de l'Elbe, est l'un des endroits préférés de Gille dans les environs de Dresde; c'est son charme campagnard qui l'a fixé toute sa vie dans la résidence princière de la Saxe.

Cette étude à l'huile de 1833 montre qu'il a déjà adopté sa facture par larges touches, technique qui ne s'est que très peu modifiée au cours de son évolution ultérieure, mais qui a encore gagné plus tard en sûreté et en largeur de style.   H.J.N.

Dresde, Staatliche Kunstsammlungen,
Gemäldegalerie Neue Meister.

Johann Wolfgang von Goethe

Francfort 1749 - 1832 Weimar

Grâce à son père, juriste et conseiller d'empire, il a été en contact avec l'art et les artistes dès sa prime jeunesse. Il prend des cours de dessin et d'eau-forte tout en faisant ses études de droit. Son immense activité d'homme de lettres et de

savant s'accompagnera d'une vaste production graphique: environ deux mille dessins qui sont l'œuvre d'un «amateur», d'un dilettante, mais dont l'importance historique est considérable. Ses premiers écrits sur l'art, en particulier De l'architecture allemande, de 1772, déterminent l'esthétique du «Sturm und Drang». Son voyage en Italie, de 1786 à 1788, marque son orientation vers le classicisme. A Rome, il se lie d'amitié avec le peintre Wilhelm Tischbein et avec Angelica Kauffmann; à Naples, il rend visite à Philipp Hackert. Il est fortement influencé dans sa conception de l'art par Winckelmann. Ses écrits esthétiques de l'époque de Weimar, rigoureusement idéalistes et orientés vers l'hellénisme, auront une immense influence. De 1798 à 1805 il publie une revue consacrée à l'art: «Propyläen» (Les Propylées); tous les ans un prix est mis au concours — Runge et Friedrich y ont pris part — en vue d'inspirer des œuvres d'art qui doivent réaliser la théorie goethienne de l'art entendu comme exaltation symbolique de l'élément objectif et comme matérialisation de l'idée. Il développe un enseignement gradué de l'art qui va de l'imitation de la nature au style, en passant par la «manière». Beaucoup de jeunes artistes cherchent à être appréciés et consacrés par Goethe: beaucoup d'entre eux illustrent son Faust. Mais il rejette la plupart des romantiques, en particulier ces «bigots» de Nazaréens.

Johann Wolfgang von Goethe

92 Apparition de l'Esprit de la Terre

Crayon sur papier à lettre blanc
H 0,220; L 0,171

Historique
De longue date au Goethe-Nationalmuseum de Weimar.

Bibliographie
Wahl, 1925, p. 3, 6-7; Benz, 1940, p. 173, fig. 23; Herbig, 1948, p. 14; Münz, 1934, p. 68; Wegner, 1962, p. 51, fig. 37; Femmel, 1968, C. IV b, 224.

Expositions
1909, Leipzig, nº 465; 1929, Brunswick, nº 470; 1969, Weimar, nº 1, fig. 1; 1974, Stockholm, nº 98.

Johann Wolfgang von Goethe

93 Scène de la Nuit de Walpurgis

Plume et encre de Chine, lavis sur papier officiel bleu. H 0,220; L 0;332

Historique
De longue date au Goethe-Nationalmuseum de Weimar.

Bibliographie
Wahl, 1925, p. 5, 8; Münz, 1949, p. 110; Wegner, 1962, p. 51; Femmel, 1968, C. IV b, 227.

Expositions
1909, Leipzig, nº 472; 1929, Brunswick, nº 274; 1955, Vienne, nº 96; 1974, Stockholm, nº 100.

92

Johann Wolfgang von Goethe

94 Incantation à la Lune

Plume et encre sépia sur papier officiel bleu,
lavis sépia. H 0,195; L 0,347

Historique
Fondation Henckel von Donnersmark;
Dr. F. Vulpius, 1885.

Bibliographie
Maass, 1913, p. 32; Wahl, 1925, n° 26; Münz,
1949, p. 111, fig. 168; Femmel, 1968, C. IV b, 229.

Exposition
1909, Leipzig, n° 471.

La publication de la première partie du *Faust*,
en 1808, n'a pas éveillé dans les arts plastiques, du vivant de l'écrivain, une résonance
comparable à celle des œuvres d'Ossian, bien
que, fondamentalement, les deux œuvres
aillent au-devant de l'«aperception» romantique. Le fragment de *Faust* publié en 1790
n'avait pour toute illustration qu'un cuivre
de J.H. Lips, sur la page de titre, simple
emprunt à la célèbre eau-forte de Rembrandt.
Entre 1790 et 1808, J.A. Carstens avait dessiné sa *Cuisine de la sorcière*. La première suite
d'illustrations de quelque importance, les
Croquis de Moritz Retsch pour le Faust de Goethe,
nous mène déjà aux années 1810-1815. Le
cycle de *Faust* de Peter Cornelius (ici n°s 29-
30) appartient à la même époque, de même
que les dessins de Ludwig Nauwerck qui,
par l'intermédiaire de Goethe, étaient devenus la propriété de la princesse héritière
Caroline de Mecklembourg-Schwerin (fille du
duc Charles-Auguste de Saxe). Ensuite, formant un contraste brutal avec ces interprétations plus ou moins dans le «style des
vieux maîtres allemands» et d'un romantisme
passablement «petit-bourgeois», il faut noter
les illustrations d'Eugène Delacroix qui réalisa à partir de 1826, une suite de lithographies devenue célèbre qui, par l'audacieuse
expressivité de son langage graphique a «sur-
passé les images que je m'étais faites des
scènes que j'avais écrites moi-même», comme
Goethe lui-même l'a reconnu. L'ouverture
sur le monde, la sensibilité à la vie, traits
essentiels de l'avant-garde romantique française, caractérisent pour la première fois,
dans les lithos pour *Faust* de Delacroix, le
personnage central de la tragédie, et rejettent
à l'arrière-plan tout ce qui relève du genre
anecdotique, de la peinture d'accessoires de
théâtre, la peinture du cadre et celle des
costumes.

Il faut probablement dater les dessins de
Goethe représentant l'*Esprit de la terre* et la
Scène de la nuit de Walpurgis d'une période
féconde en illustrations pour le *Faust*, celle
qui va de 1810 à 1815. Le fait que ces dessins
aient été classés dans un carton intitulé «Dessins de théâtre» interdit de les interpréter comme des illustrations du poème (H. Meyer
avait envisagé cette hypothèse de 1798). Un
fait, entre autres, milite en faveur de la date
que nous admettons, c'est l'influence réci-
proque, qu'il ne faut pas négliger, entre l'invention de l'*Esprit de la terre* de Goethe et
celle de Nauwerck, qui exclut tout rapport
avec l'époque de la création du poème.

Les «*Journaux*» de Goethe nous apprennent qu'en 1812, le projet d'une première
représentation théâtrale de *Faust*, due à
Friedrich Riemer, qui collaborait à l'édition
de ses œuvres, et à l'acteur et auteur dramatique Pius Alexander Wolff, l'avait même
«poussé» à «faire des projets de décors et
d'autres choses nécessaires». En 1819, le fils
de Goethe assistait à Berlin à une représentation où le portrait de Goethe était utilisé
pour l'apparition de l'Esprit de la terre. On
trouvait déjà cette interprétation dans l'illustration qu'avait faite Nauwerck; son dessin
et celui de Goethe ont en commun le caractère apollinien de l'apparition lumineuse,
bien qu'en 1819 Goethe parle à son sujet
d'un buste de Jupiter. Il voulait réduire à

93

94

sa plus simple expression l'aspect de fantôme, donc le côté romantique: en tout cas, il fallait que «rien de grimaçant ou de repoussant» n'apparût. On était encore indécis sur «la façon dont on s'approcherait tant soit peu de l'esprit moderne, grâce, par exemple, à des cheveux et à une barbe de flammes». Il n'y a pas d'autre source littéraire que le poème lui-même pour nous éclairer sur la composition visionnaire de la scène sur le Blocksberg. On reconnaît Faust et Méphisto devant la caverne, avec l'image de Marguerite et quelques autres indications associatives sur les êtres fabuleux qui peuplent l'Hexenberg. Toutefois, il est prouvé qu'un dessin de Philips Koninck, appartenant à la collection du duc de Weimar, est à la source de la composition.

L'incantation des sorcières par une nuit de pleine lune (*Incantation à la Lune*), est représenté devant un arrière-plan emprunté à un croquis de voyage de Goethe datant de 1787, sûrement un paysage sicilien; cette scène elle aussi a été comprise comme ayant «beaucoup d'affinités avec la sphère de Faust» (on a aussi cherché d'autres interprétations, par exemple en liaison avec le mythe de Médée). Une réplique de cette scène d'incantation, qui se trouve à la Maison de Goethe, à Francfort, ne date peut-être que de 1814; elle fut la propriété du peintre Eugen Neureuther que Goethe appréciait en raison des dessins qu'il avait faits pour ses poèmes. Goethe s'était plusieurs fois inspiré du thème des sorcières avant son voyage en Italie (il était préoccupé par l'élaboration de *Faust*, c'est la raison la plus convaincante de son goût pour ce thème). Ce thème persiste et il trouve aussi à s'alimenter en Italie, où Goethe a composé la «cuisine des sorcières» pour *Faust*; c'est vrai également de l'imagination des artistes, un exemple comme l'*Incantation* (*Master Drawings* II, 1-1964) dessinée en 1785 par le peintre romain Giuseppe Cades, n'a pas dû constituer une exception; sinon, comment Goethe aurait-il pu écrire dans une lettre d'août 1787: «cette formidable époque des sorcières, elle existe dans notre histoire»?

G.F.

Weimar, Nationale Forschungs-und Gedenkstätten der klassischen deutschen Litteratur, Goethe-Nationalmuseum.

Anton Graff

Winterthur (Suisse) 1736-1813 Dresde

Fils d'un fondeur d'étain, il se rend en 1756 chez le graveur Haid, à Augsbourg; en 1757, il est à Ansbach chez le portraitiste Schneider. Après 1759 il travaille à Augsbourg, Ratisbonne, Winterthur et à Zurich où il se lie d'amitié avec Salomon Gessner. En 1766, il devient professeur à l'Académie de Dresde. Les quelque cinq mille peintures de la Galerie princière de Dresde étaient depuis 1765 accessibles au public; l'Académie avait été fondée un an auparavant et exerçait une puissante attraction sur les jeunes artistes. Sous l'influence de son ami Zingg, Graff s'intéresse alors au paysage. En dehors de voyages à Leipzig et à Berlin, où il devient l'ami de Chodowiecki et de Sulzer, il vit constamment à Dresde où il est un peintre fort recherché pour ses portraits d'aristocrates et de bourgeois, qui se rattachent à la tradition anglaise par leur façon d'associer un paysage au portrait. L'observation exacte de la physionomie et la représentation réaliste de l'individualité dans les portraits de Graff ont fortement impressionné Runge, Rayski et Vogel von Vogelstein.

Anton Graff

95 Portrait de Friedrich Schiller

Toile. H 0,710; L 0,570

Historique
Don de Graff à Schiller, 1791; acheté par Frauenholz, de Nuremberg «pour le faire graver par Müller, à Stuttgart»; coll. Christian Gottfried Körner, 1794; coll. Friedrich Förster, 1831; Körner Museum, Dresde; après 1945, Stadtmuseum, Dresde; Institut und Museum für Geschichte der Stadt Dresden. Inv. nº 1928/589.

Bibliographie
Förster, 1873, p. 87 et suiv.; Muther, 1881, nº 88; Vogel, 1898, p. 38 et suiv.; Peschel-Wildenow, 1898, I, p. 33 et suiv., repr. p. 34; Waser, 1903, nº 8; Waser, 1905, p. 203 et suiv.; Güntter, 1925, p. 214; Waser, 1926, p. 43 et suiv., 60; Löffler, 1936, p. 14; Singer, 1937-1938, nº 32013; Becker, 1949, p. 26; von Wilpert, 1965, fig. 545; Berckenhagen, 1967, nº 1215; Loevenich, s.d.

Expositions
1913, Dresde, nº 17; 1932, Dresde, nº 373; 1963, Berlin, nº 47; 1964, Dresde, nº 69.

Anton Graff commença le portrait de Friedrich Schiller au printemps de 1786; Schiller lui avait accordé alors quelques séances de pose. Le poète était alors l'hôte de Christian Gottfried Körner, père de Theodor Körner,

95

à Dresde (du 11 septembre 1785 au 20 juillet 1787). Graff n'acheva le portrait qu'en septembre 1791, sur l'insistance de Schiller et de Ch. G. Körner, sans qu'il y ait de nouvelle séance de pose.

Les sources nous donnent des informations intéressantes sur l'exécution du tableau: il est mentionné à plusieurs reprises dans la correspondance entre Schiller et Körner. Une lettre de Körner datée du 12 septembre 1791 parle de l'achèvement du tableau. D'après ce que rapporte Minna Körner (Anna Marie Jacobine, dite Minna, née Stock, épouse de Ch. G. Körner), Schiller a posé environ quatre fois (cf. Güntter, 1925). Graff lui-même aurait dit: «Le portrait de Schiller m'a donné bien du mal, mais finalement, il m'a procuré la plus grande joie: c'était un esprit sans repos, et il ne tenait pas en place, comme on dit. Certes, j'aime beaucoup que les gens ne soient pas assis immobiles comme des chiens de faïence, en face de moi, ou même qu'ils fassent des grimaces intéressantes, mais l'ami Schiller poussait quand même l'agitation un peu trop loin: j'ai été obligé d'effacer plusieurs fois les contours que j'avais déjà dessinés sur la toile, car il n'arrêtait pas de bouger. Je réussis enfin à lui faire conserver, comme par magie, une position dans laquelle, m'assura-t-il, il ne s'était jamais mis de sa vie, mais que les dames Körner déclarèrent très appropriée et très expressive. Je pense avoir saisi dans un heureux moment le poète de *Don Carlos*, dont il me déclamait des passages pendant les heures de pose.»

En tout cas, ce sont les paroles de Graff, telles qu'elles nous ont été rapportées dans les souvenirs du conseiller aulique, le dr. Friedrich Förster, ami de Theodor Körner.

Les sentiments que Schiller, en tant qu'homme, philosophe et poète, a éveillés chez ses contemporains, particulièrement chez les romantiques, sont ceux d'une vénération sans bornes. Ainsi Novalis écrivait-il le 5 octobre 1791, donc l'année même de l'achèvement du portrait de Graff, à Karl Leonhard Reinhold: «Ah! dès que je prononce le nom de Schiller, quelle foule de sensations s'anime en moi; que de traits d'âme magnifiques, qui concourent à former l'image unique et exaltante de Schiller et rivalisent, tels des esprits enchanteurs, à l'achèvement du fascinant tableau... Schiller qui est plus que des millions d'hommes ordinaires, qui arracherait à ces êtres sans désirs charnels que nous appelons esprits, le désir de devenir des mortels, dont l'âme semble avoir façonné la nature *con amore*, dont la grandeur morale et la beauté pourraient seules sauver le monde qu'il habite d'un déclin bien mérité...»

Il semble que le portrait de Graff nous fasse entendre quelque écho de cet enthousiasme romantique. Les aspects humain et poétique de la nature de Schiller y sont particulièrement soulignés, et aussi son rayonnement personnel, car «le charme de Schiller était grand, il captivait tous ceux qui l'approchaient», comme l'écrivait Goethe. Ce qui nous frappe peut-être le moins dans ce portrait de Schiller, c'est la grandeur; mais Novalis s'est aussi exprimé nettement à cet égard: «Le destin lui a donné ce don divin de transformer tout ce qu'il touchait et d'en extraire l'or le plus pur que possède l'esprit humain le plus sublime, d'en faire sa propriété et son propre héritage de beauté morale. Les sciences s'épanouiront tout au long de sa vie, sous son égide bienfaisante, et pour tracer brièvement une image que le regard perçant de l'artiste lui-même ne peut peut-être pas encore embrasser, il sera, aux côtés d'un homme que la modestie m'interdit de nommer, l'éducateur du siècle futur.»

Karl Loevenich a récemment publié (édition hors commerce, sans lieu ni date), une esquisse supposée (53×40 cm) de Graff pour le portrait de Dresde; étant donné que le propriétaire actuel n'est pas non plus indiqué, il est difficile de se prononcer sur cette œuvre.

H.M.

Dresde, Staatliche Kunstsammlungen, Gemäldegalerie Alte Meister.

Philipp Hackert

Prenzlau (marche de Brandebourg) 1737-1837 San Piero di Careggio (près de Florence)

Son père qui était portraitiste lui enseigne les rudiments de la peinture. En 1758, il entre dans la classe de dessin de l'Académie de Berlin; il est encouragé par son maître Lesueur et par le philosophe Sulzer. Entre 1762 et 1766, ses voyages le conduisent à Stralsund (Poméranie), Stockholm, Hambourg et en Normandie. En 1765, il est à Paris où il est influencé par Joseph Vernet et Boucher; il devient l'ami du graveur Wille dont la «Société académique» est un centre de la vie artistique allemande à Paris. Il travaille en étroite collaboration avec son frère Gottfried; à partir de 1768, ils séjournent tous deux à Rome où ils sont en relations avec le sculpteur suédois Sergel et avec Reiffenstein, l'ami de Winckelmann. Il fait connaissance avec les paysages d'Italie au cours de nombreux voyages dans les environs de Rome, en Italie du nord, en Sicile, en Calabre, dans les Pouilles. Son immense production de paysages dans la manière néo-classique trouve de nombreux amateurs. Il donne des cours à des voyageurs anglais. Le pape Pie VI lui apporte son soutien. En 1786, il devient peintre de cour du roi de Naples, Ferdinand IV. En 1787, il rencontre Goethe dont il influencera bientôt les dessins de paysages; par la suite, Goethe écrira la biographie du perspectiviste le plus en vue et le plus riche de son temps. En 1799, Hackert fuit les troubles révolutionnaires; il va s'établir à Florence en 1803.

Philipp Hackert

96 Les cascades de Tivoli

Toile. H 1,225; L 1,71.
Signé, daté en bas à gauche: *Philipp Hackert pinxit: Romae 1785 Les Grandes Castelles à Tivoli*

Historique
Coll. Siegfried Wedells, Hambourg; legs à la ville de Hambourg, 1919; entré au musée en 1949.

Bibliographie
Cat. Hambourg, 1966, p. 75.

Exposition
1976, Hambourg, n° 280.

Goethe écrit dans le *Voyage en Italie*, à la date du 16 juin 1787, qu'il a vu à Tivoli «un des plus grands spectacles de la nature». «Les cascades, les ruines et tout l'ensemble du paysage font partie de ces choses dont la connaissance nous enrichit au plus profond de nous-même.» Goethe s'y trouvait «avec le sieur Hackert».

Tivoli se trouve à l'ouest de Rome dans les monts Albains. Cette vue est prise de la rive opposée de l'Anio (aujourd'hui Aniene); la vue s'étend vers le sud-ouest sur le Monte Casino, les Cascatelle Grandi et la ville de Tivoli au sommet; le campanile est celui de la cathédrale San Lorenzo.

Depuis l'Antiquité, ces chutes d'eau sont des curiosités naturelles. Les premières représentations picturales connues datent du XVIIe siècle. Gaspard Dughet semble avoir préféré les autres chutes, au temple de la Sibylle. Le paysage de Jan Frans van Bloemen, dit l'Orizzonte (Rome, Galleria Doria Pamphili; Busiri Vici, n° 52; vers 1705) et la vue de Piranèse tirée des *Vedute di Roma*, (avant 1745; Focillon 780) sont vus presque sous le même angle que le paysage de Hackert; ce sont des œuvres que Hackert connaissait sûrement. Plus tard, Rohden a peint des vues toute semblables; le paysage le plus voisin est celui de la Landesgalerie de Hanovre (vers 1811).

Rien de sauvage dans le tableau de Hackert; malgré les cascades bouillonnantes, tout paraît ordonné. Cette impression provient à la fois du caractère détaillé de la représentation et de la lumière claire et matinale. Les troupeaux de bœufs aux longues cornes, gardés par le berger et son chien, qui se reposent sous le grand arbre, confèrent au tableau un accent bucolique. Cet accent, la noblesse même du sujet, et la composition par degré, comme un décor de théâtre, donnent à cette vue réelle quelque chose d'un paysage imaginaire.

L'inscription en français (avec la faute «Castelles» au lieu de «Cascatelles») peut indiquer que la commande du tableau provenait de France.

H.R.L.

Hambourg, Kunsthalle.

96

Johann Peter Hasenclever

Remscheid (Rhénanie) 1810-1853 Dusseldorf

En 1827, il entre à l'Académie de Dusseldorf, d'abord dans la section d'architecture, puis dans la section de peinture, chez Wilhelm Schadow qui, néanmoins, condamne ses tableaux. Il se perfectionne donc seul, en autodidacte, dans sa ville natale, mais un peu plus tard, il reprend ses études à Dusseldorf. Les scènes de genre et le portrait correspondent à ses dons, que Schadow reconnaît à présent. Il obtient son premier grand succès avec ses illustrations pour la Jobsiade de K.A. Kortum; celles-ci se distinguent, comme ses peintures — peut-être sous l'influence des caricaturistes anglais — par la caractérisation psychologique des personnages. Il se rend à Munich en 1838 et de là, en 1840, en Italie. Il vit à Dusseldorf depuis 1842; il y décrit jusqu'à sa mort la société bourgeoise de son temps.

97

Johann Peter Hasenclever

97   La première leçon de danse

Toile. H 0,300; L 0,390
Signé et daté en bas à droite: *J.P. Hasenclever, 35*

Historique
Vente C.E. Pongs, Dusseldorf, 1941; coll. Paul Lindner, Wuppertal; acquis en 1942.

Bibliographie
Hütt, 1964, p. 62 et suiv.; cat. Wuppertal, 1974, p. 83.

Exposition
1976, Dusseldorf, n° 47.

La scène est située dans une pièce nue, avec un cor et un violon suspendus qui s'accordent avec le sujet et font allusion à la rivalité entre Apollon et Dionysos. C'est surtout la figure centrale du professeur de danse qui retient l'attention; c'est elle — selon l'interprétation d'Andrée — qui donne au tableau son aspect de profession de foi; mieux, qui personnifierait tout simplement l'artiste en tant que tel: «L'artiste... se trouve au milieu, presque complètement dans l'ombre; on ne le distingue que comme une silhouette». En tous cas, sa singularité, c'est-à-dire le caractère «marginal» de ce personnage «central», pour parler en termes antinomiques, est flagrant. Inquiétant comme un personnage des contes d'Hoffmann, il exerce un pouvoir d'attraction envoûtant sur la jeune fille, à côté de lui, qui le regarde fixement en effectuant le premier

pas. Son sigisbée est campé derrière elle les jambes écartées et observe — on serait tenté de dire, avec ébahissement — son visage dont le profil est en pleine lumière.

L'animation dramatique propre à d'autres tableaux de genre de Hasenclever, l'expression exagérée des mimiques, habituelle chez lui, l'«humour» appuyé qui plaisait tellement à ses contemporains: tout cela est absent de notre tableau. L'ambiance de cette étrange soirée dansante est plutôt lourde; on ne ressent rien de l'«exquise légèreté de la danse» (Hütt). L'interprétation due à Andrée est étayée par le fait que, un an plus

tard, le jeune peintre, dans la *Scène d'atelier*, conçue de concert avec cinq confrères et amis, se moquait du fonctionnement des académies et reflètait ainsi la vie des artistes. Remarquons d'autre part que c'est Hasenclever qui introduisit dans la peinture de Dusseldorf la représentation d'un intérieur clos avec un éclairage «dirigé». Faut-il rappeler que l'éclairage cru d'une source lumineuse le plus souvent invisible constitue depuis le Caravage un des procédés plastiques propre aux réalistes?   H.R.L.

Wuppertal, Von der Heydt - Museum.

98

Johann Peter Hasenclever

98 Ouvriers devant le conseil municipal

v. 1848-49
Toile. H 0,47; L 0,63
Signé en bas à droite: *J.P. Hasenclever*

Historique
Veuve de l'artiste; 1855, Kunstverein de Westphalie; Inv. 270 WKV.

Bibliographie
Müller von Königswinter, 1849, 1850; *Marx-Engels Werke* IX, 1970, p. 237; Hütt, 1964, p. 118 et suiv.; Roselt, 1967, p. 42; Hanna Gagel, dans cat. exp. Berlin 1972, p. 133; cat. Münster, 1975, p. 53 et suiv.

Exposition
1975, Moscou, p. 60.

Il s'agit d'une étude, en partie seulement terminée, mais précise jusque dans l'analyse des physionomies, pour un grand tableau aujourd'hui disparu (cf. infra).

Le commentaire d'un écrivain de Dusseldorf, soutien de la «peinture à tendance sociale», Wolfgang Müller von Königswinter, cité par Roselt, est instructif. Le tableau doit son sujet aux mouvements sociaux et politiques de 1848, mais ce n'est en rien un tableau à thèse. Hasenclever voulait seulement «décrire une situation, qui donne l'occasion de moments comiques et distrayants; mais c'est précisément ce procédé qui met le conseil en fâcheuse posture. Sa crainte, son embarras le rendent ridicule en face des ouvriers qui ne sont guère dangereux — car c'est ainsi qu'ils sont représentés. Sans doute, à cette époque, le conseil municipal de mainte ville a-t-il joué un tel rôle...» Si l'on ne voyait la foule sur la place, «on pourrait conclure, d'après l'attitude des ouvriers, leurs vêtements, qu'il ne s'agit pas d'une requête due à la détresse, mais bien plutôt d'une quelconque visite de routine. Certains paraissent doux et timides, d'autres proches de la déchéance... La situation de la classe ouvrière n'a en aucune façon, sur ce tableau, une coloration effrayante.» Ce qui met le conseil municipal dans un tel embarras et rend pour lui l'événement si terrrible, c'est que «de petites gens osent s'élever contre tous les usages, contre l'attitude de respect qui leur est habituelle, pour présenter au noble conseil leur situation, leur misère, avec une certaine fermeté...».

Le tableau est la première représentation du prolétariat combattant pour ses droits. Le 31 mars 1850, le même Müller commente

ainsi le tableau terminé: «C'est la conscience du peuple, sous la forme de quelques prolétaires apportant une pétition, qui pénètre dans le vénérable conseil...» Il faut donc considérer Hasenclever comme le premier artiste allemand «qui ait peint des attitudes positives du prolétariat et une de leurs formes progressistes de combat« (Hütt). Schümann a remarqué que le peintre s'appuie sur la tradition iconographique de la «remise de pétition» qu'il utilise appliquée à un événement contemporain.

Le 9 octobre 1848, une pétition avait en effet été déposée devant le conseil municipal de Dusseldorf. Pourtant, on ne voit pas par la fenêtre la Marktplatz de cette ville. Comme Müller l'écrit en 1850: «Il a décrit l'histoire et représenté les circonstances, comme elles étaient et comme elles restent encore dans toutes nos mémoires. Le lieu de l'action est l'Allemagne.» Le tableau terminé que commente cet article a disparu. On sait que le peintre Freiligrath, ami de Hasenclever, l'emporta avec lui lorsqu'il émigra en Angleterre en 1851; la même année, il l'exposa à Londres; le tableau fut aussi certainement exposé à Manchester en 1854, à l'initiative de Engels. En 1853, on put le voir au Crystal Palace de New York. Au sujet de ces expositions, il existe un échange de lettres entre Marx et Engels, sur lequel Gagel a attiré l'attention. A la demande de Freiligrath, Karl Marx écrivit un article dans le *New York Daily Tribune*, dans lequel il rappelait au lecteur sa suite d'articles «sur la révolution et la contre-révolution en Allemagne», et lui recommandait d'aller voir le tableau au Crystal Palace. «Ce peintre remarquable a su rendre dans toute sa vitalité dramatique, ce que l'écrivain ne pouvait qu'analyser.»

Une deuxième version, différente (H 1,31; L 0,89), fut vendue à Bonn par le Kunstverein de Dusseldorf; elle ne réapparut qu'en 1966 et fut acquise par le Bergisches Museum (Schloss Burg an der Wupper). Il se différencie de l'étude non seulement par le naturalisme précis de l'exécution, la suppression de l'éclairage artificiel qui dramatise la scène, l'organisation grandiose de l'intérieur, mais surtout par l'expression d'une détente dans la confrontation. Les attitudes des ouvriers sont ici plus conventionnelles. H.R.L.

Münster, Landesmuseum für Kunst und Kulturgeschichte de Westphalie (propriété du Kunstverein de Westphalie).

Wilhelm Joseph Heine

Dusseldorf 1813 - 1839 Dusseldorf

Elève de l'Académie de Dusseldorf de 1827 à 1835, il appartient, comme son ami Hasenclever, au groupe de jeunes peintres de tendance réaliste. Il est l'ami intime de Grabbe, auteur dramatique

99

de génie; tous deux ont une attitude critique à l'égard des conditions sociales existantes. La représentation des conflits sociaux détermine l'œuvre peu nombreuse de cet artiste voué à une mort précoce.

Wilhelm Joseph Heine

99 Détenus dans la chapelle de la prison

1838
Toile. H. 0,78; L. 1,08
Signé et daté en bas à droite: *W. Heine. 1838.*

Historique
Commandé au peintre par le consul Joachim Heinrich Wilhelm Wagener, de Berlin, en octobre 1837, et payé 75 Friedrichs d'or en septembre 1838; la collection Wagener, léguée à l'Etat en 1861 (testament daté de 1859), constitue le fonds de la Nationalgalerie de Berlin; Berlin (RDA), Staatliche Museen, Nationalgalerie. Inv. n° W.S. 77; dépôt permanent depuis 1961 au Museum für Deutsche Geschichte de Berlin.

Bibliographie
(Les auteurs se réfèrent en général à la première version, plus connue, conservée au musée de Leipzig.) Püttmann, 1839, p. 154-156; Müller von Königswinter, 1854, p. 289; Waagen-Kugler, 1850, n° 58 (éd. 1861, 1870, 1873: n° 77); Boetticher, t. I, 2, 1895, p. 485, n° 8; Schaarschmidt, 1902, p. 174; Koetschau, 1926, p. 94 et suiv., repr. p. 203; Hütt, 1964, p. 101 et suiv., pl. 5 (couleurs); Immel, 1967, p. 269 et suiv.

Exposition
1966, Berlin, p. 242, sans numéro.

L'animation politique des années qui précèdent la révolution de 1848 se manifeste très vivement dans les cités industrielles de Rhénanie, et notamment à Dusseldorf, où elle divise, dès le milieu des années trente, l'Académie aussi bien que l'opinion publique. Face à la peinture religieuse et historique se développe une peinture de mœurs qui dépasse le genre folklorique en accusant les injustices sociales. Heine compte parmi les précurseurs de ce genre. Mort à l'âge de 26 ans, il n'a laissé que quelques tableaux, dont les deux tiers évoquent la vie des rebelles et des parias de la société: braconniers, contrebandiers, vagabonds. Le sujet de ce tableau correspond à la vogue que connaissaient, depuis le début des années trente, d'une part le thème du brigand (et tout particulièrement du brigand généreux et noble) et, de l'autre, celui de la prison.

Ce ne sont pourtant pas des brigands qui se sont ici rassemblés dans la pénombre d'une chapelle de prison et dont on peut observer les différents comportements. En dépit des termes violents ou ironiques dans lesquels les auteurs contemporains décrivent les personnages, ceux-ci ressembleraient plutôt — au moins ceux de la partie de gauche — à des détenus politiques. Quelques-uns font penser à des intellectuels; et le jeune homme (probablement un tisserand) sur la blouse claire duquel la lumière est dirigée, a une attitude de révolte, et se trouve directement opposé aux soldats. Un tel motif reste extrêmement rare dans la peinture allemande de cette époque (cf. Hütt, 1964).

Le jeune tisserand est considéré comme un portrait de l'artiste. On pourrait également comparer le jeune homme dont le visage pensif apparaît exactement au centre du tableau, avec un autoportrait de Gustav Adolf Koettgen (1805-1882), conservé au musée de Dusseldorf. Koettgen, qui à cette époque vivait à Elberfeld, non loin de Dusseldorf, était politiquement très engagé et devait bientôt entrer en relations avec Friedrich Engels et ses amis communistes.

Selon une suggestion de Hütt (1964), le sujet aurait été inspiré par l'arrestation en 1836 (et le suicide en prison, le 23 février 1837), du prêtre Friedrich Ludwig Weidig, accusé de propagande révolutionnaire.

Pour l'architecture, Heine pourrait s'être inspiré des intérieurs d'églises de Saenredam (Immel, 1967). Mais il y ajoute l'effet dramatique d'un clair-obscur laissant le premier plan dans l'ombre et illuminant violemment quelques points importants. Cet éclairage, tout comma la disposition et la mimique des personnages, relève de la mise en scène théâtrale, et correspond au besoin de faire directement transmettre au spectateur les sentiments de chacun des protagonistes.

La version originale de cette composition fut exécutée en 1837, et acquise l'année même par le Kunstverein (Société des Beaux-Arts) de Leipzig, qui la transmit plus tard au musée de la ville. Immédiatement, le banquier berlinois Wagener (1782-1861), qui rassemblait systématiquement une importante collection de peinture contemporaine, en commanda une «copie avec n'importe quelles modifications». Cette réplique, exécutée à Dusseldorf, et expédiée de Munich en été 1838, ne se distingue pourtant du tableau original ni par ses dimensions (qui ne diffèrent que de quelques centimètres) ni par sa disposition générale. Seuls quelques détails (physionomiques p. ex.) ont été modifiés au cours de l'exécution.

En dépit de son succès, le tableau donna lieu à des appréciations très nuancées, qui s'appliquent indifféremment à chacune des deux versions. En 1839, Hermann Püttmann, journaliste de tendance pourtant nettement radicale, tout en admirant l'exécution technique et les effets physionomiques, considère le sujet comme «abominable», parce qu'il lui manque une contrepartie réconfortante. «Sans aucun doute, la figure d'un criminel en prison offre au peintre un sujet noble, si le squelette du repentir se reflète dans son regard, et si la contrition alanguit ses membres vigoureux...; mais toute une bande des coquins les plus variés: cela agit sur notre sentiment comme un vomitif sur notre estomac et élimine tout à la fois le plaisir et la douleur, de sorte que seul le dégoût demeure...» Le poète et critique d'art Müller von Königswinter devait (en 1854) reprendre ce jugement prononcé au nom du bon goût, et suggérer un rapprochement avec *L'asile d'aliénés* de Wilhelm von Kaulbach (cf. ici n° 112): «Le tableau de Heine pourrait être utilisé comme illustration d'un manuel sur les prisons. Des larrons et rien que des larrons, c'est trop.»   C.K.

Berlin, Staatliche Museen, Nationalgalerie (en dépôt au Museum für Deutsche Geschichte).

Philipp Friedrich von Hetsch

Stuttgart 1758 - 1838 Stuttgart

Ce fils d'un musicien de la cour s'initie à l'art chez Nicolas Guibal, à la Karlsschule de Stuttgart, entre 1771 et 1775; il est en relations avec Schiller et avec le sculpteur Dannecker. Dès 1780, il est peintre de la cour de Wurtemberg. En 1781, passant par Karlsruhe, il se rend à Paris pour se perfectionner à l'Académie. Il est particulièrement influencé par Joseph Vernet et David. En 1785, il est à Rome, où il retrouve David. De 1787 à 1794, Hetsch est professeur à la Karlsschule. En 1798, il devient directeur de la Galerie wurtembourgeoise de peinture de Ludwigsburg. En 1802 et 1803, à Rome, il fréquente Schick et Koch, ses élèves de Stuttgart, ainsi que Reinhart. Il est anobli en 1808. Lorsque Dannecker est nommé inspecteur de la Galerie en 1816,

100

Hetsch quitte ses fonctions de peintre de la cour. Ses tableaux d'histoire, pathétiques et sentimentaux, sont représentatifs de l'école de David en Allemagne.

Philippe Friedrich von Hetsch

100 Cornélie, mère des Gracques

1794
Toile. H. 1,120; L. 1,360
Signé et daté à gauche, sur la chaise:
Hetsch. 1794

Historique
Don à la ville de Stuttgart, en 1842.

Bibliographie
Fleischhauer, 1929, n° 135; cat. Stuttgart, 1957, p. 117; Becker, 1971, p. 48; Baumgart, 1974, p. 96 et suiv.

Exposition
1972, Londres, n° 139.

L'épisode représenté, fréquent dans le répertoire de la peinture néo-classique, est emprunté à Valère-Maxime: Cornélie, fille de Scipion l'Africain, épouse de Sempronius Gracchus, interrogée par une autre Romaine, qui se vantait de ses joyaux, répondit en indiquant d'un geste ses fils Tiberius et Caïus: «Voici mes joyaux.»

Certes, l'espace scénique sobrement indiqué rappelle, également en ce qui concerne la disposition des personnages, le *Serment des Horaces* de David, peint dix ans plus tôt; l'idée morale de la vertu dans la Rome antique n'offre pourtant pas ici l'aspect sévère et ascétique propre à David, mais plutôt la grâce chère au maître de ce dernier, Vien. Cela vaut tant pour les figures d'enfants que pour celle de la femme debout, empruntant une attitude qui, «invention des années soixante, était devenue un poncif» (Baumgart). Becker compare le tableau de Hetsch avec la gravure de même sujet de Jean-Jacques François Lebarbier afin de déterminer comment l'Allemand s'efforçait de «réinterpréter «le haut fait public en l'expression de sentiments tendres, et de l'affranchir du contenu social que possédait à peu près tout tableau d'histoire à sujet antique peint à Paris entre 1780 et 1800».

On connaît la cérémonie révolutionnaire au cours de laquelle les riches Parisiennes offrirent leurs bijoux à l'Etat. Tout le monde savait alors que Cornélie était la mère des deux hommes qui, l'an 135 avant J.-C., avaient

été les meneurs du premier grand mouvement populaire de l'Histoire romaine.

L'opinion exprimée dans le catalogue *The Age of Neo-Classicism* (Londres, 1972), selon laquelle Hetsch aurait choisi lui aussi ce motif pour cette dernière raison, ne tient évidemment pas compte de la fréquence du thème à cette époque.
H.R.L.

Stuttgart, Staatsgalerie.

Franz Theobald Horny

Weimar 1798 - 1824 Olevano

Après avoir débuté à l'Ecole de dessin de Weimar, ce fils de peintre rencontre en 1815 le baron von Rumohr, l'historien d'art, qui dirige son intérêt vers l'étude de la nature et qui, désormais, lui apportera son soutien pécuniaire. En 1816 il se rend à Rome avec Rumohr en passant par Munich; à Rome, il partage l'atelier de Koch et fait la connaissance de Schnorr, de Rehbenitz et du poète Rückert. En 1817 et 1818, il projette un décor végétal de caractère réaliste qui doit servir de cadre aux fresques de Cornelius pour le Casino Massimo. Tandis que Cornelius part pour Munich, en 1818, Horny se consacre au paysage à Rome et à Olevano. En 1818, il est atteint d'une première hémoptysie. A partir de 1821, Rumohr lui ôtera son appui, à la suite d'un différend artistique.

Franz Theobald Horny

101 Vue d'Olevano

Lavis de bistre sur quelques traits à la sanguine.
H 0,154; L 0,260

Historique
Succession de l'artiste Theodor Rehbenitz, 1861.

Exposition
1974, Copenhague, n° 14, repr.

Horny a dessiné, à plusieurs reprises, en en donnant de multiples variations le village d'Olevano, où il séjourna principalement à partir de 1818, à cause de son affection pulmonaire, confié à la garde de la famille Baldi. C'est ainsi que la feuille exposée est une version esquissée de la vue qu'il a rendue de façon plus détaillée dans l'aquarelle de Berlin (ici n° 102). A l'instar de Koch, qui avait initié le jeune artiste à la peinture de paysage, Horny met en évidence la structure imposante du paysage; il procède en faisant jouer, avec les formes rythmées des éléments naturels, l'agencement abrupt et cubique de la ville, à l'intérieur d'une composition équilibrée et marquée encore par le style classique. Dans le dessin au trait clair et diaphane se révèle l'influence des Nazaréens. Cependant, l'ingéniosité graphique et la vigueur du trait sont le fait d'une vraie personnalité.
H.H.

Lübeck, Museum für Kunst-und Kulturgeschichte.

101

102

103

104

Franz Theobald Horny

102 Vue d'Olevano

Plume, lavis et aquarelle sur traits de crayon.
H 0,531 ; L 0,431
Au verso : *Andenken aus dem Nachlass des verstorbenen Franz Horny. Herrn Oberbeck* (sic) *verehrt von seiner Mutter* (souvenir provenant de la succession du défunt Franz Horny. En présent à Monsieur Oberbeck (sic) de la part de sa mère).

Historique
Coll. Friedrich Overbeck ; acquis en 1883 par le peintre Carl Hoffmann, Berlin ; Berlin (RDA), Staatliche Museen, Sammlung der Zeichnungen (Horny, n° 2).

Bibliographie
Boetticher, 1891, n° 9 ; Dörries, 1950, pl. 145 ; Scheidig, 1954, n° 286, pl. couleurs ; Heise, 1959, p. 55, fig. 37 ; Andrews, 1964, p. 108, pl. 33.

Expositions
1965, Berlin, n° 92 ; 1972-73, Munich, n° 178.

Voici ce que Horny dit lui-même d'Olevano dans une lettre adressée à sa mère en 1817 : «Olevano de Borghese est le nom de l'endroit où j'ai passé en compagnie de M. von Rumohr, du comte Seinsheim et du peintre Cornelius trois semaines inoubliables. C'est un véritable pays des merveilles, sans doute l'un des points les plus beaux et les plus importants de l'Italie, et pourtant presque personne dans la foule innombrable des étrangers qui parcourent l'Italie, ne vient le visiter... les localités sont juchées tout en haut sur les rochers comme des nids d'hirondelles avec de

vieux châteaux et des manoirs ; souvent, pour y parvenir, il faut grimper des heures entières en empruntant un sentier étroit, où seul le mulet peut s'aventurer ; et la couleur : on ne peut même pas en avoir idée...»

Ce dessin est sans doute l'une des plus impressionnantes vues de ce site si souvent représenté. Horny passe d'ailleurs, aux côtés de Koch et de Schnorr von Carolsfeld, pour le «découvreur» d'Olevano et de la région montagneuse environnante. Il date de la fin de la production de l'artiste, disparu prématurément.   G.R.

Berlin, Staatliche Museen, Kupferstichkabinett und Sammlung der Zeichnungen.

Franz Theobald Horny

103 Vue d'Olevano

Plume et lavis sur traits de crayon.
H 0,284 ; L 0,433

Historique
Entré en 1908 en provenance de la coll. Eduard Cichorius, Leipzig. Inv. n° 1908-229.

Bibliographie
Zoege von Manteuffel, 1924, p. 272 et suiv., n° 3 ; Dörries, 1950, pl. 143 ; Scheidig, 1954, n° 267, pl. 40.

Les dessins exécutés à Olevano constituent sans doute le point culminant de l'œuvre de

l'artiste. En témoigne également par exemple une aquarelle avec une autre *Vue d'Olevano* (ici n° 102).

Dresde, Staatliche Kunstsammlungen, Kupferstichkabinett.

Franz Theobald Horny

104 Dimanche dans les monts Sabins

Plume et aquarelle sur traits de crayon et de sanguine. H. 0,252 ; L. 0,333
Au verso : *Horatius Coclès*, d'après une fresque du Pérugin au Cambio, à Pérouse (dessin au trait à la plume) ; en bas à gauche : *143* (n° de la succession).

Historique
Ludwigsgalerie, Munich.

Bibliographie
Robels, 1974, p. 81, pl. 47.

Exposition
1958, Munich, Nuremberg, Hambourg, Heidelberg, n° 67, repr. p. 11 ; 1969, Lübeck, n° 75.

Au second plan, au centre, le monastère San Francesco, près de Civitella. Un groupe de campagnards en remonte, tandis que deux femmes parlent avec un moine. L'accent donné à cette scène rehausse le caractère idyllique de la représentation. Les figures n'en sont pas moins intégrées comme des éléments de composition dans le paysage regardé «par le petit bout de la lorgnette». Horny, qui a d'ailleurs consigné par écrit des impressions chromatiques sur beaucoup de ses dessins purs, n'a besoin que de quelques coups de pinceau pour évoquer une ambiance atmosphérique. Le charme particulier de cette feuille réside dans la liberté avec laquelle lignes abstraites et figuratives d'une part et touches d'aquarelles d'autre part se superposent comme si elles planaient les unes au-dessus des autres. H.H.

Munich, collection privée.

105

Franz Theobald Horny

105 Chaîne de montagnes au coucher du soleil

1820-22
Aquarelle. H. 0,124; L. 0,167

Historique
Entré en 1908 en provenance de la coll. Eduard Cichorius, Leipzig. Inv. n° 1908-240.

Bibliographie
Zoege von Manteuffel, 1924, p. 272 et suiv., n° 30; Dörries, 1950, pl. 150; Scheidig, 1954, n° 249.

La feuille provient d'un album de croquis des années 1820-1822. G.R.

Dresde, Staatliche Kunstsammlungen, Kupferstichkabinett.

Johann Erdmann Hummel

Cassel 1769 - 1852 Berlin

Fils d'un serrurier, Hummel entre à dix ans dans la classe de dessin de l'Académie de Cassel, à douze ans il suit la classe d'architecture, à dix-sept ans il est élève de Böttner, peintre de la cour. De 1792 à 1799, il vit à Rome grâce à une bourse de voyage du landgrave de Hesse; il y entretient surtout des relations avec Koch, Rohden et Reinhart, qu'il soignera pendant sa longue maladie. Ses voyages le conduisent à Naples; en outre, il dessine d'après l'antique et d'après nature sous l'influence de Flaxmann et de Carstens. A partir de 1800, il vit à Berlin, dessine des costumes pour le théâtre, ainsi que des illustrations. Il fait la connaissance de Goethe à Weimar en 1808. En 1809, il enseigne l'archi-

tecture, la perspective et l'optique à l'Académie de Berlin et publie quelques manuels d'architecture. Ses scènes de genre, ses perspectives de rues, avec leur rendu précis de chaque détail, ont souvent pour base des expériences de perspective et d'optique.

Johann Erdmann Hummel

106 Jeunes gens jouant à la balançoire dans un jardin des environs de Naples

1823
Toile. H. 0,750; L. 0,853
Signé et daté en bas à droite: *J.E. Hummel p 1823.*

Historique
Coll. des princes électeurs de Hesse; transporté en 1877 du petit château de Schönburg, près de Hofgeismar, à la Galerie.

Bibliographie
Hummel, 1954, p. 40 et suiv.; Wenzel, 1964, p. 203 et suiv.; Herzog, 1969, p. 96.

Le motif traité par un Lancret, un Pater, un Goya, un Fragonard est chez Hummel «aussi une pastorale, mais ayant à présent un cachet bourgeois» (Wentzel). La fixation de la balançoire dans une baie de porte paraît quelque peu insolite; pourtant, on la trouve sur d'autres représentations contemporaines provenant d'Italie (par exemple chez Hubert Robert). Motif central du tableau, la balançoire n'est pas le seul sujet de l'œuvre: Hum-

mel peint une fête, la musique, la danse, du vin, au bord du golfe de Naples; au loin, la fumée du Vésuve. C'est une image bariolée d'une vie gaie et insouciante dans le Midi ensoleillé, peinte de mémoire à Berlin, vingt-quatre ans après que l'artiste eut quitté l'Italie. Ce qui n'est nullement italien, mais très empreint de «sécheresse berlinoise», c'est le style, l'aspect sculptural et rigide des personnages aux proportions allongées, la description précise de chaque détail. H.R.L.

Cassel, Staatliche Kunstsammlungen, Neue Galerie.

Georg Wilhelm Issel

Darmstadt 1785 - 1870 Heidelberg

Il fait des études de droit à l'université de Giessen. Le grand-duc Louis Ier de Hesse, son père présumé, l'encourage et le soutient régulièrement. Il devient artiste par ses propres moyens, en autodidacte; à côté de copies d'après les Hollandais, il réalise très tôt des études d'après nature, exécutées au cours de ses nombreuses excursions. A partir de 1810, il séjourne fréquemment à Heidelberg; il fait la connaissance du jeune peintre Fohr qu'il encourage. Jeune secrétaire particulier, il peut réaliser son désir de se consacrer entièrement à la peinture de paysage grâce au grand-duc, aux frais duquel il voyagera de longues années. En 1813, il est à Paris: il fré-

106

quente l'atelier de David où Begas est son condisciple, il copie Poussin, Claude Lorrain et Ruysdael,
il peint des études dans le parc d'Ermenonville
et aussi un paysage historique; ensuite, il visite
probablement l'Italie. Pendant l'été de 1814, il
se rend au Tyrol avec le poète August von Platen;
il parcourt les Alpes à partir de Munich, en étudiant constamment la nature. En 1814 et 1815,
il passe de nouveau cinq mois à Paris où il
exécute des tableaux à partir d'études faites dans
les Alpes et peint des vues de Paris. Ensuite, il
entreprend un voyage à travers la Forêt-Noire,
aux bords du lac de Constance, en Suisse, dont
il rapporte des études peintes; un séjour à Constance se termine par une visite à Vienne où bientôt Olivier et Schnorr deviennent ses amis. Entre-
temps, il a été nommé au conseil de la cour. Il
voyage et passe par Prague, Berlin, Dresde,
Weimar, où il rend visite à Goethe, et revient par
Darmstadt. Mais bientôt il est de nouveau en
voyage; en 1819, à Heidelberg, il rassemble une
collection des œuvres de Fohr, mort prématurément, qu'il remettra plus tard au Musée de
Darmstadt; à Worms, il s'occupe de la conservation des monuments anciens; à partir de Constance, il fait, comme auparavant, d'importantes
acquisitions pour la Galerie de Darmstadt; néanmoins son souhait d'en devenir directeur ne sera
pas exaucé. En 1827, il achète une propriété sur
le lac de Constance; en 1836, il s'installe à Fribourg, la Forêt-Noire lui fournit les motifs de
nombreux tableaux; à partir de 1844, il réside à
Heidelberg. La peinture cède la place à sa passion
de collectionneur et à son goût de donner des
conseils critiques à de jeunes artistes, dont Anselm
Feuerbach.

Georg Wilhelm Issel

107 Saint-Etienne-du-Mont, Sainte-Geneviève et le Panthéon à Paris

Toile. H 0,860; L 0,720

Historique
Mme Gerda Löhlein-Issel, Betberg; acquis en
192 .

Bibliographie
Lohmeyer, n° 21, p. 19 et suiv., p. 145; Hausenstein,
1946, p. 19 et suiv.

L'ancien représentant français à la cour de
Darmstadt, le célèbre amateur d'art von Hef-
linger, écrit le 19 mars 1815 au secrétaire
de cabinet Schleiermacher:

107

«J'ai reçu hier la lettre, que vous avez
adressée à M. Issel sous mon enveloppe. Il
est parti hier à midi par la diligence pour
se rendre à Strasbourg, et je viens de lui
adresser votre lettre à l'auberge de la fleur
vis-à-vis la Douane, où il se proposait de
demeurer, jusqu'à ce qu'il ait reçu vos nouvelles. Ce pauvre jeune homme est parti d'ici
malgré mes conseils, après une maladie grave
qui l'a retenu quinze jours dans sa chambre
à la suite d'un rhume opiniâtre et de beaucoup de fièvre. Il avait travaillé au dessin
d'un ancien monument gothique dans le goût
de l'Eglise de Wimpfen, et espérait obtenir
l'approbation de S.A. Rle et la vôtre. Il
avait loué une chambre vis-à-vis ce monument pour en saisir toutes les formes, et y a
travaillé avec chaleur au milieu du froid et
de l'humidité. Son tableau sera beau; il est
achevé aux deux tiers, et il le finira lorsque
ses forces le lui permettront; mais il est parti
d'ici à peine convalescent, faible, souffrant
de la poitrine, et frappé, qu'il doit faire une
maladie dangereuse: J'ai cherché à détruire
ce pressentiment, mais je n'ai pas réussi
tout en me promettant d'avoir égard à mes

représentations. La force de son imagination
absorbe ses forces physiques et doit abréger
son existence. Je désire bien, qu'il se
conserve...»

Dans une liste de 1817, Issel décrit
ainsi le tableau: «Une perspective architecturale de Paris, représentant l'église Saint-
Etienne à droite, la tour de l'abbaye Sainte-
Geneviève en partie détruite à gauche, et une
partie du nouveau Panthéon au milieu du
tableau. Peint d'après nature en février 1815,
mais inachevé à cause de la crise d'alors.»
On reconnaît sur le tableau, à droite, le che-
vet de l'église Saint-Etienne-du-Mont, reconstruite à partir de 1491 et dont les travaux se
poursuivent tout au long du XVIe siècle et au
début du XVIIe; le clocher, de 1494, fut surélevé en 1624-28. La tour de gauche est le
clocher de l'ancienne église abbatiale de
Sainte-Geneviève, roman à sa base et gothique
dans sa partie supérieure, enclavé aujourd'hui
dans les bâtiments du lycée Henri IV; derrière
la tour on aperçoit la coupole du Panthéon.

Nous n'avons pas d'indication sur la date
d'achèvement du tableau. Une étude à l'huile
du paysage sous la pluie (H 0,47; L 0,36) se

trouve au Landesmuseum de Darmstadt (Lohmeyer, n° 20). Issel avait déjà peint au cours de son premier séjour à Paris une «vue» de la fenêtre de son «habitation de Paris».

Malgré son exactitude dans le rendu de ce qu'il voit, Issel n'a pas peint une «veduta». La vue n'est pas pittoresque, mais définie par le cadre de la fenêtre d'où Issel a regardé. Ce que l'on attendrait comme motif central, le Panthéon, ne se voit que dans la mesure où le point de vue rigoureusement respecté permet de l'apercevoir. Les églises font partie du quotidien, du regard de tous les jours à travers la fenêtre, au même titre que la cour, les arbres, la remise, le mur du premier plan. Hausenstein loue d'ailleurs le caractère «direct, réaliste, objectif, l'exactitude picturale et la sobre fidélité de la vision d'Issel.» H.R.L.

Heidelberg, Kurpfälzisches Museum.

Georg Wilhelm Issel

108 Journée d'hiver au bord du lac de Constance

1816-17
Papier sur carton. H 0,355; L 0,515
Monogrammé en bas à droite: *G. (?) W. (?) I.*

Historique
Mme Schmitthenner, née Issel, Wiesloch; acquis en 1919.

Bibliographie
Lohmeyer, 1929, n° 93, p. 64 et suiv.; Schrade, 1967, p. 88.

Les premiers séjours d'Issel sur les bords du lac de Constance se situent dans les années 1815 à 1817. Le 11 novembre 1816, il écrit au Geheime Kammersekretär (secrétaire privé des Finances) Schleiermacher à propos d'études préparatoires pour quatre tableaux, dont il expédiera deux le 13 février 1817. Notre tableau a dû être peint pendant l'hiver 1816-17.

Il s'agit d'une étude qui n'a rien de «composé», d'une vue qu'Issel n'a pas choisie en fonction de son équilibre: un terrain vallonné, en pente abrupte vers le lac, ne laissant voir de la maison que le toit; le lac, la chaîne des Alpes surplombant le rivage opposé et surtout le ciel couvert. La vision de la pure nature l'emporte; seules la maison, les plantations, et aussi la voile solitaire d'un bateau, attestent la présence humaine. Le peintre s'occupe avant tout de l'atmosphère de la lumière, de l'air dans ce qu'ils ont de changeant.

Schrade compare le tableau avec des compositions de C.D. Friedrich: «...En effet, jusque dans l'ambiance morne qui confère à la petite œuvre sa vie, — car elle en a réellement, malgré la monotonie qui semble la caractériser, et aussi malgré ses faibles dimensions —, et même à des détails comme le dessin des arbres effeuillés on reconnaît que c'est un tableau de l'époque de C.D. Friedrich.»

H.R.L.

Heidelberg, Kurpfälzisches Museum.

Victor Emil Janssen

Hambourg 1807 - 1845 Hambourg

Cet élève du peintre hambourgeois Bendixen étudie, de 1827 à 1832, à l'Académie de Munich chez Cornelius et Schnorr von Carolsfeld. De 1833 à 1835, il vit en Italie grâce à une bourse d'études; il retrouve Wasmann à Rome. Puis il se rend à Munich où il collabore aux fresques de Hess pour l'église Saint-Boniface. A partir de 1843, il est à Hambourg; atteint d'une tuberculose osseuse, il y connaîtra une mort précoce. Janssen, qui avait de grands dons de dessinateur et de peintre, n'a achevé que très peu d'œuvres; celles-ci sont d'ailleurs peu nombreuses.

Victor Emil Janssen

109 Autoportrait au chevalet

v. 1829
Papier sur toile. H 0,566; L 0,327

Historique
Bernt Grönvold, Munich; acquis en 1928.

Bibliographie
Benz-Schneider, 1939, p. 148; Klee-Gobert, 1943, p. 25, 63 et suiv., 109; Beencken, 1944, p. 381; cat. Hambourg, 1969, p. 134.

«Sa vie était... un doute constant envers lui-même, si bien que, malgré les efforts pleins d'affection de ses amis, il ne parvenait jamais à mener ses œuvres à leur terme.» Wasmann caractérise ainsi l'ami qu'il avait connu à l'Académie de Munich en 1829-30 (Wasmann, 1915, p. 48). Dans l'image inversée du miroir, le peintre, âgé alors d'environ 22 ans, se tient devant sa toile. La nudité du torse et aussi le regard du jeune homme permettent de percevoir son état maladif, presque de déceler les signes de la tuberculose et de l'anémie dont il souffrait. Le fort éclairage venant de la gauche fait ressortir la courbure du dos et paraître le visage encore plus livide dans l'ombre. Le tableau se définit par l'exactitude de l'observation et la précision du dessin. Il n'y a ici que la réalité, ce qui surprend chez un artiste qui par ailleurs était un maître des compositions imaginaires, animées de lignes fluides et passionnées. Le sujet paraît fixer le spectateur et en même temps

108

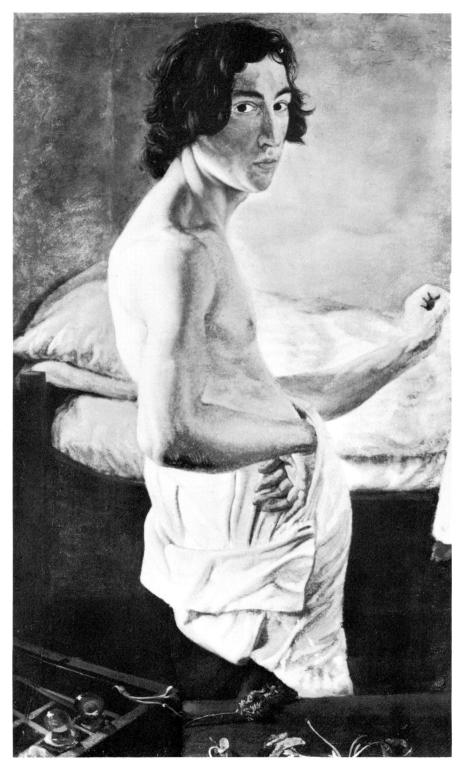

110

s'épier lui-même, ce qui définit son expression».
(Beencken). Les couleurs sont portées en couches particulièrement minces: le tableau a
l'aspect d'une esquisse. Les fleurs qui jonchent
le premier plan et la plante aux fleurs coupées
constituent une sorte de vanité, inspirée par
le sentiment mélancolique de la fuite du
temps.

Un dessin, étude au crayon de mains et
de bras, probablement dessinée devant le
miroir, et datée du «31 octobre 1828», se
trouve dans la coll. Winterstein, à Munich;
la plus grande étude, au centre de la feuille,
paraît très proche, quant à l'attitude, de notre
tableau, que l'on peut donc dater des alentours de 1829.   H.R.L.

Hambourg, Kunsthalle.

Victor Emil Janssen

110 Tête d'un enfant criant

1834
Pierre noire. H 0,235 ; L 0,220
Signé et daté: *V.E. Janssen. Rome 1834.*

Historique
Fonds ancien du musée.

Bibliographie
Klée-Gobert, 1943, p. 97.

Klée-Gobert voit dans ce dessin une «libre
imitation de l'enfant fou de la *Transfiguration*
de Raphaël». Il s'agit plutôt d'une étude
d'après un modèle vivant, car le type du jeune

garçon est différent de celui du tableau de
Raphaël. La fixité du visage déformé, le cri
muet, les yeux à demi aveugles, sont saisis
directement par Janssen, sans devenir ni
laids, ni grotesques. La restitution tendre du
détail sert l'expression du visage; les touffes
de cheveux, comme en résonance, paraissent
souligner cette expression. Peut-être l'artiste
a-t-il ici pris pour modèle un enfant épilep-
tique.   H.H.

Hambourg, Kunsthalle.

Victor Emil Janssen

111 Tête de vieillard

1834
Pierre noire. H. 0,367 ; L. 0,290
Daté à hauteur du menton: *Rom 1834*

Historique
E. Jacobsen, Iéna.

Bibliographie
Klée-Gobert, 1943, p. 70-71, p. 95; Heise, 1959,
p. 50, fig. 33.

Les dessins de l'époque romaine de Janssen
constituent l'un des sommets de son œuvre.
Celui-ci fait partie d'un groupe d'études préparatoires pour des compositions religieuses.
Le regard étonné, rempli de doute, du personnage, permet de supposer que celui-ci a
dû servir de modèle pour un berger de *L'annonce aux bergers*, que Janssen commença
à Munich après son retour d'Italie, mais qu'il
détruisit lui-même (Klée-Gobert, 1943, p. 112).
L'interpénétration de réalité et d'imagination
qui caractérise le dessin apparaît aussi dans
sa réalisation: les traits du visage sont presque trop précis, la bouche édentée, les rides
semblables à des sillons, les cheveux et la
barbe décrits avec minutie, mèche par mèche,
jusqu'au petit épi à l'arrière de la tête et aux
poils follets sous les lèvres. De légers estom-
pages contribuent au modelé , les pressions
plus ou moins fortes de la pointe de la pierre
noire créent une échelle chromatique, du
blanc au noir, qui contribue à rendre vivant
le dessin. Pourtant ces moyens naturalistes
ne constituent pas un but en eux-mêmes, ils
s'ajoutent à un système de lignes et de correspondances formelles, que l'on peut lire
comme une structure abstraite, idéale, une
organisation d'une multiplicité presque trou-
blante et pourtant d'une monumentale rigueur.
                                              H.H.

Hambourg, Kunsthalle.

111

Wilhelm von Kaulbach

Arolsen (Hesse) 1805 - 1874 Munich

*Son père, orfèvre et graveur, lui enseigne le des-
sin; à partir de 1822, il fréquente l'Académie
de Dusseldorf. Cornelius, qui l'a encouragé en
lui procurant des bourses d'étude, l'emmène à
Munich en 1826 — après que Kaulbach eût été
renvoyé de l'Académie à la suite d'une rixe —
afin de collaborer à l'exécution de fresques, dont
celles de l'Odéon et des arcades du Hofgarten.
En 1828, il peint l'une des sept banderoles avec
lesquelles les élèves de Cornelius se rendent à
Nuremberg pour célébrer le trois centième anniversaire de la mort de Dürer. Il se rend à Venise
en 1835. Avec le carton de la Bataille des Huns
— une commande du comte Raczynski, historien
d'art — Kaulbach commence une carrière brillante;
Liszt compose une fantaisie pour orchestre d'après
ce tableau. En 1837, le roi Louis Ier de Bavière
le nomme peintre de la cour. Il séjourne à Rome
en 1838 et 1839. En dehors de peintures monumentales pour les bâtiments officiels — en 1845
et 1846 les fresques du nouveau Musée de Berlin,
à partir de 1850 des fresques pour la Neue
Pinakothek de Munich —, il réalise des tableaux
de genre et des portraits, de nombreux dessins
d'après nature et des illustrations pour les clas-*

siques allemands, pour la Bible, les contes, dont la diffusion lui apportera une fortune extraordinaire. Les plus populaires, parues en 1846, sont ses illustrations satiriques, critiquant la société contemporaine, inspirées de Grandville, pour le Reineke Fuchs de Goethe. En 1849, Kaulbach est nommé directeur de l'Académie de Munich.

Wilhelm von Kaulbach

112 L'asile d'aliénés

v. 1834
Crayon. H 0,459; L 0,608

Historique
Acquis de Mme Kaulbach en 1884; Berlin (RDA), Staatliche Museen, Sammlung der Zeichnungen (Kaulbach n° 9).

Bibliographie
Görres, 1836; Raczynski, 1840, p. 262, 267, repr. p. 266; Förster, 1860, vol. 5, p. 151; Pecht, 1887, p. 72 et suiv.; Müller, 1893, p. 86, 92 et suiv., 181 et suiv., 204 et suiv., 208 et suiv., 231, 289, 303, 354, 416; Donop, 1902, p. 218; Ostini, 1906, p. 27, 32, 58 et suiv., fig. 6; Dürck-Kaulbach, 1918, p. 103 et suiv., repr. après p. 104; Ebert, 1971, p. 182.

Une légende reposant sur des récits de Kaulbach lui-même entoure la genèse de ce dessin : Kaulbach et un groupe d'amis composé de jeunes artistes de même tendance s'étaient vu confier par un ami médecin de leur connaissance, directeur d'un hôpital d'aliénés à Dusseldorf, la décoration de la chapelle de l'hôpital. Il leur fut ainsi donné de faire connaissance avec le destin déchirant des fous. C'est de cette impression que Kaulbach tenta de se libérer environ dix ans plus tard à Munich, en exécutant ce dessin.

La planche a été gravée d'abord en 1835 par Heinrich Merz; Kaulbach lui-même l'a complétée en ajoutant un mur aux fenêtres grillagées ainsi qu'une vieille femme qui marche, dans le fond à gauche. Publiée en 1836 chez Cotta, la gravure a aussitôt bénéficié d'une très large diffusion, soutenue par des explications détaillées de Guido Görres, parues en 1834 dans la *Morgenblatt für gebildete Stände* (Gazette pour la classe cultivée) éditée par Cotta, et peu après à Ratisbonne (1836) comme une publication spéciale par Kaulbach lui-même. Le réalisme exacerbé

des expressions et des gestes exagérés de cette réunion de fous de toutes sortes a éveillé l'intérêt des contemporains, et c'est avec le succès de ce dessin, intitulé *L'asile d'aliénés*, qu'a commencé la glorieuse carrière de Kaulbach. Il existe une scène d'asile d'aliénés semblable à celle de Kaulbach par Buonaventura Genelli, montrant également des malades mentaux, femmes et hommes, rassemblés dans une cour. Leurs différents destins se lisent clairement dans leurs comportements différenciés. Le dessin appartient au cycle de Genelli *De la vie d'un artiste* (cf. n° 89). Une eau-forte d'Adolph Menzel (*Croquis d'un asile d'aliénés*), de 1844, paraît plus réaliste et sans tension excessive. En concentrant les expressions diverses des fous dans leur regard et en laissant de côté les attitudes outrées, Menzel réussit à donner une représentation psychologique convaincante des malades.   U.R.R.

Berlin, Staatliche Museen, Kupferstichkabinett und Sammlung der Zeichnungen.

112

113

Georg Friedrich Kersting

Güstrow (Mecklembourg) 1785-1847 Meissen (Saxe)

Ce fils d'un maître verrier mort prématurément a grandi dans des conditions matérielles pénibles. Grâce au soutien que lui apporte un parent, il fréquente l'Académie de Copenhague de 1805 à 1808, chez Abildgaard et Lorentzen, puis se rend à Dresde où il se lie d'amitié avec Friedrich et Dahl. En 1810, il entreprend un voyage à pied à travers le Riesengebirge en compagnie de Friedrich. Il enseigne alors le dessin à l'Académie; des expositions à Dresde et à Weimar lui apportent le succès. Après la libération de Dresde, il s'engage, en 1812 et 1813, comme volontaire dans le corps-franc de Lützow, où se rassemblent les poètes Körner et Eichendorff, le pédagogue Jahn, le «père de la gymnastique», et de nombreux étudiants patriotes. Grâce à sa qualité de professeur de dessin à la cour princière, Kersting peint en 1816 des tableaux d'histoire à Varsovie. Depuis 1818, il est peintre principal de la Manufacture de porcelaines de Meissen et directeur de l'Ecole de dessin. En 1824, il se rend chez Goethe, à Weimar. Ni ses tableaux d'histoire, ni ses portraits dans des intérieurs, correspondant à l'atmosphère de Friedrich, n'ont trouvé de postérité immédiate.

Georg Friedrich Kersting

113 Caspar David Friedrich et Kersting en excursion dans le Harz

1811
Crayon. H 0,355; L 0,236
Monogrammé et daté en bas à droite: *G K den 16 ten Juny 1811*.

Historique
Succession de C.D. Friedrich; acquis en 1906 par le professeur H. Friedrich, Hanovre; Berlin (RDA), Staatliche Museen, Sammlung der Zeichnungen (Kersting n° 2).

Bibliographie
Leonhardi, 1939, p. 8, repr.; Dörries, 1950, p. 71, repr.; Lankheit, 1952, p. 103; Geismeier, 1973, p. 19, fig. 10.

Expositions
1906, Berlin, n° 2648; 1964, Heidelberg, n° 283 b; 1965, Berlin, n° 107.

Kersting, établi à Dresde depuis 1808, avait déjà dessiné son ami Friedrich lors de leur excursion dans le Riesengebirge en 1810 (Berlin, Sammlung der Zeichnungen). A la suite du voyage, auquel participait également le sculpteur Gottlieb Christian Kühn (qui exécuta, d'après les projets de Friedrich, le cadre de l'*Autel de Tetschen*, aujourd'hui conservé à Dresde), Friedrich alla rendre visite à Goethe à Iéna. C'est la même année que Kersting peignit *Friedrich dans son atelier* (Hambourg, Kunsthalle; ici n° 114).

En dehors des rapports d'influence de Friedrich sur Kersting, on a supposé que ce dernier participa à l'exécution, pour certaines figures, de certains paysages de Friedrich (par exemple, en 1811, pour le *Matin dans le Riesengebirge*).   G.R.

Berlin, Staatliche Museen, Kupferstichkabinett und Sammlung der Zeichnungen.

Georg Friedrich Kersting

114 Caspar David Friedrich dans son atelier

1811
Toile. H 0,540; L 0,520
Monogrammé et daté *G K 1811*

Historique
Prof. H. Friedrich, Hanovre, acquis en 1923.

Bibliographie
Kügelgen, p. 130 et suiv.; Schrade, 1967, p. 30 et suiv.; cat. Hambourg, 1969, p. 154.

Dans ses *Jugenderinnerungen eines alten Mannes* («Souvenirs de jeunesse d'un vieil homme») qui furent beaucoup lus autrefois, le peintre Wilhelm von Kügelgen écrit: «Il est d'un intérêt incontestable de voir des êtres chers, ou des personnalités remarquables et inoubliables, dans leur propre milieu professionnel qui, lorsqu'il s'est façonné d'une façon caractéristique, n'est pas fortuit, pas plus que la coquille de l'escargot, qui résulte de l'animal lui-même. Ce fut nettement le cas pour mon père et pour... l'ami de notre famille, le peintre de paysages Friedrich, que Kersting peignit tous deux à sa manière.» De l'atelier de son père, il écrit qu'il contenait «un monde d'objets les plus divers». «L'atelier de Friedrich, par contre, était d'un vide si radical que Jean-Paul aurait pu le comparer au cadavre éventré d'un prince mort. Il ne contenait rien d'autre qu'un che-

valet, une chaise et une table, au-dessus de laquelle était suspendu, comme seul ornement mural, une équerre, dont personne ne comprenait pourquoi elle avait eu cet honneur. Le matériel de peintre, dont la présence aurait été pourtant si justifiée, était exilé avec les flacons d'huile et les chiffons dans la pièce voisine, car Friedrich pensait que les objets extérieurs gênent le monde intérieur des images. Les deux hommes étaient aussi différents dans leur aspect que leurs ateliers. Mon père, brun, le menton rasé de près, était toujours habillé avec un très grand soin, alors que Friedrich, d'un blond soutenu et qui portait une barbe de cosaque, avait l'habitude de se contenter pour son travail d'un long manteau de voyage gris, qui permettait qu'on se demande s'il portait quelque chose d'autre dessous; et celui qui le connaissait savait que ce n'était pas le cas.»

A vrai dire, Kersting n'a pas peint Friedrich dans son manteau; on peut remarquer dans son tableau quelques outils de peintre (et un crachoir), mais c'est bien la nudité qui caractérise l'atelier. «La sobre géométrie des objets est accentuée si fortement, que l'on peut presque penser qu'elle constitue le sujet principal du tableau. De plus, la forme rectangulaire de la fenêtre est naturellement purement géométrique» (Schrade). La deuxième niche est entièrement aveugle, le tiers inférieur de la fenêtre est obscurci par des volets; c'était aussi le cas d'ailleurs dans l'atelier de Kügelgen. La lumière arrive donc dans la pièce comme à travers une écluse; elle rend la nudité de la pièce rayée de vert encore plus impressionnante. L'organisation très simple de l'espace du tableau contribue aussi à renforcer cette impression, le mur du fond est presque parallèle à la surface du tableau; on regarde donc un espace limité comme une boîte, comme c'est le cas pour une scène de théâtre. La fenêtre, sur laquelle rien ne vient se superposer, apparaît comme un tableau dans le tableau: des nuages clairs dans un ciel bleu. C'est là que le regard de l'observateur est surtout attiré.

Correspondant à l'arrivée en oblique de la lumière, Friedrich est assis en diagonale et il peint une cascade dans un paysage de montagne, sujet que nous ne connaissons pas dans son œuvre.

La description de ce cadre très nu n'ajoute pas un complément au portrait de l'homme;

115

116

Kersting rend plutôt sensible dans le tableau la solitude, que Friedrich considérait comme la condition de la création artistique.

En 1819, Kersting peignit une réplique de ce tableau (qui se trouve à la Kunsthalle de Mannheim) et une autre version (Berlin, Nationalgalerie Preussischer Kulturbesitz), qui comporte un changement important: Friedrich se tient plongé dans la contemplation, devant son tableau que l'on voit de derrière; le rectangle clair de la fenêtre et le rectangle sombre du dos du tableau se répondent; «dans l'observation méditative du peintre s'exprime l'unité indissoluble du ciel et de l'œuvre, de la nature et de l'art» (Schrade).   H.R.L.

Hambourg, Kunsthalle.

Georg Friedrich Kersting

115 Le lecteur élégant

1812
Toile. H 0,475; L 0,375
Signé et daté en bas à gauche et à droite: *G. Kersting 1812*

Historique
Acquis en 1813 par le grand-duc de Saxe-Weimár

Charles-Auguste; entré au Musée en 1910. Inv. nº G 506.

Bibliographie
Cat. Weimar, 1910, nº 204; Gehrig, 1951-52, p. 24 et 27; Vriesen, 1935, p. 6; Benz, 1939, nº 21.

Expositions
1906, Berlin, nº 826; 1974, Dresde, nº 94.

Kersting envoya ce tableau en 1813, en même temps que d'autres œuvres, à Goethe afin de le vendre à Weimar. Lors de la tombola organisée par Goethe à cet effet, le tableau échut comme lot au père de Louise Seidler qui le vendit peu après au grand-duc de Saxe-Weimar, Charles-Auguste. Contrairement à une hypothèse récemment émise (cat. exp. Dresde, 1974), l'œuvre ne présente pas de rapport thématique évident avec la *Chambre avec une brodeuse*, de dimensions presque identiques, exposée dès 1811 à Weimar où elle est signalée comme pendant de *Pièce avec un homme à son secrétaire* (Inv. G 50 a). Pourtant il ne fait pas de doute que Kersting s'est saisi, en la transposant dans des scènes d'intérieur qui lui sont personnelles, de la thématique, si chère au romantisme, des parties du jour, ainsi que des traits caractéristiques de l'homme que chacune d'elles évoque.

Dans les années 1810 à 1812, il peint tout un groupe d'œuvres de ce type. Ce qui les caractérise, c'est une exécution soignée, avec des touches fines et des couleurs délicates, et une affectueuse complaisance pour les détails. Ici le personnage est totalement absorbé dans la lecture, au point d'oublier tout le reste, impression à laquelle concourent tous les éléments de l'image. C'est par une telle attitude du sujet en face de la représentation romantique, que se manifeste sa divergence — en dépit de maintes similitudes formelles — à l'égard de la peinture Biedermeier.   R.K.

Weimar, Kunstsammlungen.

Georg Friedrich Kersting

116 Devant le miroir

1827
Bois. H 0,460; L 0,350. Signé et daté au milieu à gauche: *G. Kersting 1827*

Historique
Mme Becher, née V. Rinzer; reçu en don en 1856.

Bibliographie
Cat. Kiel, 1958, p. 82; Schmoll, 1970, p. 49.

Une scène de genre tranquille et simple dans une pièce de style Biedermeier, qui n'est pas présentée (c'est le cas de l'atelier de Friedrich, ici n° 114) comme une scène de théâtre. La profondeur de l'espace est plus réduite; la fenêtre ouverte attire le regard vers l'extérieur. Ce changement de structure est caractéristique des œuvres tardives de l'artiste. Une lumière douce rassemble les objets; elle brille aussi dans le miroir, pour que nous puissions y voir le visage et les mains de la jeune fille. Les contours sinueux des rideaux, du chapeau, du pied de la table, de la silhouette de la jeune fille contrastent avec les lignes droites de la pièce. La jeune fille et le cadre environnant forment une harmonieuse unité: Kersting dépeint simplement, paisiblement, un être humain dans son monde quotidien.

Le musée de Kiel conserve un autre tableau de Kersting, le *Métier à broder*, qui représente la même pièce avec une jeune fille assise à son métier, dont on voit aussi le visage dans un miroir. C'est la deuxième version d'une composition qui date de 1812.　　　H.R.L.

Kiel, Kunsthalle.

Johann Christian Klengel

Kesseldorf (près de Dresde) 1751-1824 Dresde

Dès son apprentissage de relieur, ce fils de paysans dessine d'après le modèle vivant: son désir est de devenir peintre d'histoire. A Dresde, il suit le cours de perspective de Bellotto, et, en 1768, il est admis chez Dietrich, professeur, peintre de la cour et inspecteur de la Galerie, sous l'influence duquel il se décide pour le paysage et la peinture animalière. Il peint des tableaux à partir de 1771. En 1777, Klengel sort premier de l'Académie de Dresde; il en est nommé membre et devient professeur. En 1790, un voyage en Italie le conduit surtout à Rome et aux environs. Il est de retour à Dresde en 1792. Il se tourne de plus en plus vers les paysages dont il décrit les détails avec précision; l'influence des Idylles de Gessner est très nette. Goethe apprécie ses œuvres et les collectionne, Runge lui aussi les estime. Klengel a libéré l'art du paysage de sa dépendance des modèles hollandais, son étude des effets de lumière a fait de lui le précurseur de la peinture «d'état d'âme» de Friedrich et de Dahl. L'âge venu, il peint la vie quotidienne des campagnards.

Johann Christian Klengel

117 Paysage avec les ruines du temple de Minerva Medica, à Rome

Toile. H 0,570; L 0,755
Signé en bas à gauche sur la pierre: *Klengel f. à Rome*

Historique
Acheté en 1972 dans une collection privée de Dresde pour la Gemäldegalerie Alte Meister de Dresde. Inv. Gal. n° 3796.

Bibliographie
Marx, 1972, fasc. 6, p. 185-189.

Exposition
1975, Dresde, n° 21.

Ce tableau représente dans un paysage accidenté le temple dit de Minerva Medica à Rome. En fait, cet édifice à coupole du IIIe siècle de notre ère, véritable «citation» de l'antiquité classique dans la peinture et la gravure européenne de l'époque, était une nymphée qui faisait partie du palais de l'empereur Gallien. Tous les détails de la ruine antique, ainsi que le premier plan avec le petit pâtre et son troupeau, sont peints avec un réalisme minutieux, tandis qu'à gauche, les lointains s'atténuent délicatement. L'impression d'ensemble est dominée par la profondeur rayonnante du ciel bleu dont l'intensité domine tout le reste. Si l'on considère la discrétion des tons rougeâtres, gris et bruns de la ruine, verts de la prairie et des arbres, bleus du ciel, la combinaison quelque peu artificielle des éléments de la composition du tableau devient claire; la beauté grandiose des constructions antiques, leur rappel constant d'un grand passé, le paysage italien et la lumière du midi, ne se sont pas encore fondus dans une unité totalement ressentie. Chacune des parties cherche à retenir l'intérêt par elle-même; des études faites séparément et réunies après coup dans le tableau sont associées à des éléments venus du paysage hollandais, les animaux servant d'accessoires. En outre, comme généralement chez Klengel et chez les paysagistes contemporains de Dresde (Johann Christian Vollerdt), on sent l'influence de Jan Glauber (1646-1726). Dans le présent tableau, la tradition du paysage hollandais transmise par Joseph Roos (1726-1805) dut également compter, comme on le constate aussi dans une autre peinture de Dresde, un *Paysage du Midi avec une cascade* (n° d'inv. 3576); au cours

de la seconde moitié des années 1760, Roos avait travaillé quelque temps à Dresde.

C'est un peu plus tard que l'expérience de l'Italie et la confrontation avec Claude Lorrain se manifestent chez Klengel dans des paysages transfigurés par la poésie, d'une douce lumière réfléchie par l'atmosphère, comme par exemple, à Dresde, l'*Apollon et les troupeaux*. Il existe dans une coll. part. de Munich une grande aquarelle, signée *Klengel f. 1793* (H 0,426; L 0,628) qui correspond presque exactement à notre tableau (exp. Heidelberg, 1964, n° 336), et qui a pour pendant une autre aquarelle (*Paysage romain avec un acqueduc*) également datée 1793, réplique sans doute d'un tableau, aujourd'hui disparu, qui formait une paire avec le paysage exposé. Les aquarelles exécutées à Dresde sont évidemment postérieures aux tableaux peints à Rome.

Klengel a fait de ces deux compositions: le *Temple dit de Minerva Medica* et le *Paysage romain avec un aqueduc*, quatre eaux-fortes formant deux paires, en grand et en petit format, dont les épreuves existent au Kupferstichkabinett de Dresde; les deux grandes pièces sont signées et datées: *Klengel f. 1792*.　　　H.M.

Dresde, Staatliche Kunstsammlungen, Gemäldegalerie Alte Meister.

Leo von Klenze

Bockelah (Harz) 1784 - 1864 Munich

En 1800, Klenze fut envoyé par son père, qui était juriste, à l'université de Berlin afin d'y préparer une carrière administrative. En outre, il étudie à l'Académie d'architecture — il y est condisciple de Schinkel — chez Gilly, dans la maison duquel il habite. Après avoir achevé ses études universitaires avec succès, il part pour Paris où il travaille avec Percier et Fontaine, puis il visite l'Italie. De 1804 à 1813, il est architecte du roi Jérôme à Cassel. Il se rend ensuite à Vienne puis, de nouveau, à Paris où il est chargé d'acheter des antiques. En 1816, il est architecte de la cour à Munich; à l'exception de ses nombreux voyages, il y restera jusqu'à sa mort. En 1818, à Rome, Klenze fait partie du cercle des artistes qui entourent Louis, le prince héritier de

117

Bavière. Avec ce dernier, Klenze, devenu Chef de l'Intendance de l'Architecture de la cour et de l'Administration supérieure, façonne la «nouvelle» Munich; il construit la Glyptothèque, la Pinacothèque et de nombreux autres édifices qui associent le classicisme grec au style de la Renaissance. A côté de ses travaux d'architecture, il dessine et il peint des paysages. Louis, qui le tient en grande estime, l'anoblit en 1833. En dehors de ses propres œuvres, où il se révèle comme un pionnier, Klenze fait preuve d'une activité importante et efficace en Grèce, pour le sauvetage des antiquités; il s'occupe de l'Acropole, partiellement détruite au cours des guerres de libération, de sa restauration et de l'élimination des adjonctions postérieures. Il fait déclarer par le roi de Grèce Otto Ier, fils de Louis Ier de Bavière, le temple de Delphes et d'autres monuments, zones d'art protégées, afin de les mettre à l'abri des pilleurs de souvenirs.

Leo von Klenze

118 Genzano, sur le lac de Nemi

Plume et lavis. H 0,264; L 0,410
Inscription en bas à droite: *Genzano mit See v.L. Klenze*

Historique
Provient du Stuttgarter Kunstkabinett; vente Norbert Ketterer 21, 1955, n° 512.

Bibliographie
Robels, 1974, p. 76.

Exposition
1966, Nuremberg, n° 80.

Cette feuille fait partie d'un groupe de dessins semblables conservés dans les Staatlichen Graphischen Sammlungen de Munich, qui sont datées de 1806. Elle représente la pergola du couvent des capucins de Nemi. De la terrasse, on aperçoit, au-delà du lac, les monts Albains avec le village de Genzano et la tour médiévale du Monte Due Torri; dans le lointain, la mer Tyrrhénienne. Klenze traite ce sujet plein de charme, qui paraît avoir attiré spécialement les peintres allemands, d'une manière subtile, en soulignant le contraste entre premier plan et lointain, entre formes géométriques et formes irrégulières. On pourrait, dans la prédominance des formes orthogonales, presque mathématiques et pourtant sans raideur, de la composition, chercher à retrouver les principes stylistiques de l'architecture néo-classique. Johann Joachim Faber, l'artiste de Hambourg, a fixé le même paysage dans un dessin et dans un tableau daté de 1818 (tous deux à la Kunsthalle de Hambourg). H.H.

Schweinfurt, collection Schäfer.

118

Wilhelm von Kobell

Mannheim 1766 - 1853 Munich

Fils du peintre de la cour Ferdinand Kobell, Wilhelm commence par étudier avec son père, puis à l'Académie de dessin de Mannheim; il est influencé par les Hollandais Cuyp, Wouwermann et Berchem, mais aussi par les peintres de chevaux et de chasses anglais et par la «sporting print». A partir de 1793, il est peintre de la cour

à Munich; son style devient plus réaliste: à partir de 1796, il découvre les paysages de la Haute-Bavière et leur claire lumière. En 1806, il peint pour le maréchal Berthier les hauts faits des campagnes de Napoléon en Bavière et en Autriche; il est ainsi promu peintre officiel de batailles et ses tableaux sont montrés aussi à Paris. A partir de 1803, Louis, le prince héritier, lui commande également des tableaux de batailles; il les prépare en faisant des voyages sur les lieux des combats ainsi qu'à Vienne et à Paris, en 1808 et 1810. En 1814, il devient professeur de paysage à l'Académie de Munich, jusqu'à ce que, à l'instigation de Cornelius et de Dillis, et pour diverses raisons, ce poste soit considéré comme superflu. Kobell, qui avait été anobli en 1817, est alors mis à la retraite. En 1818, il fait un voyage à Rome. Kobell, dont les paysages sont caractérisés par une lumière brillante et un horizon profond, peint, l'âge venu, des «rencontres» silencieuses dont les personnages ont l'air de silhouettes de statues, d'une composition architectonique rigoureuse.

Wilhelm von Kobell

119 Trois Chasseurs à cheval regardent leur tableau de chasse

1822
Bois. H 0,400; L 0,520
Monogrammé et daté en bas à droite: *W K 1822*

Historique
Acquis entre 1824 et 1837. Inv. n° G 56.

Bibliographie
Uhde-Bernays, 1921, fig. 2; Schmidt, 1922, fig. 62; Lessing, 1923, n° 60; Kurth, 1926, fig. 25; Wichmann, 1970, n° 1292.

Expositions
1906, Berlin, n° 860; 1957, Berlin, n° 169; 1966, Munich, Mannheim, n° 166.

Après avoir terminé le cycle des tableaux de bataille, auquel il travailla sans discontinuer depuis 1808, Kobell se consacra à partir de 1817 aux paysages et aux représentations de cavaliers. Comme dans ses œuvres antérieures, il cherche à faire un «portrait» du paysage représenté en l'enrichissant souvent de groupes de paysans, de soldats, de chasseurs et de cavaliers. A noter l'attention particulière avec laquelle il peint les animaux. Ses efforts visent à l'intégration des personnages et du paysage.

119

Wichmann reconnaît dans les tableaux de cavaliers, dont la production commença au début des années vingt, un groupe homogène au commencement duquel figure l'œuvre exposée. Dans ces tableaux équestres tardifs Kobell parvient à une maîtrise parfaite. Des situations idylliques, au sens que l'époque Biedermeier donnait à ce terme, caractérisent les sujets. Etres humains et animaux sont harmonieusement répartis dans l'espace. La limpidité des couleurs est séduisante. Les objets imagés au premier plan sont traités plastiquement, et baignent dans un éclairage éclatant où Kobell cherche à «capter» l'effet pictural de la lumière solaire. Le second plan et l'arrière-plan apparaissent dans une lumière diffuse. L'alternance des lumières est pleine de charme et détermine la composition. Sur toute la scène plane un calme quasi solennel.

Les trois cavaliers représentés ici, habillés avec élégance, pourraient être des princes bavarois. A gauche, debout, un chasseur vêtu du costume des chasseurs de l'Oberland. Pour le jeune cerf abattu et le renard, il existe des dessins préparatoires à Karl-Marx-Stadt

(anc. Chemnitz) et à Hambourg (Wichmann, n°s 1289 et 1291). R.K.

Weimar, Kunstsammlungen.

Wilhelm von Kobell

120 Paysage avec des chevreuils

1822
Toile. H 0,617; L 0,438
Signé et daté en bas à droite: *W. Kobell 1822,*
et par-dessus, à demi effacé: *W.v. Kobell.*

Historique
Capitaine de cavalerie von Lessing, Munich;
acquis en 1936.

Bibliographie
Wichmann, 1970, n° 1275.

De 1806 à 1815, Kobell a travaillé essentiellement à des tableaux de batailles. Les années suivantes furent marquées par des études précises d'après nature, à l'aquarelle ou à l'huile. Vers 1819, il peint des compositions où dominent chevaux ou vaches au pâturage — les êtres humains n'apparaissant par contre que dans les lointains. Notre tableau paraît être la seule œuvre de Kobell où l'être humain soit totalement absent. Les chevreuils ont ici

la pose immobile de statues qui caractérise tous les animaux et tous les personnages dans les tableaux de Kobell datant des années vingt. L'attention est attirée par le premier plan vu de très près, avec précision, — un botaniste pourrait sûrement déterminer toutes les plantes, avec exactitude; ce qui dans la nature est sans éclat et insignifiant est devenu digne d'être peint. H.R.L.

Munich, Bayerische
Staatsgemäldesammlungen.

Wilhelm von Kobell

121 Terrasse près de Föhring

v. 1827
Aquarelle sur traits de crayon. H 0,198; L 0,263

Historique
Collection particulière; acquis en 1906.

Bibliographie
Lessing, 1923, p. 156, fig. 85; Lessing, 1966, p. 72, repr. 103; Wichmann, 1970, p. 78, p. 465, n° 1434 (avec indications bibliographiques supplémentaires).

Expositions
1966, Munich, Mannheim, n° 189; 1972, Munich, n° 183.

120

121

Cette aquarelle fait partie de la série des *«Begegnungsbilder»* («images de rencontre») auxquelles Kobell se consacra tout au début du siècle et de nouveau pendant sa dernière période. La scène se déroule au bord de l'Isar; on aperçoit de l'autre côté du fleuve la silhouette de la ville de Munich. A ce rendu de «portrait» du paysage natal correspond la véracité folklorique avec laquelle sont traités les costumes contemporains. L'action est comme en suspens; les personnages paraissent figés. Exagérément longs, stylisés tels des marionnettes, ils donnent l'impression d'être artificiels et en même temps pris sur le vif. L'action relevant de la peinture de genre en reçoit un cachet de paisible solennité.

C'est de l'image entière qu'émane, malgré tout le réalisme des détails, cet effet irréaliste: ainsi la vacuité et l'allongement singulier de la terrasse, sur laquelle les personnages se tiennent comme sur un plateau de théâtre, la clarté excessive du premier plan à laquelle est opposée l'uniformisation atmosphérique de l'arrière-plan. L'agencement, apparemment décousu, est en fait construit symétriquement. Les verticales accentuées des figures, dominant l'horizon, réunissent les éléments dispersés de la composition, appuyée elle-même par les longues ombres portées. La lumière du plein air, claire et limpide, emplit la scène — ce qui désigne encore Kobell comme l'un des fondateurs du réalisme naissant. Cet effet lumineux est obtenu grâce à l'utilisation des ressources offertes par les coloris diaphanes de l'aquarelle. La technique minutieuse qui subordonne tout à fait la couleur au concret confère au monde pictural un éclat et un enjouement serein — par quoi se manifeste la conception «Biedermeier» de la vie.   H.H.

Munich, Staatliche Graphische Sammlung.

Wilhelm von Kobell

122 Pâturage alpestre

1828
Toile. H 0,384; L 0,332
Signé et daté en bas à droite: *Wilhelm von Kobell 1828*

Historique
Galerie Hugo Helbing, Berlin, vers 1929.

Bibliographie
Cat. coll. Schäfer, 1967, n° 144; Wichmann, 1970, n° 1451.

Le chasseur et la gardienne de vaches portent les costumes de travail de l'Oberland, près du Tegernsee, ce qui permet de localiser la scène.

La «composition en dégradé», qui, selon Wichman, caractérise les «tableaux de rencontre» tardifs de Kobell, subdivise également le premier plan: le chemin transversal suit la zone d'ombres de devant avec les grandes pierres, ensuite viennent les pâturages où se tiennent personnages et animaux. Leur attitude pétrifiée les arrache au quotidien. On remarquera que la lumière du soleil n'est pas la seule source d'éclairage du tableau: un jeu artificiel de lumière crée des zones d'ombre difficilement explicables, répondant à une combinaison d'effets lumineux. Ces rencontres d'êtres idéalisés dans une nature idyllique caractérisent l'œuvre de Kobell dans les années vingt.

Malgré toute la précision apportée au rendu des choses, notre tableau n'est pas réaliste. L'aspiration romantique à l'infini a cédé la place à la vision intime «Biedermeier». Kobell peint un monde idéal, sans conflits, une Arcadie en Haute-Bavière.   H.R.L.

Schweinfurt, collection Schäfer.

Wilhelm von Kobell

123 Cavalier et jeunes campagnardes sur la rive de l'Isar, devant Munich

1831
Aquarelle. H 0,237; L 0,306
Signé et daté en bas à droite: *Wilhelm v. Kobell 1831*

Historique
Vente Montmorillon, Munich, 1851; acquis en 1905 de la galerie Amsler & Ruthardt, pour la National-Galerie; Berlin (RDA), Staatliche Museen, Sammlung der Zeichnungen (Kobell n° 8).

Bibliographie
Cat. de la vente Montmorillon, Munich, 1851, n° 237; Wichmann, 1970, n° 1502.

Expositions
1958-59, Weimar, n° 164; 1965, Berlin, n° 111.

L'aquarelle, œuvre tardive de Kobell, rend manifeste la contrainte qu'il s'imposait pour répéter des personnages ou des groupes en des motifs variés devant une «toile de fond» changeante du paysage bavarois. Les figures rendues avec une netteté presque excessive, ici l'élégant cavalier et les paysannes en costume du Tegernsee se rencontrant comme sur un plateau de théâtre, sont soumises à une sorte de stylisation. Limpidité, immobilité et tranquillité confèrent à la représentation sa singularité et son unité.

123

Un dessin préparatoire pour l'aquarelle présentée existe dans une coll. part. à Munich (Wichmann, nº 1501).

G.R.

Berlin, Staatliche Museen, Kupferstichkabinett und Sammlung der Zeichnungen.

Joseph Anton Koch

Obergiblen (Tyrol) 1786 - 1839 Rome

Ce fils d'un paysan marchand de citrons a été découvert par l'évêque auxiliaire d'Augsbourg, au cours d'un voyage d'inspection. En 1784, il apprend son art chez un sculpteur d'Augsbourg; de 1785 à 1791, il étudie gratuitement à la Karlsschule de Stuttgart sous la direction de Hetsch et de A.F. Harper, un élève de David. Auteur de libelles et de caricatures, membre d'une association révolutionnaire, Koch fuit la sévère discipline de l'école, comme Schiller l'avait fait neuf ans auparavant. A Strasbourg, il entre en contact avec les Jacobins, avec lesquels il prend bientôt ses distances. En 1792, il est à Bâle, mais il est soupçonné de menées révolutionnaires et on l'expulse. Au cours de la vie de migrateur qu'il mène dans les temps qui suivent, il fait des caricatures et des études d'après nature dans les Alpes bernoises. En 1794, un mécène anglais lui donne une bourse pour un voyage d'étude de trois ans en Italie; il passe les Alpes à pied et se trouve à Naples, où il est pour la première fois confronté aux «vedute» de Hackert. Il vit à Rome à partir de 1795; des liens étroits l'unissent à Carstens qu'il prendra toute sa vie pour modèle, entre autres dans ses dessins pour Dante et Ossian. Il dessine des paysages d'après nature, des études d'après Michel-Ange et Raphaël et des nus dans l'académie privée de Reinhart. Il est également l'ami de Thorvaldsen, du peintre d'histoire Wächter et du paysagiste écossais G.A. Wallis. A partir de 1803, il se perfectionne dans la peinture à l'huile chez Schick et réalise ses premiers paysages «historiques», paysages idéaux poétiquement composés. Il fréquente la maison de l'envoyé de Prusse, Wilhelm von Humboldt, ainsi qu'August Wilhelm Schlegel. En 1806, il épouse la fille d'un paysan d'Olevano, village qu'il avait fait découvrir deux ans plus tôt aux artistes allemands. Koch devient le centre de la colonie des artistes allemands à Rome. Il entretient des rapports amicaux avec les Nazaréens réunis autour d'Overbeck qui étaient arrivés à Rome en 1810. En raison des troubles politiques et de la misère économique qui croissent à Rome, Koch se rend à Vienne, où il peint ses paysages les plus importants; les paysages de Rubens lui font alors une forte impression. Ce contempteur de toute tradition académique fréquente les jeunes romantiques comme Tieck, Eichendorff, Brentano et les frères Schlegel, ainsi qu'un groupe de jeunes peintres; il sert d'intermédiaire entre les Allemands de Rome et les romantiques viennois groupés autour de Schnorr von Carolsfeld. Il revient à Rome en 1815, où la vie artistique reprend avec une prospérité croissante sous le pontificat de Pie VII. Le «génie brut de la nature» (B.G. Niebuhr) du spirituel Koch, toujours prêt à venir en aide, est révéré comme un modèle par de jeunes artistes comme Rottmann, Fohr, Richter et Horny. Affaibli par la malaria et la goutte depuis 1821, il peint encore un grand nombre de ses épopées de la nature. De 1825 à 1828, il collabore aux fresques de la salle de Dante au Casino Massimo. Sa misère pécuniaire s'accroît et, en 1836, il est frappé par une attaque d'apoplexie; Cornelius s'entremet pour lui faire obtenir une pension de l'Autriche. Koch a consigné ses vues théoriques dans un ouvrage polémique paru en 1834: Neue Kunstchronik oder die Rumfordische Suppe (Nouvelle chronique artistique, ou la soupe à la Rumford).

Joseph Anton Koch

124 Ugolin et ses fils dans la tour de la faim

v. 1802-04
Plume sur traits de crayon. H 0,370; L 0,296

Historique
Coll. Karl Friedrich baron de Uexküll.

124

Bibliographie
Jaffé, 1905, p. 35; von Schneider, 1938, p. 277, fig. 6; Lutterotti, 1940, p. 33, 262, n° 419, fig. 170; Hartmann, 1969.

Koch décrit la fin du comte Ugolin de Pise d'après le 33e chant de Dante; Ugolin avait joué un rôle incertain dans le combat entre Guelfes et Gibelins. Lorsqu'il tenta de régner seul à Pise, il fut, en 1289, renversé par l'archevêque Ruggiero, enfermé avec ses fils dans la tour des Gualandi et condamné à mourir de faim. Dans la représentation de Koch, le plus jeune des fils gît déjà mort sur le sol. Pendant que les trois autres se lamentent et implorent la mort, Ugolin est comme figé dans la douleur. Son attitude résume en elle-même l'événement. Il n'est pas seulement un traître, mais en même temps un homme qui souffre et qui rêve. Ses pensées sont indiquées par les motifs des médaillons: à gauche, l'archevêque, à droite, son rêve du matin. Dans ce rêve, des Gibelins lui étaient apparus comme des chasseurs qui le poursuivaient, lui et les siens, jusqu'à la mort. Ce qu'Ugolin avait vu en rêve s'est accompli dans la réalité: l'entrée de la tour a été verrouillée.

Koch, en même temps que Carstens, s'est intéressé à Dante depuis le début du siècle, et au cours des vingt années suivantes, a fourni un travail personnel intensif en faisant des projets pour plus de 200 illustrations, s'efforçant d'approfondir de plus en plus le contenu. Du point de vue stylistique, il voulait se distinguer du «goût des vases étrusques»

des compositions pour Dante de Flaxman parues en 1793. Il pensait à des compositions gravées avec des effets d'ombre et de lumière.

Il fut confirmé dans son enthousiasme pour Dante par le poète August Wilhelm Schlegel. Comme Schlegel, il ne voyait pas la *Divine Comédie* comme une suite d'épisodes isolés, mais comme «des représentations allégoriques chrétiennes de l'univers».

La redécouverte de Dante, pour l'art allemand, s'était déjà inscrite dans le mouvement préromantique du «Sturm und Drang»: avec son *Ugolino* de 1768, Heinrich Wilhelm von Gerstenberg avait écrit une tragédie de la souffrance humaine; le critique suisse Bodmer avait pris Dante comme témoin principal dans son combat contre les règles de la tragédie classique française, et avait ainsi influencé les illustrations de Dante de Füssli.   H.H.

Collection particulière.

Joseph Anton Koch

125 Malatesta surprend Francesca et Paolo

v. 1804-1805
Plume et encre brune sur traits de crayon.
H 0,370; L 0,497

Historique
Acquis en 1908 de la coll. Eduard Cichorius. Inv. n° C 1908-289.

Bibliographie
Lutterotti, 1944, n° Z. 168, fig. 148; Andrews, 1964, pl. A - bb. 47 b; Winter, 1965, p. 1965;

Lippold, 1962, repr. sur la page de titre; Hartmann, 1968-69.

Expositions
1939, Berlin, n° 217; 1965, Dresde; 1968, Dresde.

Illustration pour la *Divine Comédie* de Dante (*Enfer*, chant V, v. 121-131). Dès 1800 environ, Koch s'enthousiasma pour la *Divine Comédie* qui allait dorénavant l'occuper durant toute sa vie. Avec deux cent dix dessins et cinq eaux-fortes qui lui sont consacrées, Koch fut sans doute l'illustrateur de Dante le plus fécond depuis le Renaissance. Cependant, ses travaux les plus importants sur ce thème restent les fresques de la Villa Massimo à Rome (1824-1828). Ce dessin, qui s'écarte par ses traits vigoureux du linéarisme néoclassique, est une première esquisse pour un dessin exécuté à la manière d'un tableau, se trouvant à Vienne (Lutterotti Z 710), qui s'apparente de son côté à la fois à une aquarelle conservée à Copenhague (Lutterotti Z. 501), à un dessin à Weimar (Lutterotti Z. 644), et à une toile de 1807, aujourd'hui disparué (Lutterotti G. 103).   G.L.

Dresde, Staatliche Kunstsammlungen, Kupferstichkabinett.

Joseph Anton Koch

126 Paysage de l'Oberland bernois

1816
Toile. H 0,730; L 0,990

Historique
Coll. Honneker, Bremharten (Suisse), 1816; en 1823, propriété de B. Thorvaldsen; après la mort de ce dernier en 1844, passe entre les mains de J.G. von Quandt, Dresde; en 1868 chez E. Cichorius, Leipzig; offert par ce dernier à la Gemäldegalerie, en 1903. Inv. Gal. n° 2465.

Bibliographie
Jaffé, 1905, p. 114, n° 25; Stein, 1917, p. 27, 73; Geese, 1930, p. 41, 42; Lutterotti, 1966, p. 25; cat. Dresde, 1975, p. 74.

Expositions
1939, Berlin, n° 32; 1958, Dusseldorf, n° 35; 1969, Stockholm, n° 421; 1971, Zurich, n° 68.

Peint en 1816 à Rome, pour M. Honneker, de Bremgarten (Suisse), ce tableau est une seconde version d'une peinture qui se trouve à Vienne, peinte par Koch en 1815, à la fin de son séjour à Vienne (Lutterotti G 35). Une troisième version, de 1817, se trouve au Ferdinandeum Museum à Innsbruck (Lutte-

125

126

rotti G. 37). Dans une lettre du 16 janvier 1817 à Robert von Langer (Lutterotti p. 183), Koch lui annonce l'achèvement du tableau. C'est, dit-il, une «contrée de la Suisse, dans la haute vallée de l'Aar (Oberhasli), dans le canton de Berne, qui donne une idée complète de ce que sont les Alpes». Il a représenté la haute vallée de l'Aar avec le massif du Wetterhorn et les chutes de Reichenbach, près de Meiringen. Koch s'y était arrêté au cours de son séjour en Suisse, de 1792 à 1794, et avait,

entre autres, fait une étude sur nature de ce motif qui, d'après Lutterotti, a servi de point de départ aux trois versions du tableau: *Oberhasli dans l'Oberland bernois*, aquarelle gouachée, H 0,555; L 0,842. Vienne, Akademie der Bildenden Kunste, n° 6580 (Lutterotti Z 654).

Par rapport à la première version (Lutterotti G 35), notre tableau présente un enrichissement des détails (un plus grand nombre de personnages et de nouvelles échappées).

Avec son plaisir de conter à la «manière de l'imagerie», sur un ton populaire, cette peinture appartient aux œuvres d'esprit romantique de l'artiste. Son coloris lumineux, d'une dureté métallique, a pu être inspiré par les tableaux de Brueghel que Koch avait vus à Vienne.   H.J.N.

Dresde, Staatliche Kunstsammlungen, Gemäldegalerie Neue Meister.

127

Joseph Anton Koch

127 La Serpentara, près d'Olevano, avec des bergers

v. 1820
Plume et lavis, encre noire, verte et brune
sur traits de crayon. H 0,400; L 0,583.
Monogrammé b.d. au milieu: *J.K.*

Historique
Stuttgarter Kunstkabinett; Roman Norbert
Kekard, Stuttgart; vente 21, 1955.

Bibliographie
Stubbe, 1958, p. 213, fig. 27; Robels, 1974,
pl. 8, p. 84.

En 1803, Koch avait découvert pour lui-même — et aussi surtout pour les peintres allemands à Rome — la petite ville de montagne d'Olevano. Le paysage extraordinairement varié de cette région, avec ses montagnes déchiquetées et ses larges vallées, les lignes douces des monts Albains et la mer dans le lointain, offrit à Koch, dans la nature, cet univers visuel auquel il aspirait dans son art.

Le bosquet de chênes de la Serpentara, près d'Olevano, représenté dans ce dessin, se trouve déjà dans un carnet d'esquisses utilisé vers 1805 (Vienne, Académie). Vers 1820, le même motif apparaît plusieurs fois dans ses œuvres (Lutterotti, 1940, Z 184, Z 922). Pourtant notre dessin, dont il existe des copies à Bâle, à Dresde et à Cologne, se distingue par son format et son caractère illustratif. Vers 1823, il peignit le même paysage avec d'autres personnages (Lutterotti, 1940, G 58) et encore une fois vers 1832, avec comme élément anecdotique, un combat de taureaux (Lutterotti, 1940, G 82). Sur notre dessin, dans leurs activités simples, les hommes semblent vivre en accord profond avec la nature. Du point de vue formel également, ils s'intègrent bien au paysage. La composition, avec sa prédominance de lignes droites, montre que Koch se rattache à la peinture du paysage idéal du XVIIe siècle, non dans sa luminosité comme chez Claude Lorrain, mais quant à sa structure, comme chez Poussin.

La lumière du paysage de Koch n'est ni transfigurée, ni voilée; le paysage n'est pas vu d'un point de vue personnel, il est construit objectivement, et pour ainsi dire de façon épique, à partir d'éléments d'égale importance qui se fondent en une aimable harmonie. On sait que Koch a toujours pratiqué le dessin en plein air, «une étape nécessaire» (Jaffé, 1905, p. 61). Cependant, la fidélité à la réalité avec laquelle son crayon saisit tous les éléments jusqu'en leur être intime, et ses connaissances manifestes en géologie, servent à élever jusqu'à la contemplation le caractère original et intemporel du paysage. Sa façon parcimonieuse de traiter la végétation, pour faire ressortir la structure du paysage, est caractéristique. Celui-ci apparaît débarrassé de tous les objets accessoires, comme le dit Koch lui-même à propos de la région d'Olevano: «Partout, la nature semble être à ses origines, comme on peut les imaginer en lisant la Bible ou Homère. (Zeitler, 1954, p. 173). Koch cherche à représenter le paysage non pas dans son apparence momentanée, mais dans son organisation immuable et ses dimensions mythico-historiques. D'où l'intemporalité des personnages, figures bibliques ou mythologiques, ou paysans, dont il conçoit l'existence simple comme une vie dans la liberté (Zeitler, 1954, p. 170-180). La description de Goethe du paysage classique du XVIIe siècle comme «un monde inutile» pourrait aussi s'appliquer au paysage «héroïque» renouvelé par Koch. Il ne montre pas «trace de champ ni de jardin; ici et là un troupeau de moutons qui montre l'utilisation la plus ancienne et la plus simple de la surface de la terre.» Dans ce paysage demeure «une race d'homme qui a peu de besoins et de grands sentiments (Goethe, 1832, p. 220). Ainsi compris, le paysage chez Koch ne doit pas être défini étroitement; selon Ludwig Fernows, ce n'est pas une «peinture décorative», mais il doit être ressenti poétiquement comme «l'image d'une nature idéale» (Fernows, 1803, p. 12) — un monde utopique.

H.H.

Hambourg, Kunsthalle.

Joseph Anton Koch

128 Macbeth et les sorcières

1829
Toile. H 1,12; L 1,54
Signé en bas à droite: *I. Koch f.*

Historique
Emilie Linder, 1830-1831; don au musée en 1849.

Bibliographie
Schneider, 1938, p. 277; Lutterotti, 1940, n° 73, p. 124; cat. Bâle, 1970, p. 68.

Exposition
Cologne, 1971, p. 36.

Les sorcières montrent du doigt Macbeth et Banquo qui, effrayés, serrent la bride à leurs chevaux. Koch suit le drame de Shakespeare, *Macbeth* (acte I, scène 3) mais en change le décor — «lande, tonnerre, éclair».

«Pour s'être prononcé lui-même contre la «spécialisation», Koch n'en a pas moins été estimé surtout comme peintre de paysages

128

soigneusement calculés. Il prend les personnages qui les animent, principalement dans la mythologie antique et dans la Bible (...) et les incorpore dans la nature; par là Koch perpétue une vieille tradition. En revanche, les œuvres inspirées des modèles littéraires fournis par Dante, Shakespeare, Ossian ou Cervantès sont beaucoup plus rares. Les sujets ossianesques et shakespeariens furent traités à maintes reprises dans la peinture comme dans les arts graphiques depuis la fin du XVIIIᵉ siècle jusque vers le milieu du XIXᵉ siècle. A part les scènes historiques, on traita surtout les moments où des êtres humains rencontraient des créatures surnaturelles» (Schümann).

C'est comme pendant d'une scène tirée des poésies d'Ossian que fut exécutée, en 1796, la première version du thème illustré dans le tableau exposé; elle fut suivie de deux aquarelles, en 1797 et 1798. La première toile ne vit le jour qu'en 1829: c'est notre tableau. Une aquarelle faite en 1834 à Cologne innove en introduisant le motif d'un cortège de fantômes qui sont des nuages effilochés; on le retrouve sur les versions peintes de Wuppertal et d'Innsbruck, immédiatement postérieures.

Grâce au compte rendu d'un témoin oculaire, son jeune ami Beda Weber, en 1829, et grâce à une lettre de Koch adressée le 12 mars 1830 à Karl Friedrich von Uexküll et l'informant de l'achèvement de la toile, nous connaissons la date d'exécution de notre tableau. D'autre part, il ressort d'une lettre d'Emilie Linder, écrite en 1866, qu'elle acheta le tableau directement à Koch lors de son séjour à Rome en 1829-1831, et que les personnages avaient été peints par Genelli; les chevaux, en revanche, par Koch lui-même, étant donné qu'il jugea beaucoup trop modernes les chevaux tels qu'on les peint maintenant» (Lutterotti). Genelli ne fit certainement qu'exécuter les projets de Koch, comme le prouve l'analogie du groupe des sorcières avec celui figurant dans les aquarelles antérieures, mais aussi un dessin à la plume, à Berlin, projet pour Macbeth et Banquo. Lutterotti remarque que, pour les personnages, Koch s'est vraisemblablement souvenu de maîtres du Trecento, par exemple du *Triomphe de la Mort* du Camposanto de Pise. Cela n'est pas douteux: on sait d'ailleurs que l'artiste a connu et beaucoup apprécié les fresques de Pise et les a désignées comme les modèles de ses dessins «dantesques». C'est bien sur le groupe des mendiants et des estropiés du *Triomphe de la Mort* qu'il a pris exemple pour son groupe de sorcières. H.R.L.

Bâle, Kunstmuseum.

Joseph Anton Koch

129 Paysage d'orage avec un cavalier sur le chemin du retour

v. 1829-30
Toile. H 0,757; L 1,03
Monogrammé en bas à droite: *I.K.*

Historique
Karl Wilhelm Baron de Heideck; acquis en 1862.

Bibliographie
Stein, 1917, p. 92 et suiv.; Lutterotti, 1940, n° 74, p. 125 et suiv.; cat. Stuttgart, 1968, p. 99 et suiv.

129

Sous un éclairage contrasté, s'étend un vaste paysage du sud de l'Italie, sans doute inspiré par la région de la baie de Naples. Alors que le chemin sinueux où passe un chasseur à cheval est vivement éclairé par le soleil, le plan intermédiaire — le berger qui conduit ses troupeaux — est laissé dans l'ombre. Une frontière très nette sépare les pentes sombres du plateau et la baie, derrière, où le rivage de sable et la mer agitée apparaissent dans un éclairage très vif. Dans la mer et dans le ciel, s'établit le contraste de la lumière et de l'obscurité. Le motif central est un arbre élevé, accompagné de trois arbres plus petits et de buissons; les autres motifs s'organisent autour de lui; l'arbre se dessine dans la faucille du double arc-en-ciel qui annonce la fin de l'orage. Ainsi, la clarté de la construction organise la multiplicité des motifs et harmonise les éléments contrastants. Dans une analyse de la composition dans l'œuvre de Koch, Dagobert Frey a montré que ses tableaux sont faits de plusieurs «parties d'espace». «Chacune de ces parties prend, par le décor ou par un motif particulier, une valeur significative.» Koch a trouvé ses structures spatiales non dans l'observation directe de la nature, mais dans l'effort de composition (Frey, 1950, p. 195 et suiv.).

«Equilibre spatial entre le proche et le lointain, entre le petit et le grand, dans l'abandon d'une perspective spatiale unique» — c'est ainsi que Zeitler caractérise la pein-

ture de paysage de Koch, qui s'éloigne de la tradition des XVIIe et XVIIIe siècles (Zeitler, 1954, p. 170 et suiv.).

Koch a préparé ce tableau dans trois dessins avec des figures différentes, qui se trouvent à Munich, Dresde et Berlin. Le plus proche de notre tableau, en particulier du premier plan avec le chasseur, est celui de Berlin, daté de 1830. Koch lui-même avait la passion de la chasse.

D'après la tradition, la disposition et l'exécution du groupe des chasseurs sont dues au peintre Karl Wilhelm baron de Heideck. Elles ne correspondent en effet pas au style de Koch. Heideck séjourna à Rome d'octobre 1829 jusqu'à l'automne 1830. Notre tableau a donc été exécuté à cette époque; c'est l'œuvre d'un homme âgé de soixante-quatre ans. La simple grandeur et la force de conviction des paysages héroïques des premières décennies de l'époque romaine ont perdu de leur tension. Mais «sans atteindre l'atmosphère d'alors, Koch exprime la liberté et la poésie des paysages des grands espaces.» (Lutterotti).
H.R.L.

Stuttgart, Stattsgalerie.

Carl Wilhelm Kolbe

Berlin 1757 - 1835 Dessau

Ce fils d'un brodeur d'or travaille d'abord comme professeur de français (sa mère était française) à Dessau; plus tard il est secrétaire des Eaux et Forêts et bibliothécaire. A partir de 1793, il se consacre entièrement à l'art du dessin. Il étudie ensuite à l'Académie de Berlin, chez Chodowiecki dont il est un parent. En 1798, il devient graveur de la cour et professeur de français et de dessin chez le duc d'Anhalt, à Dessau. Parmi ses élèves, on compte Krüger et les frères Olivier. De 1805 à 1807, il exécute à Zurich des gravures d'après les tableaux de Salomon Gessner. En 1810, il est promu docteur de l'université de Halle pour ses publications concernant la linguistique. Son œuvre gravé comprend plus de trois cents eaux-fortes, fréquemment à sujet bucolique. Ses représentations d'animaux suivent les modèles hollandais, mais ses compositions avec des chênes dramatiques et une végétation d'effet fantastique sont bien originales.

130

Carl Wilhelm Kolbe

130 Une jeune fille dans le bois de Weidenau

Pierre noire. H 0,394; L 0,513

Historique
Acquis en 1836 de la veuve du graveur badois
Christian Haldenwang.

Bibliographie
Cat. Karlsruhe, 1966, n° 48.

Selon Ulf Martens, qui étudie l'œuvre graphique de Kolbe, on ne connaît pas de gravure correspondant à ce dessin. Suivant l'exemple du paysage hollandais, qu'il a étudié, Kolbe a observé la nature avec précision; non pour la reproduire, mais pour l'évoquer de mémoire avec son «invention et sa composition personnelle» (Cf. cat. exp. Cologne, 1974, p. 17). Ceci explique l'aspect imaginaire, presque surréel, de ce dessin, qui tire sa force de la précision du détail et de sa fidélité à la réalité.

Kolbe peint un paradis en réduction: un paysage qui n'a pas été touché par la civilisation moderne, un monde foisonnant d'arbres en fleurs, de feuilles et de fleurs. Pour cela il prend des libertés avec les lois de la perspective et la logique organique du règne végétal: les plantes du premier plan semblent sortir l'une de l'autre, dans un royaume de racines; les feuilles charnues sont excessivement grandes. Cette luxuriance voulue de la végétation devient le symbole visible des forces inépuisables de la nature. En effet, cette «forêt vierge» n'est pas menaçante, mais protectrice. L'être humain — une jeune fille dans un costume imaginaire, sans époque — y semble à l'abri, dans un état d'heureuse inconscience. Comme une statue, paisible, elle ne paraît exprimer que l'existence dans ce monde. Un tel accord idyllique entre l'homme et la nature correspond à l'interprétation de Salomon Gessner dans ses *Idylles* et sa *Lettre sur la peinture du paysage* (sinon à ses points de vue moralisants et sentimentaux). Pourtant les plantes, chez Kolbe, atteignent une expression suggestive. On comprend que les Romantiques — Runge, Olivier, Carus — l'aient apprécié.   H.H.

Karlsruhe, Staatliche Kunsthalle.

Franz Krüger

Grossbadegast (Thuringe) 1797 - 1857 Berlin

A Dessau, Kolbe exerce sur lui une première influence; malgré les études qu'il entreprend en 1812, à l'Académie de Berlin, Krüger reste, en fait, un autodidacte. Il dessine des chevaux d'après nature dans les écuries royales. Ses tableaux de chevaux, de militaires et de chasses sont très prisés à la cour et dans la noblesse. En 1825, il devient peintre de la cour et enseigne à l'Académie. Après des séjours répétés à Saint-Petersbourg, en 1836, 1845, 1847 et 1850, pour exécuter des commandes du tsar Nicolas Ier, il fait un voyage, en 1846, en Belgique et à Paris où il fait la connaissance de Delacroix, de Delaroche et de Vernet. L'observation précise et le savoir pictural qui s'unissent dans ses tableaux officiels en font des documents d'histoire culturelle; ils ont été des modèles pour Menzel dont il a également influencé les portraits. Comme Menzel, Krüger a laissé d'innombrables dessins et gravures.

Franz Krüger

131 Portrait de Monsieur Toussaint

Pierre noire et craie blanche sur papier gris.
H 0,260; L 0,196 (angles rognés régulièrement).

Historique
Coll. Max Liebermann; entré au musée avant 1918.

Bibliographie
Cohn, 1909, n° 117; Osborn, 1910, p. 96, pl. 47.

Ce dessin nous montre en Krüger un portraitiste fort expert mais dont la technique magistrale évite toute ostentation. Intensités différentes du trait de crayon plus ou moins

appuyé, nuances modelées en douceur et rehauts blancs font naître, avec des estompes larges, une effigie bien définie plastiquement, mais qui reste très vivante. Tel un photographe, l'artiste se trouve face à face avec son modèle en observateur non prévenu qui s'en tient à la fixation des aspects extérieurs. Ce sobre sens de la réalité que possède le peintre semble correspondre à celui du personnage portraituré: son attitude n'a rien d'apprêté, s'il manifeste une grande assurance; son regard ne nous révèle pas son être inté-

131

rieur mais reste, sans rapport avec le spectateur, braqué droit devant lui. Une pareille caractérisation ne dévoile aucun aspect individuel caché, certes, mais elle fait apparaître le modèle comme le représentant typique de sa condition bourgeoise. La sobriété est d'ailleurs un trait caractéristique de l'art berlinois depuis le XVIIIe siècle et se manifeste plus distinctement chez les premiers «réalistes» berlinois, parmi lesquels il faut compter Krüger, que dans les autres écoles locales allemandes.   H.H.

Hambourg, Kunsthalle.

Carl Friedrich Lessing

Breslau 1808 - 1880 Karlsruhe

Suivant le désir de son père, qui était juriste, il devait être architecte; après des études à l'Académie d'architecture de Berlin, il fréquente, à partir de 1822, les cours de dessin de l'Académie des Beaux-Arts. En 1826, il suit Schadow à Dusseldorf pour travailler dans son atelier et, sur le conseil de celui-ci, se tourne vers la peinture d'histoire, alors qu'à l'origine il voulait être paysagiste. Avec son ami Schirmer, il voyage à pied à travers l'Eifel, il prend des croquis de paysages en étudiant les structures géologiques, témoignant ainsi de son intérêt pour les sciences naturelles. En 1829, il devient membre de l'Académie, dont il est sporadiquement directeur par intérim. Lessing peint des tableaux dans le «genre héroïque» et des œuvres pleines d'emphase traitant l'histoire nationale et celle de l'église, où il introduit, en langage allusif, les rapports contemporains dans des conflits du passé; ces œuvres très admirées par ses contemporains sont typiques de l'école de Dusseldorf dont il est considéré comme le chef. En même temps, il continue de peindre des paysages réalistes chargés d'atmosphère. De 1858 à 1880, il dirige la Kunsthalle de Karlsruhe; de 1863 à 1866, il succède à Schirmer comme directeur de l'école des beaux-arts qui deviendra plus tard l'Académie; Anselm Feuerbach fut l'un de ses élèves.

Carl Friedrich Lessing

132 Le retour du croisé

1835
Toile. H 0,66; L 0,63
Monogrammé et daté en bas au centre: *C.F.L. 1835*

Historique
Anton Bendemann, Berlin; E. Bendemann, Berlin, vers 1880; Galerie Paffrath, Dusseldorf, 1967; acquis en 1967.

Bibliographie
Cat. exp. Dusseldorf, 1967, p. 58.

«Un vieux croisé revenant de Palestine avance sur son cheval fatigué dans un paysage sauvage de montagne.» Le catalogue d'une exposition de l'époque décrit ainsi notre tableau, qui fut souvent exposé peu de temps après sa production.

Le tableau ne décrit pas un événement historique, c'est l'expression d'un état d'âme qui trouve une forme picturale sous un vêtement historique. Bien que l'affectation théâtrale, si caractéristique de l'école de Dusseldorf, soit réduite, c'est elle qui détermine l'effet de la silhouette du chevalier: l'attitude courbée, la barbe blanche de «noble vieillard», la main droite qui repose sans force, l'expression sombre et fatiguée du visage, l'allure exténuée du cheval, — tout traduit la défaite et la résignation. Le paysage (qui utilise certainement des études faites dans l'Eifel), est beaucoup plus le «lieu de la scène»; il accentue l'atmosphère du tableau, mais il n'est pas l'écho de la situation du chevalier et de son cheval. Ce n'est pas non plus un symbole. Il se caractérise par de forts contrastes: clair et sombre, descentes et montées, pluie et soleil, montagne sauvage, nuages et lac tranquille. La nature s'oppose ainsi au groupe équestre, qui, bien qu'il lui soit lié du point de vue de la composition, lui est étranger du point de vue de l'expression.

Depuis 1827, les croisés furent un des sujets préférés de Lessing, mais aussi d'autres peintres de Dusseldorf, en particulier de H.A. Stilke. Au début, un cycle de fresques consacré à l'histoire des Hohenstaufen est exécuté à Dusseldorf dans le château de Heltorf — la première œuvre monumentale de l'école de Dusseldorf; la première fresque fut terminée en 1826. La *Veille du croisé dans le désert* existe en trois versions de 1834-36, avec le même vieillard à cheval: deux dessins à Berlin et Francfort, et une étude à l'huile à Francfort.

La source de notre tableau est probablement le poème *Kreuzfahrers Einzug* (le Retour du croisé), de Karl Immermann de Dusseldorf (d'après Walter Scott). H.R.L.

Bonn, Rheinisches Landesmuseum.

Carl Friedrich Lessing

133 Paysage forestier

1836
Toile. H 0,420; L 0,570
Monogrammé et daté en bas à droite: *CFL 1836*

Historique
Coll. du peintre E. Steinbrück, Dusseldorf; acquis de ce dernier en 1866 pour 200 thalers par le comte Athanasius Raczynski qui l'intègre d'abord à sa collection dans la Nationalgalerie de Berlin; transféré au musée de Poznan (Posen) en 1904; exposé depuis 1956 dans la galerie du Palais Raczynski à Rogalin, annexe du Narodowe Muzeum de Poznan. Inv. 1101.

132

Bibliographie
Müller von Königswinter, 1854, p. 103; Springer, 1858, p. 100 et suiv.; Raczynski, 1866, n° 137, p. 87; Raczynski, 1869, n° 42, p. 26; Raczynski, 1876, n° 46, p. 34; von Donop, 1886, n° 54, p. 72; Boetticher, 1901, p. 845, n° 21; Gumowski, 1931, p. 155, n° 167, fig. CXVIII; Pawlaczyk, 1974, p. 38.

Exposition
1965, Berlin, n° 128.

Bien qu'il soit postérieur au passage de Lessing à une conception réaliste de la nature, le *Paysage forestier* reste une œuvre typique de la fin du romantisme allemand. Comme dans beaucoup des derniers tableaux de Blechen, le réalisme pittoresque de la forme s'allie à un contenu romantique. La composition théâtrale évoque les influences de Schinkel et de Blechen, auxquels Lessing a dû beaucoup de son inspiration pendant ses années d'études à Berlin (1822-1826). Les

133

deux artistes avaient réalisé des projets de décors pour le théâtre royal de Berlin. Il faut en particulier attribuer à l'influence de Schinkel l'étagement des «fonds», semblables à des décors de théâtre, et aussi le point de vue surélevé du spectateur.

Parmi les effets scéniques conformes aux règles théâtrales, notons aussi l'éclairage par places du plan intermédiaire gauche, où se détachent les silhouettes contrastées de chevaliers vêtus de costumes moyenâgeux. Cette réminiscence médiévale exprime la prédilection de la fin du romantisme pour l'histoire vue par la littérature. Le thème de la méditation sylvestre — qui lie la pieuse vénération de Dieu et le culte romantique de la nature — est typique des dernières années du romantisme. Nombre d'artistes de l'époque, tels Ludwig Richter (*Méditation du soir*, 1842; Leipzig) ou Carl Spitzweg, l'ont traité. Quant à l'enthousiasme de Lessing pour la chevalerie, ce sont les inspirations de ses débuts berlinois venant du cercle littéraire de Ludwig Tieck, E. Th. A. Hoffmann, Frédéric de la Motte-Fouqué, qui l'ont déterminé. Enfin, et ce n'est pas le moins important, l'atmosphère romantique vient de cette forêt fantastique dont l'obscurité mystérieuse attire le regard dans ses profondeurs. On retrouve dans les tableaux ultérieurs de Moritz von Schwind non seulement le puissant chêne, mais aussi les deux chevaux à l'abreuvoir (cf. par exemple l'*Ermite menant boire des chevaux*, après 1860, Munich, Schack-Galerie).

Les branches mortes qui se détachent, étranges et fantomatiques, sur le fond vert sombre du bois, rappellent les paysages «préromantiques» de Jacob van Ruisdael avec leurs arbres morts (par exemple le *Bois de chênes au bord de l'eau*, Berlin, Staatliche Museen) auxquels Lessing resta redevable toute sa vie. Pour conclure, il faut noter que le romantisme n'exprime plus guère ici une explosion du sentiment, mais qu'il s'accompagne d'une volonté de sobriété qui apporte une «distanciation».

Le sujet apparaît dans un dessin à la sépia de 1835 (exposition 1880, Berlin, n° 90). Une deuxième version présentant le sujet en sens inverse, se trouve au Städelsches Kunstinstitut de Francfort. H.J.N.

Poznan, Muzeum Narodowe.

Carl Friedrich Lessing

134 Deux chasseurs*

1841
Bois. H 0,300; L 0,380
Monogrammé et daté en bas à droite: *CFL 1841* (?) *April*

Historique
Acquis de la Galerie Westfeld, Wuppertal, en 1925.

Bibliographie
Lankheit, 1952, p. 107 et suiv.; cat. Dusseldorf, 1969, p. 206 et suiv.

Expositions
1975/76, Bergen, Dusseldorf, n° 23.

C'est grâce aux biographies de l'un et l'autre artistes que nous savons que les montagnes représentées sont l'Eifel, au nord de la Moselle, et les personnes représentées Lessing et Schirmer. Les deux peintres regardent les hauteurs de l'Eifel, qu'ils connaissent bien grâce aux excursions qu'ils y ont faites ensemble et qu'ils ont «révélées» aux peintres de Dusseldorf. Markowitz qualifie le tableau d'«exemple précoce d'un paysage allemand précis conçu de manière intimiste». A regarder simplement le tableau, on oublierait ni l'une ni l'autre de ces identifications; ce qui importe davantage qu'une représentation purement factuelle, c'est bien l'ambiance évoquée tout à la fois par ce qui attache les amis l'un à l'autre et par ce qui les unit à la nature, grâce aux tonalités chaudes du coloris et aux effets obtenus par la direction de la lumière. H.R.L.

Dusseldorf, Kunstmuseum.

* Cette œuvre ne peut figurer à l'exposition.

Adolph von Menzel

Breslau 1815 - 1905 Berlin

Il fait ses débuts artistiques dans l'atelier de lithographie de son père, qu'il reprend en 1832. Menzel, qui se perfectionne en faisant des travaux occasionnels de lithographie, est un autodidacte, exception faite de son bref passage à l'Académie de Berlin, en 1833. En 1834, il entre au «Jüngeren Berliner Kunstverein». Il illustre Künstlers Erdenwallen de Goethe. Il commence à peindre en 1836. De 1840 à 1842, il illustre la biographie de Frédéric II de l'historien Franz Kugler, et, de 1844 à 1849, une nouvelle édition des œuvres de Frédéric. En dehors d'innombrables

dessins magistraux — toute sa vie Menzel s'en tiendra avec une fermeté quasi maniaque à l'expression de la réalité en peinture —, il réalise à partir de 1845 des études réalistes de paysages et des scènes d'intérieur pleines d'atmosphère, qui préfigurent l'impressionnisme et qui — aussi bien par l'acuité de l'observation que par l'audace de la traduction picturale —, surpassent ses modèles: Blechen et aussi, probablement, Constable. Menzel n'a jamais montré en public ces œuvres de pionnier qui fondent aujourd'hui sa gloire. A partir des années 1850, il exécute des tableaux historiques consacrés à la vie de Frédéric II, dans lesquels le renoncement à l'emphase constitue l'indice d'un nouveau style de la peinture d'histoire. A partir de 1860, Menzel peint des vues de ville pleines d'animation ainsi que des événements empruntés à l'histoire récente de la Prusse. Menzel est nommé professeur à l'Académie de Berlin en 1856. En 1855, 1867 et 1868, il fait des séjours à Paris, où il rencontre Courbet et Meissonnier; ses œuvres impressionnent Degas. Après la guerre de 1870-1871, Menzel continue d'exposer à Paris, malgré les critiques que cela suscite en Allemagne. Viennent ensuite des voyages à Vérone, dans le sud de l'Allemagne, en Autriche et en Hollande. Malgré les grands honneurs dont il a été l'objet — Menzel est devenu peintre de la cour et a été anobli —, ce peintre à la stature de nain, mène de plus en plus, l'âge venu, la vie d'un original. C'est seulement après sa mort que son œuvre de jeunesse a exercé une influence sur des impressionnistes allemands comme Liebermann et Slevogt.

Adolph von Menzel

135 Geschichte Friedrich des Grossen
(Histoire de Frédéric le Grand)

(Ouvrage de Franz Kugler. Dessiné par Adolph Menzel), J.J. Weber'schen Buchhandlung, Leipzig, 1840, 625 p.
H 0,250; L 0,165 (dimensions de la feuille),
Livre illustré, avec environ 400 gravures sur bois.

Bibliographie
Bock, 1915; Bock, 1923, p. 285-367, n°s 427-824; Rümann, 1926, p. 172, n° 1356; Scheffler, 1938, p. 36-45; Kaiser, 1956, p. 22-24.

Le coup d'envoi de ce livre fut donnée par l'*Histoire de Napoléon* de Laurent de l'Ardèche, qui parut en 1839 chez Dubochet & Cie à Paris, avec des illustrations par Horace

135

Vernet, et qui connut une popularité fou-
droyante. L'éditeur qui en préparait la version allemande souhaita réaliser, à l'occasion
du centenaire de l'avènement de Frédéric
le Grand, en 1840, un pendant allemand. On
doit le choix de Menzel comme illustrateur de
cet ouvrage à son auteur, l'historien et écrivain d'art Franz Kugler qui, dans sa biographie de Frédéric II, est parvenu à faire une
description fidèle et néanmoins populaire du
roi de Prusse. Menzel s'attela à cette tâche
de 1839 à 1842. L'ouvrage parut en vingt
livraisons entre 1840 et 1842 et représente le
couronnement de son style d'illustrateur.

Représentations des différentes scènes et
vignettes ayant été insérées dans le texte à
la fois judicieusement et avec bonheur sur le
plan ornemental, le livre constitue un tout
artistique. Il était d'abord prévu que les dessins de Menzel seraient principalement gravés dans l'établissement xylographique qui
avait travaillé pour Vernet. Mais l'artiste ne
fut pas satisfait de la technique schématique
employée par les xylographes parisiens et
forma sa propre équipe de xylographes allemands capables de produire des fac-similés de
ses dessins. L'habile Menzel y exploita les
possibilités de la difficile technique de la
gravure sur bois jusqu'à ses limites.

Le travail d'illustration de Menzel fut
préparé avec une minutie véritablement scientifique. L'artiste n'étudia pas seulement des
effigies contemporaines, mais aussi les lieux
de l'action, les uniformes, armes, ustensiles, etc.
dans l'original ou en reproductions, et lut
quantité de sources écrites. Son admiration
pour la personnalité du roi s'alliait à son
intérêt pour le style rococo dont ses illustrations devaient s'empreindre. C'est ainsi qu'il
parvint à combiner l'authenticité à laquelle
il aspirait et une aisance d'improvisateur.

Dans leur biographie de Frédéric, Kugler
et Menzel abondent dans le sens des forces
politiques progressistes de l'époque qui
voyaient dans le monarque imbu de la philosophie des lumières un témoin capital dans
la lutte pour les libertés civiques. Cela explique
le grand succès de l'ouvrage; l'image qu'il
donne de Frédéric a gardé sa popularité jusqu'à nos jours. Menzel ne souligne pas les
faits guerriers du roi mais ses traits de caractère et actions pacifiques. Il le dépeint en
tant que «père de la patrie» et premier des
citoyens, conformément à l'idée que Frédéric II se faisait de ses fonctions. S'abstenant
de porter au pinacle la dynastie prussienne
régnante, Menzel ne cherche pas à interpréter de façon idéaliste des événements historiques abstraits. Par ce «naturalisme», que
Goethe blâmait déjà en 1800 comme une
constante de l'art berlinois (cf. Goethe, 1800,
p. 167), il renoue avec la tradition d'un Chodowiecki et d'un Gottfried Schadow.

Le livre est ouvert p. 273: *Le Souper royal
à Sans-Souci*. H 0,142; L 0,102. Gravé par E.
Kretzschmar.

Il ressort de cette représentation que
Menzel a étudié avec précision la salle à man-
ger au château de Sanssouci. La gravure sur
bois — différemment du tableau exécuté
d'après elle en 1850 (Berlin, jadis Nationalgalerie) — est axée entièrement sur le dia-
logue entre Frédéric II et Voltaire (à gauche,
buvant, le lord-maréchal Keith; à droite, le
feld-maréchal Keith et le marquis d'Argens,
chambellan du roi). «...Le souper réunissait
de coutume le cercle des intimes qui en faisaient leurs délices. Là, tout était répartie
spirituelle et vivacité intellectuelle, si bien
que Voltaire et Frédéric y étaient face à face
comme les souverains dans le royaume de
l'esprit.» (Kugler). H.H.

Hambourg, Kunsthalle

Adolph von Menzel

136 Intérieur au balcon (Balkonzimmer)

1845
Carton. H 0,58; L 0,47
Monogrammé et daté en bas à droite: *A.M. 45.*

Historique
Acquis de l'artiste en 1903.

Bibliographie
Tschudi, 1905, n° 23; Beencken, 1944, p. 179
et suiv.; Pinder, 1944, p. 98; Chapeaurouge,
1960, p. 146 et suiv.; cat. Berlin, 1968, p. 140.

Exposition
1970, New Haven, Cleveland, Chicago, n° 67.

Depuis mars 1845, Menzel habitait avec sa
mère, sa sœur et son frère, à Berlin, au n° 18
de la Schöneberger Strasse; c'est le salon de
cet appartement qui est représenté ici, le
balcon donnant sur le jardin du palais Prinz
Albrecht (cf. ici n° 137). Une brise gonfle
légèrement les rideaux sur les deux battants
ouverts de la porte-fenêtre. Lumière et souffle
d'air semblent ne faire qu'un, comme Beencken l'a fait remarquer. Le côté gauche du
tableau n'a pas été terminé: au-dessus d'une
portion de tapis esquissée, une forme brunâtre, comme s'il devait y naître l'accoudoir
gauche d'un canapé; le reflet solaire de la
fenêtre sur le mur nu comporte un espace
vierge; peut-être un tableau y aurait-il trouvé
place. Mais la signature signifie que l'étude

136

est considérée comme achevée. Malgré sa liberté de facture exceptionnelle, le tableau n'a rien d'une esquisse (sauf évidemment pour les parties inachevées).

L'œuvre, aujourd'hui l'une des plus célèbres du XIXᵉ siècle allemand, a donné lieu à plusieurs interprétations. La «pièce déserte» (menschenlos), selon la définition de Beencken, est aux yeux de ce dernier «quelque chose comme le paysage d'un intérieur»; pour Pinder, c'est un intérieur conçu comme Stilleben (nature morte: «vie silencieuse»). Mais tandis que celui-ci y ressent l'être humain comme «étant présent presque davantage que s'il était visible», celui-là écrit: «Rien ne doit rappeler ici les critères des valeurs et de l'ordonnance auxquels l'homme est habitué; voilà pourquoi, d'ailleurs, les deux chaises sont placées librement dans la pièce, comme si elles s'y étaient placées d'elles-mêmes.» Dans son essai intitulé *Das Milieu als Porträt* (Le Milieu en tant que portrait), Chapeaurouge a examiné dans quelle mesure des représentations de pièces vides ou simplement d'objets isolés sont susceptibles de donner le portrait moral d'une personne humaine. On trouve à plusieurs reprises dans la Hollande du XVIIᵉ siècle des intérieurs vides: citons les célèbres *Pantoufles* de S. van Hoogstraten au Louvre (R.F. 3722), sans parler du tout aussi désert *Intérieur de l'église de Remontrants* à Rotterdam d'A. Delorme (1656, musée d'Ixelles). On citera, outre un tableautin du musée de Lille attribué à David, l'*Atelier d'artiste* anonyme exposé à Londres en 1972 (*The Age of Neoclassicism*, n° 88) et l'*Atelier au clair de lune* de Carus qui figure dans notre exposition (ici n° 23). Delacroix lui aussi a peint des intérieurs qui constituent un portrait moral de leurs occupants. On était familiarisé à Berlin avec des aquarelles, dépourvues de prétentions artistiques, représentant des pièces habitées par des personnalités (ne citons que les cabinets de travail du roi Frédéric-Guillaume II ou de Beethoven).

Voici le jugement que Chapeaurouge porte sur le *Balkonzimmer* et qui rejoint d'une certaine façon celui de Beencken: «A partir de ce coin de la pièce, on ne saurait que dans une faible mesure tirer des conclusions relatives à l'habitant. Au lieu de cela, les objets eux-mêmes ont pris tellement de vigueur qu'ils semblent s'animer et se modifier continuellement. L'homme s'efface complètement

devant la puissance de la matière qui crée souverainement le mouvement.»   H.R L.

Berlin, Staatliche Museen
Preussischer Kulturbesitz, Nationalgalerie.

Adolph von Menzel

137 Vue sur le parc du palais Prinz Albrecht

1846
Toile. H 0,240; L 0,410
Signé et daté en haut à droite: *A. Menzel 46*

Historique
Acquis en 1907 de M. M. Kappel, Berlin; Berlin (RDA), Staatliche Museen, Nationalgalerie; Inv. n° AI 988.

Bibliographie
Tschudi, 1905, n° 27 avec fig.; Scheffler, 1938, p. 57, 106, 130, repr. p. 154; Wirth, 1955, p. 22, n° 11.

Exposition
1905, Berlin, n° 51.

Cette étude est en rapport avec une toile beaucoup plus grande montrant le *Palais-garten des Prinzen Albrecht* (Berlin, Nationalgalerie), qui fut exécutée la même année. On sait par Menzel lui-même qu'il peignit ce dernier tableau du balcon de son appartement du n° 18, Schönebergerstrasse, directement d'après nature (des notes de la main de l'artiste relatives à la genèse de ce tableau et aux retouches effectuées en 1876 se trouvent aux archives de la Nationalgalerie, Berlin).

On peut supposer qu'il en est de même

pour l'étude, qui dépasse presque la grande toile par sa fraîcheur. Elle évoque aussi d'ailleurs, et pas seulement par la singularité de son cadrage, qui se limite au ciel, aux cîmes d'arbres et au toit du palais érigé jadis par Schinkel, l'étude de nuages datant de 1851 (Berlin, Nationalgalerie). C'est surtout à propos de ces trois toiles qu'on souligne l'influence de Constable, dont Menzel vit sans doute des tableaux en 1845 lors d'une exposition à Berlin. La *Vue sur le parc du palais Prinz Albrecht* fait partie de ces peintures des débuts de Menzel qui furent peu connues avant sa mort et, pour la plupart, seulement après, et modifièrent radicalement, en raison de leur facture «impressionniste», le jugement qu'on portait sur Menzel.   U.R.R.

Berlin, Staatliche Museen, Nationalgalerie.

Adolph von Menzel

138 Orage au Tempelhofer Berg (Mont de Tempelhof)

Papier sur carton. H 0,310; L 0,470
Monogrammé et daté en bas à gauche: *AM 1846*

Historique
Sœur de l'artiste; héritiers de cette dernière; Theodor Schall, Baden-Baden; don du Museumsverein de Cologne, 1914.

Bibliographie
Cat. Cologne, 1964, p. 89 et suiv.

Le Tempelhofer Berg se situe au sud de Berlin, devant la Hallesche Tor (porte de Halle),

137

dans l'actuel quartier de Schöneberg. Un guide de 1836 l'appelle «cette colline sablonneuse dénudée, nommée d'ordinaire Tempelhofer Berg». Il côtoie directement le Kreuzberg, l'une des éminences les plus hautes autour de Berlin, couronné depuis 1821 par un monument des guerres d'indépendance; mais Menzel dédaigne un motif aussi attrayant et pittoresque.

Sous un éclairage orageux, une plaine, avec des groupes d'arbres et une allée de peupliers, qui se fond à l'arrière-plan avec un coteau; au-dessus, de gros nuages. Devant, deux chevaux noirs tirent en pleine course un chariot. Ce motif comporte un élément troublant, car le spectateur est amené à s'imaginer que, l'instant suivant son coup d'œil, l'attelage aura quitté le tableau. La fuite du temps servant ici de motif iconographique, détermine d'ailleurs le caractère de l'œuvre: dans l'alternance rapide de lumière et d'obscurité et dans la manière de peindre en pleine pâte, *alla prima*. Le paysage n'est pas conçu comme une vision constante, mais fugitive, en voie de changement. La structure par bandes horizontales, l'absence d'un point de focalisation favorisent cet effet. H.R.L.

Cologne, Wallraf-Richartz-Museum.

Adolph von Menzel

139 Buste d'une jeune femme

Pierre noire et craie brune avec rehauts de blanc, sur papier brun.
H 0,177; L 0,246. Signé et daté en haut à droite: *A Menzel 1846*; au dessous la mention: *Die Hand etwas näher nach dem Munde* (rapprocher la main de la bouche).

Historique
Coll. Dr Ernst Hauswedell, Hambourg, vente aux enchères 58, 1954.

Bibliographie
Stubbe, 1958, p. 217, fig. 42.

Le modèle est représenté dans une attitude naturelle et dégagée, la tête appuyée sur la main gauche. A en croire la mention manuscrite, l'artiste estime qu'il faudra rapprocher un peu la main de la bouche. C'est ce qu'il fit dans le portrait peint deux ans plus tard de Mme von Maercker (Winterthur, Fondation Reinhart), où Stubbe a reconnu le même modèle. Elle y apparaît richement vêtue, avec des traits un peu plus sévères, sans cependant

138

«prendre la pose»; on la voit en pied, assise sur un canapé. De plus, l'intérieur juste ébauché souligne encore le caractère intime du portrait.

Remarquablement doué dans ce domaine, Menzel ne fut jamais un portraitiste professionnel — d'où, d'ailleurs, le petit format de ses portraits. Il n'a portraituré que des parents ou des amis, en l'occurrence, la jeune femme du conseiller de justice von Maercker avec qui il habitait jusqu'en 1847 et dont il resta l'ami après cette date. L'intervalle entre l'étude et le tableau n'a rien d'étonnant chez un artiste qui dessinait comme un obsédé ce qui l'entourait, soit pour recueillir des éléments documentaires pour une composition projetée, soit pour fixer un phénomène fortuit, instantané. Il appelait cela «raisonner d'A à Z» avec le crayon à dessin sur le sujet. C'est ainsi qu'il se créa tout un répertoire de formes — à sa mort, il laissait plus de quatre mille dessins.

«Des dessins, il faut dire que je n'en fais point qui soient destinés à la vente; en règle générale, seulement ceux qui doivent servir tout de suite, comme études d'après nature, pour un tableau déterminé, ou bien comme des choses de circonstance, susceptibles de servir éventuellement.» (Menzel, 1914, p. 228). H.H.

Hambourg, Kunsthalle.

Adolph von Menzel

140 Le lit défait

v. 1846
Pierre noire, estompé, sur papier gris.
H 0,220; L 0,353
Monogrammé en bas à gauche: *AM*

Historique
Acquis de la succession Menzel, 1906; Berlin (RDA), Staatliche Museen, Sammlung der Zeichnungen (Menzel nº 319).

Bibliographie
Donop, 1908, pl. 1; Kurth, 1941, p. 38, pl. 95.

Exposition
Berlin, 1905, nº 5055.

Comme c'est le cas pour ses peintures, les dessins de Menzel datant des années quarante se signalent par un intérêt prononcé pour les motifs intimistes, discrets, puisés dans la vie quotidienne. Menzel y développe un style de dessin pictural, riche en nuances, qui caractérisera surtout, sous une forme plus accentuée, ses œuvres plus tardives. Une comparaison avec des représentations antérieures du même motif, celui de duvets en désordre, qu'on trouve à plusieurs reprises dans un cahier de croquis de 1836 (Berlin, Sammlung der Zeichnungen, Cachier de croquis de Menzel nº 3, pp. 11, 12, 16, 51, 55, 56), montre la maîtrise croissante du dessinateur. On peut estimer que cette feuille est contemporaine d'autres dessins d'intérieurs de 1847, comme celui de la *Chambre à coucher de l'artiste* (Berlin, Nationalgalerie), ce qui sug-

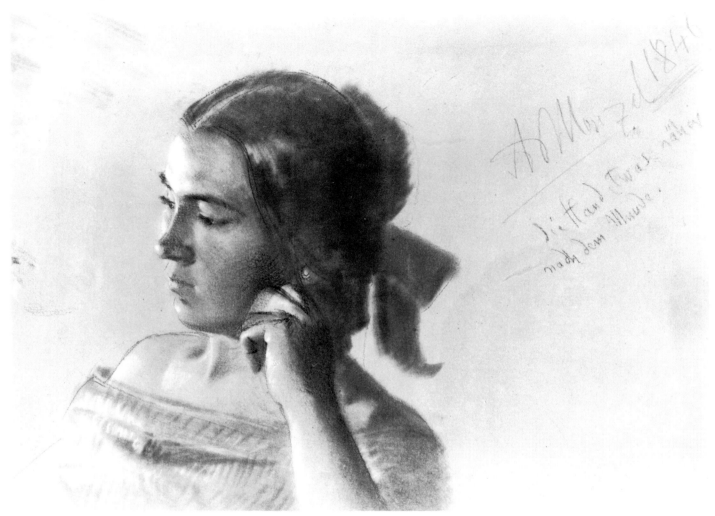

139

140

gère une date autour de 1846. En même temps que les illustrations pour *Frédéric le Grand* (1843-1849), Menzel a fait d'autres variations sur le motif du lit, qu'on peut probablement aussi dater de 1846. U.R.R.

Berlin, Staatliche Museen, Kupferstichkabinett und Sammlung der Zeichnungen.

Adolph von Menzel

141 Souffleur de verre

v. 1847
Crayons de couleurs. H 0,250; L 0,149

Historique
Rudolph Lepke, Berlin, vente 17.11 1925, cat. 1942, n° 132, pl. 4; Rudolph Bangel, Francfort, vente 29.6 1924, cat. 1076, n° 130, pl. III; Galerie Matthiesen, Berlin.

«Cet univers cyclopéen de la technique moderne abonde en motifs. Par là je n'entends pas simplement un peu de fumée.»

141

(Kaiser, 1953, p. 22), écrivait Menzel après avoir en 1872, des semaines durant, observé et dessiné les lamineurs pendant leur travail dans l'usine sidérurgique Königshütte en Silésie. Se basant sur de nombreuses études préliminaires, il acheva en 1875 sa grande toile, le *Laminoir de fer*, considérée comme le tableau «industriel» le plus important de la peinture allemande du XIXᵉ siècle (Berlin, Nationalgalerie). Le dessin que nous exposons, bien qu'antérieur, puisqu'on le date vers 1847, permet déjà de reconnaître comment il découvre des possibilités artistiques dans le thème tout neuf du monde ouvrier moderne.

Menzel choisit une situation arrivée à son point critique: les jambes écartées et penché en avant, le souffleur de verre se tient au-dessus d'une cuve pour remuer la masse de verre en liquescence. Les flammes de fusion font jaillir des lueurs vacillantes, effleurent les outils et détachent la figure humaine de l'obscurité ambiante. L'ouvrier, vu de dos et presque sans visage, paraît n'être que de l'énergie contenue. Le protagoniste de l'image reste donc anonyme. Menzel ne fait pas un héros de l'ouvrier mais fixe, fasciné par les phénomènes optiques, ce qu'il y a d'unique et d'instable dans cet instant où homme et matière s'unissent par la lumière en un tout coloré. H.H.

Schweinfurt, Collection Schäfer.

142

Adolph von Menzel

142 Intérieur avec M. von Maercker

v. 1847
Toile. H 0,218; L 0,30

Historique
Margarete Krigar-Menzel, Berlin; galeries Thannhauser, Berlin, Lucerne, Munich, v. 1927-1928; coll. part., v. 1955.

Bibliographie
Tschudi, 1905, n° 44; cat. Coll. Schäfer, 1966, n° 175, p. 110 et suiv.

Exposition
Berlin, 1955, n° 19.

Le salon de Menzel au crépuscule; dans l'angle du sofa, M. von Maercker, ami de la famille Menzel et qui habitait le même immeuble. L'opposition entre les dernières lueurs du jour sur l'embrasure de la fenêtre qui se reflètent sur les carreaux et l'éclairage aux chandelles contredit l'impression de monotonie qui pourrait naître du strict alignement des objets devant le miroir. Les reflets obtenus par des coups de pinceau clairs, produisent l'effet d'un éclairage vacillant. Le tableau est peint *alla prima*, en pleine pâte, partout où se situent de forts éclats de lumière, ailleurs en glacis, en couches très ténues près du mur. Comme les autres études peintes vers 1847, le tableau se propose de fixer une impression; les amorces d'une peinture de genre — Maercker tournant la tête de profil, son bras droit accoudé, le cigare rougeoyant et fumant entre les doigts effleurés par l'éclairage, le verre de vin à côté du chandelier — se trouvent comme neutralisés par la facture rapide qui suggère un mouvement de travers du tableau, de gauche à droite. C'est sans doute la recherche de l'impression fugace et du momentané qui pousse à cette époque Menzel à traduire les effets vacillants de la lumière artificielle.

H.R.L.

Schweinfurt, Collection Schäfer.

Adolph von Menzel

143 Montée d'escalier, éclairage nocturne

1848
Bois. H 0,350; L 0,210
Signé et daté en bas à droite: *A. Menzel 1848*

Historique
Coll. Dr Georg Hirschland, 1939.

Bibliographie
Tschudi, 1905, n° 5.

Exposition
1955, Berlin, n° 16.

Tableau de contrastes: clair opposé au sombre, courbe opposée à la droite, direction mon-

tante opposée à direction descendante, grandes surfaces opposées à des détails, larges coups de brosse opposés à de fins accents de pinceau. Voilà ce que Menzel fait de la vue d'une cage d'escalier raide, éclairée par une applique. Il s'agit de l'escalier de l'immeuble du 43, Ritterstrasse, où Menzel vivait avec sa famille depuis le printemps 1847, une maison de rapport berlinoise simple et typique de l'époque.

On rencontre assez souvent des intérieurs à l'éclairage artificiel dans les peintures datant des débuts de Menzel.

H.R.L.

Essen, Museum Folkwang.

Adolph von Menzel

144 Salle de dépôt des plâtres dans l'Altes Museum

1848
Craies de couleurs avec rehauts de blanc sur papier brun. H 0,462; L 0,588
Signé et daté en bas à gauche: *Ad. Menzel. 26 August 1848 Aufbewahrungssaal während des Museum -baues 1848.*

Historique
Passé en 1895 de Menzel au marchand de tableaux Paechter; acquis la même année par Max

Liebermann; acheté en 1907 de Liebermann pour la Sammlung der Zeichnungen; Berlin (R.D.A.), Staatliche Museen, Sammlung der Zeichnungen (Menzel n° 1761).

Bibliographie
Lichtwark, 1901, t. IX, 19.12; Tschudi, 1905, n° n° 215 avec fig.; Tschudi, 1906, p. 11 et suiv., repr. après p. 66; Meier-Graefe, 1914, p. 127; Scheffler, 1915, p. 165; repr. p. 119; Scheffler, 1938, p. 54, repr. p. 181; Schmidt, 1955, n° 232; Kaiser, 1956, p. 61 et suiv.; Janda, 1973, t. XV, p. 107.

Expositions
1885, Paris, n° 235; 1905, Berlin, n° 278; 1935, Berlin, n° 248; 1970, Dresde, n° 177.

Le dessin représente une salle du rez-de-chaussée de l'Altes Museum de Berlin (construit par Schinkel), dans laquelle fut déposée la collection de moulages des musées, pendant la construction du Neues Museum par Stüler — un passage de communication entre les deux musées étant créé en 1847-48 au-dessus de la rue —. Cette gypsothèque trouva ensuite sa place définitive au premier étage et dans la cage d'escalier du Neues Museum. Menzel a fait du *Groupe dit de Pasquino* (Ménélas portant le corps de Patrocle mort) le centre principal d'intérêt du dessin. Voulut-il ainsi, lui dont les sympathies pour les événements de la Révolution de Mars sont connues, dédier une sorte de monument symbolique aux vic-

143

144

times, au moment où il peignait la représentation réaliste de leur mise en bière, tableau
laissé inachevé (Kunsthalle, Hambourg)? Seul
ce groupe de personnages fit l'objet de dessins
préparatoires. L'un d'eux, esquissé, met en
relief le caractère dramatique de la sculpture
dans le mouvement compliqué et baroque
des figures, tel qu'on le retrouve dans le dessin fini (Berlin, Sammlung der Zeichnungen;
Menzel, n° 3977); l'autre, plus précis, exprime
pleinement les lamentations et la désolation
qui accompagnent la mort de l'adolescent en
exprimant la forme du groupe dans une fron-
tale (Berlin, Sammlung der Zeichnungen;
Menzel, n° 889).

La disposition autour du motif central des
autres antiques est fortuite; parmi eux ne se
trouve aucun original conservé à Berlin. Au
premier plan est placé le moulage du siège
en marbre du Parthénon (Athènes, Musée de
l'Acropole). Les statues sur le côté gauche
et l'adolescent, à droite, ne sont pas identifiables avec certitude; mais on reconnaît
au-dessus du plâtre du lion (du monument
funéraire de Clément XIII par Canova à Saint-
Pierre de Rome), le *Discophore* du Musée du
Vatican, le *Sacrificateur en toge* et vraisemblablement l'*Athena Lemnia* avec la tête de
l'*Athena Giustiniani* de Cassel.   U.R.R.

Berlin, Staatliche Museen,
Kupferstichkabinett und Sammlung
der Zeichnungen.

145

Adolph von Menzel

145 Emilie Menzel, la sœur
de l'artiste, endormie

v. 1848
Papier sur toile. H 0,468; L 0,60

Historique
Coll. E. Maercker, Halberstadt; acquis en 1912.

Bibliographie
Stubbe, 1969, n° 233; cat. Hambourg, 1969,
p. 215.

Emilie, la sœur de Menzel (1823-1907), coha-
bitait avec ses deux frères Adolf et Richard
jusqu'au moment où elle épousa, en 1859,
le directeur de la musique royale, Krüger.

Le tableau se place parmi les premières
études peintes de Menzel, autour de 1848.

Citons l'interprétation de cet admirable
tableau donnée par Wolf Stubbe en 1969;
pour l'appréciation des qualités «picturales»
spécifiques de Menzel, elle dépasse de beaucoup celles des critiques précédents: «Les
considérations auxquelles Liebermann parvenait en songeant à la manière de peindre
d'un Menzel, selon lesquelles, dans le tableau
réaliste aussi, deux facteurs s'avéreraient
efficaces, à savoir l'objet pris dans sa réalité
et, d'autre part, la compréhension qu'a l'artiste de cet objet, s'appliquent remarquablement à notre tableau. L'objet et le sujet,
continue Liebermann, on les rencontrerait
simultanément dans le tableau du réaliste, et
le problème de l'artiste consisterait «à amal-
gamer totalement les deux, le particulier et
le général, dans une forme. Seule la légitimité du génie est capable de faire apparaître
devant nous comme par enchantement un
monde qui n'existe pas, mais qui pourrait
exister».

«Au premier regard, la vérité artistique du
portrait de la sœur paraît sans aucun doute
identique à la réalité. Assise sur un canapé,
accablée de fatigue, elle s'est affaissée sur le
traversin où elle vient de poser deux coussins.
Cela ne suffit pas pour qu'elle repose réellement à son aise, mais c'est la raison pour
laquelle justement la position de la dormeuse,
résultant d'une improvisation rapide, paraît

aussi naturelle. Voilà pour la réalité. Mais
ce qui nous fascine, ce n'est pas la confirmation d'une expérience de tous les jours que
nous trouvons dans le tableau, mais précisément ce qui dépasse la description de la vie
quotidienne. C'est-à-dire qu'en cherchant à
remplacer cet accord irréfléchi que suscite en
nous la solution du problème des rapports de
l'objet et du sujet, à le remplacer donc par
une analyse du procédé menzélien, on ne
tarde guère à se rendre compte d'un «artifice» génial dans ces efforts de l'artiste qui,
apparemment ne vise qu'à la reproduction
du réel.

«Parmi les procédés de composition, il
faut noter l'énergique mise en relief de la
jupe, comprise dans un triangle sur le côté
droit duquel le buste de la dormeuse semble,
par rapport à la réalité, être rendu trop petit,
mais paraît néanmoins au spectateur propor-
tionné judicieusement. Ce volume amplement
construit, fait d'étoffe gonflée de la façon la
plus variée, est l'occasion de magnifiques
développement picturaux, dans les diverses
nuances d'une tonalité brune qui s'harmonise
avec les différents tons de lie-de-vin de l'arrière-plan et du sofa. Quelque varié que puisse
être le traitement pictural de l'arrière-plan,
le peintre réalise encore beaucoup plus de
trouvailles techniques dans la jupe et le buste
de son modèle; cela surtout dans le volume

de la jupe qui détermine de façon décisive l'effet d'ensemble du tableau. Le peintre ajoute plus ou moins de blanc pour aller de l'obscurité des creux des plis aux lumières les plus claires. Mais un deuxième procédé vient s'ajouter au premier, pour en multiplier l'effet. Ces teintes brunes plus ou moins éclaircies de blanc, sont différenciées grâce à la diversité avec laquelle Menzel les applique. Elles sont tout à fait denses dans les accents clairs des reflets, plus ou moins ténues, c'est-à-dire, à la limite, ne modifiant guère la couleur sous-jacente, dans des parties situées dans le demi-jour ou la pénombre. Le procédé employé par Menzel pour combiner des observations objectives avec des manières de voir subjectives est difficile à formuler. Il est entièrement d'ordre optique; voilà qui explique peut-être pourquoi son œuvre trouva beaucoup d'approbations mais si peu d'appréciations allant jusqu'au fond des choses. Des partis sans cesse différents dans l'exécution, suivant ce qui doit être mis en valeur et selon telle ou telle façon — donc, dans un sens très positif, aucune méthode systématique dans le rendu du réel — conduisent à une technique stupéfiante dans l'emploi très divers des moyens picturaux. Ayant de toute évidence l'embarras du choix devant les trouvailles picturales, c'est avec une

spontanéité dénotant une créativité intense que Menzel se décide, au cours de l'élaboration de l'œuvre, pour l'emploi de formes toujours nouvelles et pour des remaniements de ce qu'il a projeté. Cela devient tout à fait évident dans le travail de la brosse dans le contour gauche de la jupe et dans la mise en couleur d'une hardiesse exceptionnelle, d'éléments déjà existants. C'est ainsi, par exemple, que, sur le coussin bleu, animé par un galon rouge et blanc, des traits de pinceau ont été rajoutés sur la manchette blanche.

«Menzel, grand dessinateur, abordant dans la technique à l'huile des problèmes purement «picturaux» n'a pas noté de détails précis pour ce portrait. Le visage de sa sœur est mis en place dans une zone floue qui le rapproche de l'anonymat. Si, malgré ce renoncement à des traits caractérisés, le motif est empreint d'une individualité certaine, si, en dépit de la variété des différents types de «modelés», le tableau captive le regard justement par son homogénéité, c'est là l'effet de cette «légitimité du génie» dont Liebermann déclare que par elle les œuvres de Menzel «se distinguent par leur caractère organique de l'extravagance géniale».   H.R.L.

Hambourg, Kunsthalle.

Adolph von Menzel

146 La Pelisse de l'artiste

Papier sur carton. H 0,38; L 0,44

Historique
Succession de l'artiste; Margarete Krigar-Menzel, Berlin.

Bibliographie
Tschudi, 1905, n° 19.

Le manteau, doublé de fourrure sombre, est négligemment jeté sur un sofa rouge. Il en résulte un ondoiement de plis qui fait penser au tableau représentant la sœur de l'artiste endormie (ici n° 145).

Le papier sur lequel est peinte l'esquisse à l'huile a été rogné irrégulièrement; Menzel tout en ne montrant jamais ses études exécutées pendant les années 1845-1850, ne les avait pas moins soigneusement conservées. Sans être à ses yeux des œuvres «à part entière», il a dû pourtant leur reconnaître un charme formel, une fraîcheur et une concision qu'il ne fut plus capable d'atteindre plus tard.   H.R.L.

Munich, Bayerische Staatsgemäldesammlungen.

Adolph von Menzel

147 Les électeurs (Urwähler)

Pastel. H 0,230; L 0,308
Inscription en bas à droite: *Urwähler Januar* (janvier) *1849*

Historique
Galerie W.A. Luz, Berlin, 1940.

Bibliographie
Wirth, 1965, p. 110, fig. 37.

Exposition
1955, Berlin, n° 36, fig. 24.

Au lendemain de la Révolution de Mars eurent lieu, début mai 1848, des «élections primaires», c'est-à-dire des élections préliminaires pour l'Assemblée nationale de Prusse à Berlin ainsi que pour le Parlement allemand à Francfort. Le mode de scrutin y restait calqué sur le système électoral dit des trois classes: les citoyens ayant le droit de vote, les *«Urwähler»* («électeurs primaires»), n'élisaient pas directement les députés, mais des *«Wahlmänner»*, électeurs au second degré, qui élisaient en leur nom les représentants du peuple (députés) à proprement parler.

146

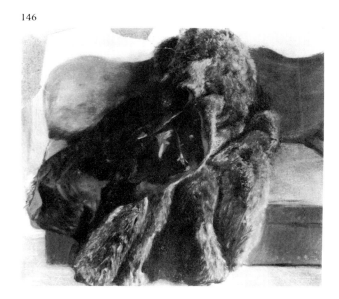

147

148

Menzel a fixé ses impressions des élections primaires berlinoises (dont le déroulement assez tumultueux et le résultat inattendu mirent au jour l'insécurité politique de l'Allemagne postrévolutionnaire), dans trois pastels datant de janvier 1849. Dessinée de mémoire, la présente feuille a pourtant un cachet d'authenticité: c'est un «coup d'œil» jeté sur une réunion électorale. Dans le comportement des électeurs primaires se reflètent des réactions opposées au concept politique qui leur est exposé. Or l'orateur, le véritable animateur de l'action, demeure invisible. Ce qui intéresse plutôt l'artiste, ce sont les différentes physionomies et les différents comportements: de la discussion âpre et de l'écoute attentive, à des rires sous cape et à des chuchotements de bouche à oreille, en passant par la profonde méditation. On croit reconnaître aussi dans cette assemblée différentes catégories sociales: l'intellectuel, l'artisan, le commerçant, représentant des opinions différentes. Menzel ne procède pas en peintre d'histoire mais en reporter «chasseur d'images». Ce qu'il décrit, ce n'est pas l'événement historique insaisissable en tant que tel, mais sa réflexion dans le domaine de ce qui est objectivement visible. D'une façon autre que Rethel dans ses allégories, il exa-

mine l'histoire contemporaine, non d'en haut mais d'en bas, pour ainsi dire, non d'un point de vue idéal, mais à partir des données terre à terre de la politique quotidienne vécue. Ce faisant, il évite autant toute sublimation que toute dénonciation. Voilà une prise de position de l'artiste «réaliste», objective, et, aussi, on peut le dire, démocratique.   H.H.

Essen, Museum Folkwang.

Adolph von Menzel

148 Portrait de famille autour d'un piano

1851
Mine de plomb. H 0,225; L 0,285
Signé et daté en bas à droite: *A.M. 22 December 1851*

Historique
Donné par Menzel à la famille Martini, à Jauer en Silésie, probablement dès 1852; acquis en 1906 de M. Fritz Martini, à Berlin, pour la Sammlung der Zeichnungen; Berlin (RDA), Staatliche Museen, Sammlung der Zeichnungen (Menzel, n° 1744).

Bibliographie
Jordan, 1905, p. 3; Meier-Graefe, 1914, p. 53, 56 et suiv.; Scheffler, 1915, p. 181 et suiv., repr. p. 161; Kern, 1916, repr. p. 85; Kirstein, 1919, repr. p. 17; Becker, 1922, p. 26 et suiv.; Scheffler,

1938, p. 54; Schmidt, 1955, n° 46; Wirth, 1965, pl. 25.

Exposition
1905, Berlin, n° 5369 (daté par erreur de 1856).

On reconnaît au piano Emilie et Richard, la sœur et le frère cadet de Menzel, l'artiste lui-même debout derrière eux, et, assise au premier plan, Constance Martini, la fille de Carl Martini, cousin de Menzel et conseiller auprès du tribunal d'arrondissement de Jauer, en Silésie. Constance, qui épousa Beling, directeur des postes à Berlin, avait déjà été dessinée par Menzel en 1844, lors d'une visite à Jauer; elle avait alors environ dix ans (Berlin, Sammlung der Zeichnungen; Menzel, n° 1748).

Il faut souligner la délicatesse et la vivacité du style comme de l'expression de ce dessin à la mine de plomb, relativement tardif, mais qui se relie à la tradition des portraits de famille du Biedermeier. Le dessin dénote plus de sentiment «pictural» que les études antérieures d'après les parents et les amis de l'artiste «croqués» dans l'album de 1846, où l'on voit d'ailleurs déjà dessinés son frère et sa sœur au piano (Berlin, Sammlung der Zeichnungen; Menzel Skizzenbuch, n° 7, p. 26).

Ce dessin familial devant être offert en souvenir aux parents de Silésie; Menzel en fit pour lui-même un calque, selon son habitude pour les dessins auxquels il attachait un intérêt particulier (Berlin, Sammlung der Zeichnungen; Menzel, n° 4519).   U.R.R.

Berlin, Staatliche Museen, Kupferstichkabinett und Sammlung der Zeichnungen.

Friedrich Nerly

Erfurt 1807 - 1878 Venise

Il reçoit très tôt sa première formation grâce au peintre hambourgeois Herterich. Il est encouragé ensuite par le baron von Rumohr avec lequel il visite l'Italie, en 1828. A Rome, il est influencé par Reinhart; il parcourt le sud de l'Italie et la Sicile. Il déploie de multiples activités dans le milieu accueillant du cercle des artistes. En 1829, il fonde la société Ponte-Molle où l'on parodie l'étiquette de la cour et la discipline monastique. A partid de 1837, il vit à Venise où il est peintre en vue pour ses paysages, ses architectures, ses sujets de genre et ses études d'animaux.

Friedrich Nerly

149 Clair de lune sur la Piazzetta

Toile. H 0,61; L 0,48
Signé à gauche: *F. Nerly*

Historique
Acquis en 1973.

Bibliographie
Meyer, 1908, p. 63; cat. Brême, 1973, p. 249 et suiv.

Le biographe de Nerly, Meyer, nous rapporte que l'artiste, dès son premier voyage à Venise, fut surtout enthousiasmé par les clairs de lune. Il dessinait de nuit, la plupart du temps à la craie et à la pierre noire. «Le sujet de son premier tableau vénitien fut la célèbre colonne avec le lion de Saint-Marc au clair de lune... Le tableau se trouve aujourd'hui au château royal de Potsdam; l'archiduc Rainer avait acheté la première version, un peu plus petite.» Il s'agit peut-être de notre tableau.

Le regard va de la Piazzetta au Môle et à

la lagune. La haute colonne, vue de très près, s'élève au centre de la composition; la lune est ainsi dissimulée, et les contours du lion ailé se détachent avec netteté. Le halo lunaire nimbe la partie supérieure de la colonne comme une auréole. La lumière bleue de la lune emplit le tableau. Les voiliers et les personnages vus de dos à contrejour donnent au tableau son unité, accentuant en même temps son aspect romantique, dans le sens du pittoresque quotidien.   H.R.L.

Brême, Kunsthalle.

Eugen Napoleon Neureuther

Munich 1806 - 1882 Munich

Fils de peintre, Neureuther a d'abord reçu l'enseignement de son père; à partir de 1823, il fréquente l'Académie de Munich où Kobell et Cornelius sont ses maîtres. A partir de 1826, il dessine des motifs ornementaux destinés aux fresques de Cornelius pour la Glyptothèque et les arcades du Hofgarten. Sous l'influence de la première publication de Senefelder, l'édition lithographique par N. Strixner, en 1808, des dessins de Dürer pour les marges du Livre de prières de l'empereur Maximilien, il dessine des illustrations pour des chants montagnards bavarois. Ces «arabesques» qui réunissent paysage, figure, fleurs et ornements, reçoivent l'approbation de Goethe; de 1829 à 1839 paraissent cinq fascicules avec des dessins marginaux pour les poèmes de Goethe. En 1830, l'éditeur Cotta l'envoie à Paris pour réunir des matériaux visuels sur la Révolution de juillet en vue d'illustrer des chants révolutionnaires. La trop grande fidélité au réel de ces représentations déplaît à Goethe et à Cotta et l'ouvrage, connu très vite des artistes, est retiré de la circulation. Neureuther a laissé une œuvre étendue comprenant des dessins, des lithographies, des gravures sur bois et des eaux-fortes. Après son premier voyage en Italie — de 1836 à 1837 — il réalise aussi des peintures murales au Hofgarten de Munich. A partir de 1847, il est directeur de la Manufacture de porcelaine de Nymphenbourg et, à partir de 1868, il est professeur de peinture décorative à l'Ecole d'arts appliqués de Munich.

149

150

Eugen Napoleon Neureuther

150 Randzeichnungen um Dichtungen der deutschen Classiker

(dessins marginaux autour de poésies des classiques allemands)

Munich, édité par l'auteur, 1832).

Ouvrage paru en deux parties comprenant en tout 6 livraisons. 50 pages avec lithographies autour de poèmes du roi Louis de Bavière, de Goethe, Schiller, Wieland, Bürger, Hebel, Platen, Uhland, Körner, Tieck, Klopstock et Langbein.
Livre illustré. H 0,22; L 0,17 (dimensions de la feuille).

Bibliographie
Bredt, 1918, p. 9, 11; Schuberth, 1926, p. 00; Rümann, 1926, p. 186-187, n° 1452; Diehl, 1935, p. 71; Rümann, 1936, p. 140-141.

Pour illustrer cet ouvrage dans le style d'«arabesques» qui lui est propre, Neureuther assimile l'exemple des dessins marginaux de Dürer destinés au *Livre d'Heures de l'empereur Maximilien* (publiés en 1808 par Nepomuk Strixner sous forme de lithographies), ainsi que l'influence du cycle de tailles-douces des «*Tageszeiten*» (Heures du jour) de Runge (ici

n° 203 à n° 206). Pour Neureuther, comme pour Dürer, de telles «arabesques» signifient un encadrement asymétrique du texte par l'illustration, ainsi qu'une combinaison ininterrompue des caractères typographiques et des ornements abstraits et floraux avec des éléments figuratifs dans l'espace, tant figures vivantes que paysages, pour parvenir à créer l'unité décorative de l'image. C'est Runge qui semble lui avoir suggéré les planches de composition symétrique (par exemple, le frontispice imaginé pour commémorer la mort de Goethe) et les ornements floraux, surtout le motif des demi-figures surgissant des fleurs, par exemple pour le *Lied von der Glocke* (Chant de la cloche) de Schiller.

L'ouvrage est ouvert au cahier 3 de la première partie sur des extraits de la *Genoveva* de Tieck. Les artistes allemands du «Sturm und Drang» (notamment le peintre Müller) et du romantisme ont fait revivre la légende de Sainte Geneviève de Brabant — d'ailleurs transposition sur le plan religieux du sujet d'un roman français (rappelons qu'après Friedrich Hebbel et Robert Schumann en Allemagne, le Français Eric Satie donna à son tour une adaptation de ce sujet.)

Dans la «tragédie» de Ludwig Tieck, *Vie et Mort de sainte Geneviève* (1799), la célèbre légende est associée étroitement à son époque historique (le VIIIᵉ siècle). L'époux de Geneviève, le comte palatin Siegfried de Trèves étant parti avec Charles Martel en guerre contre les Sarrasins en Espagne, le majordome Golo, par amour inassouvi, l'accusa d'adultère. Geneviève, condamnée à mort, va se cacher avec son fils dans la forêt. Au bout de sept ans, son époux retrouve l'innocente et condamne Golo à mort.

La lithographie de Neureuther montre qu'il s'attache à une explication non seulement décorative mais aussi conforme au sens en reliant le commencement et la fin du drame: en haut figure le jeune et beau Golo, écoutant la chanson d'un berger, dont les paroles sont reproduites dans le texte; en bas Golo, vieilli, se prépare à son exécution. Il veut prier, mais ne peut s'empêcher de songer au poème qui, dès le début, «rendit un son si prophétique» à son oreille:

«Dans l'étau fermé par les rochers
Que parcourent les rus tranquilles,
Là où poussaient les saules sombres,

Je désire voir bientôt ma tombe.
Là, dans le val frais reculé,
Je cherche un apaisement au tourment de
[mon cœur.

Car elle t'a bien repoussé,
Elle qui était si gentille et si belle!
Mille larmes ont coulé,
Mais elle a cru pouvoir te dédaigner —
Oui, cherche un apaisement au tourment
[de ton cœur,
Une tombe ici dans le val vert isolé...»

(Thieck, *Genoveva*, scène 3; 1928, p. 11, p. 258-259).   H.H.

Hambourg, Kunsthalle

Ferdinand Oehme

Dresde 1797 - 1855 Dresde

Le plus doué des élèves de Friedrich à l'Académie de Dresde, ami de Ludwig Richter, il va en Italie en 1819, en bénéficiant du soutien du prince héritier de Saxe. Il vit à Rome de 1822 à 1825, où il se lie avec les Nazaréens, toutefois sans que cela ait eu pour lui de conséquences artistiques. Après son retour à Dresde, il continue de peindre de poétiques paysages d'atmosphère. En 1825, il devient peintre de la cour, et en 1846, membre de l'Académie de Dresde.

Ernst Ferdinand Oehme

151 La cathédrale en hiver

1821
Toile. H 1,27; L 1,00
Monogrammé en bas à droite: *EO*

Historique
Coll. de la famille royale de Saxe; en 1908 château de Pillnitz, près de Dresde; après la première guerre mondiale château Sibyllenort (arrondissement d'Oels en Silésie), résidence de plaisance du dernier roi de Saxe; acquis des anciennes possessions royales en 1928. Inv. de la Galerie: n° 2219 B.

Bibliographie
Friedrich, 1940, p. 24, 39 avec repr.; Brion, 1960, p. 59; Brion, 1967, p. 190, 33 avec repr.; Neidhardt, 1972, p. 45-49; Mattausch, 1974, p. 28, fig. 5; cat. Dresde, 1975, p. 73.

151

Expositions
1821, Dresde, n° 339; 1908, Dresde, n° 153;
1928, Dresde, n° 283; 1958, Dusseldorf, n° 56;
1965, Berlin, n° 144, 127; 1969, Stockholm,
n° 416; 1971, Zurich, n° 74; 1972, Londres,
n° 124; 1974, Dresde, n° 96.

Oehme a réalisé ce tableau, sa première œuvre vraiment importante, en 1821, sous l'influence du *Cimetière de couvent sous la neige* (1817-1819) de Friedrich (détruit à Berlin en 1945). La parenté du sujet, la rigueur du dessin et la facture en glacis le montrent clairement. La façade gothique rappelle l'architecture de la cathédrale de Meissen. On sait que les romantiques allemands associaient à la redécouverte de l'architecture médiévale, celle du style gothique en particulier, l'idée d'un renouveau tout à la fois national et religieux. Tandis que C.D. Friedrich représente la plupart du temps les édifices sacrés gothiques à l'état de ruines, ici, intacte, la cathédrale apparaît comme le symbole de la piété du Moyen Age. La croix du maître-autel se présente au centre de la lumière, comme offre de salut, havre de grâce pour l'homme romantique. Oehme offrit ce tableau au prince héritier de Saxe, Frédéric-Auguste, qui l'en remercia en lui accordant une bourse pour un séjour d'étude en Italie.   H.J.N.

Dresde, Staatliche Kunstsammlungen, Gemäldegalerie Neue Meister.

Julius Oldach

Hambourg 1804 - 1830 Munich

Dès son jeune âge, ce fils d'un boulanger de Hambourg apprend à dessiner chez G. Hardorff et Ch. Suhr. De 1821 à 1823, il fait des études de peinture d'histoire à l'Académie de Dresde. De retour à Hambourg, il entre en relations avec Wasmann et une famille de peintres, les Speckter; il est également en rapport avec le baron von Rumohr. De 1825 à 1827, il est à l'Académie de Munich, chez Cornelius qui lui transmet l'enseignement des Nazaréens, puis il retourne à Hambourg. En 1829, il entreprend un voyage en Italie; il ne va pas plus loin que Munich où il meurt de phtisie. Pleins de sensibilité, les petits portraits et les dessins d'Oldach sont le témoignage d'un art «Biedermeier» fait d'intimité.

152

Julius Oldach

152 Hermann et Dorothée

1828
Parchemin. H 0,091; L 0,071
Monogrammé et daté en bas à droite: *JO 1828*

Historique
Legs J.F.N. Oldach, 1898.

Bibliographie
Lichtwark, 1899, p. 128 et suiv.; cat. Hambourg, 1969, p. 242.

On lit au 8e chant(*Melpomène*), de *Hermann et Dorothée* de Goethe, aux vers 82-98:

«Ils sont arrivés au vignoble, et commencent à marcher dans l'obscurité. Il la conduit sur les pierres nombreuses et irrégulières, qui servent de marches dans la tonnelle. Elle descend à pas lents, les mains appuyées sur l'épaule de son guide; la lune, dont la lumière fugitive vacillait à travers le feuillage, jette sur eux ses derniers regards et bientôt, environnée de nuages orageux, elle laisse le couple dans les ténèbres. Hermann, plein de force, est attentif à soutenir la jeune fille, penchée sur lui pour assurer sa marche; mais comme elle ne connaît pas le sentier et ses pierres inégales, le pied lui manque, elle est près de tomber. Rapide et efficace, le jeune homme, se tournant vers elle, a étendu le bras et soutenu sa bien-aimée; elle tombe doucement sur son épaule; leurs poitrines, leurs joues se touchent. Immobile comme le marbre, contenu par les ordres sévères de la volonté, il ne la serre pas plus fortement contre lui et se borne à ne pas céder au poids. Et ainsi, chargé de ce précieux fardeau, il éprouve un sentiment plein de charme; il sent les battements et la chaleur du cœur de celle qu'il aime, et il porte, avec un sentiment d'homme, toute la beauté et toute la grandeur de la femme.»

Le poème, publié pour la première fois en 1797, montre l'effort de Goethe pour amener «à la beauté de l'antique les situations allemandes» (Steiger). Cet effort devait apparaître aux hommes de l'époque de la Restauration, avec son évocation d'un «confort contemplatif» (Drews) dans la description de l'existence bourgeoise, comme un hymne à un «monde bourgeois aussi harmonieux et solide que limité» (Drews) — ou comme «un hommage aux philistins» (W. Menzel, 1836).

Le jeune Oldach décrit la scène dans laquelle le timide fils de l'aubergiste conduit sa fiancée en fuite à la maison de ses parents. Les visages présentent un caractère de portrait: le frère du peintre, qui posséda le dessin, se souvenait encore que c'est la servante Margareth qui fut prise pour modèle pour Dorothée.

Une deuxième version de la composition, peinte sur bois, (H 0,64; L 0,46), a disparu dans l'incendie de 1931 à Munich. L'esquisse d'une miniature montrant *Hermann et Dorothée à la fontaine* permet à Schümann de supposer qu'une suite d'illustrations était prévue pour l'ensemble de l'ouvrage. Il mentionne aussi les illustrations de Führich parues en 1827, qui pourraient avoir exercé une influence sur le dessin d'Oldach. H.R.L.

Hambourg, Kunsthalle.

Ferdinand Olivier

Dessau 1785 - 1841 Munich

Fils d'un pédagogue renommé — la famille de son père est originaire du pays de Vaud, les ancêtres de sa mère étaient français —, Olivier a grandi dans l'atmosphère favorable aux arts de Dessau, résidence ducale, dont le climat est tout imprégné de sentiment anglais — le parc du château voisin de Wörlitz est le premier jardin à l'anglaise du continent. Kolbe, son maître, l'incite à faire des paysages. De 1804 à 1806, il est à Dresde avec son frère Heinrich, il étudie à l'Académie et copie les maîtres anciens du paysage à la Galerie; il est en relations avec Caspar David Friedrich et le peintre A. von Klinkowström, très versé en musique comme il l'est lui-même, et ami de Runge qui a quitté Dresde quelques mois plus tôt. En 1807, avec son frère Heinrich, il fait un voyage à Paris en qualité de secrétaire de légation. Ils étudient et font des copies au Musée Napoléon; la peinture de Memling leur fait une profonde impression. Le duc d'Anhalt-Dessau, qui est amateur d'art, leur apporte une aide financière et commande deux tableaux pour l'église néogothique de Wörlitz, ce qui leur permet de prolonger leur séjour à Paris jusqu'en 1809. Sous l'influence des théories artistiques de Friedrich Schlegel qui a quitté Paris en 1804, mais où les deux frères fréquentent ses amis parmi lesquels Schinkel et le poète Achim

von Arnim, Olivier se tourne vers le Moyen Age. Au cours d'un voyage dans le Harz, en 1810, il fait des études sur nature où l'on sent l'influence de Friedrich. En 1811, il se rend à Vienne avec son frère Friedrich. Bien que sa foi protestante se soit approfondie, il entretient des rapports étroits avec le cercle des romantiques catholiques et patriotes réuni autour de Schlegel. Koch exerce une influence clarifiante sur ses tableaux d'histoire gothicisants; Julius Schnorr, les frères Reinhold, Issel, Rehbenitz appartiennent aussi à son groupe d'amis romantiques. En 1815 et 1817, il entreprend des voyages avec des amis peintres dans la région de Salzbourg; c'est là qu'il réalise ses paysages les plus importants. En 1822, il achève un cycle de lithographies représentant des vues de la région de Salzbourg, ordonnées selon un symbolisme chrétien, suivant les jours de la semaine. En 1817, Olivier et Schnorr sont admis solennellement, depuis Rome, dans le Lukasbund des peintres réunis autour d'Overbeck. De 1818 à 1819, il est auteur et coéditeur de la revue Janus. Sa maison, toujours ouverte, est le point de rencontre de nombreux artistes. Ses tableaux religieux dans la manière nazaréenne ne rencontrent qu'une maigre faveur. Au cours des années 1820, il représente de préférence des motifs des environs de Vienne. Son frère Friedrich est revenu d'Italie avec un grand nombre de croquis; dès lors, les paysages italiens deviennent fréquents dans l'œuvre de Ferdinand. En 1832, sur l'intervention de Cornelius et de Schnorr, il est nommé professeur d'histoire de l'art et secrétaire de l'Académie de Munich. Les

familles de Schnorr et de son frère Friedrich habitent dans sa maison, ainsi que, de temps à autre, J. Sutter et Rehbenitz; l'écrivain Görres et le philosophe Schelling appartiennent au cercle de ses amis.

Ferdinand Olivier

153 Ferme à Wieden, près du palais Starhemberg-Schönburg (Vienne)

1814-15
Plume, encre noire et grise sur papier brunâtre.
H 0,177; L 0,256

Historique
Acquis en 1939, vente chez C.G. Boerner, Leipzig; Berlin (RDA), Staatliche Museen, Sammlung der Zeichnungen (Ferdinand Olivier n° 16).

Bibliographie
Grote, 1938, p. 138, fig. 77; C.G. Boerner, Leipzig, cat. de vente 201, 1939, n° 3, pl. 1; Lankheit, 1952, p. 109; Andrews, 1964, p. 109 et suiv., pl. 37.

Expositions
1959, Salzbourg, n° 132; 1965, Berlin, n° 153.

Ferdinand Olivier, séjournant à Vienne depuis 1812, appartenait, avec ses camarades peintres Schnorr von Carolsfeld et Rehbenitz, à un cénacle romantique dont le foyer était en quelque sorte constitué par la maison qu'ils habitaient depuis 1814, située dans le jardin Caroly, dans le faubourg de Wieden, aux portes de Vienne. C'est là que fut notamment exé-

153

cutée par Ferdinand Olivier une série de dessins qui, d'un trait dur et aigu, représentent des vues insolites et originales du paysage et des fermes de ce faubourg. Ici, seul l'attique, avec des statues, du palais Starhemberg (œuvre de Lucas von Hildebrand), dans la Rainergasse, est visible; à l'arrière-plan, la Minoritenkirche; au loin, le Kahlenberg et le Leopoldsberg.

Les deux jeunes gens au premier plan à gauche ne sont pas sans suggérer des «correspondances» avec le romantisme littéraire allemand alors aisément perceptibles: en les regardant, on pouvait évoquer Franz Sternbald et son ami Sébastien (dans le roman de Ludwig Tieck, *Franz Sternbalds Wanderungen*, 1798) ou encore certains des héros peuplant les nouvelles d'Eichendorff. Sur le plan stylistique, il faut évidemment souligner, à propos de ces dessins, l'admiration dont il témoigne, et qui est typique du cercle viennois des nazaréens, pour l'art graphique allemand de l'époque de Dürer. G.R.

Berlin, Staatliche Museen, Kupferstichkabinett und Sammlung der Zeichnungen.

154

Ferdinand Olivier

154 Paysage de Berchtesgaden

1817
Toile. H 0,780; L 0,560
Monogrammé et daté à gauche, vers le milieu, sur le tronc de l'arbre: *FO 1817*

Historique
Exécuté sur la commande du général prussien Neithardt von Gneisenau (obtenue par l'intermédiaire de l'architecte K.F. Schinkel); refusé par Gneisenau, qui acheta par la suite trois autres toiles d'Olivier; coll. Wilhelm Steinhausen, peintre, Francfort; Mlle Rosa Livingston, Francfort (1906); Mlle R. Steinhausen, Francfort; acquis de cette dernière en 1927 par le musée de Leipzig. Inv. nº 1161.

Bibliographie
Von Arnim, 1818, p. 205-206; von Arnim, 1820, p. 3; Wolf, 1919-20, repr. p. 2; cat. Leipzig, 1929, nº 1161; Grote, 1934; Schwarz, 1936, p. 24, fig. 21; Grote, 1938, p. 203-204, 284, fig. 121; Schwarz, 1958, p. 24, fig. 27; cat. Leipzig, 1967, nº 1161.

Expositions
1905, Berlin, nº 11; 1906, Berlin, nº 1279 (repr. t. 2, p. 412); 1926, Leipzig, nº 264, pl. 6; 1930, Dessau, nº 26, repr. p. 14; 1957, Berlin, nº 230; 1959, Salzbourg, nº 106; 1965, Berlin, nº 151.

Quelques mois après avoir été accueilli, par correspondance, comme membre de la confrérie de Saint-Luc, Ferdinand Olivier, qui ne devait jamais rejoindre ses amis à Rome, trouvait dans la région de Salzbourg les spectacles naturels dont allaient s'inspirer ses plus beaux ouvrages. Après un premier voyage à Salzbourg en été 1815, qui lui fit découvrir l'aspect romantique de cette contrée, le second fut décisif. Il le fit de juillet à septembre 1817, en compagnie de son frère Friedrich et des peintres Johann Christoph Rist et Karl Ludwig Frommel, auxquels vint se joindre Julius Schnorr von Carolsfeld. Rentré à Vienne avec ses cartons de dessins, il conçut bientôt la suite de lithographies *Les sept jours de la semaine* («Sept sites de Salzbourg et Berchtesgaden»), qui parut en 1823. Le paysage de Leipzig est la première œuvre entreprise au retour du voyage, et ne fut suivi que de trois autres paysages peints, mais de nombreux dessins de grand format.

Une lettre d'Olivier (citée par Grote, 1938), nous renseigne sur le motif: celui-ci est situé près du Königssee, sur le Hundskehl. Les montagnes (Gotzenalm, Jenner, Funtenseetauern) entourent le Bartholomäussee, invisible. Dans cette douce contrée, où les fines silhouettes des érables prédominent,

des barrières signalent la proximité d'habitations humaines. «Je serais satisfait», écrit le peintre à son ami Wilhelm von Gerlach, «si j'avais réussi à exprimer bien sensiblement une journée d'été étouffante, qui fait comprendre que les voyageurs languissants ont hâte de boire à la source. Le troisième, dans l'ombre, est lui aussi assoiffé, mais il cherche un autre berger qui lui offre l'eau de la vie» (cité par Grote, 1938).

De même que les lithographies des *Sept jours de la semaine*, ce paysage, sur lequel s'ouvre le cadre symboliquement cintré, allie étroitement la signification allégorique et religieuse à la représentation d'une réalité topographique. «Il n'a fait aucun dessin qui ne soit en quelque sorte un poème», écrit Moritz von Schwind à propos d'Olivier (cité par Schwarz, 1936, p. 25), «et pourtant tout est dessiné d'après la nature». Sans qu'il soit possible d'assigner aux différents motifs (arbres, montagnes, etc.) un sens allégorique précis comme dans les paysages de Caspar David Friedrich, la tonalité d'ensemble suggère paix et recueillement. Le coloris chaleureux est dominé par des verts virant vers l'olive et des bruns dorés, auxquels les pèlerins vêtus de rouge, bleu et blanc apportent l'élément de contraste. Il est difficile de déterminer le chemin que pourraient avoir pris ces hommes (dont on remarquera les costumes moyenâgeux) à travers le paysage: derrière la petite muraille bornant le talus s'ouvre le vide. Et à l'arrière-plan, jusqu'à l'horizon placé très haut, se succèdent des plans parallèles qui forment comme une suite de barrières et suggèrent comme une remise en question du caractère idyllique du tableau. C.K.

Leipzig, Museum der bildenden Künste.

Ferdinand Olivier

155 Vue prise du Mönchsberg sur la citadelle de Hohensalzburg et la ville

1817-18
Crayon. H 0,326; L 0,406
Monogrammé et daté *FO 1817* en bas à droite

Bibliographie
Schwarz, 1936, pl. 22 et passim; Grote, 1938, p. 200, fig. 114.

Pour Ferdinand Olivier qui, à la différence de ses amis peintres, ne s'est jamais rendu en Italie, c'est la découverte de Salzbourg qui déclencha l'épanouissement de son art de paysagiste tout à fait autonome. Il y découvrit à la fois la vaste nature et une région de vieille civilisation (cf. nᵒˢ 157, 158). Les impressions qu'il reçut pendant ses deux voyages devaient déterminer pendant des années ses créations. Comme le précédent, le dessin exposé n'a pas été fait d'après nature mais seulement pendant l'hiver 1817-18, dans son atelier viennois. Il atteste le fait qu'Olivier concevait ses dessins non comme de simples études mais comme des œuvres d'art indépendantes et «à part entière». Celui-ci est poussé jusqu'au moindre détail. Se consacrer de la sorte, aussi patiemment, à la réalité sensible signifie pour Olivier une attention recueillie à ce qu'il y a de divin dans la nature. A la différence de Friedrich, le paysage n'est pas pour lui une projection de sa pensée, mais un événement oculaire. C'est pourquoi le jeune couple (le frère de l'artiste, Friedrich, qui avait été un de ses compagnons de voyage, et Fanny Heller, la belle-fille de Ferdinand et la future femme de Friedrich) sur la terrasse rocheuse de ce dessin ne se borne pas, tels les personnages vus de dos de C.D. Friedrich, à faire face méditativement au paysage, mais s'avance vers lui comme attiré par ce qui s'ouvre à sa vue: «Errant par-dessus l'herbe luxuriante, le feuillage aux formes bien arrondies, les frondaisons délicatement pennées de l'avant-scène, le regard se pose sur les tours de la cathédrale Saint-Pierre et passe à côté de la citadelle, pour longer le cours étincelant de la Salzach» (Grote, 1938, p. 200).

L'attitude du couple figuré sur le dessin semble exprimer une admiration sereine, semblable à celle dont témoigne la reproduction amoureuse de la nature par le dessinateur lui-même. Cette attitude est caractéristique de la conception nazaréenne du paysage. Ludwig Richter l'exposa de façon évidente dans ses *Souvenirs sur les Nazaréens romains:* les peintres français se seraient transportés dans le paysage munis de boîtes de peinture géantes car ils «avaient besoin pour leurs études de quantités formidables de couleurs qu'on appliquait à l'aide de grandes brosses en couches épaisses d'un demi-doigt. Ils peignaient toujours à quelque distance afin d'ob-

155

tenir seulement un effet d'ensemble ou, comme nous disions, un effet frappant. Bien entendu, ils consommaient énormément de toile et de papier fort à peinture car ils ne faisaient presque que peindre et rarement dessiner; nous, au contraire, nous étions portés davantage à dessiner qu'à peindre. Le crayon n'était jamais trop dur, ni trop pointu pour cerner les contours avec force et décision jusque dans le moindre détail... Nous amourachant de chaque brin d'herbe, de chaque branche, nous ne voulions nous priver d'aucun trait intéressant. Les effets aériens et lumineux étaient évités plutôt que recherchés. Bref, chacun s'efforçait de rendre le sujet le plus objectivement possible, fidèlement, comme dans un miroir» (Richter, 1886, p. 159).

Cette «objectivité» n'implique aucun parti-pris de réalisme; il faut entendre par-là une fidélité, supposant l'abnégation de soi-même, de l'observateur qui voit partout dans la nature la création de Dieu. Sous ce rapport, Olivier rejoint C.D. Friedrich qui déclare: «Le divin est partout, même dans le grain de sable...» (Friedrich, 1974, p. 211).   H.H.

Vienne, Graphische Sammlung Albertina.

Ferdinand Olivier

156 Le Petersfriedhof de Salzbourg avec la Margaretenkapelle

1818
Mine de plomb, rehauts de blanc.
H 0,510; L 0,420
Monogrammé et daté en bas à droite: *FO 1818*

Historique
Acquis en 1908, de la coll. Cichorius.
Inv. nᵒ C 1908-508.

Bibliographie
Grote, 1938, fig. 118, p. 386; Schwarz, 1958, p. 25, fig. 32; Buschbeck, 1959, nᵒ 115; Geismeier et Riemann, 1965, nᵒ 154; Straub-Fischer, 1966; Bernhard, 1973, p. 1002.

Expositions
1930, Dresde, nᵒ 130; 1959, Salzbourg, nᵒ 115; 1965, Berlin, nᵒ 154; 1970, Dresde, nᵒ 155.

L'intérêt d'Olivier pour le paysage salzbourgeois fut vraisemblablement éveillé d'une part grâce au cercle des romantiques viennois et, d'autre part, par la lecture des lettres de voyage de Bettina von Arnim. Ce dessin du cimetière Saint-Pierre fut exécuté au cours du deuxième voyage d'Olivier à Salzbourg. A la différence de Fohr (cf. ici nᵒ 43), il choisit son emplacement de manière que ce soit la Margaretenkapelle, chapelle médié-

156

vale, qui domine la composition. A l'arrière-plan à droite, la citadelle de Hohensalzburg (cf. ici nº 155) et les arcades construites en 1626. Renonçant à «animer» l'image par des personnages, Olivier n'y insère pas non plus les catacombes bornant le cimetière. Malgré l'absence de ces éléments traditionnels du Moyen Age, on constate que le dessin d'Olivier présente des caractères encore plus marqués de «gothique tardif», que l'artiste obtient par une facture minutieuse, chaque détail étant traité avec un soin égal; il en résulte que chaque élément semble aller «au-delà de lui-même», et sortir du cadre.

La Margaretenkapelle qui fait partie du Benediktinerkloster (monastère de bénédictins), fut bâtie entre 1485 et 1491.   G.L.

Dresde, Staatliche Kunstsammlungen, Kupferstichkabinett.

Ferdinand Olivier

157 Construction d'une maison

v. 1818
Crayon. H 0,175; L 0,266
Monogrammé en bas à droite: *FO*

Historique
Succession de la famille Overbeck.

Bibliographie
Grote, 1938, p. 300-301, hg. 188; Novotny, 1971, p. 10, pl. 6.

Exposition
1974, Copenhague, nº 29.

Sur un terrain en dehors de l'enceinte de la ville dont on voit les toits modestes et une tour, trois charpentiers posent des poutres pour la construction d'une maison. Le motif se caractérise par son extrême sobriété, voire sa parcimonie; la terre est presque sans végétation, les parois compartimentent l'espace. La composition symétrique, qu'il serait facile de qualifier de classique, accentue les principaux axes et se singularise par son austère simplification cubique et la pureté des formes qu'elle définit. Un réseau délicatement filigrané de hachures parallèles extrêmement fines, continues ou courtes, recouvre la surface, tantôt en se relâchant, tantôt en se condensant, et confère à l'image une brillance argentée.

La pureté et l'ordonnance ascétiques qui ennoblissent le motif — peu «artistique» dans son humilité — apparaissent comme un caractère à la fois esthétique et spirituel. Cette pensée religieuse fondamentale se trouve en quelque sorte concrétisée par l'arc qui encadre l'image. Les ouvriers exécutent leur besogne avec une abnégation quasi solennelle en accord avec la tranquillité du lieu. C'est que le travail est aux yeux d'Olivier, protestant pratiquant, une manière de célébrer le culte. Il ne l'idéalise pas, mais n'en montre pas non plus la dureté ni la servitude effectives. Beencken souligne à juste titre (1944, p. 226) que de telles représentations du travail évoquent plutôt certaines scènes bibliques — par exemple Saint Joseph charpentier — qu'elles ne traitent le thème du travail manuel au sens moderne.   H.H.

Lübeck, Museum für Kunst- und Kulturgeschichte.

Ferdinand Olivier

158 Le Petersfriedhof de Salzbourg, vu de l'entrée nord-ouest

1820
Mine de plomb, rehauts de blanc
H 0,541; L 0,435
Monogrammé en bas à gauche: *FO 1820*

157

158

159

Historique
Acquis en 1927 de la Maison ducale d'Anhalt.
Inv. n° 39.

Exposition
1959, Salzbourg, n° 120.

Bibliographie
Schwarz, 1936, repr. 35 - Grote, 1938, p. 202,
repr. 117 - Straub - Fischer, 1966, p. 347 et suiv.

Dans la diversité de vues qu'il offre (cf. n° 156), le cimetière Saint-Pierre (Petersfriedhof) est un motif de prédilection des artistes allemands qui séjournaient à Salzbourg. La force de l'image est intensifiée grâce à la vue au travers d'une arcade; on voit la Margaretenkapelle, et, derrière, le Mönchsberg

et la citadelle. Le dessin a été exécuté à Vienne, après le séjour à Salzbourg.

C'est à la main de Ferdinand Olivier qu'on doit la plupart — et les plus beaux — des paysages salzbourgois, de même que la série de lithographies Sieben Gegenden aus Salzburg und Berchtesgaden (Sept sites de Salzbourg et de Berchtesgaden), achevée en 1823. La découverte de cette région par le groupe qui s'était constitué autour d'Olivier eut des prolongements avec les séjours de peintres de Berlin, de Vienne et de Dresde à Salzbourg et dans ses environs.   G.R.

Dessau, Staatliche Galerie.

Ferdinand Olivier

159 Coin de ferme à Mödling

1823
Plume sur papier gris
H 0,327; L 0, 453
Monogrammé et daté en bas: FO 1823

Historique
Coll. Peter Woltze, peintre. Weimar.

Bibliographie
Grote, 1938, p. 304, fig. 193; Novotny, 1971, n° 23, pl. 14.

Exposition
1936, Munich-Berlin-Hambourg, n° 167.

Olivier passa l'été 1823 avec sa famille dans la petite ville de Mödling, située sur la pente orientale du Wienerwald. Il y habitait une propriété rurale en bordure de la localité. C'est un coin de cette ferme, dont les constructions s'encastrent dans la colline, qu'il représente sur le présent dessin, vu du lieudit «Frauenstein».

«Des rochers difformes se bousculent vers l'étable et délimitent le regard. Des plantes d'un aspect chétif poussent sur le sol négligé et pauvre, isolément, très distantes l'une de l'autre, un arbre faisant pencher ses branches aux feuilles clairsemées. De loin, la Spital-kirche, une église gothique, lance une salutation dans ce coin abandonné» (Grote, 1938, p. 304).

Dans cet enclos désert se heurtent œuvres de la nature et œuvres des hommes, rochers qui saillent de façon menaçante et architectures misérables. Pourtant Olivier semble voir moins leur contraste dramatique que leur assimilation naturelle, se refusant à faire ressortir de manière «réaliste», par le menu, le désordre chaotique de cet univers. Il s'attache à relier tous les détails dans un système de champs de hachures variées, qui se limitent et se superposent, et donne ainsi naissance à une continuité graphique, d'une remarquable diversité et, en même temps, d'une transparente clarté dans la définition des formes. Adepte de l'art graphique d'un Dürer, il découvre, même dans ce motif modeste, la beauté qui lui est inhérente.   H.H.

Munich, Staatliche Graphische Sammlung.

Heinrich Olivier

Dessau 1783 - 1848 Berlin

Après avoir reçu un premier enseignement avec son frère Ferdinand chez Kolbe, il se rend à Leipzig en 1801, pour étudier la philologie; parallèlement, il peint des portraits. L'année 1804 le voit à Dresde avec son frère; en 1807, il suit celui-ci à Paris, où il copie Raphaël au Musée Napoléon; avec Ferdinand, il peint des tableaux pour l'église de Wörlitz. Il est de retour à Dessau en 1810. En 1813, il est officier à la «légion allemande». Après les guerres de libération, il vit à Vienne chez Ferdinand et devient conseiller économique. Par la suite, il sera professeur de dessin et de langues à Berlin.

Heinrich Olivier

160 La Sainte-Alliance

1815
Gouache. H 0,440; L 0,350
Signé et daté en bas: *Heinrich Olivier inv. et fecit 1815*

Provenance
Parvenu au musée en 1927, de la Maison ducale d'Anhalt.

Bibliographie
Grote, 1938, p. 114, fig. 57; Lankheit, 1952, p. 143 et suiv.

Exposition
1965, Berlin, nº 158.

Cette représentation a été inspirée par le dithyrambe «*Österreich und Deutschland*» qu'avait composé Hormayr, l'historiographe officiel de Metternich, en 1815, au lendemain du Congrès de Vienne qui suivit la victoire définitive sur Napoléon. La conclusion de cet hommage à la maison de Habsbourg est traduite par une apothéose se déroulant à la cathédrale de Francfort où, devant le sanctuaire, les trois monarques alliés: l'empereur François II d'Autriche, à sa droite le tsar Alexandre Ier de Russie, et à sa gauche le roi Guillaume III de Prusse, se font réciproquement serment de fidélité. Dans cette allégorie, l'artiste se conforme à cette idée d'alliance antilibérale, dont Metternich avait été l'instigateur et qui détermina la politique de «restauration» de la période suivant le Congrès de Vienne. Cela s'exprime en particulier par les armures moyenâgeuses des souverains et l'architecture gothicisante. Tout comme ses frères Ferdinand et Friedrich, l'artiste s'était rallié, à Vienne, au cercle conservateur catholique autour du philosophe Friedrich Schlegel, qui s'appliquait à la résurrection des idées du Moyen-Age.   G.R.

Dessau, Staatliche Galerie.

Friedrich Overbeck

Lübeck 1789 - Rome 1869

A partir de 1805, le père d'Overbeck — poète, sénateur et bourgmestre de Lübeck après 1814 — fait apprendre la peinture au jeune homme. Les visites à Hambourg chez Wilhelm Tischbein et chez Runge eurent aussi leur importance, de

160

même que la connaissance, par l'intermédiaire d'August Kestner, des dessins des frères Riepenhausen d'après des fresques italiennes. En 1806, il va à l'Académie de Vienne, mais il est rebuté par l'enseignement classique en usage sous le directorat de H. Füger. Aussi cherche-t-il à entrer en relation avec les élèves de David, avec Eberhard Wächter, admirateur de Cartens et avec Pforr. C'est avec ce dernier et les élèves de l'Académie, Wintergerst, J.K. Hottinger, G.L. Vogel et J. Sutter, qu'il fonde, en 1809, le «Lukasbund». Cette première sécession dirigée contre l'art établi se donne comme but un renouveau de l'art sur la base de l'histoire nationale et de la religion, grâce à un travail commun, comme celui d'une corporation, au sein de la société des artistes. L'image religieuse doit revivre dans la peinture monumentale. Sur la base de la foi chrétienne, ils cherchent une synthèse des pensées et des peintures italienne et allemande. Lorsque les artistes du «Lukasbund» ne furent pas repris à l'Académie qui rouvrait ses portes après une courte interruption due à l'entrée des troupes napoléoniennes en 1809 — il n'y eut aucun renvoi officiel — Overbeck, sur le conseil de Wächter, partit pour Rome avec quelques-uns de ses amis peintres pour y chercher non la tradition antique, mais la tradition chrétienne. Grâce aux liens avec ceux qui étaient restés, l'art du cercle d'Overbeck est rapidement connu dans le nord. En 1810-

1812, les artistes vivent dans l'ancien couvent de Sant'Isodoro sur le Monte Pincio; ils forment la «Lukasbruderschaft» (communauté fraternelle de St Luc) et vivent dans une simplicité monastique.

À cause de leurs longs cheveux, partagés au milieu par une raie, qu'Overbeck fut le premier à porter, inspiré peut-être par les autoportraits de Raphaël et de Dürer, et à cause de leur piété, on les appela les «Nazaréens». En plus de leurs entretiens du soir, ils prennent en 1811 des cours de dessin de perspective auprès de Catel, l'élève de David. Fra Angelico et Pinturicchio sont leurs modèles. A cause de sa piété sincère, Overbeck, qui s'est converti au catholicisme en 1813, est le plus respecté. Son art exerce une forte attraction sur Cornelius, les frères Riepenhausen, Olivier, Fohr, Koch, Schick, et enfin sur son directeur d'académie Füger, alors que Reinhart, Goethe, mais aussi Friedrich et Kleist le désapprouvent formellement. Le texte d'Overbeck Drei Wege in der Kunst (Trois voies pour l'art) montre que sa pensée n'est pas dogmatique; il considère comme des possibilités d'égale valeur la voie de l'imagination avec Michel-Ange, celle de la nature avec Dürer, et celle de la beauté et de l'idéal avec Raphaël, qu'il a lui-même choisie. En 1816-17, il travaille avec Cornelius, Wilhelm Shadow et d'autres aux fresques de la Casa Bartholdy: c'est la première commande des Nazaréens. C'est à

lui que revient le choix du thème, l'histoire de Joseph, empruntée à la Bible. En 1817, il commence les travaux préparatoires pour les fresques de la salle du Tasse dans la villa du marquis Carlo Massimo, mais ces fresques seront exécutées par J. Führich. En raison d'un vœu, il peint en 1829 la façade de la chapelle de la Portioncule à Assise. En 1831, il fait un voyage en Allemagne, mais en dépit de nombreuses sollicitations il restera à Rome jusqu'à sa mort.

Friedrich Overbeck

161 Le songe de Joseph

1810
Toile. H 0,223 ; L 0,322

Historique
Legs de Charlotte Overbeck, 1914.

Bibliographie
Howitt, 1886, t. II, p. 400; Heise; 1931, p. 238; Jensen, 1963, n° 11, p. 18 et suiv.; Andrews, 1964, p. 97 et suiv.

«Après qu'ils furent partis, un ange du Seigneur apparut en songe à Joseph et lui dit: «Lève-toi! Prends le petit enfant et sa mère, fuis en Egypte, et tu y resteras jusqu'à ce que je te parle; car Hérode cherchera le petit enfant pour le faire mourir» (Matthieu, II, 13). Overbeck a choisi ce thème pour le petit tableau qu'il voulait peindre pour sa sœur Charlotte en témoignage de consolation au moment de la mort de son premier enfant. «Je dois y passer encore trois semaines, songez, quelle entreprise! encore un tout petit tableau à peindre... pour notre chère et admirable Lotte...», écrit-il dans une lettre du 19 avril 1810 (voir Jensen). Il envoya le tableau le 15 mai 1810 à sa sœur à Lübeck.

Le petit tableau a un caractère archaïsant et naïf. L'espace étroit est déterminé par la forme blanche de l'ange, d'une «délicatesse enfantine», «la plus belle trouvaille de ce tableau» (Jensen). Andrews (pl. 78c) a indiqué une source formelle pour la chambre et le lit, pour le personnage de Joseph et pour l'idée de l'ange qui s'introduit dans le tableau à cet endroit (p. 78, pl. 78c): une scène de l'histoire des saints, gravée par Raphaël Sadeler (dans Matthäus Raderus S.J., Bavaria Sancta, Munich, 1615). Dans cette œuvre, le pèlerin Guillaume apparaît au comte Albertus von Bogen pour lui rappeler la fondation du cou-

161

162

vent de Windheim promise en remerciement de sa guérison. Ce ne sont donc pas seulement Raphaël et ses contemporains, mais aussi, comme en ce cas, un artiste de la fin du maniérisme, qui pouvaient servir de modèle à Overbeck pendant sa période viennoise. Un dessin préparatoire pour le tableau se trouve à Dusseldorf.   H.R.L.

Lübeck, Museum für Kunst und Kulturgeschichte.

Friedrich Overbeck

162 Le peintre Joseph Wintergerst

1811?
Papier. H 0,163 ; L 0,128

Historique
J.F. Lahmann, Brême ; reçu en don en 1909.

Bibliographie
Cat. Hambourg, 1969, p. 246.

Exposition
1906, Berlin, n° 1295 d.

Le 11 septembre 1811, Overbeck écrit dans son journal: «un peintre ne doit jamais se lasser d'étudier constamment la nature, et ne manquer aucune occasion de peindre avec le plus grand soin des portraits d'après nature, en particulier de têtes remarquables».

Le modèle est Joseph Wintergerst (1783-1867). Le cadrage est étroit; le visage a une expression fermée, le regard est dirigé vers le haut, ce qui est inhabituel pour un portrait. Le personnage apparaît dans la même attitude, au milieu d'autres amis, dans une grande composition comportant de nombreux personnages, l'*Entrée du Christ à Jérusalem* (1809-11, 1815-24; depuis 1825 à la basilique de Lübeck, où il fut brûlé au cours d'un bombardement en 1942). Wintergerst avait rejoint à Vienne en 1808 ses amis Overbeck et Pforr; il appartint dès le début au Lukasbund. A l'automne, il alla à Munich, et au début de l'année 1811, suivit à Rome ses amis partis une année auparavant; il y resta jusqu'en février 1813. Le portrait n'a donc pu être fait qu'en 1808-09 ou en 1811-13. Sur un portrait dessiné de Berlin, Overbeck a représenté Wintergerst avec une longue chevelure, partagée au milieu par une raie; cette coiffure était, on le sait, un des signes distinctifs des membres du Lukasbund à Rome.

Mais sur notre portrait, Wintergerst est représenté avec les cheveux courts. Comme Overbeck exprime pour la première fois dans une lettre du 17 février 1810 l'idée d'introduire dans l'*Entrée à Jérusalem* un groupe de six personnages représentant ses amis, on pourrait admettre que le portrait a été peint

peu après l'arrivée de Wintergerst à Rome, donc au début de l'année 1811. Il a pu cependant être fait aussi pendant l'automne 1819, à Vienne, à la fois comme hommage rendu à l'amitié et au souvenir, et comme étude pour la grande composition.

Le cadrage très étroit — qui ne s'explique que parce qu'il s'agit d'une étude — va dans le sens de cette réduction à l'essentiel, qui était une des préoccupations des jeunes Nazaréens. Nous trouvons rarement au début du XIXᵉ siècle une telle concentration — qui évoque les débuts du portrait au XVᵉ siècle —, sauf peut-être dans le portrait de Ramboux des *Frères Eberhard* (ici n° 172).   H.R.L.

Hambourg, Kunsthalle.

Friedrich Overbeck

163 La mort de Léonard de Vinci

1816
Crayon. H 0,334 ; L 0,413

Historique
Legs d'Emilie Lindner, peintre de Bâle et mécène d'Overbeck.

Bibliographie
Howitt, 1886, vol. 2, p. 405 ; Andrews, 1964, p. 103-104, pl. 24b.

Le thème du dessin renvoie au texte de Vasari dans sa *Vie de Léonard*. «Puis arriva le roi, qui

163

164

avait l'habitude de rendre fréquemment à Léonard d'amicales visites. Léonard, par respect, s'assit dans son lit et parla de sa maladie, et il exposa combien il avait offensé Dieu et les hommes pour n'avoir pas agi dans son art comme il aurait dû le faire. Puis il eut une grave crise, annonciatrice de sa mort; et comme le roi s'était levé et lui tenait la tête pour l'aider et lui témoigner sa protection, afin d'alléger sa souffrance, il sentit alors qu'il ne pouvait lui être fait un plus grand honneur, et rendit son âme sublime dans les bras du roi» (Vasari, 1906, vol. 6, p. 24).

Cette description, rédigée quelque trente ans après la mort de Léonard (1519), est peut-être une légende, mais elle touche à la réalité. Car le jeune François Ier, qui, avait appelé en 1517 Léonard, alors âgé de soixante-cinq ans, comme artiste de la cour et conseiller et lui avait donné pour habitation le petit château de Cloux, tout près de sa résidence d'Amboise, avait conçu pour l'artiste une vénération sans limites, comme d'autres témoignages de l'époque le confirment.

Le thème illustré par Overbeck fut proposé à l'Académie, en France au XVIIIe siècle, comme exercice en costumes «gothiques». Andrews en donne comme exemples des compositions de Ménageot, et aussi Cades, Barthélemy et Angelica Kauffmann. Overbeck a été incité au choix de ce sujet inhabituel dans l'art allemand, par les *Herzergiessungen eines kunstliebenden Klosterbruders* (Confessions d'un moine amateur d'art) de Wackenroder et Tieck, parues en 1797. Dans un chapître du livre, Léonard est présenté comme le «modèle du peintre ayant le sens de l'art, et de plus, d'une immense culture». Sa mort est décrite comme dans le texte de Vasari, avec les réflexions suivantes: «Si l'éclat de la couronne est la lumière qui favorise le développement des arts, on peut considérer la scène qui a lieu à la fin de la vie de Léonard, en une certaine mesure, comme l'apothéose de l'artiste; aux yeux du monde, en tous cas, mourir dans les bras du roi dut apparaître comme une récompense digne de tous les actes du grand homme.» (Wackenroder, 1797, p. 44-45). Pour l'illustration du récit, Overbeck ne se rattache pas directement à ses prédécesseurs, mais se reporte ouvertement à un modèle historique, un bois gravé de Dürer, *La mort de la Vierge*, de la suite de *La Vie de la Vierge*, de 1510. Il lui emprunte la composition, le symbole de l'arc en plein cintre et de nombreux motifs — le lit, l'attitude de plusieurs personnages. En outre, il place la scène dans le cadre d'une église des débuts de la Renaissance, et simplifie les formes, transposant le style des vieux maîtres allemands dans celui du Quattrocento. La composition symétrique de Dürer est complétée à droite: derrière un pilier, un prêtre, qui d'après Vasari a apporté au mourant les derniers sacrements, et un enfant de chœur se dirigent vers un groupe à l'arrière-plan. L'expression sérieuse des personnages, renforcée par la signification évidente de l'architecture, confère à la scène un caractère de noblesse sacrée. Il faut la comprendre comme le symbole de l'union de l'art et de la religion à laquelle aspiraient les Nazaréens. L'art est pour eux un office divin et fondé sur la religion, comme le dit Overbeck dans sa célèbre (et fausse) interprétation de Raphaël: «que le jeune peintre veille avant tout sur ses sentiments, qu'il ne laisse jamais un mot grossier sortir de ses lèvres, ni une pensée malsaine pénétrer dans son âme. Et comment peut-il s'en préserver? — Par la religion, par l'étude de la Bible, qui seules ont fait de Raphaël ce qu'il est» (cat. exp. Nuremberg, 1966, p. 296).

Overbeck a vendu en 1816 au gentilhomme napolitain Tocco une première version de *La mort de Léonard*. Le dessin exposé ici est une réplique que cet aristocrate avait commandée à l'artiste la même année. Il est intéressant de noter que — comme l'a fait Andrews — l'ambassadeur de France à Rome, le comte de Blacas, commanda deux ans plus tard à Ingres, qui travaillait alors à Rome, un tableau sur le même thème (Paris, Petit Palais), — toile historique dans le goût

Troubadour des romantiques français, où Ingres, à sa manière, paye tribut au passé (cat. exp. Rome, 1968, n° 133).   H.H.

Bâle, Kunstmuseum.

Friedrich Overbeck

164 Jeune couple assis sous des arbres

v. 1818
Crayon. H 0,169; L 0,236.

Historique
Succession de l'artiste, Rome. Acquis en 1885 du peintre Carl Hoffmann, Berlin; Berlin (R.D.A.), Staatliche Museen, Sammlung der Zeichnungen (Overbeck n° 84).

Bibliographie
Schilling, 1935, pl. 12; J.C. Jensen, 1962, p. 364 et suiv., fig. 4.

Expositions
1906, Berlin, Zeichnungen n° 2846; 1926, Leipzig, n° 317 - 1965 Berlin, n° 166.

Ce dessin, inachevé, représente vraisemblablement l'artiste et sa fiancée Nina Schiffenhuber, qu'il épousa en 1818. La barque fleurie

et les jeunes gens jouant de la musique renforcent les éléments d'atmosphère romantique et désignent peut-être le cortège nuptial. Les tours qu'on aperçoit à l'arrière-plan représentent sans doute Vienne, ville natale de la fiancée.   G.R.

Berlin, Staatliche Museen, Kupferstichkabinett und Sammlung der Zeichnungen.

Friedrich Overbeck

165 Vittoria Caldoni

v. 1820-21
Toile. H 0,520; L 0,370

Historique
Succession de l'artiste; Filippo Ridolfi; acquis en 1942.

Bibliographie
Howitt, 1886, I, p. 480 et suiv.; II, p. 407; Degenhart, 1936, p. 154; cat. Wuppertal, 1974, p. 163 et suiv.

«August Kestner, à l'époque secrétaire à l'ambassade du Hanovre à Rome, passa les mois d'été de l'année 1820 dans les Monts Albains avec la famille de l'ambassadeur, M. von Re-

165

166

---

den. Il découvrit là par hasard l'incarnation de la beauté classique dans la personne d'une fillette de treize à quatorze ans, nommée Vittoria Caldoni. Elle était la fille de pauvres vignerons, élevée selon les coutumes très strictes de ces pays: elle ne passait que rarement le seuil de la maison de ses parents, sauf pour se rendre à l'église ou pour travailler dans le vignoble. Kestner l'introduisit auprès de Mesdames von Reden, qui furent frappés par sa merveilleuse beauté, mais encore davantage conquises, en la connaissant mieux, par la sagesse inhabituelle et la candeur vertueuse de l'enfant. Sur leur invitation, Vittoria vint les voir à Rome à l'automne; et là, comme il n'était pas possible de satisfaire aux demandes des artistes qui voulaient faire son portrait, Madame von Reden aménagea une pièce de l'ambassade (la Villa Malta) dans laquelle, quelques heures par jour, la jeune fille était visible pour tous les artistes qui pouvaient y trouver place pour travailler. Thorvaldsen et Rudolf Schadow se hâtèrent d'y venir avec leur matériel de modeleur; les peintres s'y assemblèrent à leur tour – les uns comme les autres enthousiasmés à l'idée de reproduire la beauté tout à fait unique de l'innocente jeune fille. Le nombre de ces artistes était grand, mais tous s'épuisaient en vain à res-

tituer dans leur œuvre, avec la vérité de la vie, l'incomparable modèle.»

C'est ainsi qu'Howitt décrit cette histoire, d'après les *Souvenirs* de Kestner (Berlin, 1850, p. 81 et suiv.). Kestner lui-même a vu 44 portraits de la jeune fille, dont ceux de Catel, Schnorr von Carolsfeld et Horace Vernet. Louis de Bavière acheta le portrait d'Overbeck, qui se trouve aujourd'hui à la Nouvelle Pinacothèque de Munich. Notre tableau en est une autre version. Une troisième, aujourd'hui disparue, était selon Howitt «d'étude originale». «On ne sait pas exactement lequel des trois tableaux est la première version, et si les deux autres sont des versions de l'artiste lui-même, ou des copies d'une autre main», écrit Laxner-Gerlach. Cependant, Degenhart tient le tableau de Munich pour une réplique autographe évidente: «Peut-être le tableau de Munich fut-il commandé par le prince héritier Louis de Bavière, comme copie agrandie du tableau pris sur le vif à Rome». Il montre que cette version de Munich (H 0,89; L 0,65), «malgré l'effort visible pour faire une copie très exacte», a donné des résultats plus durs pour quelques détails; en particulier, le visage y est davantage idéalisé. Notre tableau a donc été exécuté en 1820 ou 1821.

Un dessin préparatoire pour l'ensemble se trouve à Berlin, et un pour la tête à Munich.

H.R.L.

Wuppertal, Von der Heydt Museum.

Friedrich Overbeck

166 Germania et Italia

v. 1828?
Toile. H 0,950; L 1,05

Historique
Acheté en 1952 à Mme von Dolega, château de Nöthnitz, près de Dresde; Inv. n° 2813.

Bibliographie
Jensen, 1963, p. 40; Andrews, 1964, p. 92, n° 3 («A seemingly fine copy or replica»); Kaiser, 1966, p. 83, fig. 114; cat. Dresde, 1975, p. 74.

Expositions
1965, Berlin, n° 161, p. 185 (repr.); 1966, Berlin, p. 284, fig. 8; 1975-1976, Stendal et Weimar, p. 69.

Il s'agit de la seconde version, légèrement modifiée, du tableau de même format appartenant aux Bayerische Staatsgemäldesammlungen à Munich (WAF 755) et qui fut achevé seulement en 1828. Pour H. Geller, le tableau présenté est aussi de la main d'Overbeck. Il suppose que celui-ci, qui avait commencé le tableau de Munich en 1815 pour répondre à une commande de F. Wenner, libraire et marchand de tableaux de Francfort, en a réalisé une copie pour lui-même. Etant donné qu'il s'agissait, à l'origine, d'une composition destinée à Pforr à l'occasion de ses fiançailles (cf. l'esquisse de la coll. Schäfer à Schweinfurt), il aurait eu du mal à se séparer de son tableau et en reculait sans cesse la livraison. Il aurait exécuté la version de Dresde en s'en tenant fidèlement à l'original – peut-être avec l'aide d'un de ses disciples – avant de le livrer finalement à son client. Comme il ressort d'un échange de lettres entre H. Geller, à Dresde, et P. Halm, à Munich, Halm tient pour possible qu'Overbeck ait peint le tableau lui-même (cf. cat. Munich, 1967, p. 72). Par contre, J.C. Jensen considère que le tableau de Dresde est «une copie de la main d'un contemporain», peut-être de Rehbenitz, élève et ami d'Overbeck, qu'Overbeck a seulement «un peu retouchée» (communication écrite du 8 avril 1963).

Dans une lettre à Wenner du 31 janvier 1829, Overbeck donne des éclaircissements sur le sujet et le sens de la composition:

«Mais que j'aie précisément choisi l'idée d'une Germania et d'une Italia s'explique par mon point de vue particulier d'Allemand en Italie. Il est vrai que ce sont deux principes qui, pour ainsi dire, s'opposent, tout à fait étrangers l'un à l'autre, mais ma mission est, et doit rester désormais, de les fondre ensemble du moins dans la forme extérieure de ma création: c'est pourquoi je les représente ici rapprochés par une belle et tendre amitié. C'est d'un côté, le souvenir de ma patrie qui imprime sa marque ineffaçable dans mon âme, et de l'autre, l'attrait de toute la magnificence et de toute la beauté dont je jouis avec reconnaissance dans le présent; les deux idées sont réunies, non point séparées et s'excluant l'une l'autre, elles sont comprises en pleine harmonie, dans un mutuel respect. C'est enfin, pour parler de façon générale, la nostalgie qui attire perpétuellement le Nord vers le Midi, vers son art, sa nature, sa poésie. Et toutes deux sont en parure de fiançailles, aussi bien la nostalgie que l'objet de son amour, parce qu'une idée comme l'autre rajeunissent sans cesse».   H.J.N.

Dresde, Staatliche Kunstsammlungen, Gemäldegalerie Neue Meister.

à l'un des points fondamentaux du programme des Nazaréens, la vocation de l'art à exalter la religion. Pour éviter toute ambiguité, Overbeck explique lui-même le sujet: le tableau représente la Vierge écrivant le *Magnificat* (elle personnifie donc la Poésie), avec auprès d'elle le roi David avec une harpe (la Musique), le roi Salomon avec la Mer d'Airain (la Sculpture), l'évangéliste Luc dessinant (la Peinture) et l'évangéliste Jean avec le plan de la Jérusalem céleste (l'Architecture), ainsi que les personnages de l'Ancien (à gauche) et du Nouveau Testament (à droite) qui ont été le plus souvent reproduits dans l'art.

Dans la partie inférieure de la composition, autour de la Fontaine de Vie, sont groupés les artistes qui ont consacré leur œuvre à la religion. Près de la vasque inférieure de la Fontaine, qui reflète les objets terrestres, sont représentés les Vénitiens Giovanni Bellini et le Titien, avec derrière eux Carpaccio, Pordenone et le Corrège. Près de la vasque supérieure qui reflète les objets célestes, Léonard avec ses élèves et Holbein, avec, près d'eux, Signorelli et Michel-Ange. Près de Dante qui récite des vers sont groupés

Orcagna, Simone Martini et Giotto, et, entourant Raphaël, Fra Bartolomeo, Francia, le Pérugin, Ghirlandajo et Masaccio. De l'autre côté de la Fontaine un groupe de graphistes: Lucas de Leyde et Mantegna qui se saluent, Martin Schongauer, Dürer et Marc-Antoine, et un groupe de peintres: Fra Angelico, les frères Van Eyck, Benozzo Gozzoli et Memling, derrière eux le Maître de la cathédrale de Cologne, Scorel en pèlerin et un peintre espagnol. A l'extrémité droite, pour évoquer l'apport des femmes dans l'art, sont représentées une élève de Fra Angelico et Marguerite van Eyck. Sur les marches devant la fontaine, deux moines représentent l'art de la miniature.

Sur la gauche, au premier plan, le pouvoir temporel: l'empereur et un représentant de la noblesse en tant que commanditaires, avec auprès d'eux Peter Fischer, Lorenzo Ghiberti et Luca della Robbia ainsi que Nicolo Pisano expliquant à des élèves un sarcophage paléochrétien tandis qu'une statue païenne gît, en morceaux, sur le sol. Sur la droite le pouvoir spirituel: un pape et un évêque auxquels Erwin von Steinbach montre le plan d'une cathédrale en présence de Brunelleschi, tan-

167 Le triomphe de la religion dans les arts

1839-43
Toile. H 1,45; L 1,46

Historique
Collections impériales, Saint-Pétersbourg depuis 1843; transféré à l'Ermitage après 1917; Inv. nº 7597.

Bibliographie
Howitt, 1886, t. II, p. 55 et suiv.; cat. Hambourg, 1969, p. 247-249 (avec autres œuvres en rapport).

Exécuté en 1839-1843 à la demande du poète russe V.A. Joukovski pour Alexandre II, alors prince héritier, le tableau est une réplique exacte, en grisaille, de la main d'Overbeck, de l'esquisse de la Kunsthalle de Hambourg pour le grand tableau qui porte le même titre et a été exécuté par l'artiste en 1831-1840 sur la commande du Städelsches Kunstinstitut à Francfort (où il se trouve toujours, Inv. nº 892; cf. Andrews, 1967, pl. couleurs XLVIII). Le sens de l'œuvre est lié

167

dis que derrière eux Bramante converse avec deux architectes allemands. Au premier plan, le Maître Pilgram, de Vienne, explique à des élèves de différents pays (notamment un Français, un Espagnol, un Anglais et aussi un Oriental et un franciscain) le plan d'une basilique . Sur la droite, à l'horizon, une église gothique inachevée, allusion au développement de l'art chrétien interrompu à l'époque de la Renaissance et de la Réforme. Sur la gauche (derrière Dante), on peut voir Cornélius, Veit et Overbeck en tant qu'artistes qui ont ressuscité l'art chrétien et en ont prolongé le développement.

Il faut, bien sûr, mentionner, comme prototype de cette œuvre, les deux fresques de Raphaël, la *Dispute du Saint-Sacrement* et l'*Ecole d'Athènes* (Vatican, Stanza della Signatura), dont les principes de construction, ainsi que certains motifs sont repris dans la composition d'Overbeck. Y.K.

Leningrad, musée de l'Ermitage.

Friedrich Overbeck

168 Autoportrait

v. 1843-44
Crayon brun. H 0,339 ; L 0,280

Historique
Legs de Charlotte Overbeck, 1914.

Bibliographie
Howitt, 1886, vol. 2, p. 147-148 ; Heise, 1959, p. 40, fig. 22 ; Jensen, 1963, p. 26, fig. 17, avec bibliographie détaillée ; Jensen, s.d., n° 152.

Le dessin correspond, jusque dans son format, à l'autoportrait qu'Overbeck peignit en 1843-44, sur la commande du grand-duc de Toscane pour sa collection de portraits d'artistes des Offices à Florence. Jensen suppose qu'il s'agit de la répétition d'un dessin préparatoire (perdu?) fait en vue du tableau, car les contours sont décalqués.

Le peintre se représente coiffé de l'ancienne barrette allemande, qui était devenue pour lui et ses amis un signe de leur sentiment patriotique. Il néglige pourtant le détail aussi bien dans le rendu du vêtement que celui du visage — il néglige l'âge également — et s'en tient aux grandes lignes et à quelques hachures, à l'essentiel, qu'il concentre dans l'expression des yeux. Le regard ne cherche pas le spectateur, mais reflète la vie inté-

rieure ; il apparaît d'autant plus complexe que le visage est vu de trois-quarts. On peut expliquer une certaine mélancolie, voire une certaine amertume des traits, par le début du sentiment d'isolement du peintre, incapable de réaliser l'idéal de sa jeunesse et qui se voit dépassé par la génération suivante.

Le cadrage étonnamment étroit (cf. son portrait de Wintergerst, ici n° 162) souligne le renoncement des Nazaréens aux décors extérieurs et leur volontaire économie de moyens. H.H.

Lübeck, Museum für Kunst und Kulturgeschichte.

Friedrich Overbeck

168

Franz Pforr

Francfort 1788 - 1812 Albano

Après avoir reçu l'enseignement de son père, peintre animalier, Pforr, devenu précocement orphelin, se rend à Cassel, de 1801 à 1805, chez Heinrich Tischbein le Jeune, frère de sa mère, et noue une amitié durable avec le fils de son tuteur, le futur historien d'art Johann David Passavant. De 1805 à 1810, il étudie à l'Académie de Vienne. Il est l'ami intime d'Overbeck :

lors de la réouverture de la Galerie du Belvédère, en 1808, tous deux sont fortement impressionnés par la peinture allemande ancienne et ils décident, avec quatre amis, de travailler en commun, en opposition à l'enseignement donné à l'Académie. La 10 juillet 1809, ces six jeunes peintres fondent le Lukasbund (confrérie de Saint-Luc), et quatre d'entre eux partent pour Rome en 1810. Pforr, Overbeck, Vogel et Hottinger vivent et travaillent ensemble, d'abord dans la villa Malta, puis dans l'ancien couvent de Sant' Isidoro. Malgré de plus grands dons artistiques — Pforr passe pour le «maître» de la confrérie, par rapport à Overbeck qui en est le «prêtre» — il met en doute que ses tableaux dans le style des vieux maîtres allemands et ses dessins de légendes ou d'histoire soient de valeur équivalente à celle des œuvres d'Overbeck. En 1811, il fait un voyage à Nemi et à Naples. Il meurt de phtisie.

Franz Pforr

169 L'Entrée de Rodolphe de Habsbourg à Bâle en 1273

1809-10
Toile. H 0,905 ; L 1,190

Historique
Succession de l'échevin Sarasin, Francfort ; J.F. Böhmer, bibliothécaire de la ville, Francfort ; legs à la Städtische Gemäldegalerie, 1863 ; prêt de l'Historisches Museum au Städelches Institut.

Bibliographie
Lehr, 1924, n° A 1, p. 111 et suiv. ; 128 et suiv. ; Stubbe, 1958, p. 20 ; Sterling, 1959, p. 287 ; Andrews, 1964, p. 2 et suiv., 91 ; Novotny, 1960, p. 67 ; cat. Francfort, 1972, p. 275 et suiv.

Pforr écrivait de Vienne, le 6 janvier 1809, à son ami l'écrivain Jean David Passavant : «...je travaille ... à un tableau, qui représente l'action généreuse de Rodolphe de Habsbourg. Il assiégeait Bâle à cause des offenses qui lui avaient été infligées, lorsque arrivèrent le grand Maréchal du royaume et le burgrave de Nuremberg portant la nouvelle que les princes électeurs l'avaient choisi pour empereur, à Francfort, en raison de ses nombreuses vertus. Son premier geste fut de pardonner aux Bâlois, de faire sonner les trompettes de la paix, et il entra dans la ville, où les bourgeois le reçurent avec joie. J'ai choisi le moment où il pénètre à cheval dans la ville

169

et rencontre le conseil municipal. C'est une composition très ample, avec de nombreux personnages.» Pforr emporta avec lui à Rome le tableau qui n'était pas encore terminé; il l'acheva en 1810.

Après une étude poussée de la littérature et de l'art anciens, Pforr peint un tableau qui fait penser à une légende. Il ne nous replace pas en effet au XIIIᵉ siècle, mais au XVIᵉ, dont procèdent architecture et costumes: «Ce que

Pforr voulait peindre, c'est une évocation du Moyen Age, non la vérité historique» (Andrews). En premier lieu, Pforr se reporta à l'art des environs de 1500 (Dürer, Cranach, Baldung, Lucas de Leyde). Il s'inspira aussi sans doute des gravures sur bois populaires de cette époque *(Bilderbogen),* et pas seulement pour la netteté des contours et des aplats de couleurs; à ce propos Andrews suggère aussi l'influence possible de certains vitraux pro-

duits vers 1700, qu'on appelait des *Scheibenrisse.* Son étude de l'art de l'ancienne Allemagne contribue certainement au ton de narration naïve du tableau, libéré de la théâtralité qui caractérise tant de tableaux historiques du XIXᵉ siècle. Selon Andrews, un autre élément du style de Pforr est une «perception faible, mais certaine, de l'ancienne peinture de «genre» nordique, en particulier dans la composition du premier plan»; Pforr a copié Breughel et Téniers. Selon Sterling, Pforr a été inspiré par un tableau perdu de Cornelis van Dalem et Hans van Wechelen; cette influence, au moins sous une forme aussi directe, paraît à Andrews un peu hypothétique.

La clarté des tonalités caractérise le tableau; le voisinage direct de zones de couleurs aux contours nets, à peine nuancées à l'intérieur, crée çà et là une impression de chatoiement. La lumière emplit tout le tableau, qui n'est pas modelé par les ombres légères. L'espace est «construit grâce aux blocs de maisons qui donnent le sentiment de l'espace» (Stubbe). L'organisation des groupes de droite et de gauche fait ressortir le personnage de Rodolphe à cheval qui se trouve presque sur l'axe vertical. Malgré cette division claire, le tableau est rempli de scènes indépendantes les unes des autres, exécutées avec une grande «finesse de détail» (Lehr), ce qui fait penser à un livre d'images populaire. Ce n'est pas seulement la précision des types des personnages qui séduit, mais aussi les solutions formelles trouvées pour leur groupement. «Mais la multiplicité et la richesse des détails ne donne pas une impression de confusion. C'est justement la clarté de l'exécution qui assure la cohérence, et permet que la «vie» du détail s'apaise pour se subordonner à l'ensemble paisible de la composition.» (Lehr). On peut se demander si les fresques avec l'histoire de Joseph sur les murs de la maison d'angle, ne doivent pas être mises en relation avec Rodolphe, à qui s'adresserait aussi le salut de bénédiction de la statue couronnée dans la niche de gauche; par contre, le Saint-Christophe géant, sur la quatrième maison, fait simplement allusion à la fréquence de la représentation du saint au Moyen Age. En outre, Lehr suppose que la tête de l'avant-dernier cavalier sur la droite, qui se retourne vers le visage du jeune homme casqué, est un autoportrait de Pforr.

Ingres peignit en 1821 son *Entrée du dauphin à Paris en 1358* (Hartford). Rosenblum suppose que le tableau de Pforr «avec sa perspective archaïque, ses contours vifs, la richesse des détails historiques, a pu stimuler les propres tendances d'Ingres à ressusciter de même façon le style et l'iconographie de la fin du Moyen Age».   H.R.L.

Francfort, Städelsches Kunstinstitut (prêt de l'Historisches Museum).

170

171

Franz Pforr

170 La Chambre d'Adelheide

1811
Crayon. H 0,213; L 0,153; Inscription: *II*

Historique
Francfort, Künstlergesellschaft (Société des artistes), prêt au Städelsches Kunstinstitut.

Bibliographie
Lehr, p. 136-153, 328-330, n° 24, fig. 33; Benz, 1941, p. 30-33, pl. XXII.

Les poètes du «Sturm und Drang» avaient pris pour «bannière», comme Goethe le disait lui-même, la pièce de ce dernier, *Götz von Berlichingen à la main de fer* (1773), car ils y trouvaient exprimé le problème de leur propre époque, celui de la liberté de l'homme de se réaliser lui-même. A partir du personnage historique de Götz, Goethe développe le drame du déclin d'une grande époque de la liberté individuelle. Götz est le dernier représentant de la libre chevalerie, et ne veut accepter pour lui-même que le droit naturel; c'est pour cette raison qu'il se fait impliquer comme meneur dans la guerre des paysans.

Pforr s'est intéressé au sujet dès la fin de son époque viennoise, en 1810. Dans ce travail, on distingue essentiellement cinq groupes d'illustrations: A. Les premières versions, exécutées à Vienne, dessins au trait au crayon, dont 4 feuilles sont aujourd'hui à Berlin, à la Nationalgalerie. B. 10 esquisses que Pforr envoya à Goethe, de Vienne, par l'intermédiaire de Passavant, son mécène de Francfort, et qui sont restées dans la collection de Goethe (Weimar). C. 3 feuilles qui reprennent les compositions précédentes, dans des formats plus grands (Berlin). D. Correspondant au premier groupe, des dessins cette fois détaillés, dont 4 sont conservés (Francfort); trois d'entre eux appartiennent aux travaux reproduits dans les *Compositions aus dem Nachlass* en 1832-34. E. Des pages de garde et de titre.

Les dessins exposés ici font partie des dernières versions exécutées à Rome. Graphiquement, ils ne reposent plus uniquement comme les précédents sur le caractère idéal de la «ligne abstraite», mais aussi sur le charme des détails et un délicat modelé des corps.

Dans son abandon du dessin classique, et, comme il dit, «à la nouvelle mode» (Groupe B), Pforr se reconnaît dépendant, stylistiquement aussi, du monde du début du XVIᵉ siècle, c'est-à-dire du modèle que constitue Dürer. C'est pourquoi il a travaillé ses versions définitives, correspondant au premier groupe, à la manière des gravures de Dürer, procédant avec de délicates hachures, qui donnent ici pourtant un aspect plus fin et plus régulier que les estampes de Dürer, riches en contrastes.

Ce dessin montre l'ancien ami de Götz, Weislingen, sous le charme de la puissante intrigante Adelheide, à la cour de l'évêque de Bamberg. A cause d'elle, Weislingen lui-même chancelera et deviendra un adversaire actif de son vieil ami (acte 2, scène 2). Pforr ne souligne pas les multiples facettes du caractère du Weislingen de Goethe, ni celui, démoniaque, d'Adelheide, mais il attribue aux deux personnages «cette naïveté enfantine, débonnaire, et cette simplicité d'esprit» que Friedrich Schlegel recommandait aux peintres pour la représentation de leurs personnages, y voyant «le caractère fondamental de l'être humain» (F. Schlegel, 1803-1805, p. 114). Les costumes et le décor correspondent à l'époque historique du sujet; de même les portraits d'empereurs, au mur, qui rappellent le portrait par Dürer de l'empereur Sigismond, se réfèrent à cette époque. H.H.

Francfort, Städelsches Kunstinstitut, prêt de la Künstlergesellschaft.

Franz Pforr

171 Un jardin à Augsbourg

1811
Crayon. H 0,216; L 0,143. Inscription: *V*

Historique
Cf. nº 170.

Bibliographie
Lehr, 1924, p. 350, nº 125, ill. 37; Benz, 1941, p. 30-33, pl. XXIV.

Début du troisième acte de *Götz von Berlichingen* (voir numéro 170): deux commerçants de Nuremberg appellent à l'aide l'empereur Maximilien contre Götz de Berlichingen, qui a attaqué et volé trente de leurs amis marchands qui revenaient de la foire de Francfort. Weisligen, qui fait partie de la cour de l'Empereur, conseillera la rigueur à Maximilien. Celui-ci, qui a secrètement des sympathies pour Götz, le fera poursuivre

et mettre en prison, en vertu de la raison d'Etat. Pour son portrait de l'empereur, Pforr a pris ouvertement pour modèle l'image de Maximilien que Dürer a tracée dans ses bois gravés. Mais l'influence de Dürer marque le style de toutes les illustrations de Götz; Lehr a insisté sur le fait que Pforr a surtout utilisé comme document, pour sa page de titre, les dessins de Dürer que Goethe et Meyer avaient particulièrement mis en relief en 1808 dans leur commentaire des lithographies de Strixner partant des «dessins marginaux» de Dürer (*Jenaische Allgemeine Literatur-Zeitung*; Lehr, 1924, p. 329). Il semble que Pforr à son tour, avec son enthousiasme pour Dürer, ait inspiré Cornelius (cf. ici nᵒˢ 29 et 30). Car celui-ci pourrait avoir vu les dessins de Götz faits pour Goethe lors de son séjour à Francfort en 1810. Goethe en parlait de façon assez indifférente. H.H.

Francfort, Städelsches Kunstinstitut, prêt de la Künstlergesellschaft.

Johann Anton Ramboux

Trèves 1790 - 1866 Cologne

Après des débuts artistiques à Trèves, ce fils de petit commerçant savoyard se rend à Paris en 1808. Il y fait connaissance avec la peinture des primitifs italiens et est élève dans l'atelier de David. De 1812 à 1815, il vit à Trèves en faisant des portraits, puis va étudier pendant un an à l'Académie de Munich. De 1817 à 1822 il est à Rome, où il se joint aux Nazaréens. De retour à Trèves, il peint à l'aquarelle des vues de la ville et de ses environs, destinées à être lithographiées. En Italie de 1832 à 1842, il fait plus de deux mille calques et études d'après des monuments, et plus de trois cents copies très précises, à l'aquarelle, de fresques et de mosaïques, parmi lesquelles des copies d'après Simone Martini et Piero della Francesca. En 1844, il devient conservateur et restaurateur du Musée de Cologne. Il prend une part importante à l'achèvement de la cathédrale et compose en 1842 des cartons pour des tentures murales. Il fait un voyage à Jérusalem en 1854. De tous les Nazaréens, c'est Ramboux qui s'est consacré de la façon la plus systématique, et avec une exactitude scientifique, à l'art ancien; au cours des temps, cette activité a éclipsé son œuvre personnelle de peintre et de dessinateur. Sa collection

de primitifs italiens, dispersée à Cologne en 1867, compte parmi les plus importantes formées au XIXᵉ siècle.

Johann Anton Ramboux

172 Les frères Eberhard

1822
Toile. H 0,330; L. 0,335
Inscription en haut à gauche: *F. Eberhard Scul: AE. L III*; au centre: *Romae MDCCCXXII*; à droite: *C. Eberhard Scul. pict. AE LII.*

Historique
Vente de la succession Ramboux, Cologne, 1867; offert en 1867 par D. Openheim.

Bibliographie
Grimschitz, 1941, p. 26; Beencken, 1944, p. 341 et suiv.; Lankheit, 1952, p. 124; cat. Cologne, 1964, p. 100.

Exposition
1966, Cologne, nº 35.

Konrad Eberhard (1768-1859) était un sculpteur influencé par Thorvaldsen et Canova; entre 1806 et 1826 il vécut surtout à Rome. Franz Eberhard (1767-1836) exécutait la plupart des œuvres de son frère, il ne faisait lui-même que des sculptures de petites dimensions. Comme Ramboux, les deux frères s'étaient joints aux Nazaréens. On se rencontrait souvent à Rome; vraisemblablement Ramboux et Konrad Eberhard allèrent ensemble à Munich pendant l'été 1822, comme le prouvent une note et un dessin dans le livre d'esquisses de Ramboux. Le portrait a été encore fait à Rome, il est donc antérieur au

172

10 juin 1822. L'indication de l'âge des artistes n'est pas exacte. Peu après son arrivée à Munich, Ramboux fit une lithographie d'après le double portrait, qui fut aussi repris dans un dessin de Joseph Sutter qui représente la communion d'Overbeck.

Ce type de double portrait trouve des précédents dans le portrait, dessiné en 1812, de Cornelius et d'Overbeck (New York, coll. part.), et surtout dans le dessin de Fohr exécuté en 1818 avec Köbel et Heger (Heidelberg). L'isolement vers l'extérieur est caractéristique, il souligne l'unité intérieure — de même que l'abstraction, car les têtes sont artificiellement rapprochées l'une de l'autre — il n'y a pas de place pour les épaules. Beencken interprète ces caractères en disant que le tableau est un hommage aux liens du sang et aussi à l'amitié fraternelle indestructible.

Les dessins de Schnorr de Carolsfeld constituent, comme l'établit Grimschitz, les modèles de notre tableau, pour «la construction et l'attitude des personnages». «Pourtant, une nouvelle animation picturale l'emporte dans ce tableau sur la pose archaïque de Schnorr.»   H.R.L.

Cologne, Wallraf-Richartz Museum.

Simultanément, Ramboux fit aussi des illustrations pour le *Décaméron* de Boccace et les *Triomphes* de Pétrarque. Présent à Rome de 1816 à 1822, l'artiste, à qui Peter Cornelius avait demandé de continuer son cycle de Dante dans une salle du Casino Massimo, ne devait pas reprendre ce travail.

Un pendant du même format, représentant également Dante et Virgile sur le point de commencer leur marche à travers l'enfer, se trouve à la Städtische Galerie de Francfort (cat. exp. 1967, Cologne, n° 80).   G.R.

Berlin, Staatliche Museen, Kupferstichkabinett und Sammlung der Zeichnungen.

Johann Anton Ramboux

174 Fin d'après-midi dans les jardins Farnèse

1834
Plume et aquarelle sur traits de crayon.
H 0,465 ; L 0,566
Monogrammé et daté en bas à droite : *AR f./1823.*
Inscription sur le montage : *Merenda in den*

Gärten zu Rom-Handzeichnung von Johann Anton Ramboux in Trier.

Historique
Vente de la succession Ramboux, Cologne, 1867, 2ᵉ partie, n° 781 ; Francfort, coll. part. puis, jusqu'en 1935 environ, Städelsches Kunstinstitut.

Bibliographie
Cat. exp. Munich, Nuremberg, Hambourg, Heidelberg, 1958, n° 122, fig. 14 (avec bibliographie); Andrews, 1964, p. 108, n° 34b, avec repr.; Robels, 1974, p. 89, fig. 40.

Expositions
1958, Munich, Nuremberg, Hambourg, Heidelberg, n° 122 ; 1966, Cologne, n° 36 ; 1969, Lubeck, n° 13.

Le dessin représente pour l'artiste un souvenir d'Italie, car il fut exécuté — sur la base d'études romaines — dès son retour à Trèves (une version peinte, excessivement détaillée, fut détruite au cours de l'incendie du Glaspalast de Munich en 1931; nous en avons un calque, conservé dans les Archives du monument chez le conservateur). Ramboux décrit les Romains au moment de la merenda, entre la fin du travail et le repas du soir. Sous les grands arbres des jardins Farnèse, ils se détendent, dansent et jouent. Ainsi leur vie devient une existence libre et heureuse. Le

Johann Anton Ramboux

173 Dante et Virgile à l'entrée de l'enfer

v. 1830
Aquarelle sur traits de crayon, rehauts d'or.
H 0,266; L. 0,186.

Historique
Succession Schuchardt, secrétaire de Goethe; acquise en 1924, de la galerie Amsler et Ruthardt, Berlin; Berlin (RDA), Staatliche Museen, Sammlung der Zeichnungen (Ramboux n° 5).

Bibliographie
Rave, 1943, fig. 151; Benz-Schneider, 1939, p. 132, pl. 80.

Expositions
1935, Trèves, n° 93; 1965, Berlin, n° 180.

Cette illustration du début de la *Divine Comédie* (*Enfer*, Chant I) fut exécutée vers 1828-1830. Celui-ci s'employait depuis 1826 à des illustrations pour la *Divine Comédie*. Outre diverses représentations individuelles, une série de dix cartons (Francfort, Städelsche Institut) fut exécutée entre 1827 et 1832.

173

passé et le présent, l'art et la réalité semblent ne faire qu'un: les bâtiments Renaissance sur le bord gauche avec les personnages qui festoient en costume du XVᵉ siècle ne donnent pas l'impression d'un rappel historique dans la vie présente, mais sont là pour permettre au dessin d'être en harmonie stylistique avec les formes de la peinture du Quattrocento; de même le traitement en surface des détails et l'organisation de l'espace. Le style gaiement narratif s'inspire aussi de la «naïveté» de la peinture antérieure à Raphaël.   H.H.

Munich, collection privée.

Johann Anton Ramboux

175 Le chœur de la cathédrale de Cologne vu du sud-ouest

1844
Crayon rehaussé d'aquarelle. H 0,74; L 1,02
Daté en bas à droite: *1844/fév.*

Historique
Legs des descendants du conseiller municipal et président du Zentral-Dombau-Verein, Heinrich von Wittgenstein, Cologne, 1902.

Bibliographie
Cat. exp. Cologne, 1956, p. 105, p. 112, nº 112, nº 311, pl. 48, avec bibliographie; cat. exp. Cologne 1966, nº 103, fig. 65 (id.).

Expositions
1956, Cologne, nº 311; 1966, Cologne, nº 103.

L'achèvement de la cathédrale de Cologne, commencée au XIIIᵉ siècle sur le modèle des cathédrales du nord de la France et restée inachevée depuis le XVIᵉ siècle, fait partie des événements symboliques de l'histoire politique et spirituelle de l'Allemagne du XIXᵉ siècle. Il fut préparé par une remise à l'honneur du style gothique: dès 1772, impressionné par la cathédrale de Strasbourg, le jeune Goethe, dans son hymne à Erwin von Steinbach, *Von deutscher Baukunst* (De l'architecture allemande), exprimant les idées nouvelles du «Sturm und Drang» et allant à l'encontre de la dépréciation habituelle depuis Vasari — avait magnifié l'architecture gothique, y voyant une création du génie humain égale à celles de la nature. Après lui, Georg Forster avait en 1790, pour la première fois, dans ses *Ansichten vom Niederhein* (Vues du Bas-Rhin) rendu hommage à la remarquable

174

architecture de la cathédrale de Cologne. C'est surtout Sulpiz Boisserée, collectionneur et spécialiste d'art ancien, qui s'employa à susciter l'achèvement de la cathédrale. Ses recherches permirent de terminer le monument d'une façon convaincante. Il inspira en 1805 Friedrich Schlegel pour son essai sur les «Traits fondamentaux de l'architecture gothique» (Schlegel, 1806, p. 319-346) qui devint le texte de base utilisé pour la reconstruction. A son instigation, le publiciste catholique Joseph Görres lança à l'automne 1814 un appel pour l'achèvement de la cathédrale dans le *Rheinische Merkur*. A cette époque de prise de conscience nationale, après les guerres d'indépendance, le monument devint — comme les plans non réalisés de Schinkel pour un monument national gothique — un symbole de l'unité allemande. Le gothique fut identifié — sans égard pour son origine historique — au christianisme et au sentiment national. Ainsi la reconstruction trouva des appuis au-delà de la région. Non seulement les archevêques de Cologne, mais aussi la maison royale protestante de Prusse en firent leur affaire. En 1841, un «Dombau-Verein» (association pour la reconstruction de la cathédrale) se constitua à Cologne, et 144 sous-associations s'y joignirent rapidement, dont certaines à l'étranger; en 1842, Heinrich Heine signa à Paris l'appel pour la création d'une association d'aide. Après que des architectes aussi importants que Georg Moller et Schinkel, entre autres, se furent assuré de l'état des bâtiments existants, Frédéric Guillaume put, le 4 septembre 1842, poser la première pierre du nouveau portail sud. Il appela le nouveau bâtiment, qui fut achevé en 1880, «d'ouvrage de la fraternité de tous les Allemands, de toutes les confessions».

Dans les années 1844-1846, Ramboux a dessiné la cathédrale trois fois, dans de grands dessins rehaussés d'aquarelle; celui qui est exposé ici est le premier. Il montre la première tranche de la reconstruction, le côté sud en construction avec son portail, en avant de l'ancien chœur; à droite au premier plan, la baraque des maçons.

Ramboux ne souligne pas l'aspect encore inorganisé de cette étape du travail; les personnages ne sont traités que comme accessoires. Il veut plutôt — lui qui avait été formé à l'art médiéval comme copiste et restaurateur — montrer l'achevé dans l'inachevé;

175

sa technique qui utilise des lignes finement divisées, comme transparentes, correspond à la structure de l'architecture gothique. H.H.
Cologne, Historische Museen, Stadtmuseum.

Ferdinand von Rayski

Pegau (Saxe) 1808 - 1890 Dresde

Il reçoit un premier enseignement du dessin au «Freimaurer Institut» de Dresde. Il fréquente l'Académie de Dresde de 1823 à 1825, alors qu'il fait partie du corps des cadets, et une fois encore en 1831, alors qu'il est lieutenant. Après avoir renoncé à la carrière militaire, il voyage en 1834 et 1835, d'abord à travers l'Allemagne. Puis il se rend à Paris ; il y fait la connaissance de Vernet, de Delaroche, étudie les œuvres de Delacroix et de Géricault et copie Rembrandt au Louvre ; il est probable aussi qu'il s'est intéressé à Goya et à Daumier. Les portraits aristocratiques de Rayski et ses scènes de chasses pleines d'animation constituent une sorte de synthèse stylistique d'Ingres et de Vernet. En 1838, il se rend à Munich, où il est influencé par Stieler, peintre de la cour et élève de Gérard. Depuis 1839, il vit à Dresde et dans les propriétés aristocratiques de Saxe, en qualité de portraitiste et de peintre de chasses. Il visite l'Angleterre en 1862.

Ferdinand von Rayski

176 La reine Christine et Monaldeschi

v. 1834-35
Toile, H 0,50; H 0,61.

Historique
Abbesse Therese von Iéna, Halle; coll. du
médecin Zitzmann, Erlangen, 1923; vente Hugo
Helbing, Munich, 1927; vente F.C.A. Prestel,
Francfort-sur-le-Main, 1929; F. Axt, Dresde,
1940. Inv. Gal. n° 2242 Z.

Bibliographie
Sigismund, 1907, p. 29; Grautoff, 1923, p. 16, 120
repr.); Goeritz, 1942, p. 50, 51 (repr.), 73;
Walther, 1943, p. 21, 56, 193 (N° 10), fig. 23;
cat. Dresde 1975, p. 80.

Expositions
1957, Dresde, n° 103; 1958, Dusseldorf, n° 90;
1969, Stockholm, n° 426.

Rayski a probablement peint ce tableau pendant son séjour à Paris, en 1834-1835. Bien
qu'il ait aspiré à une expression picturale
libre et animée avant ce voyage, on voit
s'exprimer dans des études de compositions
comme celle-ci la nette influence de la peinture romantique française d'un Delacroix ou
d'un Géricault. Leur lutte contre la toute-
puissance classique de la ligne pure, leur
retour au principe du pictural et au clair-
obscur coïncidaient avec les conceptions de
Rayski, alors âgé de vingt ans. La prédilection des romantiques français pour les scènes
historiques dramatiques lui a inspiré toute
une série d'esquisses dont les sujets ont également été puisés dans l'histoire: *l'Exécution
des comtes Egmont et Hoorn*, *l'Assassinat de
Thomas Becket*, *Salvator Rosa*, *Charles IX de
Suède*, etc. La géniale liberté avec laquelle
Rayski peint ces études à l'huile, la plupart
monochromes — les contours et les lumières
sont en partie griffés avec le manche du
pinceau dans la matière picturale encore
fraîche — est d'autant plus remarquable que
pareille conception était résolument combat-
tue à Dresde, sa ville d'élection. Parmi les
études que nous avons mentionnées, une seule
a été exécutée en grand format, *l'Exécution
des comtes Egmont et Hoorn* (autrefois dans
une coll. part. de Berlin, aujourd'hui disparue). Tous les autres tableaux sont demeurés
à l'état d'esquisses. Après son retour en
Allemagne, Rayski abandonna les compositions à plusieurs personnages.

Notre tableau représente un épisode de
la vie de la reine Christine de Suède (1626-

1689). On sait qu'après son abdication et sa
conversion au catholicisme, la fille du roi
Gustave Adolphe parcourut la France; pendant son séjour au château de Fontainebleau,
elle découvrit un complot ourdi contre elle
par son écuyer, Monaldeschi; celui-ci aurait
trahi son plan d'usurper le trône de Naples.
Elle fit exécuter Monaldeschi. Le peintre a
représenté la scène précédant l'exécution
dans un clair-obscur probablement inspiré de
Rembrandt. Le condamné agenouillé implore
la grâce de la reine. Cette composition déjà
relativement aboutie avait été préparée par
une série de petits dessins au crayon (Walther, 1943, n°s 7-9).   H.J.N.

Dresde, Staatliche Kunstsammlungen,
Gemäldegalerie Neue Meister.

Ferdinand von Rayski

177 Suicide de l'artiste dans son atelier

v. 1840
Crayon. H 0,213; L 0,292. Signé: *v.Rayski*
Inscription:
Auf dem wahren Künstlergange
Lebt's hienieden sich nicht lange.
Trägt in sich den Todeskern
Wahre Künstler sterben gern. v.Maltitz

(Dans la vraie carrière d'artiste
On ne fait pas de vieux os ici-bas,
Pourtant en soi le noyau de la mort —
Les vrais artistes meurent volontiers.)

Historique
Acquis par Ferdinand Krasselt, qui tenait le dessin
de la sœur de l'artiste, 1920; Inv. Ca 1920-120

Bibliographie
Goeritz, 1942, p. 211, p. 11, avec repr.

Ce dessin traduit un état d'esprit dépressif,
non sans rapport avec la tension qui allait
s'aggravant entre public et artistes au début
du XIXe siècle et qui rejeta si souvent ceux-ci
dans l'isolement. Cette attirance de la mort
et ce goût pour les représentations macabres,
on les rencontre simultanément chez Rethel
et chez le jeune Schwind. Faut-il rappeler
que ce souhait d'autodestruction se manifeste
de la même manière dans la poésie romantique? On le voit transposé chez le *Peter
Schlemihl* d'un Chamisso, qui se défait de son
ombre, ou chez les personnages d'un E.T.G.
Hoffmann, qui rêvent de passer dans un
monde fantastique idéal autant qu'immatériel,
ou encore chez un Heinrich Heine. Les fictions fantastiques ont chez Rayski pour
contrepartie un réalisme de la représentation
qui évoque même les *Désastres de la guerre*
de Goya ou Daumier.

A gauche, au fond, apparaît la tête du
poète von Maltitz, ami de Rayski, qui venait

de mourir et dont les vers servent en quelque sorte d'épigraphe au dessin. G.L.

Dresde, Staatliche Kunstsammlungen, Kupferstichkabinett.

Ferdinand von Rayski

178 Portrait du comte Zech-Burkersroda, chambellan du roi de Saxe

1841
Toile. H 1,43 ; L 1,02

Historique
Acquis en 1908, par l'intermédiaire du marchand L. Gutbier, de la succession du peintre Emil von Hartitzsch, ami de Rayski ; Inv. gal. n° 2242 B.

Bibliographie
Grautoff, 1923, p. 9, repr. p. 148 ; Goeritz, 1942, p. 131, 132 (repr.) ; Walther, 1943, n° 485, pl. XVIII ; Buchsbaum, 1967, pl. 42 ; cat. Dresde, cat. Dresde, 1975, p. 80.

Expositions
1928, Dresde, n° 329 ; 1958, Dusseldorf, n° 85 ; 1962, Berlin, p. 40 ; 1969, Stockholm, n° 427.

Ce portrait fut peint en 1841 à Dresde ou à Goseck pour le chambellan du roi de Saxe, Julius, comte Zech-Burkersroda (1805-1872), seigneur de Kötzschau, Bundorf, Gensa, Goseck, Quitzdorf, Börln et Radegast (dans la vallée de la Salle, près de Merseburg). Il a existé deux autres portraits du comte

Julius Zech par Rayski, qui ont disparu, l'un dans un incendie, l'autre volé (Walther, 1943, p. 258).

Ce portrait du comte Zech est l'une des œuvres capitales du style de maturité de Rayski. Très éloigné du faire porcelainé et académique qui marquait alors à Dresde le style des portraits et des figures, Rayski construit son tableau par touches larges et expressives. Il a laissé de nombreux portraits de la noblesse saxonne, à l'époque où celle-ci s'embourgeoisait. Continuant la tradition d'Anton Graff, il donne une nouvelle qualité réaliste au portrait d'apparat conventionnel.
H.J.N.

Dresde, Staatliche Kunstsammlungen, Gemäldegalerie Neue Meister.

Markus Theodor Rehbenitz

Borstel (Holstein) 1791 - 1861 Kiel

Après avoir étudié le droit à Heidelberg, il se tourne vers la peinture. Il est à Vienne de 1813 à 1816, où il se joint à Schnorr von Carolsfeld. Vers la fin de 1816, il se rend à Rome, chez Overbeck ; avec Olivier et Schnorr, il forme la cellule du groupe protestant des «Capitolins». En 1818, l'historien d'art von Rumohr lui procure

178

des commandes à Florence. En 1824, il est professeur d'allemand à Pérouse, et en 1827, à Capri ; il séjourne à Rome jusqu'en 1832. De retour en Allemagne, il vit en enseignant le dessin à l'université, à Munich, puis à partir de 1842, à Kiel. Son œuvre comprend des peintures religieuses, des portraits, des paysages et de nombreux dessins.

Markus Theodor Rehbenitz

179 Autoportrait

1817
Mine de plomb. H 0,196 ; L 0,160
Monogrammé et daté en bas à droite : *TR 1817*

Historique
Collection C. Vogel von Vogelstein ; acquis entre 1831 et 1858 ; Inv. n° C. 3327.

Bibliographie
Singer, 1911, n° 703 ; Heise, 1928, pl. 82 ; Martius, 1934, avec repr. ; Geller, 1952, n° 1055, fig. 397 ; Geismeier et Riemann, 1956, n° 182 ; Keisch, 1975-76, p. 73, repr. p. 43 ; Martius, 1956, fig. 62 ; Grote, 1958, fig. 93.

Expositions
1965, Berlin, n° 182 ; 1975-1976, Stendal et Weimar.

La prédilection pour la ligne pure tracée par un crayon aiguisé, propre à tous les Naza-

177

179

réens, témoigne de leur admiration pour l'art graphique de l'ancienne Allemagne, et surtout pour Albrecht Dürer. On sait que Friedrich Overbeck avait en sa possession un dessin comparable de Dürer, la *Tête du pape* (Berlin, Staatliche Museen Preussischer Kulturbesitz, Kupferstichkabinett; Winkler 380).

Rehbenitz se représente avec des cheveux longs partagés par une raie au milieu, c'est-à-dire la coiffure suggérée par Overbeck, qui vise à une ressemblance avec le Christ et correspondait à leurs convictions; c'est d'ailleurs ce rapprochement qui leur valut le nom de «Nazaréens».   G.L.

Dresde, Staatliche Kunstsammlungen, Kupferstichkabinett.

Christian Reinhart

Hof (Haute-Franconie) 1761 - 1847 Rome

Ce fils d'un pasteur protestant fait ses études à l'Académie de Leipzig de 1779 à 1782. Il va se perfectionner à Dresde et continue ses études à la Galerie et à l'Académie sous la direction de Klengel. En 1784, il entreprend une longue ran-

donnée à travers la Saxe et la Bohème. 1785 marque le début de son amitié avec Schiller. De 1787 à 1789, il vit à Meiningen, où il est un des familiers du duc de Saxe-Meiningen; c'est là qu'il fait des dessins très vivants et des eaux-fortes d'après nature, souvent en «gros plan» ou en s'appuyant sur des modèles hollandais. Puis il se rend à Rome, où il reçoit une pension du margrave d'Ansbach-Bayreuth jusqu'en 1791. De même que Koch, il se tourne vers le paysage composé héroïque dans le style de Claude Lorrain, de Poussin et de Gaspard Dughet; Carstens est aussi pour lui un modèle. En 1792, il commence ses «Vues d'Italie gravées à l'eau-forte dans le style pittoresque» qui seront le sommet d'un œuvre important de graveur. De 1796 à 1798, durant les mois d'hiver, il dirige les études de nu des artistes allemands; ces cours ont lieu dans la soirée. En 1810, il devient membre de l'Académie de Berlin. C'est sous sa direction que la première excursion d'artistes allemands aux grottes de Cervaro a lieu, en 1812, marquant ainsi le début d'une communauté qui devient presque rituelle. Depuis 1825, il reçoit une pension de Louis Ier de Bavière. Le «sage» de la colonie des artistes allemands de Rome devient membre de l'Académie de Munich en 1830, et peintre de la cour bavaroise en 1839. Reinhart qui, même l'âge venu, a défendu les précepts du classicisme contre les Nazaréens, n'a pas eu, il est vrai, d'élèves directs, mais il a exercé son influence sur un grand nombre d'artistes.

Christian Reinhart

180 Paysage idéal à l'approche de l'orage

1803
Toile. H 1,49; L 2,25. Signé et daté en bas à droite: *C. Reinhart Rom, 1803*

Historique
Coll. part. anglaise; Dr. Rolph Grosse, Francfort; acquis en 1970.

Bibliographie
Feuchtmayer, 1975, n° G. 7. p. 63, 83-85.

Le grand thème de la nature en mouvement s'accompagne de scènes où hommes et animaux réagissent à l'événement naturel. La composition se définit par les contrastes: la prairie vivement éclairée est encore un îlot de paix entre les rochers abrupts et les arbres agités par la tempête, un îlot de lumière entre le chemin et la montagne. La lumière brille au travers des nuages déchiquetés. Entre les deux s'abaisse la chaîne de montagnes, contrastée de l'ombre à la lumière avec le grand groupe d'arbres. La composition centrée donne au contraste des proportions mesurées.

Reinhart avait élaboré sa conception du paysage héroïque dix ans après son arrivée à Rome. Elle est illustrée vers 1800 par le *Paysage d'orage avec deux cavaliers* (Cobourg). L'œuvre fut largement diffusée par une gravure, dédiée à Schiller. Trois ans plus tard,

180

la composition fut utilisée pour notre tableau. Le parti des contrastes dans l'harmonie est de style classique. «L'expérience des paysages de Reinhart n'est ni sentimentale, ni déchirée par des conflits. La nature est ici toujours en harmonie avec elle-même et l'homme avec elle. C'est une conception arcadienne du paysage.» (Zeitler, 1954, p. 168). Les paysages de tempête et d'orage apparaissent dans la période où l'artiste tentait de se mesurer avec Gaspard Dughet, dont il pouvait étudier les tableaux au Palais Doria et à la Galerie Colonna (cycle de paysages de 1650-73). H.R.L.

Cassel, Staatliche Kunstsammlungen.

Johann Christian Reinhart

181 Paysage de tempête avec un cavalier

1824
Toile. H 0,730; L 0,620
Signé en bas à droite: *C. Reinhart Roma 1824*

Historique
Commandé en 1822 par le comte Franz Erwein von Schönborn-Wiesentheid; coll. Schönborn, Pommersfelden; vente Schönborn, chez Montmorillon, Munich, 1865, n° 18; acquis par Mme Seeburg, Leipzig; don de Mme Hedwig von Holstein au Musée de Leipzig (1889); Inv. n° 649.

Bibliographie
Baisch, 1882, p. 263; Boetticher, t. II (1), 1898, p. 379; n° 5 et 7 (le même tableau sous deux numéros); Feuchtmayr, 1975, p. 92, cat. n° G 18 (p. 318), fig. 78; cat. Leipzig, 1967, p. 160, n° 649.

Expositions
1926, Leipzig, n° 353; 1928, Dresde, n° 342; 1961, Hof, n° 6; 1965, Berlin, n° 183, repr. p. 146; 1975/76, Weimar, p. 73 (sans n°).

Le comte Franz Erwein von Schönborn-Wiesentheid (1776-1840), descendant d'une grande famille dont plusieurs membres s'étaient distingués comme collectionneurs, possédait notamment des toiles de David, Joseph Anton Koch, Caspar David Friedrich. Déjà, dans une lettre datée du 1er mars 1817 (citée par Baisch, 1882, p. 247-248), il demandait à Reinhart un tableau qui démontrerait «la parfaite mise en pratique des principes émis par feu Fernow»: allusion au système esthétique de Karl Ludwig Fernow (1753-1808), qui recommande à la peinture de paysage de s'élever vers l'idéal poétique à l'aide de personnages ou de phénomènes naturels

181

appropriés. Fernow avait d'ailleurs placé en tête de son essai sur le paysage, paru en 1806, une dédicace adressée à Reinhart.

Chez celui-ci le genre héroïque, quand il le choisit, est fréquemment poussé jusqu'à une expression presque sauvage. Il aime évoquer, surtout après 1800, les rochers nus, les arbres renversés, les racines tordues, les lacs désolés. Son écriture plutôt linéaire, la sévère retenue de son coloris se prêtent à ce genre de description. Le motif de la tempête se retrouve plusieurs fois dans son œuvre. Dès 1796, il l'introduit avec le *Paysage ossianique* (Munich; Feuchtmayr, 1975, cat. n° Z 224). Parmi les ouvrages qui suivirent, le *Paysage de tempête avec deux cavaliers* (château de Cobourg; Feuchtmayr, 1975, n° G 6; reproduit dans une eau-forte portant une dédicace à Schiller; 1800) est visiblement traité dans l'esprit de Poussin ou de Dughet. Le tableau de Leipzig renonce à la composition classique. Il accorde une place plus importante au cavalier dont la course, non content de refléter, en s'y assimilant, l'état dramatique de la nature, accentue celui-ci en s'opposant à la direction des arbres secoués

ou brisés par le vent. On comparera aussi le tableau de Leipzig avec *Le cerf en fuite*, qui date de la même année (Wiesbaden, Städtische Gemäldegalerie; Feuchtmayr, 1975, cat. n° G 17).

La même année, Reinhart reproduisait la composition du *Paysage de tempête* dans une eau-forte (Andresen 155). Il s'en souvint encore une fois pour l'un des huit grands paysages exécutés entre 1825 et 1828 pour le Palazzo Massimo à Rome (perdus depuis la guerre): les éléments sont exactement les mêmes, mais la disposition a été curieusement étirée pour correspondre au format vertical très allongé. C.K.

Leipzig, Museum der bildenden Künste.

Friedrich Philipp Reinhold

Gera (Thuringe) 1779 - 1840 Vienne

Fils d'un portraitiste, frère d'Heinrich, Reinhold étudie de 1797 à 1804 à l'Académie de Dresde, il est en relation avec Friedrich. En 1805, il se rend à Vienne en passant par Prague ; il y pour-suit sa formation jusqu'en 1811 et se lie alors d'amitié avec Overbeck et les autres membres de la confrérie de Saint-Luc (Lukasbund) ainsi qu'avec Ferdinand Olivier, qui influence étroite-ment son style. En 1811-1812, il travaille comme portraitiste à Gera et à Leipzig, et s'installe à Vienne en 1813. Vers 1814, il abandonne la peinture d'histoire et le portrait pour le paysage romantique idéal ; il dessine parfois des scènes de l'histoire contemporaine. De 1816 à 1818, il grave des eaux-fortes — il pratiquait déjà la lithographie depuis 1810 —. En 1818, il visite Salzbourg et Berchtesgaden en compagnie de son frère et de ses amis peintres. En 1821 il copie d'après Poussin. Ses contemporains l'ont consi-déré comme l'un des meilleurs artistes de l'école romantique.

Friedrich Philipp Reinhold

182 Monastère sur le Kapuzinerberg près de Salzbourg

1818
Toile. H 0,350 ; L 0,310

Historique
Acquis en 1927 de Mme Toula, épouse du conseiller aulique, Vienne ; Inv. n° 1163.

Bibliographie
Schwarz, 1958, p. 31, fig. 86 ; Feist, 1967, p. 179 (fig. 2), 180 ; cat. Leipzig, 1967, p. 160 et suiv., fig. 48.

Expositions
1957, Berlin, n° 258 ; 1965, Berlin, n° 185 ; 1966, Berlin, p. 289.

En 1818, Reinhold effectua avec son frère Heinrich et d'autres peintres un voyage d'études à Salzbourg et dans le Salzkammer-gut. Le tableau fut exécuté cette année-là. Pleins de vénération pour le passé historique (au sens où l'entend Friedrich Schlegel), les peintres, qui étaient partis de Vienne, ren-contrèrent des sites soustraits aux outrages du temps, comme le vieux bâtiment du monastère juché sur le Kapuzinerberg. De même qu'Olivier, Schnorr von Carolsfeld et d'autres, Reinhold ne manqua pas d'éprouver la «paix paradisiaque» et le calme de ce paysage.

Après avoir peint surtout des tableaux de genre dans le goût hollandais et des portraits, Reinhold se tourna en 1816, impres-sionné par les œuvres de J.A. Koch et de Ferdinand Olivier, vers le paysage. Pour lui et son frère, Olivier devint un modèle ; c'est quand ils se trouvent en face des mêmes motifs que lui que l'influence est la plus forte.

Il n'en reste pas moins que dans les dessins et tableaux salzbourgeois des frères Reinhold s'amorce leur éloignement pro-gressif de «la contemplation panthéiste de la nature et l'émotion religieuse» d'Olivier. L'atmosphère sacrée des paysages de celui-ci s'estompe dans leurs œuvres.

C'est avec une grande économie dans les procédés picturaux et dans les couleurs que Reinhold a consigné ses impressions dans ce tableau. Il s'agit pourtant de bien plus qu'une simple étude. La technique fluide dans la représentation des éléments naturels (en particulier, le ciel et le feuillage) et la pré-cision de dessin dans la traduction de l'ar-chitecture s'équilibrent parfaitement. On peut rencontrer pareille opposition dans certaines toiles d'Olivier.

L'influence d'Olivier est également per-ceptible dans la manière qu'a Reinhold de concevoir le rapport entre personnage et paysage ; dans ce domaine rien ne les sépare. A ceci près qu'ici la petite figure assise ne contribue pas, du fait même de son apparence anodine, à accroître la signification du pay-sage, comme c'est souvent le cas chez Olivier. Elle joue avant tout un rôle pour l'équilibre des couleurs et, sur le plan optique, est étroi-tement liée au reste de l'image.

Sa «fraîcheur et sa spontanéité en ce qui concerne l'observation et la reproduction réalistes de la nature» font de cette toile un exemple précoce de toute une conception de paysage qui se développera et se cristallisera au cours du XIXᵉ siècle. L'«impressionnisme» de certains tableaux Biedermeier ultérieurs y est anticipé. Ce qui importait surtout pour Reinhold, c'était l'observation du plein-air et de ses effets. Son tableau fait découvrir «au spectateur une beauté de lumière, de matière et de couleur négligée ou ignorée jusqu'alors, dans un secteur de la nature insi-gnifiant en soi, et a donné des titres de noblesse à ce qui est modeste et naturel, et cela en se détournant de la peinture à idées stéréotypée et ambitieuse certes, mais aussi peu naturelle et terne». (Feist). Par la suite, au fur et à mesure du développement du réalisme, le naturel et l'évidence sensible de l'image en tant que reflet des choses physi-ques furent évidemment développés ; mais l'art d'un Waldmüller, entièrement orienté

182

vers le visible, s'annonce déjà dans la toile de Reinhold.

En 1927, une rapide esquisse en largeur pour le tableau se trouvait dans une coll. privée à Marburg.   M.K.

Leipzig, Museum der bildenden Künste.

Heinrich Reinhold

Gera (Thuringe) 1788 - 1825 Rome

Reinhold commence sa formation d'artiste avec son frère Friedrich, à Dresde, en 1807; il suit ce dernier à Vienne où il étudie à l'Académie jusqu'en 1809. Il attire l'attention de Denon qui accompagne Napoléon pour l'historiographie militaire de l'Empereur et qui sélectionne les œuvres d'art pour le Musée Napoléon; à Paris de 1809 à 1814, il collabore au grand ouvrage gravé consacré aux campagnes napoléoniennes. De retour à Vienne, il se joint au groupe réuni autour de Koch. Il commence à peindre des paysages en 1816, mais il continue à réaliser des gravures jusqu'en 1819. Avec des amis peintres, il parcourt la région du Schneeberg et en 1817 et 1818 visite avec eux Salzbourg et Berchtesgaden. Il va à Rome en 1819; en 1820, il est accompagnateur de voyage en Sicile et en Toscane. Par la suite, il passe plusieurs étés avec des artistes allemands à Olevano dont il dessine et peint sans cesse les environs. Il fait la connaissance de Schinkel en 1824; grâce à ce dernier, la célébrité de Reinhold s'étend jusqu'à Berlin.

Heinrich Reinhold

183 Paysage près d'Olevano

1822
Papier sur toile. H 0,178; L 0,218
Daté en bas à gauche: *29 Sept. 22*

Historique:
K.F. Schinkel, Berlin; Susanne Schinkel; acquis en 1908.

Bibliographie
Schwarz, 1965, p. 71 et suiv.: cat. Hambourg, 1969, p. 261.

Nous avons ici un secteur limité de la contrée autour d'Olevano, dans les monts Sabins, une reproduction exacte d'une localité, sans l'attrait d'un motif de *veduta*. Grâce à une technique picturale libre, *alla prima*,

183

sont saisis le terrain escarpé avec sa végétation — les couleurs en sont à peine différenciées — et le ciel bleu radieux, au-dessus, avec quelques nuages.

S'il est vrai que l'on connaît des études à l'huile de paysages prises sur nature dès le XVIIIᵉ siècle (Desportes, Thomas Jones, Valenciennes, etc.), de telles peintures ne deviennent symptomatiques d'une conception nouvelle du paysage qu'à partir de la deuxième décennie du XIXᵉ siècle. Chronologiquement, Constable, Issel, Kobell, Dillis sont à citer avant Reinhold; Bonington, Corot, Dahl et Blechen seulement un peu plus tard. Parmi les peintres vivant à Rome, Reinhold fut l'un des premiers à se rendre devant le motif muni non de crayons, mais de pinceaux. Certes, pour lui aussi, les études d'après nature ne constituaient que des travaux préparatoires; ses toiles correspondaient bien à ce que Friedrich Schlegel appelait des «paysages spirituels»(*geistliche*), mais elles sont rares, pour la plupart des commandes, tandis qu'il réalisait surtout des études.

Le 19 octobre 1824, Schinkel écrit dans son journal: «ici, nous rendîmes visite au talentueux paysagiste Reinhold qui fait de

si belles études de la nature. Je ne pus m'abstenir de lui poser la question de savoir s'il se dessaisirait de douze ou seize de ses études, et, dans l'affirmative, à quelles conditions. D'ordinaire, les artistes ne le font pas, car on retourne rarement au même endroit pour entreprendre une nouvelle étude, et il est rare de voir des gens de talent sachant mettre à profit un voyage comme il le fait. Eh bien, pour trois louis d'or la pièce, il m'en céda un certain nombre à la condition qu'il puisse les garder jusqu'à mon départ pour en faire des copies. Ces esquisses constitueront les plus beaux souvenirs du voyage.» Le 24 novembre 1824, Heinrich Reinhold, qui allait mourir prématurément deux mois plus tard, relata lui aussi dans sa dernière lettre adressée à ses frères la visite de Schinkel ainsi que l'achat («12 études à l'huile et quatre dessins à la mine de plomb»). Ce dernier aurait acheté les études surtout pour «avoir et donner une idée du caractère du pays, notamment grâce à la couleur, ce qui s'exprime au moyen de ces choses faites rapidement et impartialement presque toujours avec plus de justesse que dans des choses faites en atelier.»   H.R.L.

Hambourg, Kunsthalle.

Heinrich Reinhold

184 Vue de Civitella

Papier sur carton. H 0,165; L 0,257

Historique
K.F. Schinkel, Berlin; Suzanne Schinkel;
acquis en 1908.

Bibliographie
Schwarz, 1965, p. 71 et suiv.; cat. Hambourg,
1969, p. 263; Baumgart, 1974, p. 226 et suiv.

Sur le chemin reliant Subiaco à Olevano, dans les monts Sabins, se situe sur une hauteur isolée, au milieu d'une contrée déboisée, le pauvre village de Civitella. L'emplacement choisi par Reinhold peut être identifié avec exactitude. L'étude est exécutée en glacis, grâce à des coups de pinceau alertes, le coin inférieur droit demeurant vierge; c'est juste pour le massif calcaire et le village qui le couronne que le peintre élabore quelques détails. A la reproduction de la configuration géologique et du rendu du terrain correspond celle de la formation des nuages sous une lumière changeante.

Tout l'«héroïsme» du paysage romain a subitement disparu. Cette nature-là fait partie de la réalité comme n'importe quelle autre sans rapport précis avec une signification historique, la beauté idéale, les idylles arcadiennes ou le romantisme», écrit Baumgart à propos de notre étude.

Reinhold séjourna pendant les mois d'été des années 1821, 1822 et 1824 à Olevano, comme le firent avant lui Koch (depuis 1803), Cornelius, Horny, comme le font en même temps que lui Schnorr von Carolsfeld et Richter. Nous tenons de ce dernier que Reinhold passait tous ses après-midi à peindre et à dessiner dans les alentours. L'emplacement où se situe notre étude se trouve à moins de deux heures à pied ou à dos d'âne d'Olevano. Comme la précédente (n° 183), cette œuvre provient de la succession de Schinkel; sur les douze œuvres achetées par lui, dix se trouvent aujourd'hui à Hambourg.

H.R.L.

Hambourg, Kunsthalle.

Alfred Rethel

Diepenbend (près d'Aix-la-Chapelle)
1816 - 1859 Dusseldorf

Après ses débuts chez Bastiné, un élève de David, il fréquente, de 1829 à 1836, l'Académie de Dusseldorf dirigée par Wilhelm Schadow. Il réalise ses premiers tableaux d'histoire religieuse et profane sous l'influence de Lessing. Il va se perfectionner à Francfort, chez le Nazaréen Philipp Veit; il reçoit ses premières commandes de peintures monumentales. En 1842, il parcourt la Thuringe, la Saxe et la Franconie; à Dresde,

il est fortement ému par la Madone Sixtine de Raphaël. De 1842 à 1844, il réalise un cycle de compositions à l'aquarelle de la campagne d'Annibal. Il séjourne en Italie en 1844 et 1845. Une visite à Berlin lui montre qu'il y est très apprécié. Il vit à présent à Dresde. Les fresques de la salle impériale, à l'hôtel de ville d'Aix-la-Chapelle, exécutées de 1846 à 1852, d'après des esquisses de 1840, constituent son œuvre principale. A partir de 1848, il réalise des séries de gravures sur bois qui rappellent Dürer. Ces œuvres reflètent les incertitudes politiques et sociales de l'époque qui a précédé la Révolution de 1848. En 1852, il est frappé par une maladie mentale. Après un voyage à Rome, en 1852 et 1853, sa famille s'installe à Dusseldorf avec l'artiste gravement malade.

Alfred Rethel

185 L'usine Harkort dans le château fort de Wetter

v. 1834
Toile. H 0,435; L 0,575

Historique
Famille Kamp.

Bibliographie
Fritz, 1958, p. 213-224.

Exposition
1971, Cologne, n° 77.

184

185

Le château fort de Wetter, dans la vallée de la Ruhr, en Westphalie, propriété des comtes von der Mark depuis le XIIIe siècle, devint en 1780 le siège de l'Administration des mines westphalienne; il fut acquis en 1819 par F. Harkort et H. Kamp qui y installèrent une fonderie de fer, noyau du futur cartel d'industrie Demag; en 1827 vint s'ajouter au haut fourneau, la première usine de puddlage et de laminage de Westphalie. Sur le tableau, les installations industrielles récentes, situées devant le mur, contrastent avec les vestiges de l'édifice du château fort, la tour tronquée et la ruine du corps de logis à gauche, orientés vers la vallée de la Ruhr, le puissant beffroi à droite, et entre eux le bâtiment administratif du XVIIIe siècle.

Rolf Fritz a reconnu dans ce tableau, d'une minutie descriptive et plein de luminosité, une œuvre de jeunesse d'Alfred Rethel, dont le père était entre 1829 et 1837 comptable des «ateliers mécaniques». Dans un album de croquis figurent six dessins de 1831, composés avec soin, représentant les bâtiments du château fort, parmi lesquels une aquarelle montrant le corps de logis principal avec un grand souci d'exactitude; dans un texte contemporain datant de 1837, l'œuvre de Rethel, exécutée vers 1834, est mentionnée comme un «portrait de paysage avec bâtiments d'usine», en possession de M. Kamp.

Ce tableau de Rethel, qui avait alors à peine dix-huit ans, est une œuvre de commande; il constitue, avec les *Laminoirs à Eberswalde* de Blechen (Nationalgalerie, Berlin), la plus ancienne peinture allemande du monde industriel. «D'une manière analogue à celle de Blechen, il ressent l'antagonisme entre le vieux et le neuf, entre les ruines du château fort en voie de délabrement et les installations industrielles en plein essor...» (Fritz).

Simultanément, Rethel peignait des scènes de l'histoire de saint Boniface; ce sont elles qui établirent de bonne heure sa célébrité. Elles manifestent une tendance dominante de son œuvre, toute en oppositions et en tensions. On peut trouver un écho de cette tendance dans ce paysage, où s'opposent le monde traditionnel et l'ère industrielle naissante.

H.R.L.

Duisbourg, société DEMAG.

Alfred Rethel

186 Visite d'Othon III dans le caveau de Charlemagne

1846
Mine de plomb et encre, rehauts d'or
H 0,482; L 0,644
Signé et daté en bas à droite: *R. Wiegmann. Alf. Rethel Dusseldorf d.28.Juli 1846*

Historique
Acquis en 1897, de la succession de Rethel; Inv. C 1897-76.

Bibliographie
Mayer, 1781, t. XII (1784); Müller von Königswinter, 1861, p. 87 et suiv.; W. Francke, 1921, repr. p. 78; Ponten, 1911, p. 95; Manteuffel, 1940, ...; Kuetgens, Bonn, O.J., 1956, n° 80; von Einem, 1968, p. 21, fig. 3.

Expositions
1876, Berlin, n° 140; 1888, Francfort, n° 86; 1956, Dusseldorf, n° 80; 1959, Aix-la-Chapelle; 1965, Berlin, n° 191.

En 1839, le «Kunstverein für die Rheinlande und Westfalen» (Société artistique pour les régions rhénanes et la Westphalie) avait ouvert un concours pour des peintures murales destinées à la Kaisersaal, ou salle du couronnement, de l'hôtel de ville d'Aix-la-Chapelle. Elles devaient représenter les événements de la vie de Charlemagne (742-814). Les sept esquisses soumises par Rethel lui valurent la commande. La *Visite d'Othon III (983-1002) dans le caveau de Charlemagne* fut conçue comme l'image finale du cycle, pour décorer une lunette. Rethel s'attaqua pourtant à ce travail en premier lieu; la peinture fait partie des quatre fresques exécutées par l'artiste lui-même. L'essentiel de la composition se trouve déjà fixé dans le dessin. Comme source, Rethel utilisa les *Aachener Geschichten* (chroniques d'Aix-la-Chapelle), qu'il reprend presque littéralement. On y lit: «Après son trépas, le corps inanimé fut porté du palais dans la chapelle de la Couronne et assis là, au fond d'une crypte aménagée au milieu, sur un siège d'or; on lui mit d'abord la haire, que Charles d'ordinaire portait secrètement à même le corps, ensuite les vêtements royaux, sans oublier la bourse en or qu'il avait coutume d'emporter toujours en se rendant à Rome; on lui mit la couronne en prenant soin de faire reposer son menton sur un collier en or fin, afin que la tête ne puisse pas pencher; l'évangeliaire dans sa reliure d'or lui fut placé sous la main droite, sur les genoux, et le sceptre dans la main gauche; c'est de ce côté-là qu'on suspendit aussi le glaive, tandis qu'on lui recouvrait le visage d'un suaire et qu'on plaçait exactement devant lui son bouclier d'or...»

Plus loin dans la description, il est dit:

186

«Othon fit... effectuer vainement des fouilles en divers endroits jusqu'à ce qu'on découvrît enfin le caveau; à l'ouverture de ce dernier, il trouva le corps encore assis sur le siège royal, avec la pompe et la magnificence déjà décrites..., et il en fut transporté d'admiration...»

Les fresques de *Charlemagne* de Rethel comptent parmi les œuvres les plus importantes de la peinture monumentale en Allemagne. L'artiste réussit à y dépasser à la fois l'éclectisme et le théâtral. C'est grâce à sa formation à l'école des fresques romaines d'un Raphaël qu'il parvient à maîtriser la forme monumentale. Une aquarelle sur le même thème se trouve dans la collection Sohn-Rethel de Dusseldorf; une esquisse peinte au musée de Dusseldorf; un deuxième dessin à la mine de plomb au Suermont-Museum d'Aix-la-Chapelle. Voir aussi le dessin exposé ici, n° 187. En 1943-1944, les fresques furent gravement endommagées par les bombardements. Franz Stiewi s'efforça de les restaurer et les sauva ainsi d'une perte définitive. G.L.

Dresde, Staatliche Kunstsammlungen, Kupferstichkabinett.

Alfred Rethel

187 Charlemagne dans son tombeau

1846-47
Fusain et gouache. H 0,531; L 0,355

Historique
Acquis en 1897, de la succession de Rethel;
Inv. C. 1897-87.

Bibliographie
Valentin, 1896, pl. couleurs 1; Ponten, 1911,
pl. couleurs p. 94; Schmidt, 1928, fig. 57; Heise,
1959, fig. 79; Bernhard, 1973, p. 1349.

Expositions
1876, Berlin, n° 141; 1888, Francfort, n° 96;
Berlin, n° 138; 1956, Dusseldorf, n° 87.

Etude de détail pour la peinture murale représentant la *Visite d'Othon III dans le caveau de Charlemagne* dans le Kaisersaal de l'hôtel de ville d'Aix-la-Chapelle pour laquelle un projet d'ensemble est exposé (ici n° 186). Le linceul qui recouvre la tête accuse le caractère de transcendance du thème. Ici Rethel évoquant le visage de l'Empereur qui

vient de mourir paraît effacer la frontière entre le sommeil et la mort. G.L.

Dresde, Staatliche Kunstsammlungen, Kupferstichkabinett.

Alfred Rethel

188 «La Mort étrangleur»

1847-48
Mine de plomb, lavis avec rehauts de blanc.
H 0,388; L 0,335.

Historique
Acquis en 1897 de la succession de Rethel;
Inv. C 1897-96.

Bibliographie
Francke, 1921, p. 79; Ponten, 1911, p. 135;
Manteuffel, 1956, n° 103, p. 8; Bernhard,
1973, p. 1359.

Expositions
1919, Dresde, n° 312; 1956, Dusseldorf, n° 103;
1971, Zurich, n° 258.

Ce dessin est le premier projet pour le bois gravé en 1851 par Steinbrecher, qui reçut la légende suivante lors de l'impression: *Der Tod als Erwürger* («La mort étrangleur. Première apparition du choléra au cours d'un bal masqué à Paris, en 1831»). Des représentations de la mort parcourent d'un bout à l'autre l'œuvre de Rethel. Agé tout juste de quinze ans, il traitait déjà le thème de la mort héroïque ou celle du sacrifice.

C'est en 1847-48 qu'il dessina *La Mort étrangleur*, frappé par la *Chronique parisienne* de Heinrich Heine, parue le 19 avril 1832 dans l'*Augsburger Allgemeine Zeitung*. Je veux parler du choléra qui règne depuis lors ici et cela de façon absolue, et qui, sans égard pour condition sociale et convictions, terrasse ses victimes par milliers. Or on envisagea cette épidémie d'autant plus nonchalamment que la nouvelle était parvenue de Londres où elle avait emporté relativement peu de monde. Il semblait même d'abord qu'on se fût proposé comme but de la narguer, à telle enseigne qu'on pensait que le choléra, pareil en ceci à toute autre réputation bien assise, ne manquerait point de continuer à jouir ici de son prestige. Alors, décidément, on ne pouvait pas en vouloir au bon choléra de recourir par peur du ridicule à un moyen que Robespierre et Napoléon avaient déjà jugé bien rodé et probant, à savoir que, histoire de se faire respecter, il décime le peuple... Son arrivée avait

187

été rendue publique officiellement le 29 mars, et comme c'était le jour de la mi-carême et qu'il faisait un temps ensoleillé et délicieux, les Parisiens folâtraient d'autant plus joyeusement sur les boulevards, où l'on apercevait même des masques hauts en couleur et caricaturaux qui se moquaient aussi bien de la peur du choléra que de la maladie elle-même. Le soir venu de cette journée-là, les redoutes étaient plus courues que jamais; des rires d'une gaieté folle mêlés aux cris d'allégresse fusèrent si fortement qu'ils couvraient presque le bruit de la musique, et on s'échauffa en dansant le *chahut*, une danse qui n'est guère équivoque, et à cette occasion on avalait des crèmes glacées de toutes sortes et d'autres boissons fraîches: or voici que le plus joyeux des arlequins éprouva soudain une sensation de froideur excessive dans les jambes; là-dessus il enleva son masque et, à la stupéfaction de tout le monde, il apparut un visage violet. On se rendit compte sans tarder que cela n'était pas quelque plaisanterie et les rires s'arrêtèrent net...» G.L.

Dresde, Staatliche Kunstsammlungen, Kupferstichkabinett.

Afred Rethel

189 Scène de combat sur les barricades

1848
Crayon. H 0,200; L 0,142
Monogrammé et daté en bas à droite, 1848

Historique
Acquis en 1902.

Bibliographie
Ponten, 1911, p. XLIX-L, fig. p. 131; Zeitler,
1966, p. 212, fig. 81a.

Feuille d'un carnet de dessins datant des années 1839-49.

Des hommes protègent un blessé; une femme en pleurs et un enfant se pressent autour d'eux. Zeitler suppose que la scène a été dessinée d'après un modèle, car les gestes des personnages éplorés rappellent les représentations de la Déploration du Christ. Le dessin fut certainement inspiré par des événements vécus ou par des récits du soulèvement révolutionnaire de l'année 1848, peut-être par les combats de barricades de Francfort du mois de septembre. Le sujet est repris sous une autre forme dans la dernière feuille de la suite de la *Danse de la mort*. La prise de position de Rethel en face des événements politiques n'est pas simple. En 1833, à dix-sept ans, dans une lettre à ses parents écrite au cours de son premier voyage sur le Rhin, il parle avec enthousiasme des émeutes des associations d'étudiants de Francfort. Dans une lettre à sa mère, après l'écrasement du soulèvement de Dresde, en mai 1849, il exprime par contre tout autant de distance et de résignation que de sympathie pour les rebelles: «Il y a quelques heures, le terrible combat s'est terminé dans cette ville par la victoire de l'armée, donc du roi — une œuvre magnifique pour l'honneur de l'Allemagne est brisée par le sabre, écrasée par une force militaire froidement calculatrice. J'ai regardé la naissance de ce mouvement avec méfiance, et j'attendais la République rouge, le communisme avec toutes ses conséquences. — Seulement c'était un véritable enthousiasme populaire, au sens le plus noble, pour la création d'une grande et noble Allemagne, une mission que Dieu leur avait mis dans le cœur, et qui n'a pas été provoquée par le bavardage extrémiste de ces journaux nuls, ni par des meneurs. — Des gens de toutes conditions, supportant avec courage les plus grandes souffrances, ont combattu sur les

189

barricades.» Rappelons que combattit alors sur les barricades, à Dresde, l'architecte Gottfried Semper, avec qui Richard Wagner conspira; un mandat d'arrêt ayant été lancé contre lui, Semper s'enfuit à Paris, et Wagner à Zurich, avant de faire la même année sa seconde visite à Paris.   H.H.

Aix-la-Chapelle, Städtisches
Suermondt-Museum.

Alfred Rethel

190 Auch ein Totentanz aus dem Jahre 1848

Erfunden und gezeichnet von Alfred Rethel. Mit
erklärendem Text von R. Reinick. Ausgeführt
im akademischen Atelier für Holzschneidekunst
zu Dresden unter Leitung von H. Bürkner. Preis
15 Silberlinge. Leipzig, Georg Wigand's Verlag
(1849).

Encore une danse de mort de l'année 1848

Imaginée et dessinée par Alfred Rethel. Avec un
texte explicatif de R. Reinick. Exécutée à l'académie
de Dresde dans l'atelier pour l'art du bois gravé
sous la direction de H. Bürkner. Prix: 15
Silberlinge. Leipzig, édition Georg Wigand, (1849).

Livre illustré. H 0,288; L 0,400 (dimensions de
la feuille).

Bibliographie
Schmid, 1898, p. 99-105 avec repr.; Ponten, 1911,
S.L. pl. 124-130; Ponten, 1922, p. 49-55; von
Manteuffel, 1926, p. 14-15, 26-28, pl. 8, 9;
Koetschau, 1929, p. 220-234; fig. 139-150; Heuss,
1957; Lankheit, 1965, p. 174-175, fig. 45; Zeitler,
1966, p. 98-100, fig. 80.

Cette suite vit le jour dans l'hiver 1848-49, sous l'influence directe des événements de la révolution de 1848, et parut à la fin de mai 1849, peu après la fin de la révolte de Dresde. En quelques semaines, trois éditions, comportant en tout 4500 exemplaires, furent vendues. L'éditeur décida alors de publier une édition populaire, réunissant sur une seule grande feuille les 6 dessins et les vers correspondants, sous le titre «*Danse de mort*

190

de l'année 1848». Cette édition de 10.000 exemplaires se vendit au prix de 5 Silbergroschen l'exemplaire, et circula comme un tract, qui devait agir d'abord en faveur de la contre-révolution. Sa popularité a valu au cycle de Rethel d'être célèbre jusqu'à nos jours en Allemagne: en effet, celui-ci a pour une bonne part fixé l'image que se font les Allemands de la révolution de 1848.

Alors que la peinture historique de la fin du romantisme veut justifier le présent à partir d'une représentation idéalisante du passé, Rethel entreprend de donner dans cette œuvre une interprétation de l'histoire contemporaine où réalité et allégorie se font contre-poids. La mort, squelette animé qui unit déjà en lui-même des caractères réalistes et imaginaires, y apparaît comme le vainqueur. La liberté, l'égalité et la fraternité qu'elle promet mensongèrement aux peuples, les hommes ne peuvent les atteindre qu'en devenant semblables à elle. Dans cette interprétation pessimiste, il n'y a plus de héros, mais seulement des victimes. Différente de celle des «Images de la mort» de Hans Holbein dont Rethel s'inspire, différente aussi de celle des vanités baroques, la mort n'apparaît pas ici seulement comme un memento mori, mais comme un élément agissant dans la tragique histoire des hommes.

L'ouvrage est ouvert sur la page 6: une ville allemande, avec les maisons endommagées et les nuages de fumée des combats. Les soldats sont là pour rétablir l'ordre et la paix. La mort apparaît à cheval, en triomphatrice agitant le drapeau sur son cheval fatigué, au-dessus des barricades, insensible aux morts et à la douleur des affligés. Un mourant semble se révolter contre elle. Mais la position dominante du cavalier de la mort donne une impression de définitif, presque comme un monument, qu'accentuent le premier-plan amplifié et la sévérité de la composition triangulaire (Ponten et Lankheit insistent sur la ressemblance avec la *Liberté sur les barricades* de Delacroix).

La technique du bois gravé, grâce à laquelle Rethel s'adresse à un large public, l'oblige à une formulation plus claire et concise de ses images, dans la structure des contours et du système de traits. Comme Dürer, son modèle, il travaille en taille directe; il a porté lui-même les projets sur le bloc de bois, tout en laissant l'exécution à

191

des collaborateurs spécialisés. Avec cette technique de la gravure sur bois artistique, qui n'est pas seulement un moyen de reproduction, il a apporté une contribution importante aux efforts du XIXᵉ siècle en faveur de la nouvelle «gravure originale».

La *Danse des morts* de Rethel a aussi été remarquée en France. Baudelaire, dans un essai publié dans *l'Art romantique* (1869) considère Rethel comme un exemple de «d'art philosophique», qui, selon lui, est une erreur artistique à laquelle l'Allemagne a contribué au premier chef. Il compare Rethel à Chenavard, et appelle «poème» la «Danse de mort», car Rethel «assimile l'art plastique à la pensée écrite». Il reconnaît son niveau artistique, tout en remarquant: «Ce que je trouve de vraiment original dans le poème, c'est qu'il se produisit dans un instant où presque toute l'humanité européenne s'était engouée avec bonne foi des sottises de la révolution».   H.H.

Hambourg, Kunsthalle.

Moritz Retzsch

Dresde 1779 - 1857 Hoflössnitz (près de Dresde)

Fils d'un secrétaire au ministère de la guerre, il prend des cours de dessin à partir de 1797; en 1803, il est l'élève du classicisant Grassi, à *l'Académie de Dresde. Les poésies de Gessner et de F. de la Motte-Fouqué éveillent son intérêt pour le romantisme. En 1808, ses projets d'illustrations pour* Faust *sont approuvés par Goethe. Retzsch s'est fait connaître par ses portraits et ses peintures à thèmes littéraires, ainsi que par ses nombreuses illustrations pour les œuvres de Goethe, de Schiller, de Shakespeare et de Bürger. En 1824, il est chargé de cours à l'Académie de Dresde.*

Moritz Retzsch

191 Umrisse zu Goethe's Faust, gezeichnet von Retzsch

Stuttgart, und Tübingen, in der J.G. Cotta'schen Buchhandlung. 1820

Esquisses pour le Faust de Goethe, dessinées par Retzsch

Stuttgart et Tübingen, librairie J.G. Cotta'schen, en 1820.
Livre illustré de vingt-six gravures.
H env. 0,19; L env. 0,23 (dimensions de la feuille).

Bibliographie
Hirschberg, 1925, n° 85-110; Wegner, 1962, p. 58-59, fig. 42, 43 avec d'autres références; Becker, 1971, p. 66, fig. 107.

La suite de Retzsch parut dans sa première édition en 1816, la même année que les illustrations de Cornelius (cf. ici n°ˢ 29-30). En 1836 suivirent onze gravures pour la deuxième partie du *Faust*. L'œuvre a connu de nombreuses éditions, et eut autant de succès à l'étranger qu'en Allemagne. En 1820, des reproductions furent publiées en Angleterre, et en 1829 en France une édition réduite. L'influence de cette œuvre s'étendit jusqu'aux décors et aux costumes des premières mises en scène de *Faust*, y compris la première représentation parisienne, en 1828. Goethe, qui avait vu les dessins à Dresde en 1810 et avait encouragé l'artiste à les publier, les trouvait «pleins d'esprit» et les préférait à ceux de Cornelius; il les «recommandait» à cause de «l'expression mesurée et du caractère des personnages» (Benz, 1941, p. 170, 175). Le jugement de Goethe se fonde sur le langage formel encore imprégné de classicisme, dans lequel Retzsch se révèle comme le successeur de Flaxman et de son style inspiré des peintures de vases antiques. Le succès de Retzsch est ainsi une sorte de prolongement de l'écho que Flaxman avait trouvé en Allemagne, entre autres auprès de Runge. Cette influence permet de comprendre un texte d'August Wilhelm Schleger, qui met les dessins au trait «abstraits» de Flaxman au-dessus des traditionnelles illustrations en taille-douce: «Mais l'avantage essentiel est que l'art plastique est d'autant plus proche de la poésie qu'il s'arrête aux premières et légères indications. Ses dessins sont presque des hiéroglyphes, comme ceux du poète; l'imagination est invitée à les compléter, à construire à partir de l'impression reçue, tandis que l'image détaillée la retient au piège d'une satisfaction complaisante... Ainsi, de même que les mots du poète sont des invocations magiques à la vie et à la beauté, dont on ne remarque pas la puissance secrète à partir de leurs éléments séparés, de la même façon, à la vue d'une esquisse réussie, on éprouve un véritable émerveillement que des traits si peu nombreux et si fins puissent contenir tant d'âme». (J.-W. Schlegel, 1799).

L'ouvrage est ouvert à la page 16: *La chambre de Marguerite*. Marguerite est seule à son rouet (vers 3374-3410): «Ma paix a disparu./ Mon cœur est lourd; Je ne la trouve jamais/ et jamais plus...». Ce monologue, dans lequel Marguerite avoue son amour absolu pour Faust, forme une sorte de péripétie intérieure de l'action dramatique. Retzsch ne s'est pas contenté de décrire la simplicité et

la netteté de la pièce, meublée à l'ancienne mode de Franconie, il s'est efforcé de trouver dans les lignes délicates et fluides une correspondance claire avec le ton poétique et intime du monologue.

H.H.

Hambourg, Kunsthalle.

Ludwig Richter

Dresde 1803 - 1884 Loschwitz (près de Dresde)

Il reçoit sa première formation dans l'atelier de gravure de son père, qui fut élève de Zingg; puis il suit l'enseignement de l'Académie de Dresde, également chez Zingg. Il se lie d'amitié avec Oehme. En 1820 et 1821, il accompagne un prince russe en France. De 1823 à 1826, il se rend à Rome avec une bourse d'étude que lui a donnée son ami le libraire Arnold, pour lequel il a fait des eaux-fortes de Dresde; il passe par Salzbourg et le Tyrol où il fait ses premiers tableaux de paysages. A Rome, il se lie d'amitié avec Koch, Schnorr von Carolsfeld et d'autres artistes. De 1828 à 1835, il enseigne le dessin à la Manufacture de porcelaines de Meissen, puis il succède à son père comme professeur à l'Académie de Dresde; il le restera jusqu'à sa mort. A partir de 1835, il peint et dessine non seulement des sujets italiens, mais aussi des motifs de son propre pays qui connaissent une grande popularité. Grâce à son influence, la gravure sur bois s'épanouit à Dresde (illustrations de contes, de livres de chants populaires, d'almanachs). Richter utilise de façon magistrale des moyens sentimentaux pour créer une atmosphère de poésie populaire dans la représentation, simple en apparence, des idylles d'une vie «petite-bourgeoise» étroite, mais paisible, dernier écho du romantisme. A partir de 1874 il rédige ses souvenirs, qui ont eu un nombre considérable de lecteurs et appartiennent, au même titre que ceux de Ludwig Emil Grimm, Kügelgen et Wasmann, aux sources les plus importantes pour la connaissance de la vie artistique en Allemagne au début du XIXe siècle. En 1855, la médaille d'or de l'Exposition Universelle de Paris lui avait été décernée pour son Cortège de fiançailles au printemps *(1847).*

Ludwig Richter

192 Vallée près d'Amalfi avec vue sur le golfe de Salerne

1826
Toile. H 0,980; L 1,360
Monogrammé et daté à droite: *L.R. Roma 1826*

Historique
Sächsischer Kunstverein, Dresde, 1828; attribué par loterie au président von Minkwitz, Dresde; coll. Dr Hillig, Leipzig; acquis à la vente Rudolph Weigel, Leipzig, par M. von Zahn, Dresde; entré au musée en 1862, grâce à la donation de Eduard Cichorius; Inv. n° 200.

192

Bibliographie
Friedrich, 1937, p. 15, 16, 35, 36 (n° 17), fig. 29;
Warm, 1939, p. 29 et suiv.; Kalkschmidt, 1949,
p. 89 à 93, fig. 91; Neidhardt, 1969, p. 19 et suiv.,
fig. 21, 22 (détail); catal. Leipzig, 1967, p. 163,
fig. 47.

Expositions
1828, Dresde; 1903, Dresde, n° 3; 1906, Berlin,
n° 1422; 1957, Berlin, n° 260; 1975-1976, Stendal
et Weimar, p. 74 et suiv.

C'est d'après des études et une esquisse re-cueillies à Amalfi pendant l'été que Richter entreprit de peindre sa troisième toile d'Italie, de la fin de l'automne 1825 jusqu'en avril 1826, soit durant le dernier hiver de son séjour à Rome.

Il avait été fortement impressionné par l'examen du *Festin des Dieux* de Giovanni Bellini (1514; achevé par Titien; Washington, National Gallery) qui faisait alors partie de la collection Camuccini à Rome. C'est en s'inspirant du paysage de ce tableau (conçu comme repoussoir pour le groupe des bacchan-tes) qu'il fut amené au caractère très simple de ce paysage d'Amalfi. Les efforts de Richter étaient orientés durant cette période, comme le montre d'ailleurs l'évolution qui mène du *Watzmann* (1824), en passant par *Rocca di Mezzo* (1825), à la *Vallée près d'Amalfi*, vers une plus grande sévérité dans la structure de ses tableaux. Dans ses paysages d'Italie, on le voit ainsi prendre de plus en plus nette-ment ses distances envers les conceptions formelles néo-classiques. Seuls dans ce tableau les traits nets des montagnes de l'arrière-plan rappellent encore les formes héroïques et idéales des paysages d'un Pous-sin, d'un Lorrain ou d'un J.A. Koch. Rien n'y subsiste de la spatialité de la toile précédente (*Rocca di Mezzo*). La conception idyllique au-tant que romantique de la nature d'un Schnorr von Carolsfeld et l'intimisme cher à Dürer répondaient alors bien davantage à ses ambi-tions artistiques.

Déjà pendant son voyage en France (1820-1821), Richter avait vu la nécessité d'animer ses tableaux par des «figures belles et carac-téristiques». Désormais les paysages de Richter commencent à se transformer en théâtre, à la manière des peintures de genre. Les groupes de personnages disposés selon un plan bien médité cessent d'être des figures de remplissage conventionnelles. Ils donnent son sens au paysage. Ainsi l'œil du specta-teur est-il renvoyé par le personnage central du berger jusqu'à la perspective lointaine qui s'ouvre à l'arrière-plan entre les rochers. Donner dans le tableau de pareilles fonctions aux figures exige qu'elles soient d'assez grand format. Schnorr von Carolsfeld y aida Richter car celui-ci avait peu de pratique pour le des-sin de personnages.

Il établit donc d'après une ébauche sur calque de Richter un dessin à l'encre des figures, qui fut transposé sans changement sur la toile (dessin jadis dans la coll. Heu-mann, Chemnitz; repr. in Friedrich, n° 30; vente 1957, chez N.R. Ketterer, Stuttgart, n° 326). Désormais Richter se consacra avec beaucoup plus de soin à l'étude de la figure humaine.

Voici ce que Richter lui-même constate dans son tableau: «Une certaine rigidité, voire dureté solennelle dans les contours, de la maigreur dans les formes, une prédilec-tion pour les perpendiculaires, comme dans la construction d'une cathédrale gothique, application d'une couche de peinture ténue, etc.». Ce sont là, à cette période, des traits caractéristiques de l'œuvre de beaucoup d'ar-tistes allemands à Rome.

Dans le *Retour des Bergers à Civitella* (1827, Dresde, Gemäldegalerie) et le *Matin aux envi-rons d'Ariccia* (1828, Dresde, Gemäldegalerie), Richter donne en quelque sorte une suite à la *Vallée près d'Amalfi*, en multipliant les per-sonnages.

Pour la *Bilderchronik* (Chronique illustrée) du Sächsischer Kunstverein (Association d'art saxonne), Richter exécuta en 1828 une eau-forte d'après le tableau. K.J. Friedrich (1937), cite une aquarelle préparatoire ainsi que des études au crayon.   N.K.

Leipzig, Museum der bildenden Künste.

Ludwig Richter

193 Le matin à Palestrina, dans les Apennins

1829
Toile. H 0,77; L 1,00
Signé et daté en bas à droite: *L. Richter 1829*

Historique
Acheté à l'artiste par le Sächsischer Kunstverein, Dresde, 1829; attribué par loterie au conseiller von Preuss, Dresde, 1829; vraisemblablement coll. Siegel, Dresde, 1866; 1923, chez Köhler, Dresde (?); acheté à ce dernier avec le concours financier du Dr. Schornstein; Inv. Gal. n° 222 D.

Bibliographie
Richter, 1909, p. 180, 346, 577; Friedrich, 1937,
n° 25, p. 17, 27 (fig. 41); Warm, 1939, p. 38, 40,
44; Neidhardt, 1969, p. 21, pl. 26; cat. Dresde,
1975, p. 82.

Expositions
1829, Dresde; 1928, Dresde, n° 365; 1958, Dusseldorf,
n° 65; 1957, Berlin, n° 261; 1971, Zurich, n° 77.

Après son retour d'Italie, le jeune Richter fut professeur de dessin à la Manufacture de por-celaines de Meissen, de 1826 à 1834. C'est à cette époque qu'il a peint vingt-six paysages d'après des études faites en Italie sur le motif. Parmi ces œuvres, le *Matin à Palestrina* occupe une place à part, dans la mesure où l'artiste rompt ici avec le schéma habituel des per-sonnages italiens mis au premier plan. Au lieu de la brillance sereine, parfois un peu bigarrée, de ses autres paysages d'Italie, il règne ici une atmosphère plutôt élégiaque créée grâce au contraste entre la pénombre verte du premier et du second plan, et la plé-nitude lumineuse du ciel matinal. Le paysage vide de toute présence humaine, avec ses tons froids et rigoureux, «rappelle des accords d'une rigueur analogue chez Caspar David Friedrich et ne possède ni grâce ni chaleur, mais, de ce fait, de la grandeur et de la gra-vité» (K.J. Friedrich). Deux études d'après nature (crayon sur papier, Hambourg, Kuns-thalle et Berlin, Nationalgalerie), avec des personnages ajoutés plus tard, ont servi de base à cette peinture. Elles datent probable-ment de septembre 1824, lorsque Richter et Carl Wagner, allant à pied de Tivoli à Olev-ano, s'étaient arrêtés une journée à Pales-trina. Richter écrit à ce sujet dans ses sou-venirs: «Enfin le jour commençait à poindre derrière les montagnes obscures, et au matin nous arrivâmes à Palestrina où nous ne nous arrêtâmes qu'un jour, parcourant la montagne en dessinant. Le lendemain nous étions à Gabies et à Genzzano où, sur notre droite, apparaissaient les monts Volsques aux belles formes et, à gauche, le mont Serone aux gor-ges nombreuses, pays d'élection des brigands. Nous montâmes vers Olevano à travers des plantations de figuiers, de vignes et d'oliviers, dont la pyramide rocheuse, couronnée par les ruines d'un château-fort, surgit devant nous.»

Richter a fait une eau-forte d'après le tableau de 1829 pour la *Bilderchronik* du Sächsischer Kunstverein.   H.J.N.

Dresde, Staatliche Kunstsammlungen, Gemäldegalerie Neue Meister.

193

Ludwig Richter

194 Traversée de l'Elbe devant le Schreckenstein, près d'Aussig

1837
Toile. H 1,165; L 1,565 m. Signé et daté en bas à gauche: *L. Richter 1837*

Historique
Acheté à l'artiste par le baron J.G. von Quandt, Dresde, 1837; vendu 600 thalers à F. Krohn, Dresde, 1869; acquis par l'intermédiaire du marchand Emil Geller, Dresde, 1875. Inv. gal.: n° 2229.

Bibliographie
Richter, 1909, p. 357-358; Behne, 1924; Friedrich, 1937, n° 55, p. 22, fig. 87; Hempel, 1937, p. 200-202; Posse, 1939, p. 128; Warm, 1939, p. 58 et suiv.; Köster, 1966, p. 241-249 (repr.); Brion, 1967, p. 200, fig. 35; Neidhardt, 1969, p. 22-23; Barth, 1971, p. 159-162; cat. Dresde, 1975, p. 82.

Expositions
1837, Dresde; 1903, Dresde, n° 16; 1934, Dresde, n° 18; 1959, Salzbourg, n° 176; 1965, Berlin, n° 197, p. 230; 1969, Stockholm, n° 425.

Des trois versions connues de ce tableau, la plus ancienne date de 1835 ou 1836 (toile; H 0,367; L 0,484, coll. part.; Friedrich, n° 50, fig. 76). Elle présente encore une certaine confusion dans la composition. Notre tableau, daté 1837, montre la composition parvenue à maturité. Une troisième version de 1840 (H 0,760; L 0,490), autrefois dans une coll. part. de Godesberg, est considérée aujourd'hui comme disparue.

La *Traversée de l'Elbe devant le Schreckenstein* est une œuvre particulièrement importante non seulement pour l'évolution de Richter, mais aussi pour le développement de la peinture romantique en Allemagne. Elle met notamment un terme, chez Richter, à sa période d'enthousiasme illimité pour les sujets italiens; l'artiste inaugure le style de sa maturité en se tournant vers les paysages de son pays natal, et inaugure, ce faisant, le romantisme tardif.

Dans ses *Lebenserinnerungen* (Souvenirs de ma vie), Richter a décrit comment, au cours d'une excursion dans la Suisse Saxonne, en septembre 1834, la pittoresque beauté de ce paysage s'était révélée à lui, et comment un incident vécu au bord de l'Elbe, près d'Aussig, au-dessous des ruines du vieux château de Schreckenstein, lui avait inspiré ce tableau: «Après le coucher du soleil, j'étais encore debout sur la rive de l'Elbe, à regarder les allées et venues des bateliers. Je fus alors particulièrement frappé par le vieux passeur qui assurait la traversée; son bateau chargé de gens et d'animaux traversait la calme rivière où se reflétait l'or du ciel crépusculaire. Le bateau revint une fois bondé de per-

sonnages de tous genres; un vieux harpiste était assis parmi eux, qui, au lieu de donner le kreutzer que coûtait le voyage, jouait de la harpe du mieux qu'il pouvait. C'est à partir de cette impression et d'autres que naquit par la suite la première étude pour mon tableau: *Traversée de l'Elbe*, étude où je fis des personnages le sujet principal.»

A l'opposé de cette relation assez prosaïque d'une expérience visuelle, P. Köster et S. Barth ramènent ce sujet à la représentation des différents âges de la vie, réunis dans un bateau, à l'antique cliché allégorique du «bateau de la vie» qui apparaît comme sujet de tableau chez Eberhard Wächter, par exemple. Revenant d'Italie, Richter s'est arrêté en 1826, à Stuttgart où il est allé rendre visite à Wächter chez qui il a vu «plusieurs tableaux mythologiques», parmi lesquels pouvaient se trouver plusieurs versions du *Bateau de la vie*. Wächter avait conçu son *Bateau de la vie* (1815-1825) comme une allégorie du «caractère éphémère de la vie»; comme chez Richter, les représentants des différents âges, depuis l'enfant jusqu'au vieillard, sont réunis dans la barque. Dans la dernière version (1825), le vieillard joue de la lyre, et la ruine sur la rive, ainsi que le flambeau renversé et l'urne funéraire dans la barque, évoquent la fuite du temps. Selon Barth, Richter a repris certaines des figures de Wächter, comme le passeur debout, le vieux chanteur jouant de la lyre, qui évoque des temps révolus, le thème des âges de la vie et la ruine dans la lumière du soir. Le couple d'amoureux et le jeune garçon figurent dans la seconde version du *Bateau de la vie* de Wächter. Bien que, à l'inverse des figures de Wächter qui sont drapées à l'antique, les personnages de Ludwig Richter ne soient pas des êtres intemporels, la signification allégorique n'en existe pas moins. Tableau d'atmosphère à caractère anecdotique et allégorie sont ici intimement fondus.

Les premières impressions visuelles produites sur l'artiste par le paysage du Schreckenstein et par le bateau du passeur, se trouvent consignées dans deux carnets contenant des croquis de son voyage en Bohème (SB n°s 12 et 71; Dresde, Kupferstichkabinett). Richter a fait un bon nombre d'esquisses pour la composition du tableau et de nombreuses études d'après le modèle, dont la plus grande partie se trouve également à

194

Dresde. Le voyageur qui lève les yeux vers la ruine aurait, selon V.P. Mohn, les traits de Julius, le frère de Richter. H.J.N.

Dresde, Staatliche Kunstsammlungen, Gemäldegalerie Neue Meister.

Franz Riepenhausen
Göttingen, vers 1786 - 1831 Rome

Johannes Riepenhausen
Göttingen 1787 - 1860 Rome

Ces deux frères dont les œuvres sont issues d'une étroite communauté de travail, dans un même atelier, et où la main de l'un ou de l'autre est indiscernable, ont d'abord été initiés à l'art par leur père, graveur de l'université. Vers 1800, ils rencontrent Wilhelm Tischbein dont l'Homère d'après les antiques est publié depuis 1801, à Göttingen. En 1800 et 1801, ils étudient à l'Académie et à la Galerie de Cassel. Ils sont de retour à Göttingen en 1803, où leur père travaille aux illustrations au trait de Flaxman pour Homère et Dante. La même année, ils participent au concours des amis de l'art, à Weimar; ils y ajoutent des dessins exécutés «dans la manière de Flaxman» d'après les descriptions faites par Pausanias des peintures de Polygnote à Delphes. Il en résulte un échange de correspondance avec Goethe, qui publie un essai sur Polygnote en 1804. Ils sont les premiers protégés du riche baron von Rumohr, qui fut étudiant à Göttingen de 1802 à 1804 et qui est devenu par la suite un historien d'art influent. Les deux frères se rendent à Dresde en 1804 où, sous l'influence de leur ami le poète Ludwig Tieck, ils délaissent l'antiquité pour le moyen-âge et les poèmes légendaires. Ils se convertissent au catholicisme en même temps que Rumohr, et ils changent leurs prénoms: Friedrich s'appellera Franz et Johann Christian prend le nom de Johannes. Les deux frères sont les premiers à s'être convertis, parmi les nombreux artistes allemands qui sont passés au catholicisme après 1800. En 1805, le jeune Overbeck est impressionné par leurs copies dont l'exemple leur a été fourni par les calques, exécutés sur papier huilé d'après des primitifs italiens, du peintre de Dresde F. Hartmann; les deux frères, très estimés de leur temps, constituent, pour ainsi dire, le lien entre le style néo-classique et le style nazaréen. Dans le texte d'accompagnement du

Polygnote achevé en 1805, ils font profession d'appartenir à l'art romantique chrétien. Dans son compte rendu de cet ouvrage, Goethe prend pour la première fois position contre le nouvel art allemand, religieux et patriotique: «Qui donc, dans ces phrases, ne remarque pas la sentimentalité néo-catholique, le monstre moinillant, «sternbaldisant», qui constitue un danger plus imminent pour les arts plastiques que tous les Calibans qui réclament la réalité?» Les illustrations pour la Genova de Tieck (1804-06) mettent pour la première fois en pratique ce que F. Schlegel avait proclamé en 1804, dans sa revue Europa, sous l'impression de la peinture des vieux maîtres de Cologne: le caractère exemplaire de l'art médiéval allemand pour la création moderne — ce qui est, pour ainsi dire, le programme des Nazaréens. En 1805, les deux frères, passant par Munich, se rendent à Rome en compagnie de Tieck et de Rumohr; ce sont les premiers à le faire en se proclamant romantiques. A Rome, ils travaillent à des dessins linéaires d'après les maîtres du XIVᵉ siècle; les fascicules consacrés à Cimabue et Giotto paraissent en 1810. Ils peignent des figures de saints sous l'influence des Nazaréens. Les scènes de la vie de Raphaël paraissent en 1833.

Les frères Riepenhausen

195 La rencontre de Faust et de Marguerite devant l'église

1811
Crayon noir. H 0,310; L 0,270
Signé et daté en bas à gauche: *Riepenhausen, Roma 1811.*

Historique
Vente Hôtel Drouot, Paris, 27-28 octobre 1892, nº 88; entré au Musée en 1900.

Exposition
1971, Pontoise, nº 90.

Ce dessin représente la première rencontre entre Faust et Marguerite, dans la première partie du *Faust* de Goethe (vers 2605-2608); il s'agit précisément du moment où Faust s'approche de l'image de rêve en disant: «Belle demoiselle, oserais-je vous offrir mon bras pour vous accompagner?» Faust est représenté comme le soupirant, Mephisto, l'incarnation du mal, comme le démon tentateur secret. Il se caractérise — à la diffé-

rence du texte de Goethe — par le masque grotesque du diable de la tradition médiévale, et pourtant son physique est baroque. Le combat entre le Bien et le Mal dont Marguerite est l'enjeu est symbolisé par l'ange gardien, rival du diable, qui plane au-dessus d'elle et paraît prier pour son âme. On reconnaît à cette invention, qui souligne le sens moral de l'événement, le catholique convaincu qu'était Riepenhausen. Le style même du personnage de Marguerite est celui d'une sainte de la fin du Moyen Age. La scène se passe, comme l'indique Goethe, devant l'église d'une ville médiévale. Ce put être une raison pour Riepenhausen d'aborder ce thème; car ce dessin, quant au fond et à la forme, marque le passage des frères Riepenhausen du style «grec» au «romantisme» historisant (Klinkowström, ami de Friedrich, dans une lettre à Runge, 1804; voir Runge, 1840-41, vol. 2, p. 272). Riepenhausen n'évite pas entièrement l'écueil de l'exagération grotesque et de la mièvrerie. On sait que les frères Riepenhausen travaillaient ensemble de façon si étroite qu'il est souvent difficile de distinguer leurs œuvres. L'auteur de ce dessin paraît bien Johannes (il existe un dessin semblable dont la signature comporte son prénom au Musée Goethe de Francfort). De plus, deux représentations presque identiques du thème se trouvent l'une dans une collection privée de Karlsruhe, l'autre dans la collection Schäfer, à Schweinfurt; elles sont toutes deux signées, avec la date 1811 (cf. cat. exp. Nuremberg, 1966, nº 141). Là le motif de la procession de droite est abandonné, comme dans la lithographie que Emminger exécuta plus tard, en 1827, et qui prouve le succès de la composition. H.H.

Pontoise, musée Tavet.

Johann Martin von Rohden
Cassel 1778 - 1868 Rome

Après de premières études artistiques pendant sa scolarité et, en 1792 et 1793, à l'Académie de Cassel, ce fils de marchand se rend à Rome en 1795, où — sauf pour quelques voyages — il restera jusqu'à sa mort. Il se lie d'amitié avec Koch et Reinhart et suit leur enseignement d'après le

195

modèle; au début, il est profondément influencé par leurs paysages héroïques bucoliques. A partir de 1810 environ, il développe son style personnel, qui se situe entre les conceptions réaliste et idéale du paysage. Il se rend en Allemagne en 1801 et 1802, mais revient à Rome dès que la situation politique s'est apaisée. En 1802, il est lauréat du prix du concours des «Amis de l'art» de Weimar. En 1805, il accompagne des touristes en Sicile. En 1811 et 1812, il est de nouveau en Allemagne: il va rendre visite à Goethe, fréquente les frères Grimm à Cassel et se joint à leur société de lecture. Il se convertit au catholicisme en 1814, et épouse la fille fortunée d'un aubergiste de Tivoli, une petite-fille de Piranèse. Sociable, et relativement improductif, Rohden s'emploie en faveur des artistes allemands de Rome; en 1821, il est l'un des fondateurs de la bibliothèque des Allemands de Rome. En 1827, il devient peintre de la cour électorale de Hesse, à Cassel, mais, dès 1829, il demande un congé pour Rome afin d'y achever des tableaux; en 1832, il obtient l'autorisation de rester à Rome tout en percevant son traitement et il est libéré de ses obligations de peintre de la cour. Jusqu'à un grand âge, il restera pour les Allemands de Rome un personnage remarquable par son esprit et la sûreté de son jugement.

Johann Martin von Rohden

196 Ruines près de Rome

v. 1795-96
Papier sur toile. H 0,560; L 0,735

Historique
Bernd Grönvold, München; acquis de sa succession en 1928.

Bibliographie
Pinnau, 1965, n° G 3, p. 48; cat. Hambourg, 1969, p. 269 («Ruines de la villa d'Adrien près de Rome»).

Expositions
1906, Berlin, n° 1442; 1976, Hambourg, n° 228.

Comme l'a établi Pinnau, il est probable qu'il s'agit des ruines d'un acqueduc entre Tivoli et Subiaco, que l'on peut d'ailleurs voir sur quatre autres tableaux de Rohden.

La ruine de l'acqueduc, vue à contre-jour, détermine toute la structure du tableau, sans que lui correspondent les ruines plus basses de l'édifice, peut-être une tombe, à gauche. Ce déséquilibre de la composition permet de supposer qu'il s'agit d'un travail préparatoire. Le premier plan, décrit avec précision — rocher,

architecture, végétation, ruisseau avec banc de sable — contraste avec la chaîne des monts Sabins dans le lointain. Le ciel sans nuages s'éclaire au-dessus des montagnes et à l'angle gauche supérieur de l'acqueduc: le soleil apparaît juste derrière le monument.

Sur une autre version, plus grande (H 0,810; L 1,080; datée de 1796, Winterthur, Fondation Oskar Reinhart), le sujet est élargi de tous les côtés; la composition est alors équilibrée, animée de nuages et de figures, la végétation est d'une uniformité schématique; de l'observation exacte de la nature, est né un paysage idéal. Notre tableau devrait dater de 1795 ou 1796.   H.R.L.

Hambourg, Kunsthalle.

Karl Rottmann

Handschuhsheim (près de Heidelberg)
1797 - 1850 Munich

Avec Fries et Fohr, il est élève de son père qui enseigne le dessin à l'université. G.A. Wallis, qui vit à Heidelberg, de 1812 à 1816, lui fait connaître la peinture de paysage anglaise ainsi que les paysages de Claude Lorrain et de Poussin. Depuis 1821, il étudie la peinture d'histoire à Munich; il fait des copies de Koch. Voyageant à Salzbourg

et dans le Tyrol, il en profite pour faire des études d'après nature. En 1826-1827 il voyage en Italie; en 1829-1830, un second voyage d'étude en Italie lui sert à préparer le cycle de fresques représentant des paysages italiens commandé par Louis Ier, qu'il exécute de 1830 à 1832 pour les arcades du Hofgarten. Le roi Louis Ier lui donne une seconde commande; cette fois il s'agit de peintures murales comportant des paysages grecs. Il visite donc la Grèce en 1834 et 1835 et en rapporte une moisson de dessins et d'aquarelles. Les vingt-trois peintures murales, peintes sur des plaques de ciment de 1838 à 1850, prennent place à la Nouvelle Pinacothèque. Louis Ier le nomme peintre de la cour en 1841. Ses vastes paysages, baignés de lumière méditerranéenne, allient une composition construite dans la tradition de Koch à un coloris puissant tout à fait personnel.

Karl Rottmann

197 Vallée avec les ruines d'une chapelle

v. 1826
Toile. H 0,325; L 0,45
Signé en bas à gauche: *CRottmann*

Historique
Munich, coll. privée; acquis en 1960.

Bibliographie
Decker, 1957, n° 125; Bierhaus-Rödiger, 1976, n° 61.

196

197

Les ruines d'une chapelle constituent le motif central de ce vaste paysage au lever de la lune, chargé d'une atmosphère romantique; la figure de l'excursionniste s'attardant dans la contemplation des ruines a été probablement inspirée par Friedrich. Terre et eaux fusionnent intimement dans la vallée; le regard va bien au-delà, jusque dans le lointain lumineux; les nuages aux nuances de couleur dégradées, forment une subtile contre-partie; il n'existe guère d'autre œuvre des débuts de Rottmann où se manifeste déjà aussi nettement qu'ici son type particulier de paysage.

En 1826, notre toile fut exposée au Kunstverein de Munich, avec ce commentaire descriptif: «Les ruines d'une chapelle, à proximité d'une rivière, à l'heure du lever de la lune»; il existait un pendant, «Coucher du soleil dans une contrée tranquille, au-delà d'un étang, avec un moulin adossé à une paroi rocheuse» — dont on ignore ce qu'il est devenu. H.R.L.

Munich, Städtische Galerie im Lenbachhaus.

Karl Rottmann

198 Taormina et l'Etna

1828
Toile. H 0,490; L 0,730
Signé et daté en bas à droite: *CRottmann 1828.*

Historique
Coll. du roi Louis Iᵉʳ de Bavière; Leo von Klenze; 1841-42, coll. du roi Louis Iᵉʳ; Wittelsbacher Ausgleichs-Fonds.

Bibliographie
Krauz, 1930, p. 154 et suiv., 172; Beencken, 1942, p. 268 et suiv.; Decker, 1957, n° 407; Baumgart, p. 223-2; Bierhaus Rödiger, 1976, n° 162.

Le panorama célèbre sur Taormina, avec l'Etna couvert de neige dans le lointain, a attiré de nombreux peintres, et surtout des peintres allemands, comme Schinkel, Dillis, Reinhart, Schnorr, Blechen. Les tableaux et dessins montrent presque toujours au premier plan l'attraction principale de Taormina, le théâtre grec au nord de la ville. Mais Rottmann choisit ici un point de vue si élevé que les ruines ne sont plus visibles. «Aucune des représentations antérieures n'a élargi autant le panorama, et n'a fait entrer dans l'image une partie aussi vaste de la surface infinie de la mer. La relation de l'eau et de la montagne était l'essentiel pour Rottmann, et la structure plastique de la région est exposée sous nos yeux de façon infiniment claire» (Beencken). Comme l'observe Bierhaus, le volcan lointain, placé dans la lumière, est le motif principal, «dont le regard s'éloigne peu à peu pour se poser sur les premiers plans, sur la ville, les collines, les hommes et les arbres, et revenir ensuite à la montagne». Les parties éclairées et ombreuses sont dis-

tinctement contrastées, la lumière paraît éblouissante sur la ville, la pente, le rivage et la mer; les couleurs claires et dures, portées en couches minces, voisinent avec le vert-brun compact du premier plan.

Un paysage du peintre de Bade C.L. Frommel, datant de 1824 (Karlsruhe) est semblable par la construction; c'est pourquoi Bierhaus admet qu'elle a inspiré la composition de Rottmann. Dans deux dessins du premier voyage de Rottmann en Italie (conservés à Heidelberg), le décor du premier plan est changé. L'œuvre exposée en 1828 au Kunstverein de Munich était, d'après le catalogue, plus haute de 5 cm: il s'agit donc bien d'une autre version.

Dans les fresques des Hofarkaden de Munich, ne manque pas le panorama de Taormina; il é été peint en 1832. Les ruines du théâtre ont été ajoutées, sur le vœu du roi Louis, comme symbole du caractère éphémère des choses de la terre. Alors que pour Rottmann, la «structure géologique de la surface de la terre» était essentielle, le roi voulait des paysages historiques. Car l'intention de ces fresques, «destinées au public le plus vaste», était de conduire le peuple, par la représentation picturale d'objets nobles, à une plus haute conception de la vie»: c'est ainsi que Franz Kugler (*Museum*, III, 1935, p. 191) interprète la pensée du roi. A côté de la noblesse de la nature et de l'histoire, les soucis du quotidien doivent apparaître dérisoires. H.R.L.

Munich, Bayerische
Staatsgemäldesammlungen.

Karl Rottmann

199 La tombe d'Archimède à Syracuse

v. 1831
Toile. H 0,435; L 0,587

Historique
Berlin, coll. part.

Bibliographie
Börsch-Supan, 1972, p. 91 et suiv.; Bierhaus-Rödiger, 1976, n° 290.

Sous un ciel nuageux, un paysage rocheux; des tombes sont taillées dans le rocher: la nature et l'œuvre humaine se sont unies. La lumière perce les nuages comme avant un orage ou une pluie torrentielle. Un berger fuit devant le mauvais temps avec ses moutons, minuscule en regard des signes du passé et de l'éphémère, que souligne crûment la lumière; «aujourd'hui comme hier, l'entrée invite à pénétrer dans la tombe» (Bierhaus). Mais la nature façonnée par les hommes est revenue à l'état de nature, les formes de la pierre taillée se sont arrondies, et sont ainsi en harmonie avec le paysage. «Le spectateur se tient à peu près au même niveau que l'entrée à droite, la zone d'ombre au premier plan forme dans la composition une sorte de barrière entre lui et le monument chargé de signification historique. Les hommes du présent sont donc exclus de la zone des événements de l'histoire; éloignés dans l'ombre, ils deviennent conscients de leur éloignement temporel par rapport au «passé baigné de lumière», qui ne leur est présent que grâce au souvenir et aux images qu'il a de lui». La facture libre, et évoquant par endroits la technique de l'aquarelle, recherche les contrastes surprenants et donne«à la forme artistique elle-même quelque chose d'élémentaire, qui éclaire le lien de l'artiste avec la nature, au-delà du sujet. Impressionné par sa confrontation avec la puissance de la nature, l'homme reprend confiance en lui grâce à la création artistique» (Börsch-Supan).

D'après le style, on peut dater le tableau des environs de 1831; tout de suite après le voyage en Italie de 1829-30. Une version presque identique se trouve au château de Berchtesgaden.

La prétendue tombe d'Archimède, en fait un des columbariums romains érigés dans les débuts de l'ère chrétienne, se trouve dans la région des nécropoles dei Grotticelli devant les portes de l'antique Neapolis, au nord de l'actuelle Syracuse.   H.R.L.

Berlin, Staatliche Schlösser und Gärten.

Karl Rottmann

200 Mycènes vu du tombeau d'Atrée

1834
Aquarelle sur traits de crayon.
H 0,303 ; L 0,389

Historique
Succession du roi Louis Ier de Bavière, 1868.

198

Bibliographie
Decker, 1957, nº 640, fig. 162; Bierhaüs-Rödiger, 1976, nº 356.
Exposition
1972, Munich, nº 198.

Rottmann avait réalisé, sur l'ordre de Louis Ier de Bavière, pendant les années 1830-1833, un cycle de 28 fresques avec des paysages italiens destinés aux arcades du Hofgarten de Munich. Le monarque bavarois voulut y faire ajouter une série de paysages de la Grèce car celle-ci, au lendemain de la guerre d'indépendance (Othon Ier, fils de Louis,

était monté sur le trône grec), devait de nouveau être montrée aux Allemands comme un pays d'origine de leur civilisation.

C'est en 1834-1835 que Rottmann, à la demande du roi, parcourut la Grèce pour recueillir des études en vue de ce cycle de fresques, qui devait être installé ultérieurement dans une salle (salle Rottmann) de la Nouvelle Pinacothèque, et fut endommagé pendant la Seconde Guerre mondiale. Les deux aquarelles exposées font partie de ces études. Elles permettent de constater que Rottmann ne voyait la Grèce ni en *vedutiste*,

199

ni «transfigurée» par les yeux d'un Winckelmann, mais comme un paysage «historique» qu'il qualifie lui-même d'«épouvantablement beau«... en tant qu'«image de la destruction» (Decker, 1957, p. 27). La présente aquarelle peut être mise en rapport avec une œuvre exécutée directement sur nature (Decker n° 647), parallèlement au tableau de la collection Jenisch de Hambourg.

S'il atteint la dimension «historique», ce n'est pas par l'insertion de scènes historiques ou mythologiques, mais grâce à la magnificence du paysage lui-même où nature et architecture semblent en une entité historique.

«Des noms insignes, même si des souvenirs historiques cent fois sublimes s'y rattachent, ne constituent pas encore de motifs de paysage, mais dotent celui-ci, à condition que ses formes aient été configurées avec bonheur par la nature, d'une valeur supérieure», écrit-il lui-même de Corfou (cf. Krausz, 1930, p. 208). C'est ainsi que, sur le dessin montrant *Mycènes*, le tombeau dit d'Atrée au premier plan et les ruines de la citadelle d'Agamemnon rappellent la fin de la dynastie des Atrides, due aux crimes et à la vengeance. A cette idée correspond le caractère dramatique inhérent au paysage: les effondrements abrupts du sol, la masse formidable qui se dresse à la verticale des montagnes Tréton autour desquelles s'amoncèlent les nuages, actualisant en quelque sorte le mythe. L'absence quasi totale de végétation donne au pays le caractère des époques archaïques. Il est permis de se demander si Rottmann cherche à refléter l'histoire de son époque en faisant pénétrer dans cette immensité d'espace et de temps des personnages contemporains en costume national.

H.H.

Munich, Staatliche Graphische Sammlung.

Karl Rottmann

201 Santorin

v. 1835
Aquarelle sur traits de crayon. H 0,287; L 0,381

Historique
Succession du roi Louis Iᵉʳ de Bavière, 1868.

Bibliographie
Krausz, 1930, p. 230 avec repr.; Decker, 1957, n° 715, fig. 254; Bierhaüs-Rödiger, 1976, n° 651.

Exposition
1972, Munich, n° 199.

Santorin (Théra), l'une des Cyclades, dans le sud de la mer Egée, d'origine volcanique, a sans cesse connu, jusqu'au milieu du XIXᵉ siècle, des éruptions, des affaissements telluriques et donné naissance à de nouvelles îles. Avec une compréhension évidente de la structure géologique, Rottmann fixe l'idée de l'histoire dramatique de la Terre dans l'événement instantané vécu; grâce à la tension de la composition elle-même et à l'éclairage dramatique, les forces élémentaires de la nature semblent mises à nu. Cette idée est mise en évidence par la technique de l'aquarelle: les couleurs à l'eau, posées librement et généreusement, passent par-dessus un tracé préparatoire relâché; à cet effet, une gamme de tons rouge-brun doit s'opposer à une gamme de tons bleus; un tel contraste est une caractéristique de nombreux tableaux de Rottmann.

H.H.

Munich, Staatliche Graphische Sammlung.

Philipp Otto Runge

Wolgast (Poméranie) 1777 - 1810 Hambourg

Ses dons précoces se révèlent dans les silhouettes qu'il découpe avec des ciseaux; Kosegarten, le poète à tendances panthéistes — qui sera pour Runge un ami paternel tant que celui-ci vivra — attire sur eux l'attention de son père, qui est armateur. En 1795, il se rend à Hambourg, pour apprendre le commerce chez son frère Daniel; ce dernier le soutiendra pécuniairement jusqu'à sa mort, et publiera en 1840 ses écrits posthumes. Runge entre en relations avec les poètes Claudius et Klopstock. Il prend des cours de dessin depuis 1797. En 1798, sous l'influence du roman d'artiste de Tieck, Franz Sternbalds Wanderungen (Les pérégrinations de Franz Sternbald), il décide d'être artiste. A l'Académie de Copenhague, il reçoit l'enseignement du portraitiste Juel et du peintre d'histoire Abildgaard; il fréquente l'Académie de Dresde de 1801 à 1803; Graff, Friedrich et Tieck, qui lui fait connaître les œuvres du mystique baroque Jacob Böhme, comptent au nombre de ses amis, et il entretient d'étroites relations avec le baron von Rumohr. Il correspond avec Goethe au sujet de sa théorie des couleurs; celui-ci le tient pour l'artiste le plus intelligent de son temps. A partir de 1804, Runge vit surtout à Hambourg. En quête d'un renouvellement total de l'art, il surmonte ses débuts néo-classiques et académiques et considère le paysage cosmique comme l'«hiéroglyphe» poétique d'une interprétation religieuse

200

201

202

de la nature. Il veut ainsi renouveler l'art chrétien. Il en résulte le projet d'une œuvre d'art totale, mais seules les amorces en ont été réalisées. En 1810 il publie son ouvrage théorico-spéculatif *Farbenkugel (La sphère des couleurs)*; parallèlement il écrit des contes en bas-allemand et des poésies. Runge n'a eu de postérité directe que dans l'illustration de livres. Le vocabulaire de formes qui tiennent de l'arabesque des *Heures du jour* a eu son écho jusqu'au *Jungendstil*. Sa métaphysique de la lumière et sa symbolique des couleurs ont été reprises entre autres par les peintres du «Blaue Reiter».

Philipp Otto Runge

202 Fingal délivre Coban-Carglas

1804-05
Plume sur traits de mine de plomb.
H 0,561; L 0,896
Inscription (par Daniel Runge) en bas au milieu:
1804/5, et au verso: *Original von Philipp Otto Runge 1804/5*. Ultérieurement, d'une autre main en bas à gauche: *2) Fingal befreit die gefesselte Conbana* (F. délivre Conbana enchaînée).

Historique
Don de Pauline Runge au Kunstverein de Hambourg, 1856.

Bibliographie
Runge HS, t. I, 1840, p. 269; Pauli, 1916, p. 4, nº 113; c.e. Paris, 1974, nº 63 avec repr. et indications bibliographiques; Traeger, 1975, nº 338 avec repr. et autres indications bibliographiques.

Expositions
1974, Paris, nº 63; 1974, Hambourg, nº 63.

Les dessins de Runge concernant le cycle d'Ossian sont autant de témoignages de l'engouement pour le poème qui, à la suite de la publication par Macpherson du recueil de poésies gaéliques prétendument anciennes du barde Ossian (1760 et années suiv.), avait saisi toute l'Europe et était devenu une source d'inspiration de l'art romantique. Ils sont en même temps davantage pour Runge des interprétations nouvelles du texte dans le sens de sa propre théorie des couleurs et d'une symbolique cosmique. Il interprète les personnages principaux de la fiction poétique par analogie avec les astres, et l'action, par analogie avec les phénomènes et faits de la nature. Ce fut la raison pour laquelle l'éditeur hambourgeois Perthes, qui, dès 1804, avait passé à Runge la commande d'illustrer une nouvelle édition de l'œuvre d'Ossian, refusa ses premiers projets — les dessins des personnages principaux — comme une «panthéisterie» et fit paraître en 1806 la traduction de Stolberg sans illustration. Il n'empêche que Runge continua à s'occuper du sujet, rédigeant des résumés en prose et des paraphrases poétiques devant servir de bases à ses dessins. Sur la centaine de dessins d'abord projetée ont vu le jour, outre les «portraits-caractères des personnages principaux et quelques esquisses, huit scènes de grand format d'après le livre *Catholda*».

Le dessin exposé ici a trait au premier chant (*Catholda*, Stolberg, 1806, t. I, p. 3-9). Fingal, héros principal de la poésie, que la tempête a jeté sur le rivage du pays de son ennemi Starno et du fils de ce dernier, Swaran, découvre et libère Coban-Carglas, maintenue enchaînée et prisonnière dans une caverne par Starno. Coban lève les yeux vers le spectre de son père que Starno avait abattu au combat.

Sur le plan stylistique, Runge, se conformant au désir de son éditeur, part dans ses illustrations d'Ossian du style linéaire cher à Flaxman. Toutefois, sa manière de dessiner au trait n'est pas décorative, par surfaces planes, mais à la fois génératrice d'espace et créatrice de volumes. La présente feuille permet d'observer nettement ses efforts pour un rendu des formes nouveau, «primitif», spécialement en aspirant à une simplification et à une synthèse formelle. H.H.

Hambourg, Kunsthalle.

Philipp Otto Runge

Les heures du jour
1805

203 Le Matin
Taille-douce
H 0,717; L 0,482

204 Le Soir
Taille-douce
H 0,719; L 0,483

205 Le Jour
Taille-douce
H 0,716; L 0,48

206 La Nuit
Taille-douce
H 0,713; L 0,481

Bibliographie
Runge, 1840-1841, t. I, p. 66 et suiv., 88, 98, 195, 230; t. II, p. 205, 213 et suiv., 230, 243, 251, 263, 307, 329 et suiv., 342, 495 et suiv., 502, 514

et suiv.; cat. Hambourg, 1878, p. 361; Pauli, 1916, p. 33; cat. exp. Berlin, 1932, p. 34, n° 185; Benz, 1940, p. 124-129; Traeger, 1975, n° 280A - 283A.

Runge déploie dans ses concepts d'œuvres plastiques les possibilités de la «transformabilité». En voici les variantes les plus importantes: *a)* une conception concernant le contenu est appliquée à quelque interlocuteur dialectique, c'est-à-dire polarisée (exemples: *Soir d'Occident; Le poète et la source*, ici n° 207; *Matin d'Orient; Repos pendant la fuite*, ici n° 209); *b)* à partir d'un archétype géométrique se développent diverses variations (exemples: Traeger, n°ˢ 258, 522, 416-418); *c)* un cycle pictural fixe l'écoulement d'une phase (exemple: les *Heures du jour*); une composition se prête à être projetée sur différents plans de réalisation (fresque, tableau, gravure).

Toutes ces variantes de la transformabilité se produisent dans le thème central de l'œuvre de Runge, les *Heures du jour*, dont il déclara lui-même «les avoir traitées comme une symphonie» (le 30 janvier 1803 à son frère Daniel; H. S., t. I, p. 33). C'est là aborder l'idée de la variation cyclique qui prend l'ampleur d'un ensemble cohérent. Au sein de ce cycle Runge procède dialectiquement en constituant deux couples antagonistes: au matin il fait succéder le soir, au jour la nuit. Lorsqu'on superpose les quatre dessins de construction (Hambourg, Kunsthall; Traeger, n°ˢ 276-279), il saute aux yeux que leur répertoire géométrique où se superposent les végétaux résulte d'un petit nombre de figures (cercle, triangle, losange) disposées près de l'axe central (cf. cat. exp. Hambourg, 1976, n° 135). A cette transformabilité vient s'ajouter celle des plans de réalisation. Les dessins achevés en 1803 étaient conçus tout d'abord en vue d'une décoration d'appartement (Traeger calcula, d'après les cotes fournies par Runge pour chaque composition, des dimensions monumentales: 8,60 × 6,10 m). Runge semble avoir eu bientôt des doutes sur les possibilités de mise à exécution, car il parle d'un «programme un peu lourd» et se console: «mais cela ne fait rien puisque ces ébauches permettront d'en tirer aisément plus tard un tas de choses de moindre envergure...» (H. S., t. I, p. 33).

C'est sans doute cette appréciation qui l'amena par la suite à faire convertir les ébauches par trois graveurs de Dresde (Seif-fert, Krüger et Darnstedt) en tailles-douces. On présume que le tirage limité était disponible à la fin du printemps 1805. Runge garda d'abord les gravures par devers lui, pensant s'attaquer sans délai aux toiles. Il est vrai qu'il n'y parvint que plus tard, d'ailleurs pour rester en panne dès le premier stade: en 1808 et en 1809 il peignit le *Matin*, respectivement dans une petite et une grande version (cf. ici n°ˢ 213 et 217); les deux tableaux étaient conçus comme des études préparatoires en vue de formats plus grands que la mort l'empêcha de réaliser.

Comme conséquence extrême du principe de transformabilité, Runge envisageait de toute évidence, dès le début, une architecture à ériger exprès pour les tableaux. Le 22 février 1803, il écrivit à Daniel: «Mes quatre tableaux, tout ce qu'ils comportent de grandeur et ce qui pourra en naître: bref, une fois tout cela développé, cela deviendra une poésie abstraite, pittoresque, fantastico-musicale avec chœurs, une composition pour tous les trois arts réunis, pour laquelle l'architecture — devrait... élever un édifice spécial à cet effet.» (H.S., t. II, p. 202). On a fait remarquer à plusieurs reprises que les idées de Runge préfigurent l'«œuvre d'art totale» préconisée par Wagner. A l'époque — en 1803 —, il nourrissait aussi le projet d'esquisser une église pour un comte polonais, et avec l'intrépidité qui lui est propre il annonçait le 12 juin à son frère: «A la fin, j'inventerai encore une architecture nouvelle, mais qui serait assurément plus une continuation de la gothique que de la grecque.» (H.S., t. II, p. 220). Il convient de faire observer à ce propos que déjà dans une minuscule silhouette découpée, *Le Temple du bien-être* (repr., cat. Hambourg, 1975, Blake, p. 22) se trouvent anticipées aussi bien la symétrie axiale des *Heures du jour* que l'idée d'un temple dédié aux arts.

Pour la description des quatre feuilles, le mieux est de suivre la lettre de Runge du 30 janvier 1803.

Dans *Le Matin* (ici n°ˢ 213 et 217), le lis de lumière, se dégageant des brumes, s'élève au-dessus du globe terrestre obscur. Il est couronné par l'étoile du matin (Vénus). Dans le champ central et les figures de l'encadrement, Runge varie l'idée de départ dans la naissance végétale de l'enfant (thème qu'il partage avec Blake et Novalis; pour ce dernier, cf. Grützmacher, 1964, chap. 3 et 4).

Tout en haut de l'axe ascendant se trouve l'emblème de Jéhovah nimbé de têtes d'anges. En contraste, sur le bord inférieur, le serpent Uroboros (symbole de l'éternité) se mordant la queue, avec deux flambeaux abaissés.

«De même qu'ici la lumière chasse la couleur, de même dans le pendant, la couleur engloutit la lumière.» Runge parle maintenant du *Soir* (n° 204). Le lis de lumière s'enfonce derrière le globe terrestre. «Vénus aussi descend lentement et les proportions s'alourdissent.» Le pavot du sommeil se répand et la Nuit ouvre son manteau étoilé; derrière elle surgit la pleine Lune. La marge contient deux motifs christologiques: en bas la croix, «sur laquelle pâlit la lumière du monde» (Milarch, 1821; H.S., t. II, p. 534), en haut le petit garçon avec l'agneau, probablement allusion au Rédempteur et à l'âme humaine.

Dans *Le Jour* (n° 205) s'arrondit et s'accomplit la croissance. Si le Soleil atteint son apogée dans le lis de lumière, le centre végéto-organique n'en est pas moins la tonnelle avec la mère choyant ses enfants et leur donnant tous ses soins: «... étant nous-mêmes dans l'image, nous nous réjouissons de la

203

204

205

1807 nous l'indique: «le matin, c'est l'immense illumination de l'univers. Le jour, c'est l'immense structuration de la créature qui emplit l'univers. Le soir, c'est l'immense anéantissement de l'existence retournant à l'origine de l'univers. La nuit, c'est l'immense profondeur de l'intuition de l'existence indestructible en Dieu. Voilà les quatre dimensions de l'esprit créé» (H.S., t. I, p. 82). Or à cette interprétation cosmogonique s'associe une dimension de théorie artistique: dans les *Heures du jour* Runge nous livre en même temps des métaphores de sa «chromatique» où se réfléchit à nouveau la Trinité. *Matin* et *Soir* devaient tous deux «ne figurer que la couleur rouge», *Jour* et *Nuit* «exprimer le bleu et le jaune». Cependant, pourquoi il rapporte le bleu au jour et le jaune à la nuit, il se garde bien d'en parler à son frère: «Répondez pour une fois vous-mêmes à vos questions» (H.S., t. I, p. 33). Daniel crut découvrir cinq niveaux de signification: les heures du jour et les saisons; les âges du monde («genèse, croissance, dépérissement et extinction des peuples, jeunesse, floraison, maturité, déclin — et transfiguration de l'humanité...»); enfin, le temps et l'éternité, ainsi qu'un «point de vue religieux pour l'ensemble».

Traeger met en évidence l'«élément de répétition» qui réside dans la symétrie des quatre feuilles. La symétrie «est la condition de l'idée cyclique dans le formel et cela dans le sens du cycle infini qui recommence avec le matin là où cesse la nuit» (p. 51). Ce cycle a lieu dans les plantes et dans la sphère existentielle de l'enfant. «Il faut que nous devenions des enfants si nous voulons atteindre au meilleur» (H.S., t. I, p. 7). Par cette revendication programmatique, Runge définit son activité créatrice comme une retraite dans un monde d'origine et d'innocence, du point de vue intellectuel autant que formel. Les hommes - enfants de Runge ne sortent pas de l'innocence pour passer dans le domaine de la conscience brisée du péché originel, ce sont (au contraire de Blake) des symboles statiquement affirmatifs. Réduit à l'état infantile, l'être humain est complètement intégré dans le processus naturel cyclique qui coïncide avec le dessein cosmique divin. L'homme-enfant, guidé par l'éternel retour des processus organiques, se trouve cloisonné dans une protection inéluctable. Traeger a attiré l'attention sur les consé-

quences théologiques de ce processus: «la typologie chrétienne s'est mise en rotation! (...) Cette histoire du salut qui, sitôt atteint le but, repart à zéro, on pourrait la qualifier de cercle infernal. Pourtant, il est bien possible que Runge n'ait pas vu de contradiction dans l'abolition de l'eschatologie chrétienne au sein de la biologie de l'univers (p. 52).

Déjà le premier tirage des tailles-douces eut un grand retentissement. Tieck, en les voyant, fut d'abord déconcerté, croyant y apercevoir ce dont il n'avait pressenti que les grandes lignes: «ne s'agissant pas d'une idée exprimée, mais de correspondance entre *mathématiques, musique et couleurs*, inscrite visiblement dans de grandes fleurs, figures et lignes (Runge à Daniel, le 22-3 1803; H.S., t. I, p. 36). Le 26 avril, Runge envoya les quatre gravures à Goethe avec un autoportrait dessiné (Traeger, nº 345). Le poète disait dans sa lettre de remerciement de Weimar: «Nous croyons ne pas comprendre tout à fait vos images chargées de sens, mais nous nous y arrêtons et nous plongeons maintes fois dans leur monde mystérieux et charmant» (Richard Benz, *Goethe und die*

vivacité dont fait preuve notre chère mère commune, de sa plénitude et de ses cadeaux (H.S., t. I, p. 35). Cet arc est repris dans l'arc-en-ciel du bord supérieur: il embrasse le symbole de la Trinité et fait allusion à la réconciliation du Seigneur avec les hommes (*Moïse* I, 9, versets 9-17).

Dans *La Nuit* (nº 206) on peut voir, au milieu, en bas, un tournesol au-dessus duquel pousse, en sortant d'un plant de pavot, la figure de la Nuit. A gauche et à droite, des petits garçons assis sur les fleurs de pavot — «tous sont vus tout à fait *en face* et sérieux, chacun surmonté d'une étoile». La composition est dominée par le Saint-Esprit dans la gloire éternelle. L'emblème figurant sur la bordure inférieure a été interprété comme «feu de la paix et du repos» (Milarch, 1821; H.S., t. II, p. 536).

Runge fait remarquer à propos de ses compositions: «Elles sont plus compréhensibles que je ne croyais moi-même au début.» Faut-il y voir la raison pour laquelle il passa sur beaucoup de détails dans sa description? L'abondance des «connotations» auxquelles il songeait, un court texte datant d'août

206

mais le pauvre diable non plus n'a pas tenu le coup, il est déjà passé de vie à trépas, il ne peut en être autrement; celui qui se trouve en déséquilibre doit ou bien mourir ou bien devenir fou, il n'y a pas de pardon» (Benz, *loc. cit.*, p. 37).

Quelque chose de cette profonde irritation s'extériorise dans les qualificatifs dont les *Heures du jour* furent gratifiées dans le fameux règlement de compte de Johann Heinrich Meyer, bel et bien inspiré par Goethe, avec le mouvement romantique: «Elles sont un vrai labyrinthe de relations obscures, par ce que leur sens a de quasi impénétrable, donnant pour ainsi dire le vertige, et pourtant l'artiste n'eut, lors de son travail, ni espérances de gain ni d'autre but quelconque, si ce n'est le pur amour de son travail» («Neudeutsche religiös - patriotische Kunst», *in Uber Kunst und Altertum*, 1817, cf. Beutler, *loc. cit.*, p. 722).   W.H.

Hambourg, Kunsthalle.

Philippe Otto Runge

207 Le Poète et la source

1805
Plume et lavis sur traits de crayon
H 0,509; L 0,671
Au dos, inscription de la main du frère de l'artiste, Daniel Runge: *Original von Philipp Otto Runge 1804*; date rayée à la pierre noire, remplacée par: *1805*.

Historique
Don de Pauline Runge au Kunstverein de Hambourg, 1856. Inv. 34257.

Bibliographie
Pauli, 1916, p. 41 n° 121, pl. 14; Schrade, 1931, p. 61 n° 74; Berefelt, 1961, p. 24 et suiv., 73 et suiv., 189, 205, 210, 227; Bisanz, 1970, p. 101 et suiv.; cat. Hambourg, 1974, repr. p. 95; Traeger, 1975, n° 323, p. 64, 66; Langner, 1976, p. 11, 15, 21, fig. 27.

En 1802, Runge fit le projet d'une *Source*, dans laquelle il rêvait de faire la somme de toutes ses œuvres: «une source... au sens le plus large du mot: la source, aussi, de tous les tableaux que je ferai, la source de l'art nouveau que j'ai dans l'esprit, et aussi une source en elle-même et pour elle-même.» (Runge,

romantische Kunst, Munich, 1940, p. 124). Goethe fit paraître dans la *Jenaische Literaturzeitung* du 1er janvier 1807 un compte rendu élogieux qui encouragea l'éditeur hambourgeois Perthes à réaliser un second tirage — mais derechef la demande excéda l'offre, si bien que Goethe suggéra plus tard encore une fois (en 1817) un nouveau tirage (*Schriften zur Kunst*, édités par Christian Beutler, Zurich, 1954, p. 731).

A quel point Goethe appréciait les *Heures du jour*, cela ressort de sa conversation avec Sulpiz Boisserée à qui il les commenta en 1811, dans la salle de musique de son hôtel particulier de Weimar: «Quoi, vous ne connaissez pas encore cela? Là, voyez donc ce que c'est comme genre! A la fois beau et dément, à devenir fou.» Sulpiz répondit: «Oui, tout comme la musique beethovénienne que joue celui-là, comme toute notre époque.» Là dessus Goethe: «C'est vrai, ça veut tout étreindre au risque de se perdre toujours dans l'élémentaire, pourtant non sans beautés infinies dans les détails. Là, regardez seulement, quelle diablerie! et ici encore, ah! quelle grâce et quelle splendeur produites par ce lascar;

207

208

1840, I, p. 19). Il est frappant de constater que, dans cette ambition globale, il lie l'acte de création artistique à un processus naturel: le thème primitif de la naissance de la source — création qui se poursuit dans les sombres profondeurs — reçoit une dimension esthétique. Une partie des projets de Runge entrèrent dans les *Heures du jour* (ici n° 203-6). Une de leurs dérivations trouva son expression dans le tableau la *Mère à la source* (Traeger 298, brûlé en 1931). La même forme est reprise dans la nymphe de notre dessin, mais elle est ici repoussée au bord de la composition triangulaire, et ne se comprend donc qu'en liaison avec le poète à la lyre. Le centre de la page comprend un abri végétal, sorte de voûte née de l'eau de la source, avec trois enfants dont l'un joue de la flûte. Des branches minces prolongent vers le haut les diagonales de cette voûte; elles convergent en un endroit où un enfant avec une lyre est assis dans les branches du chêne. En même temps, cet enfant fait partie du dôme de verdure qui couvre d'une voûte la lumière du centre, et lie le côté gauche au côté droit, le poète à la source. Dans le motif central, Runge utilise en le modifiant le groupe d'enfants de ses vignettes pour les *Minnelieder* de Tieck (1803; Traeger, n° 261, 263). On a insisté souvent sur le lien de la composition avec les scènes idylliques de la nature du XVIIIᵉ siècle (Gessner, Kolbe).

Runge s'est soucié de la conception du tableau à partir de 1805, l'année de notre dessin, jusqu'en 1808, comme une lettre à Goethe du 19 avril permet de le savoir. Le poète à la source représentait pour lui le *Soir de l'Occident*, et donc le pendant du *Matin de l'Orient*, le *Repos pendant la fuite en Egypte* (ici n° 209). Il est important de noter que dans la pensée de Runge, le *Soir* précède ce *Matin*, ce qui signifie que «le déclin de l'occident pagano-germanique est suivi de la naissance de l'orient chrétien» (Traeger, p. 66). Les sujets des deux tableaux seraient donc à opposer précisément dans la mesure où ils sont proches du point de vue formel. Dans les deux cas, l'homme et la femme flanquent le centre du tableau. Au centre du premier, s'ébattent les enfants de la source:

> *D'où ils viennent, nous ne pouvons le savoir,*
> *Ils veulent nous saluer de la part de notre mère.*
> (Runge, dans une poésie sans doute écrite en 1805 pour la *Source et le poète*);

— dans le second, l'enfant de la délivrance apporte avec lui un nouveau matin de l'histoire du monde. Cet être n'est pas seulement «le moment le plus vivant du *Repos pendant la Fuite*, c'est le centre spirituel de l'œuvre, beaucoup plus que les enfants de la source. On ne devra pourtant pas oublier que la continuité des mythes de la création lie les deux pendants.

«On peut se demander, si la nymphe de la source de Runge n'est pas une métamorphose romantique de la muse du poète» (Traeger, p. 64). La question mérite d'être approfondie. Dans la mythologie germanique, l'eau et l'arbre sont, parmi les éléments, les symboles élémentaires les plus importants, de la même façon que la femme, comme prophétesse, est la source «dont Wodan reçoit les hiéroglyphes de la sagesse, de même qu'elle est aussi la muse, l'origine du chant qui sort des profondeurs et l'âme inspiratrice du poète» (Erich Neumann, *Die grosse Mutter*, Zurich, 1956, p. 279). Runge n'était certainement pas familiarisé avec cette tradition, mais il montre dans deux détails du dessin — le poète-barde et le chêne — qu'il relie le *Soir* au passé germanique et païen (cf. ses illustrations d'Ossian, voir ici n° 202). Cependant l'étude des mythes (Muthmann, 1975), a montré que la source et la nymphe sont aussi en relation avec le culte de Marie; la nymphe de notre dessin et la Marie du *Repos pendant la fuite* sont ainsi confrontées dans une relation inattendue, dont il faut chercher le lien dans la mère-nymphe du tableau brûlé *La mère et la source* (Traeger 298).   W.H.

Hambourg, Kunsthalle.

Philipp Otto Runge

208 Nous trois

1805
Crayon. H 0,324; L 0,407
Au verso: tête féminine
Signé à gauche, sur le tronc d'arbre: *PO Runge*
Annoté en bas: *P Runge hat dieses facit anno 1805 d 7 febr.*

Historique
Jadis en possession du quatrième enfant de l'artiste, le marchand Philipp Otto Runge; acquis en 1935 de Paul Cassirer, Berlin; Berlin (RDA), Staatliche Museen, Sammlung der Zeichnungen (Runge n° 19).

Bibliographie
Runge, HS, t. I, 1840, p. 364, t. II, p. 297; von der Heydt, 1938, fig. 38; Lankheit, 1952, p. 99 et suiv. - Traeger, 1975, n° 305.

Expositions
1965 Berlin, n° 219; 1970 Dresde, n° 143.

Ce dessin est l'unique étude préparatoire connue pour la toile ayant le même titre, un des «tableaux d'amitié» *(Freundschaftsbilder)* les plus importants du romantisme allemand; conçue en 1805 et destinée, autant qu'on le

209

sache, à son père qui vivait à Wolgast, l'œuvre se trouvait jadis à la Kunsthalle de Hambourg, puis fut la proie des flammes avec toute l'Exposition Romantique lors de l'incendie du Glaspalast de Munich (Traeger, 1975, n° 306).

Le dessin était sans doute surtout une étude d'ensemble de la composition, c'est-à-dire qu'il ne visait pas à une ressemblance fidèle des modèles. Quant aux personnages représentés, il s'agit, outre l'artiste lui-même, à droite, de son épouse Pauline, née Bassenge

(1785-1881), avec laquelle Runge s'était marié en 1804 à Dresde, et du frère aîné de l'artiste, Daniel (1767-1856), qui, établi comme marchand à Hambourg, jouait un rôle décisif dans la vie de Runge, tant sur le plan matériel que sur le plan moral. D'ailleurs, le dessin laisse déjà présager l'ambiance affective et tendre du tableau, l'union réalisée de l'amitié et de l'amour.   G.R.

Berlin, Staatliche Museen, Kupferstichkabinett und Sammlung der Zeichnungen.

Philippe Otto Runge

209 Le repos pendant la fuite en Egypte

1805-06
Toile. H 0,965 ; L 1,295

Historique
Don de Pauline Runge, née Bassenge, 1872.

Bibliographie
Runge, HS, t. I, 1840, p. 247.
Pauli, 1916, p. 41 ; Schrade, 1931, p. 62 et suiv. ;
von Simson, 1942, p. 337 et suiv. ; von Ragué,
1950, p. 112 et suiv. ; Waetzoldt, 1951, p. 165 et

suiv.; Berefelt, 1961, p. 65, 137; Brion, 1967, p. 226 et suiv.; Vasella-Lüber, 1967, p. 70 et suiv.; cat. Hambourg, 1969, p. 279 et suiv.; Matile, 1973, p. 181 et suiv.; Traeger, 1975, n° 322; Langner, 1976, p. 11, 15, 21, fig. 27.

Exposition
1959, Londres, p. 205 et suiv., pl. 75.

En 1805, Runge apprit par son frère Gustav qu'à Greifswald, on «avait alloué une somme pour l'exécution d'un retable». Il semble que pour cette commande (destinée à la Marien-kirche), Runge ait beaucoup réfléchi à la conception de son *Repos pendant la fuite*; en même temps il dut envisager le thème comme le pendant de *le Poète et la source* (ici n° 207). Il peignit le tableau «en pensant à sa théorie des couleurs» et aussi comme «un exercice de peinture chrétienne» (Traeger, p. 382). Particularité digne d'intérêt, car cette paire de tableaux aurait comporté un sujet profane et un sujet sacré. La commande ne se fit pas, et Friedrich, avec qui on avait négocié, ne l'obtint pas davantage.

Six dessins de Runge (études de détail et composition de l'ensemble) se trouvent à la Kunsthalle de Hambourg (Traeger, 316-321, cf. n° 210).

Le sujet est tiré de l'évangile de Matthieu (II, 13). Le frère de Runge décrit le paysage comme une vaste «perspective de la vallée du Nil, avec ses îles plates, ses pyramides et ses monuments.» (Runge, 1840, I, p. 247) Berefelt (1961) voit le prototype de l'arbre en fleurs chez Schongauer (Bartsch 7) et celui de l'âne chez Lucas de Leyde (Bartsch 38). Selon Runge (op. cit., p. 247), le tableau tout entier en ce «matin de l'Orient» est concentré sur le motif central: «L'enfant doit être le point le plus mobile et le plus vivant du tableau, pour que l'on puisse voir cette vie comme un commencement, comme le jour qui se lève devant lui sur tout le pays représenté». «Runge a peint le début de l'histoire du salut de l'humanité, qui se renouvelle chaque matin au rythme de la nature» (Traeger, p. 67); d'où le lien avec l'éternel retour cosmique qu'il traite dans les *Heures du jour* (ici n°s 203 à 206). Dans la représentation de Runge, l'heure du jour devient un moment de l'histoire du monde; de la même façon, Turner désigne sa *Fuite en Egypte* (1841, Belfast, Ulster Museum) comme «l'Aube du christianisme». John Gage (1969, p. 140) compare la *Sainte Famille* de Turner de 1803 (Tate Gallery, n° 473) au *Repos pendant la Fuite* de Runge, et relie

les deux œuvres au symbolisme de la nature de Böhm. Se référant au frontispice de l'ouvrage de Böhm *Von der Menschwerdung Jesu Christi* (De l'incarnation de Jésus-Christ) (1682), Traeger considère qu'il n'est pas impossible «de voir dans le mouvement plein de vie de l'enfant de Runge le thème de la résurrection du Christ. Dans la résurrection s'accomplit la rédemption, c'est-à-dire la victoire sur les ténèbres. Runge a adapté une tradition millénaire pour en faire la représentation d'un événement cosmique. Ainsi le Christ devient encore une fois, dans sa toute-puissance sur le monde et son triomphe, réalité artistique. La grandeur de l'œuvre réside justement dans une utilisation nouvelle d'un ancien «scénario». Les moyens artistiques absolument neufs — silhouette et espace lumineux — font apparaître le *Repos pendant la fuite* comme la plus importante étape avant l'*Autel de Tetschen* de C.D. Friedrich. Il faut regarder les deux œuvres dans le contexte des courants d'idées contemporains qui célébraient «la réapparition du Christ dans la nature» (c'est le titre d'un poème de A. Oehlenschlaeger, 1810) (Traeger, p. 62).

W.H.

Hambourg, Kunsthalle.

210

Philippe Otto Runge

210 Paysage paraphrase du «Repos pendant la fuite en Egypte»

1805-06
Lavis sur traits de crayon. H 0,398; L 0,501.
Au dos, de la main du frère de l'artiste, Daniel Runge: *Original von Philipp Otto Runge 1805-6* (le 6 rajouté à la pierre noire).

Historique
Don de Pauline Runge au Kunstverein de Hambourg, 1856. Inv. 34155.

Bibliographie
Pauli, 1916, p. 51, n° 125, pl. 13; von Simson, 1942, p. 337; Berefelt, 1961, p. 59 et suiv., n° 48, pl. 7; cat. Hambourg, 1969, p. 280; Traeger, 1975, p. 62, n° 320; Langner, 1976, p. 15, 22, fig. 35.

Traeger ne prend pas position sur le fait de savoir si le dessin est un premier projet pour le tableau (n° 209) ou s'il en est une retranscription postérieure; ailleurs, pourtant, il la qualifie d'«étude préliminaire» (p. 62). La place des êtres humains et de l'âne, le dessin au pinceau montre une image de la nature. Simson (1942, p. 33) parle d'une étrange expérience, qui révèle la mythologie du siècle tout entier, et rappelle le poème d'Oehlenschlaeger «*Aarets Evangelien i Naturen og Mennesket*» (1804), dans lequel les événements décrits dans les Evangiles sont considérés en analogie avec les saisons. Chez Oehlenschlaeger, Joseph est un arbre dénudé, sur lequel monte un sarment de vigne (c'est-à-dire Jésus). A côté de cette interprétation qui renvoie à la science des emblèmes, il faut prendre comme clé la conception des formes de Runge. Non seulement Runge annonce que tout élément de la nature est doué d'une âme, mais pour lui tout homme est le rameau d'un grand arbre qui trouve son origine en Dieu (Runge, 1840, I, p. 16). «Comme l'esprit est dans les fleurs, il est aussi dans les arbres» (op. cit. I, p. 81). Tous deux vont du général au particulier: ainsi la création de l'homme (comme dans la Genèse) suit celle de la lumière et des ténèbres, de la terre ferme et de la mer, de la végétation et des animaux. Runge se réfère à ce chemin qui va du général au particulier lorsqu'il reconnaît qu'il voit chaque fois une chose d'abord «en grandes masses» d'où se dégage une impression d'ensemble; l'artiste devrait pénétrer aussi bien les forces des grandes masses que les particularités de détails (op. cit., p. 48, 74, 77, 89, 105). Avec ce principe organique de création des formes, Runge refuse un processus créateur qui ne ferait qu'additionner et combiner des éléments; il s'agit pour lui de lier les différents contours des «grandes masses» en une forme conductrice générale. En même temps, il accorde à la forme de premier jet la qualité d'un «moule», portant l'ensemble: «Cette tache que je fais un jour, cela m'excite tellement de voir ce qu'elle deviendra, que je conçois toujours l'ensemble avec la forme qu'elle a actuellement» (lettre du 24 octobre 1802; op. cit., I, p. 160). En théorie et en pratique, Runge se rapproche désormais de la méthode «tachiste» d'Alexandre Cozens (cat. exp. Hambourg, 1976, n° 160). Le processus de métamorphose paraît réversible, et peut s'accomplir dans les deux directions. Une remarque de Daniel Runge paraît insister sur cette possibilité: Runge se serait efforcé «de donner autant que possible, dans ses compositions historiques, la même importance et la même noblesse aux décors naturels qu'aux personnages (et inversement)» (op. cit. p. 246). Traeger renvoie au souhait de Tischbein qui désirait la métamorphose inverse du grand *Matin* (ici n° 217) en un paysage.

La métamorphose de la réalité chez Runge trouve son équivalent poétique chez Novalis:

211

«Bientôt les étoiles furent pour lui des hommes, bientôt les hommes des étoiles, les étoiles des bêtes, les nuages des plantes, il jouait avec les forces et les apparitions...» (*Die Lehrlinge zu Sais*).   W.H.

Hambourg, Kunsthalle.

Philippe Otto Runge

211 Portrait des enfants de l'artiste, Otto Sigismund et Maria Dorothea

v. 1808-09
Toile. H 0,385; L 0,495

Historique
Maria Behrmann, petite-fille de Runge, qui en fait don à la Kunsthalle en 1892.

Bibliographie
Runge HS, t. I, 1840, p. 366; Böttcher, 1937, p. 202, pl. 54; cat. Hambourg, 1969, p. 288, avec repr.; Traeger, 1975, p. 91, 152, 439, n° 433 avec repr. et indications bibliographiques complémentaires, pl. 24; Langner, 1976, p. 18, fig. 56.

Ce double portrait de petit format, resté inachevé, représente en demi-figure Sigismund, le fils aîné de l'artiste, qui fera une carrière non négligeable de sculpteur, enlaçant «sa petite sœur, ayant alors tout au plus deux ans, ... en 1809 ou 1808 à Hambourg. Un petit tableau délicieux» (Daniel Runge; Runge HS, t. I, 1840, p. 366). Runge a saisi la ressemblance des enfants autant que leur différence d'âge: le visage «gracieux» et la tendresse puérile du petit garçon, plus grand (à droite sur le tableau), la gaucherie et le strabisme de la fillette, plus jeune. A propos de celle-ci, il écrivit le 12 avril 1808 à son beau-père: «... la petite Marie est une enfant tout à fait charmante, si lisse et potelée que c'est un plaisir et une joie de la voir, et avec cela si dodue que pour le moins des balles de fusil rebondiraient sur elle» (Degner, 1940, p. 347). Or c'est justement ce *Dasein* (présence effective) purement physique de la fille cadette que Runge met en évidence dans le tableau, ne craignant pas, à cet effet, de rendre avec une netteté presque excessive ce que les proportions ont assurément de lourd, ce qu'il y a de rudimentaire dans les formes corporelles. Dans le mouvement à tâtons de la plus petite enfant semble concrétisée l'«appréhension du monde» des enfants. La manière de représenter visant à faire ressortir les valeurs tactiles coïncide avec ce qui est représenté. Ce motif d'un enfant tenant enlacé un enfant plus petit que lui, on le rencontre déjà chez Gainsborough, Schick et chez les professeurs hambourgeois de Runge (Traeger,

p. 91). Chez Runge, ce motif semble souligner la particularité de l'univers enfantin par rapport à celui des adultes. Mais peut-être Runge a-t-il voulu aussi symboliser par ce geste — de même que dans le tableau *Wir Drei* (*Nous trois*; détruit par le feu à Munich en 1931; voir ici n° 208) — l'attachement fraternel qui l'unissait à son frère Daniel, ou bien, d'une façon générale, l'esprit de famille protestant empreint d'affection qui régnait dans la maison des Runge.   H.H.

Hambourg, Kunsthalle.

Philippe Otto Runge

212 Bleuet construit géométriquement

1808-09
Plume. H 0,25; L 0,194
Inscription au verso, en bas à gauche, de la main du frère de l'artiste, Daniel; *Original von Philipp Otto Runge 1808 / 1809.*

Historique
Don de Pauline Runge au Kunstverein de hambourg, 1856. Inv. 34274.

Bibliographie
Runge, HS, t. I, 1840-41, p. 237, 239; Pauli, 1916, p. 35, n° 55; Vasella-Lüber, 1967, p. 61, note 36; Traeger, 1975, n° 415; Langner, 1976, p. 16, 22, fig. 45.

Exposition
Bâle, 1949, n° 36.

Daniel Runge mentionne quelques études de fleurs, dont un bleuet «vu par l'intérieur, d'en haut», qu'il met en rapport avec la couronne de fleurs du *Jour* (ici n° 205). La feuille fait partie des dessins (cf. Traeger, n°s 416-420) dans lesquels Runge développe son idée de la transformabilité entre les extrêmes que constituent la schématisation géométrique et l'étude de la nature (cf. ici n° 214). Le procédé auquel recourt Runge — l'expérience sensible étayée de principes d'ordonnance géométrique — est, grosso modo, voisin de celui qui nous a été transmis par l'*Album* de Villard de Honnecourt (éd. Hahnloser, Graz, 1972, pl. 35-38, 42). Dans le cadre du langage des formes médiévales, ces schémas permettaient plusieurs possibilités d'application; aux yeux de Focillon, «cette multitude d'applications dénote le caractère systématique du procédé» (Henri Focillon, *L'Art des sculpteurs romans*, Paris, 1964, p. 214). Cette application systématique est sans doute aussi valable pour le modèle choisi par Runge, et va

probablement dans ce cas encore plus loin (cat. exp. Hambourg, 1976, p. 186 et suiv.). Les hexapétales dans un cercle, dessinés par Villard d'après une mosaïque (cf. Hahnloser, pl. 30), deviennent chez Runge un motif qu'il qualifie de «première figure de la Création» (H.S., t. I, p. 41). On peut donc se demander s'il ne convient pas de rechercher les racines intellectuelles de l'art de Runge jusqu'au système géométrique de la scolastique.   W.H.

Hambourg, Kunsthalle.

212

Philipp Otto Runge

213 Le Matin

1808
Plume, lavis brun et gris sur traits de crayon.
H 0,836; L 0,627
Inscription manuscrite ancienne sous le rebord inférieur: *1808*; en bas à droite, de la main du frère de l'artiste, Daniel: *Original von Philipp Otto Runge 1808.*

Historique
Don de Pauline Runge au Kunstverein de Hambourg, 1856. Inv. 34184.

Bibliographie
Pauli, 1916, p. 36, n° 65; von Ragué, 1950, p. 118 et suiv., 120; Waetzold, 1951, p. 126, 132 et suiv.; Berefelt, 1961, p. 156, pl. 5; cat. Hambourg, 1969,

p. 285; Rosenblum, 1972, p. 28; Bernhard, 1973, t. II, fig. 1532; Traeger, 1975, n° 389.

Exposition
1960, Hambourg, n° 148.

Ce dessin classé par Traeger dans la catégorie des «dessins de construction», fait partie des études préparatoires (cf. Traeger, n°s 382-413) pour la première version, la petite, du tableau le *Matin* (1808, Kunsthalle, Hambourg; Traeger, n° 414). L'idée vient de la gravure qui porte le même titre dans le cycle des *Heures du jour* (ici n° 203). C'est dans les deux bordures verticales et dans le lis de lumière que la relation est la plus évidente avec le tableau; ce qui est nouveau, c'est, dans le rebord inférieur, le soleil obscurci par la sphère terrestre sur laquelle deux enfants semblent prendre leur élan. Dans la bordure supérieure, Runge géométrise en forme de demi-cercle la gloire d'anges, renonçant à l'inscription en hébreu. En comparaison avec la gravure, l'importance donnée au lis de lumière est plus restreinte. Les enfants, qui étaient assis auparavant sur quatre tiges formant des arcs en plein cintre, sont en quelque sorte doublés sur notre dessin: d'une part, ils planent en faisant de la musique, disposés en demi-cercle à droite et à gauche de la corolle du lis; d'autre part, ils constituent deux couples disposés selon une symétrie absolue: le premier couple agenouillé sur des nuages et tourné vers le nouveau-né, le deuxième couple, symétrique, lui, par rapport à une autre figure, celle de l'«Aurore» et établissant en même temps le lien avec le demi-cercle des enfants musiciens. Dans l'«Aurore» et le nouveau-né, Runge donne à son idée un sens clair et décisif: l'enfant symbolise le commencement de toutes choses: celui du jour au matin, celui de l'année au printemps, celui de la vie de l'homme dans la naissance, celui du monde dans la Création. Simultanément est rendu évident cet étroit rapport liant l'enfant et la nature: grâce à l'état d'innocence où le romantisme voyait un reflet de l'état paradisiaque.» (Langner, 1976, p. 13).

Le motif central du tableau (tout comme celui de notre dessin préparatoire) est cependant la figure féminine. Runge la désignait tantôt comme Aurore, tantôt comme Vénus. Son frère Daniel, parlant de la Vierge, introduisait aussi l'idée d'Epiphanie. Par consé-

quent, le tableau compte, avec l'*Autel de Tetschen* de Caspar David Friedrich, parmi les premières tentatives radicales pour renouveler l'art religieux en dépassant la dogmatique et l'iconographie chrétiennes.

Aurore - Vénus - Vierge: dans ces trois dimensions iconographiques on peut reconnaître ce qui permet de distinguer cette transformabilité que nous avons soulignée à propos des *Heures du jour* (ici n° 203-206). Nous ne sommes plus d'accord avec Traeger lorsqu'il trouve dans le dessin, par rapport à la gravure, une «valeur intrinsèque moindre de l'élément géométrique». La géométrie paraît plutôt avoir été simplifiée; elle a en même temps beaucoup plus d'importance pour la compréhension du thème que dans la gravure. La tête de l'«Aurore» se situe exactement au milieu du champ de l'image; mais ce qui importe encore davantage c'est que les lignes de construction géométrique désignent le sexe de la femme comme centre «conceptionnel» et «parturient»: tout rayonne à partir de là, tout y converge; c'est donc là que réside le centre, non pas géométrique, mais métaphorique de l'idée picturale — on serait tenté de dire que Runge spiritualise une idée qu'un maître florentin (le Maître de San Martino?) peignant vers 1420 le *Triomphe de Vénus* du Louvre (RF. 2089), réduisait à un dénominateur érotique —.

On peut concevoir comme un exemple de mutabilité formelle l'observation faite par Traeger selon laquelle les flammes végétales qui se trouvent entre l'«Aurore» et le lis de lumière doivent être déchiffrées comme une «matérialisation botanique de la lumière» (p. 160). Les personnages au lavis — en particulier ceux du rectangle central — sont dépourvus d'articulations: silhouettes transparentes, ils rappellent l'art du découpage de formes dans du papier noir, où Runge excellait dès son enfance (Traeger, p. 167). Ce qui sera dans le tableau traduit de façon convaincante dans un langage coloré ne fait que s'annoncer dans le dessin: l'avènement de la lumière comme une «qualité» aussi bien de l'«Aurore» que du paysage. «Le lis, allégorie de la lumière, pâlit avec l'apparition de la lumière elle-même qui emplit maintenant toute la surface de l'image» (Langner, 1976, p. 14).

Runge utilise dans le *Matin* l'idée de «d'image dans l'image» comme moyen d'in-

tensification du sacré: le phénomène naturel du lever du soleil est saisi pour être transformé en solennelle image de dévotion. Le langage pictural de Runge anticipe aussi par conséquent la polyvalence de sens des «*Mehrfeldbilder*» (images à plusieurs niveaux) (Hans H. Hofstätter, 1965, p. 121 et suiv.) de l'époque symboliste (par exemple, la *Madone* d'E. Munch).   W.H.

Hambourg, Kunsthalle.

Philipp Otto Runge

214 Amaryllis formosissima

Toile sur bois. H 0,564; L 0,298

Historique
Don de Carl August F. Meissner, Hambourg, 1894; Inv. 2032.

Bibliographie
Runge, HS, t. I, 1840-41, p. 237, 239; Waetzoldt, 1951, p. 127, 141, 144; cat. Hambourg, 1969, p. 287; Bisanz, 1970 (sans n°); Traeger, 1975, n° 396; Langner, 1976, p. 16, 22, fig. 46.

Exposition
1949, Bâle, n° 48.

Daniel Runge mentionne «à l'huile, une *Amaryllis formosissima* avec son bulbe, peinte d'après nature» (H.S., t. I, p. 237). Cette étude sur nature est en relation avec les motifs d'encadrement de la petite version du *Matin* (ici n° 213). Elle nous montre l'idée fondamentale de Runge, celle de la mutabilité, dans l'analyse de faits empiriques. On sait que Runge demanda à son ami Brückner d'avoir l'amabilité de lui envoyer des fleurs destinées à lui servir de modèles pour ses travaux. Certes, il a le souci d'une «rigueur botanique», mais il place au-dessus des «caractéristiques botaniques conventionnelles qui, somme toute, ne sont que des listes mortes» ce qu'il qualifie d'«élaborations et analogies plus vivantes de la forme». Par là il entend les degrés de croissance organiques, qu'il met en relation avec le processus cosmique: «Cette mobilité vivante dans les formes des fleurs et des végétaux, qui s'y manifeste telle une épopée depuis leur première germination jusqu'à la maturité du fruit, voilà le rapport exact qui, par la modification analogue des quatre parties du jour et saisons, les met en relation avec notre propre *vie*, notre propre *croissance* et nos propres *activités*, connexion que je voudrais représenter comme une flo-

214

raison unique dans l'achèvement de mes *tableaux* (des *Heures du jour*)» (28 décembre 1807, H.S., t. I, p. 238). L'*Amaryllis* fait comprendre comment Runge cherche à dépasser la forme acquise grâce à l'expérience immédiate des formes (*Gestaltsmetamorphose*), et cela conformément à la conception romantique qui veut que chaque phénomène renvoie à un autre. Ici la transformabilité chère à Runge se rapproche du paradigme de pensée que Goethe établit dans son *Versuch, die Metamorphose der Pflanzen zu erklären (Essai d'explication de la métamorphose des plantes)*: «La plante originelle (*Urpflanze*) devient la créature la plus bizarre du monde, que la nature elle-même doit m'envier. A l'aide de ce modèle et de la clef qui y donne accès, on peut ensuite inventer des plantes à l'infini, pourvu qu'elles soient conséquentes, c'est-à-dire, même si elles n'existent pas réellement, qu'elles pourraient exister...». Or ce qui est pour Goethe l'«*Urpflanze*», ce sont pour Runge les schémas géométriques, à savoir les types fondamentaux (moules, matrices, patrons), qui se prêtent à être projetés sur différents éléments concrets, par exemple sur le bleuet (ici n° 212). W.H.

Hambourg, Kunsthalle.

Philipp Otto Runge

215 Portrait de Johann Philipp Petersen

1809
Toile. H 0,607; L 0,518 (vue ovale)

Historique
Veuve Petersen, Herrestadt, Suède; sa belle-fille, Sophie von Holst; famille Engström.

Bibliographie
Runge HS, t. I, 1840, p. 367; HS t. II, 1841, p. 475; Traeger, 1975-1, p. 180-186, fig. 8; Traeger, 1975, p. 90, 167, 175, 201, n° 435.

Le tableau est présenté pour la première fois au public dans le cadre de cette exposition. Il n'a été retrouvé que depuis peu de temps par Jörg Traeger, et publié alors pour la première fois avec une interprétation détaillée (1975-1). Jusqu'à la découverte de Traeger, l'œuvre n'était connue que par les indications de Daniel Runge dans les *Hinterlassenen Schriften* (Ecrits posthumes) de l'artiste (t. I, p. 367), qui le datent de l'année 1809.

Petersen, membre d'une famille de sénateurs connue de Hambourg, était commerçant, et depuis 1806, «Niedergerichtsbürger» de la ville hanséatique. Runge noua avec lui et sa femme des liens d'amitié intime, d'où l'invitation faite à l'artiste déjà fortement atteint par la maladie de venir se reposer dans leur maison de campagne dans l'été 1810. La femme de Petersen, qui développa plus tard en Suède des activités d'ordre social, s'éveilla à la religion, d'après ses propres dires, au contact de la personnalité et de l'œuvre de Runge.

Le portrait de Petersen, dont le frère de Runge dit «qu'il est peut-être le portrait le plus parfait de l'artiste», est un des plus caractéristiques de l'œuvre, même s'il n'a rien d'officiel, — car Runge n'a jamais exécuté des portraits sur commande, et n'a peint que des personnes avec lesquelles il avait des affinités.

C'est pourquoi ses portraits sont des œuvres très personnelles, des documents humains; pour lui-même ils étaient, en même temps, toujours l'occasion d'explorer et de mettre en œuvre, même en ce domaine, l'effet de la lumière et sa signification symbolique comme celles de la couleur, qu'il a exprimées dans ses écrits et dans ses «paysages» religieux.

Le portrait de Petersen est peint dans un ovale sur une toile rectangulaire; la forme ovale, inhabituelle dans l'ensemble de ses portraits ultérieurs, a peut-être été souhaitée par Petersen. Le tableau ne représente que son buste, placé en oblique; on renonce donc à tous les accessoires. Le regard se dirige tout droit en avant, au-delà du spectateur; dans les traits semblent se mêler la finesse d'esprit, l'expérience de la vie et l'énergie pratique. Les procédés picturaux concourent à donner une grande force d'expression au visage. Le buste, avec le vert-noir du vêtement, ne se détache qu'assez peu du fond brun-noir. Pourtant, la tête est déjà mise en relief par l'éclairage du fond à droite. La couleur augmente en épaisseur du fond du tableau aux parties bien éclairées du visage et du col blanc, jusqu'à former une matière en relief pour les formes du nez, des joues, de la cravate, du nœud et des ruches. Cette approche d'une réalité plastique atteint même les mèches de cheveux, qui, à la fois stylisées et vivantes, semblent, au-dessus du front, presque saisissables.

Traeger a étudié la technique de la construction du tableau, et la relie à la théorie de Runge sur la différence entre les couleurs opaques. C'est de cette conception picturale que le portrait tire sa vie et sa luminosité, que l'on peut comprendre comme une expression de l'âme et du sentiment religieux. Comme arguments essentiels pour cette interprétation, Traeger cite (1975, 1, p. 184) la veuve de Petersen, qui écrit dans une lettre au sujet du portrait: «Il (Runge) avait la conviction que la lumière, même dans la peinture, doit venir de l'intérieur, et le portrait de Petersen le confirme! Tu ne peux croire comme il devient lumineux quand un rayon de lumière appelle la lumière intérieure. D'autres peintres mettent les couleurs claires par-dessus, ici, elles sont en dessous et elles traversent les couleurs som-

215

bres, à la manière de la lumière du firmament qui éclaire à travers l'atmosphère, et était antérieure au soleil.» Bien que cette façon de s'exprimer soit aussi teintée de rêve, elle semble décrire pourtant une théorie de base de Runge, qui considérait la couleur comme un principe à la fois physique et spirituel.   H.H.

Suède, collection privée.

Philipp Otto Runge

216 Le Lis de Lumière

1809
Sanguine et pierre noire. H 0,57; L 0,41
Au verso, inscrit de la main du frère de l'artiste,
Daniel: *Original von Philipp Otto Runge 1809.*

Historique
Succession de Runge; cédé par Otto Sigismund Runge au Künstlerverein de Hambourg; acheté en 1937 aux enchères par le Wallraf-Richartz-Museum de Cologne, chez C.G. Boerner, à Leipzig. Inv. 1937-9.

Bibliographie
Runge, HS, t. I, 1840-41, p. 172, 236; Waetzolt, 1951, p. 150, 155, 157 et suiv., fig. 55; cat. Cologne, 1967, p. 95 et suiv., fig. 58; Traeger, 1975, nº 496.

Exposition
1959, Londres, nº 838.

Il s'agit d'une des cinq études (mentionnées par Daniel Runge) en vue de la grande version du *Matin* (ici nº 217) et qui furent probablement exécutées pendant l'élaboration du tableau. Le lis, lui-même phosphorescent, est irradié par en bas de la lumière du soleil. La lumière froide de l'étoile éclaire les trois enfants qui planent dans la partie supérieure.
W.H.

Cologne, Wallraf-Richartz-Museum.

Philipp Otto Runge

217 Le «grand» Matin

Toile. H 1,52; L 1,13

Historique
Don de Carl August Ferdinand Meisener, Hambourg, 1894. Inv. nº 1022.

Bibliographie
Runge, HS, t. I, 1840-41, p. 172, 173, 176; Pauli, 1916, p. 38 et suiv., nᵒˢ 95-99; Schrade, 1951, p. 60 et suiv.; Degner, 1940, p. 415, pl. 10; von Ragué, 1950, p. 124 et suiv.; Waetzoldt, 1951, p. 5 et suiv., 147-150, note 354 et suiv.; Brion, 1967, p. 228 et suiv.; Hambourg, 1969, p. 285

et suiv.; Traeger, 1975, nº 497; Langner, 1976, p. 22, fig. 48, 51, pl. couleurs 50.

Expositions
1960, Hambourg, p. 24, 26; 1971, Cologne, nº 79.

Après avoir achevé la petite version du *Matin* (Traeger 414, cf. ici nº 213) Runge écrivait (selon Daniel) à son frère Karl qu'«il commencerait dès à présent réellement le *grand* tableau, étant venu à bout des études qui le concernent et ayant maintenant bonne envie de voir l'affaire terminée» (Degner, 1940, p. 358). Cependant, le *Grand Matin*, lui aussi, n'était conçu que comme un pas de plus vers une version de plus grande envergure encore (cf. ici nº 203). Traeger a catalogué toutes les études préliminaires pour la partie centrale et pour l'encadrement (nᵒˢ 470 à 506, cf. ici nº 216). Les éléments de bois de l'encadrement avec des motifs furent détruits par les descendants de l'artiste. Runge, sur le point de mourir, demanda que le tableau central soit découpé en morceaux, mais Daniel — probablement avec l'accord profond de Runge — s'abstint de le faire. Jusqu'en 1890, le tableau intact était en la possession du fils de l'artiste, Philipp Otto; mais le gendre de ce dernier, un commerçant hambourgeois, le découpa à l'occasion d'un déménagement et fit don en 1894 des neuf fragments à la Kunsthalle de Hambourg. En 1928, Gustav Pauli les fit réunifier, mais on donna alors au tableau, selon les calculs de Waetzoldt (1951), cinq centimètres de trop en hauteur.

Pour la composition et le sujet, voir les notices des *Heures du jour* (ici nᵒˢ 203-06 et du dessin préparatoire pour le *Petit Matin* (ici nº 213). Les différences entre la petite et la grande version de la toile concernent surtout le coloris et le paysage: le soleil est à présent sous l'horizon, le paysage baigne davantage dans le crépuscule, et au lieu de la mer, on voit à l'arrière-plan un terrain marécageux (Traeger). «Par rapport à la petite version du *Matin*, tout est devenu maintenant encore plus monumental, plus austère et plus sublime.» Ce jugement de Langner (1976) doit seulement être nuancé à cause du «collage» des morceaux qui se révèle comme un «pis-aller».
W.H.

Hambourg, Kunsthalle.

218

Johann Gottfried Schadow
Berlin 1764 - 1850 Berlin

Fils d'un maître tailleur, Schadow reçoit l'enseignement du Belge J.P. Tassaert, directeur de l'atelier royal de sculpture de Berlin, chez qui il habite; en même temps, il fréquente l'Académie. Ses premiers travaux personnels sont des eaux-fortes. Il fréquente le salon d'Henriette Herz, l'un des foyers de la vie intellectuelle à Berlin. En 1785, il s'enfuit en Italie avec une amie, et passe par Dresde, où il rend visite à Graff, puis par Vienne; sa conversion au catholicisme permet son mariage. Il vit en Italie jusqu'en 1787; à Rome, il copie l'antique et devient l'ami de Canova. De retour à Berlin, il travaille dans une académie privée et trouve un emploi à la Manufacture de porcelaines; il revient au protestantisme. En 1788, il succède à Tassaert comme sculpteur de la cour et membre de l'Académie. En 1791 et 1792, il entreprend un voyage d'étude en Suède, où il rencontre le sculpteur néo-classique Sergel, en Russie et au Danemark. En 1802, il rend visite à Goethe et à Wieland, à Weimar. En 1805 il est vice-directeur de l'Académie de Berlin dont il devient directeur en 1815. Parmi ses nombreux élèves, Christian Rauch se distingue particulièrement. Le groupe des princesses Louise et Frédérique de Prusse, le monument funéraire du comte von der Mark et le quadrige de la porte de Brandebourg, comptent au nombre de ses chefs-d'œuvre. Goethe et A.W. Schlegel, qui exigent une idéalisation plus forte rejettent le style de Schadow qui est plutôt d'un réalisme bourgeois. Ses caricatures sur les guerres de libération, réalisées en 1813 et 1814, sont particulièrement célèbres. Lorsque, l'âge venu, sa vue commence à baisser, il se consacre au dessin à la lithographie. En 1834 et 1835 il publie deux ouvrages didactiques et, en 1849, des souvenirs sur la vie artistique berlinoise.

Schadow, Johann Gottfried

218 Portrait d'un jeune homme

v. 1805
Encre brune et pierre noire. H 0,191; L 0,144

Historique
Succession de l'artiste; Akademie der Künste de Berlin; depuis 1963, en dépôt dans les Staatliche Museen (Schadow Akad. n° 253).

Bibliographie
Dobbert, 1896, pl. XXV, 33; Scheffler, 1909, p. 375.

Expositions
1909, Berlin, n° 217; 1964-1965, Berlin, n° 134.

Berlin, Staatliche Museen,
Kupferstichkabinett und Sammlung der Zeichnungen. Dépôt de l'Akademie der Künste.

Johann Gottfried Schadow

219 La Fenêtre à Nenndorf

1827
Mine de plomb, pierre noire.
H 0,205; L 0,283.
Inscription en bas: *G.Schadow da mit Frau geb. Rosenstiel Felix u. Lida. La fenêtre à Nenndorf Juillet 1827.*

Historique
Succession de l'artiste; coll. de l'Akademie der Künste de Berlin; depuis 1963, Berlin (RDA), Staatlichen Museen, Sammlung der Zeichnungen, à titre de prêt permanent (Schadow Akad. n° 233).

Bibliographie
Nemitz, 1937, pl. 6; Schmoll dit Eisenwerth, 1970, p. 119, fig. 177.

Expositions
1960, Berlin, n° 101; 1964-65, Berlin, n° 179.

En 1827, Schadow effectua avec sa famille un voyage les menant à Brunswick, Hildesheim, Göttingen et Hanovre, ainsi qu'à la petite station thermale de Nenndorf, située près de Hanovre. Il était marié depuis 1817 en secondes noces avec Henriette Rosenstiel, la fille du directeur de la Manufacture royale de porcelaine de Berlin; leur fils Felix naquit en 1819, leur fille Lida en 1821.

La vue par la fenêtre montre le parc et un pavillon de l'établissement thermal.   G.R.

Berlin, Staatliche Museen
Kupferstichkabinett und Sammlung der Zeichnungen.

Wilhelm von Schadow

Berlin 1788 - 1862 Dusseldorf

Son père, Gottfried Schadow, lui donne ses premières leçons de dessin et il entre à l'Académie de Berlin en 1808. En 1810, il se rend à Rome avec son frère Rudolf. Il se convertit au catholicisme sous l'influence des peintres de la Confrérie de Saint-Luc, dans laquelle il est admis en 1813. En 1816 et 1817, avec Cornelius, Overbeck et Philipp Veit, il participe à la décoration de la Casa Bartholdy. Revenu à Berlin en 1819, il devient professeur et prend la direction d'un atelier financé par l'Etat, sur le modèle fran-

çais. Il réalise des portraits, des peintures religieuses et un plafond pour le théâtre. En 1826, Cornelius étant parti pour Munich, il lui succède comme directeur de l'Académie de Dusseldorf, qui dès lors atteindra un niveau artistique important. En 1830 et 1831 et en 1839 et 1840, il est de nouveau en Italie. En 1842, il est fait docteur honoris causa de l'université de Bonn; il est anobli en 1845. Schirmer, Lessing, Rethel et Anselm Feuerbach comptent au nombre des élèves de Schadow.

Wilhelm von Schadow

220 Portrait de l'artiste, de son frère Rudolf et de Thorvaldsen

1815
Toile. H 0,910; L 1,180

Historique
Acquis avant 1820 par la princesse Hohenzollern; acquis par la National-Galerie en 1882, du marchand Tredupp, à Berlin; Inv. n° 325.

Bibliographie
Helwig, 1820, p. 254-255; Raczynski, t. I, 1836, p. 53; Seidler, 1874, p. 329; cat. Berlin, 1885, n° 498; Howitt, 1886, p. 352; Schadow, 1891, n° 730; Boetticher, II, 2, 1901, n° 5; Mackowsky, 1913, n° 96 (ed. 1929: n° 105); Koetschau, 1926, p. 44; Gläser, 1932, p. 104; Geller, 1952, p. 97, n° 1169, fig. 462; Lankheit, 1952, p. 155-156, fig. 32; Schmidt, 1961, p. 145 et suiv.; Peters, 1962, p. 61; National-Galerie, 1968, p. 15, pl. 26.

219

220

Expositions
1819, Rome; 1926, Lubeck, nº 423; 1958, Berlin,
nº H61; 1962, Dusseldorf, nº 191 (non exposé);
1962, Berlin, p. 44 (sans nº); 1965, Berlin, nº 223,
repr. p. 154; 1966, Berlin, p. 295 (sans nº);
1975-76, Stendal-Weimar, p. 76-77 (sans nº), repr.
p. 38; 1976, Berlin (sans nº), repr. p. 5.

En arrivant à Rome en janvier 1811, les deux fils du sculpteur berlinois Gottfried Schadow, Rudolf (1786-1822), lui-même sculpteur, et Wilhelm, peintre, avaient prêté serment de ne regagner leur patrie que couverts de gloire.

Rudolf ne devait plus quitter la ville sainte, et Wilhelm y vécut huit ans en compagnie des peintres romantiques de la Confrérie de Saint Luc (les «Nazaréens»). Il se considérait comme l'élève de Thorvaldsen, qui corrigeait ses dessins aussi bien que ceux de son frère, et qu'il devait plus tard citer comme étant l'un des trois hommes de génie qu'il avait pu fréquenter dans sa vie. Logé à la Casa Buti, il était le voisin du sculpteur danois, ainsi que de plusieurs artistes allemands qui entretenaient une communauté chaleureuse.

Exécutée sur l'instigation de Thorvaldsen — qui est sans doute l'artiste le plus souvent portraituré de son époque (voir ici nº 3) —, cette peinture est censée représenter les trois artistes dans l'atelier de Rudolf Schadow, situé via delle Quattro Fontane. Par la fenêtre on aperçoit le Colisée, pourtant trop éloigné en réalité. La sculpture à l'arrière-plan est le modèle de la *Jeune fille laçant sa sandale*; le marbre, achevé en 1817, fut acquis par le prince héritier Louis de Bavière.

La composition relève de l'iconographie

romantique de l'amitié (cf. Lankheit, 1952), dont le plus célèbre témoignage était le tableau de Runge *Nous trois* (brûlé en 1931, voir ici n° 208). Toutefois, elle transpose cette iconographie dans le cadre plus réel d'un atelier d'artiste, et c'est à une rencontre quotidienne que la symétrie du groupe et le geste symbolique du serment (assez fréquent vers 1800) confèrent une gravité solennelle.

Les trois personnages figurent en même temps l'alliance de trois arts: la sculpture et la peinture, dont les instruments sont bien visibles, sont placées sous l'égide du bas-relief, représenté par Thorvaldsen, à qui son *Triomphe d'Alexandre* avait valu le titre de «patriarche du bas-relief»; cet art, proche du dessin, constitue l'intermédiaire entre les deux autres.

On pourrait rapprocher cette composition de celle, plus archaïsante, plus rigoureuse et par là nettement plus romantique, bien que tardive, de l'autoportrait du Hambourgeois Julius Milde en compagnie des peintres Speckter et Oldach (1826; Lubeck, Behnhaus). De même, on se souviendra de l'autoportrait de Füssli avec l'écrivain Bodmer (1779-1780; Zurich, Kunsthaus), qui place également deux créateurs sous le patronage d'un grand prédécesseur: Homère, en l'occurrence, représenté par un buste colossal qui forme le centre du groupe.

Le tableau est en général daté «entre 1815 et 1818». Pourtant, un document extrait des papiers du peintre viennois Johann Scheffer von Leonhardshoff (1795-1822), qui vivait alors à Rome auprès des Nazaréens, nous livre une date plus précise (cité par Howitt, 1886): le 24 octobre 1815, Scheffer voit dans l'atelier de Schadow notre tableau, dont l'exécution semble être déjà assez poussée pour permettre un jugement sans réserve. Il existe aussi, à Berlin, un dessin de Karl Sieg, daté du 18 mai 1816, qui reproduit le portrait de Thorvaldsen.

Les frères Schadow sont représentés, avec le graveur Ruscheweyh, sur un dessin de Rudolf Suhrlandt (Berlin, Sammlung der Zeichnungen, n° 67), sans doute bien antérieur à notre portrait. Wilhelm, qui y ressemblait à un jeune bourgeois plein d'assurance, se transforme, approchant de la trentaine, en un romantique inquiet.

Il existe un autoportrait dans lequel Schadow s'est représenté sous le même angle et avec le même béret (acquis par la National-Galerie en 1918; conservé aujourd'hui à Berlin, Staatliche Museen, Preussischer Kulturbesitz). Les formes y sont traitées avec une précaution quelque peu timide et les traits semblent crispés. On pourrait considérer cette peinture comme préparant le portrait de groupe.

Comment interpréter l'indication d'Amalie von Helwig (1820), qui regrette que les propres traits du peintre aient un aspect raide et sombre, et n'accepte qu'avec peine «son excuse, selon laquelle il se serait servi d'une main étrangère pour donner à son regard une direction précise»? Dans un cercle où une telle collaboration n'était pas extraordinaire, on peut imaginer que la partie supérieure du visage soit l'œuvre d'un autre artiste; néanmoins, l'exécution picturale ne s'en ressent pas.

Doit-on considérer, avec Koetschau (1927), ce tableau comme un témoignage de l'influence exercée sur Schadow par les peintres français de l'Académie de Rome? De certains d'entre eux, en effet, pourrait dériver son inclinaison pour un colorisme chaleureux, qui devait par la suite l'opposer à ses amis nazaréens. Toutefois, dans le portrait de Berlin, cette tendance ne se manifeste pas encore. On y décèle plutôt une inspiration classique, qui marque autant le coloris que la composition. Celle-ci, linéaire et sans profondeur, est rigoureusement déterminée par un système de diagonales semblable à un treillage, qui se retrouve dans certains bas-reliefs de Thorvaldsen. Schadow s'est encore souvenu de ce schéma quand, en 1830, il conçut à Rome, avec quatre de ses élèves, le portrait des familles Bendemann et Hübner (Krefeld, Kaiser Wilhelm Museum).

C.K.

Berlin, Staatliche Museen, Nationalgalerie.

Gottlieb Schick

Stuttgart 1776 - 1812 Stuttgart

Son père, qui était tailleur et cabaretier, fait entrer le jeune garçon dans l'atelier de Hetsch, à la Karlsschule de Stuttgart. Schick y restera de 1787 à 1794. Après le départ de Hetsch pour l'Italie, Schick entre chez le sculpteur Dannecker avec qui il entretiendra une amitié durable. De 1798 à 1802, il travaille à Paris dans l'atelier de David, où il est le condisciple d'Ingres. Il dessine au Louvre, entre autres, d'après Raphaël et Jules Romain. Wilhelm von Humboldt, qui vit à Paris depuis 1797, le reçoit souvent dans sa maison; c'est là qu'il rencontrera Mme de Staël et Mme Récamier. Il passe par Stuttgart pour se rendre à Rome, où il retrouve Hetsch; le style de ses tableaux d'histoire et de ses portraits évolue dans le sens d'un héroïsme plus pittoresque et bourgeois, dans l'esprit de Carstens que Koch lui a transmis. Il habite avec Koch, et fréquente la demeure hospitalière de Wilhelm von Humboldt qui, entre-temps, est venu s'installer à Rome. Schick étudie l'anatomie à l'hôpital, ce qui est tout à fait inhabituel à cette époque. L'Américain W. Allston, élève de Benjamin West, donne à Schick des conseils de technique picturale au sujet de l'emploi des glacis colorés. Il retourne dans sa patrie en 1811.

Gottlieb Schick

221 Eve

1800
Toile. H 1,920; L 1,505

Historique
Succession de l'artiste, 1861; don la même année du *Verein zur Erwerbung von Kunstwerken* pour le Musée de la ville de Cologne. Inv. WRM 1948.

Bibliographie
Simon, 1914, p. 32 et suiv.; cat. Cologne, 1964, p. 107 et suiv., avec fig.; von Einem, 1965, p. 302 et suiv.; Becker, 1971, p. 53, 464.

Le 10 juillet 1800, Schick écrit de Paris à son ami le sculpteur Dannecker: «Je viens de commencer une grande peinture... Le sujet de la toile est: Eve s'apercevant pour la première fois dans l'eau (le trait initial de la coquetterie féminine). La figure d'Eve est grandeur nature. Comme je suis impatient d'entendre votre jugement là-dessus! J'espère qu'au moins vous n'aurez pas lieu de vous plaindre de la «manière» dans cette peinture; je cherche à imiter la nature en tenant légèrement compte de l'Antique (j'ai la Vénus de Médicis dans ma chambre) et de Raphaël. A ce qu'on m'assure, je n'y réussis pas mal.» Il ressort également de cette lettre que le tableau en question date d'un moment important pour le développement du style de Schick, après une période d'imi-

221

tation de l'Antiquité qu'il qualifie lui-même de «sèche, froide, rigide», suivie d'une «sauvagerie» en réaction contre cette imitation. Schick exposa le tableau au Salon de 1800; on distingue l'*Eve* sur une estampe d'A.M. Monsaldy représentant une vue du Salon.

Von Einem présume que l'inspiration de ce motif peu fréquent vient du *Paradis perdu* de Milton, fort apprécié également en Allemagne; dans le Chant IV, Eve se souvient: «Lorsque je me baissai pour regarder vers le bas, apparut à la surface de l'eau une figure, qui se tenait courbée, pour me regarder...» (vers 460-462). Le thème évoque celui, voisin, de Narcisse se mirant dans l'eau. La première représentation picturale de cette Eve est due à Füssli; le tableau peint en 1792 et destiné originairement à la Milton-Galerie à Londres est perdu. Par la suite, on rencontre le motif dans plusieurs éditions illustrées du *Paradise Lost*, d'abord dans la gravure de H. Richter (1794) avec laquelle le tableau de Schick présente du reste le plus de points de comparaison.

Becker considère que l'*Eve* de Schick est en rapport étroit avec la peinture française, et évoque à ce propos Prud'hon et Gérard — «la complexion assez froide, la démarche et la mimique tendues sont entièrement tributaires de l'*Amour et Psyché* de Gérard» — et renvoie à des œuvres contemporaines, qui ne lui sont pas seulement apparentées sur le plan thématique: la paraphrase sur Eve que constitue *Innocence* de Léonor Mérimée (1798), l'*Eve* due au graveur de Prudhon, Henri-Charles Müller, et le tableau disparu de Julien de Parme, de très grandes dimensions, *Eve, debout, tenant la pomme de la main droite et de la gauche soutenant ses cheveux* (Ch. P. Landon), dont Becker présume qu'il inspira Schick pour son tableau d'*Eve*.

La figure, qui paraît immense, d'Eve, avec son incarnat clair et ses cheveux d'un blond doré, est située dans un paysage de paradis, aux couleurs assourdies. Le paon et le serpent sont partie intégrante du paradis, leur signification symbolique s'efface.   H.R.L.

Cologne, Wallraf-Richartz-Museum.

Gottlieb Schick

222 Apollon parmi les bergers

1806
Bois. H 0,375; L 0,480.

Historique
A Weimar avant 1867; vient de la succession de l'*Etatrat* (conseiller du Budget) le professeur Wiedemann, de Kiel (d'après Boetticher). Inv. G. 154.

Bibliographie
Eggers, 1858, p. 130; cat. Weimar, 1869, n° 132; cat. Weimar, 1874, n° 158; Riegel, 1876, p. 105; Boetticher, 1891-1901; 1941, p. 552; cat. Weimar, 1894, p. 48, n° 89; Simon, 1914, p. 72 et suiv., pl. X; Benz et Schneider, 1939, p. 77; Kaiser, 1959, repr. 85; cat. Stendal-Weimar, 1975-76, repr. p. 78.

Exposition
1975-76, Stendal-Weimar, p. 77-78.

Il s'agit d'une esquisse pour le tableau de la Staatsgalerie de Stuttgart (achevé en octobre 1808), la dernière peinture représentative de l'artiste et qui compte parmi ses chefs-d'œuvre. Le thème l'occupe dès 1793-94 (d'après Riegel), ou en tout cas depuis 1799 (dessin à la plume, Nationalgalerie, Berlin). Un dessin préparatoire pour notre tableau se trouve au Kupferstichkabinett de Stuttgart (Simon, 1914, pl. X).

Apollon — alors qu'il garde les troupeaux du roi Admète — familiarise les bergers avec la musique et la poésie. Devant un paysage arcadien avec des chaumières et un troupeau, deux groupes de personnages sont placés à la manière d'un bas-relief au premier plan: à gauche, Apollon avec la flûte de Pan; à droite, vêtu d'une draperie et le front ceint d'un bandeau, sans doute Admète; étendus à terre, bergers, femmes et enfants écoutent attentivement Apollon.

Les couleurs n'étant pas très poussées, l'esquisse est dominée par la teinte brun rouge de la préparation. La couleur est appliquée d'une manière mince et légère, ce qui correspond bien au caractère d'une esquisse. Le grand tableau de Stuttgart en reprend les accords chromatiques: le bleu, le rouge, le jaune dans les vêtements et le vert-brun des arbres y dominent. La disposition d'ensemble de la composition a été conservée, mais, progrès essentiel, l'espace du paysage est construit plus largement et les groupes de personnages ont plus d'ampleur. Dans cette œuvre tardive, Schick s'efforce d'accorder à nouveau au contenu émotionnel la priorité sur le rationnel; ce qui fut certainement ressenti plus fortement par ses contemporains que par nous aujourd'hui!   H.D.

Weimar, Kunstsammlungen.

222

223

Karl Friedrich Schinkel

Neuruppin 1771 - 1841 Berlin

Fils d'un pasteur protestant, il est initié à l'architecture par Friedrich Gilly à Berlin. En 1799 et 1800, il étudie à l'Académie d'architecture qui vient de s'ouvrir; en même temps il dessine des projets pour une manufacture de faïences. De 1803 à 1805, il visite l'Italie, la Sicile et la France, d'où il rapporte de nombreuses études de paysages. De retour à Berlin, où les commandes d'architecture sont inexistantes à cause de la guerre, il se consacre entièrement à la peinture, qu'il apprend en autodidacte. Il utilise ses esquisses faites en Italie dans des paysages d'architecture et des représentations de cathédrales visionnaires. Il peint des panoramas et des dioramas gigantesques, véritables morceaux de bravoure optiques, qui étaient parfois présentés avec un accompagnement musical. Il est l'un des premiers artistes à avoir pratiqué la lithographie. De 1815 à 1832, il crée les décors de quarante-deux opéras et pièces de théâtre, dans un style très voisin de celui de ses peintures. Il se lie d'amitié avec les poètes Achim von Arnim, Clemens Brentano et E.T.G. Hoffmann. Il entre

au service de l'Etat en 1810, grâce à Wilhelm von Humboldt avec lequel il entretient des relations amicales, comme avec Koch d'ailleurs, depuis son séjour à Rome; la même année, l'exposition de quelques œuvres de Friedrich stimule son inspiration. En 1815, il devient architecte en chef, en 1820, professeur d'architecture à l'Académie et en 1838, architecte d'Etat. Son énorme activité d'architecte, qui a marqué Berlin de l'empreinte de son style classique, s'étend depuis les châteaux, les églises, les bâtiments officiels, les théâtres, les musées jusqu'aux maisons particulières; en outre il fait des projets pour des meubles et des objets d'art. A l'inverse des bâtiments réalisés, qui sont influencés par l'architecture grecque, ses œuvres restées à l'état de projet témoignent d'une nostalgie pour le style gothique qui se manifeste aussi dans ses peintures. En 1816, il prend l'initiative de l'achèvement de la cathédrale de Cologne qui sera réalisé par son disciple Zwirner. En dehors de son voyage en Italie, Schinkel fit aussi, en 1826, un voyage en Angleterre et en Ecosse qui fut pour lui très important. Il y a étudié les premiers bâtiments industriels et les méthodes de construction qui s'y rapportent; de même, à Paris, il s'est informé des innovations en matière de constructions utilisant le fer et le verre. Ses écrits théoriques n'ont été publiés qu'en partie de son vivant.

Karl Friedrich Schinkel

223 Vue depuis le sommet de l'Etna au lever du soleil avec un groupe de voyageurs

1804
Plume sur traits de crayon. H 0,490; L 0,324.
Inscription en bas à gauche: *Auf dem Gipfel des Monte Gibello, oder Aethna.*

Historique
Succession de Schinkel; depuis 1842 au Schinkel-Museum; depuis 1924, à la National-Galerie; Berlin (RDA), Staatliche Museen, Sammlung der Zeichnungen (Schinkel 6b/30).

Bibliographie
Wolzogen, t. II, 1862, p. 242; Lorck, 1939, p. 13, fig. 10; Riehn, 1940, p. 108 et suiv.; Lankheit, 1952, p. 107.

Exposition
1965, Berlin, nº 229.

Pendant son voyage en Italie, en 1803-1804, le jeune Schinkel ne se bornait pas à étudier des édifices historiques, il y faisait aussi de

nombreux dessins de paysages, dont ceux, d'un format particulièrement grand, exécutés en Sicile. Jusque vers 1815, on le considère du reste principalement comme un paysagiste, et pas encore comme un architecte. Le personnage du milieu qui regarde en arrière, avec un manteau flottant, est un autoportrait de l'artiste qui écrit dans son journal de voyage, à propos de l'ascension de l'Etna du 18 mai 1804: «Je ne cherche pas à représenter les sensations qui émeuvent l'âme en ce lieu, car ce faisant, je n'énoncerais que des futilités. Rien que ces quelques mots: je croyais saisir d'un seul coup d'œil toute la Terre au-dessous de moi. Les distances paraissaient si minimes, l'immense surface jusqu'aux côtes de l'Afrique, l'étendue de la Calabre méridionale, l'île elle-même. Tout ce qui était à nos pieds paraissait si facile à embrasser d'un seul regard que je me croyais moi-même démesurément grand» (Wolzogen, t. I, 1862).   G.R.

Berlin, Staatliche Museen, Kupferstichkabinett und Sammlung der Zeichnungen.

Karl Friedrich Schinkel

224 La grande salle du palais de la «Reine de la Nuit»

1815
Gouache. H 0,465; L 0,614.

Historique
Acquis en 1850 du scénographe et inspecteur de théâtre Carl Gropius, Berlin, par le Schinkel-Museum; depuis 1924, à la Nationalgalerie de Berlin; Berlin (RDA), Staatliche Museen, Sammlung der Zeichnungen (Schinkel, nº 22 c/121).

Bibliographie
Wolzogen, t. II, 1862, p. 273 et 335; Mahlberg, 1916, p. 38 et suiv., 53, nº 3; Lorck, 1959, p. 122, repr. p. 128; Rave, 1953, p. 18.

Expositions
1965, Berlin, nº 231; 1961-62, Berlin, nº 117; 1972, Londres, nº 817.

Ce projet de décor pour la *Flûte enchantée* de Mozart (acte I, scène 6: «O zittre nicht, mein lieber Sohn» (O mon cher fils, ne tremble pas!) est le deuxième d'une série de douze conçus en 1816 pour le Königliche Schauspielhaus de Berlin. Ce fut la première commande de décors de théâtre que le comte Brühl, Intendant des théâtres de la Cour de

Berlin depuis 1815, passa à Schinkel, et en même temps la première mise en scène réalisée sous l'intendance de Brühl. Le spectacle, dont la première eut lieu le 18 janvier 1816, coïncidant avec la célébration de la fête du couronnement prussien et de la paix, doit être compris comme une sorte d'«autoreprésentation» du concept d'Etat prussien après les guerres d'indépendance. Le style égyptien des décors correspond non seulement dans sa monumentalité à la conception historique, mais il exprime simultanément une idéalisation en ce sens. La réalisation géniale de Schinkel, surtout de cette scène avec la Reine de la Nuit debout sur le croissant de la lune au-dessus de nuages et l'effet magique produit par la voûte céleste, fut déjà fort apprécié des contemporains. Jusqu'en 1830, Schinkel conçut des projets scénographiques pour une quarantaine d'autres opéras et pièces de théâtre.   G.R.

Berlin, Staatliche Museen,
Kupferstichkabinett und Sammlung
der Zeichnungen.

Karl Friedrich Schinkel

225 Marie, la fille de l'artiste, au bord de la mer

1816
Pierre noire, sur papier rougeâtre
H 0,532; L 0,423.
Signé et daté en bas à droite: *Schinkel 1816*

Historique
Acquis en 1936 par August Schmidt, Berlin;
Berlin (RDA), Staatliche Museen, Sammlung
der Zeichnungen (Schinkel, n° 54/2).

Bibliographie
National-Galerie, 1938, p. 12, fig. 64;
Benz-Schneider, 1939, p. 210, pl. 8; Kurth,
1941, p. 24, pl. 44; Beenken, 1944, p. 368
et suiv., fig. 147; Dörries, 1950, p. 19, repr.;
Heise, 1959, p. 28 et suiv., fig. 12.

Expositions
1961-1962, Berlin, n° 2; 1962, Berlin; 1965, Berlin,
n° 232.

Lorsqu'il représente sa première fille Marie, née en 1810, Schinkel se rattache encore tout à fait au premier romantisme. Modelé et expression physionomique ne sont pas sans rappeler les portraits d'enfants de Runge, tout particulièrement celui de *Luise Perthes* (1805, Weimar, Kunstsammlungen), quand il choisit les modèles dans le cercle de famille.

C'est seulement dans les dernières œuvres de sa première période, vers 1815, qu'apparaissent chez Schinkel quelques exemples de ces portraits dessinés particulièrement frappants.   G.R.

Berlin, Staatliche Museen,
Kupferstichkabinett und Sammlung
der Zeichnungen.

Karl Friedrich Schinkel

226 La porte dans le rocher

1818
Toile. H 0,740; L 0,480

Historique
Coll. Wagener, Berlin; legs 1859.

Bibliographie
Wolzogen, 1862, t. II, n° 2 A 27; cat. Berlin,
1968, n° 182 et suiv.; Ost, 1971, p. 124 et suiv.

«Vue depuis une grotte avec une voûte fantastique dans une vallée rocheuse. Le soleil couchant se cache derrière un nuage; dans une fente du rocher qui conduit au faîte, et dans laquelle pend une cloche, un ermite est assis» (Wolzogen).

L'immensité de la nature, rendue sensible par le groupe d'hommes avec le mulet sur le sentier de montagne, le caractère inhospitalier de la haute montagne, dans laquelle seul un ermite peut vivre, l'élargissement du paysage jusque dans les lointains les plus reculés — avec les chaînes de montagnes étagées comme dans un décor — le coucher du soleil, l'approche de la nuit: tout cela trouve dans notre tableau une ampleur qui ne recule pas devant le théâtral. «L'horizon, au-dessus duquel se courbe un grand ciel, est repoussé à l'infini; l'encadrement de la porte de rocher permet de contempler le monde comme un tout, de voir comme une «allégorie du monde». Il faut penser que l'ermite, familier de la nature et de son immensité, est au centre de la conception du tableau» (Ost). L'exemple de Friedrich a eu une influence sur cette interprétation de la nature et de l'homme.

Le catalogue du Musée de Berlin suppose que l'expérience acquise par Schinkel lors de son premier voyage en Italie, dans le Frioul et en Vénétie, a une grande importance pour ce tableau.

C'est le collectionneur J.H.W. Wagener, de Berlin, qui a commandé le tableau en 1818 à Schinkel. En 1859, il légua au roi de Prusse sa collection, qui forma le fonds initial de la Nationalgalerie.   H.R.L.

Berlin, Staatliche Museen Preussischer
Kulturbesitz, Nationalgalerie.

224

Karl Friedrich Schinkel (d'après)

227 Cathédrale gothique au bord de l'eau

Toile. H 0,77; L 1,07

Historique
Coll. Wagener, Berlin; legs 1859.

Bibliographie
Wolzogen, 1862, t. II, n° 2 A 20; Becksmann, 1957, p. 263 et suiv.; cat. Berlin, 1968, p. 180.

Notre tableau est une copie exacte par Wilhelm Ahlborn (1776-1857), datant de 1823, d'après le tableau acquis en 1813 par le collectionneur et financier J.H.W. Wagener et entré en 1888 à la Nationalgalerie, qui brûla en 1931 lors de l'exposition Romantique du Glaspalast à Munich. Une première version originale, qui provient de la famille de l'ami de Schinkel, C.W. Gropius, se trouve à Munich (Neue Pinacothek).

Deux dessins préparatoires, qui se trouvent à Berlin, montrent aussi la vue du sud-est, strictement délimitée. Sur le dessin qui a été conçu en second, Schinkel a dessiné le plan horizontal avec une perspective raccourcie, et il a tiré, à partir de là, les lignes principales nécessaires pour obtenir une construction exacte du bâtiment; une feuille collée montre la vue ainsi obtenue, qui est déjà un dessin à la plume et ajoute la ville environnante. Deux autres dessins présentent des vues du nord-ouest et de l'ouest, un cinquième le tracé de la façade ouest — car Schinkel a «conçu la cathédrale comme un tout, et a voulu reconstituer son architecture». Becksmann conclut ainsi une analyse exacte de la restitution architecturale de la cathédrale: «Schinkel a trouvé les principales sources de son inspiration dans les grandes cathédrales de Prague, de Vienne, de Milan et de Strasbourg, qui l'impressionnèrent vivement lors de son premier voyage vers l'Italie, et qui l'ont longtemps préoccupé. Conduit par ses conceptions picturales et ses idées de la construction artistique, il se limite à l'essentiel, c'est-à-dire à l'architecture de la deuxième moitié du XIVᵉ et du début du XVᵉ siècle marquée par Parler et Ensinger. Si l'on pense que la science de ces structures n'était pas encore largement répandue, et que la connaissance de l'évolution des données historiques ne se développait qu'à peine, il est passionnant de voir avec quelle

sûreté d'intuition Schinkel saisit un ensemble de données pour créer, à partir de là, un tout, une nouveauté et une originalité sans confusion possible, sans comprendre vraiment les fondements de la construction gothique. Sa cathédrale, que l'on imagine plutôt en fonte qu'en pierre, incarne déjà en germe l'idée du monument historique, dans laquelle il refuse la sensibilité romantique.   H.R.L.

Berlin, Staatliche Museen
Preussischer Kulturbesitz, Nationalgalerie.

Wilhelm Schirmer

Jülich 1807 - 1863 Karlsruhe

Après avoir été apprenti dans l'atelier de reliure de son père et après s'être essayé très tôt au dessin et à l'eau-forte, il va à l'Académie de Dusseldorf chez Kolbe, élève de Gérard, puis chez Wilhelm Schadow. Dans la maison de ce dernier — «nous étions ses disciples et ses frères» — il rencontre August Wilhelm Schlegel, Tieck et Félix Mendelssohn-Bartholdy. Comme il n'a a pas de maître de paysage à l'Académie, Schadow indique Schirmer à Lessing, son condisciple légèrement plus jeune, avec qui il fait de studieuses randonnées depuis 1827 et sous l'influence duquel il exécute de vivantes études de paysages; ils fondent ensemble l'«association des compositeurs paysagistes». Ses voyages le conduisent le long de la Moselle, en Forêt-Noire, en Suisse, en Normandie. En 1829, il devient enseignant, et en 1839, professeur et directeur de la classe de paysage récemment fondée à l'Académie de Dusseldorf. En 1836 et en 1850, il visite Paris; il expose aux Salons de 1838, 1844 et 1855. Les années 1839 et 1840 le voient en Italie; sous l'influence de Poussin et de Claude Lorrain, il se rapproche du paysage idéal, mais son grand modèle reste Ruisdael. A Rome, il entretient des rapports avec les peintres allemands dont il rejette pourtant l'art, sauf en ce qui concerne Koch et Overbeck. Après son retour, à partir des études qu'il a rapportées, il élabore de nombreux tableaux à l'huile qui parfois sont proches de Rottmann, qu'il estime. Schirmer est le maître d'Achenbach, de Böcklin et d'Anselm Feuerbach. En 1854, il est appelé à être le directeur de l'Ecole d'art de Karlsruhe qui vient d'être fondée. Hans Thoma y sera son élève le plus célèbre. Si de nos jours ce sont plutôt ses petits paysages qui retiennent l'attention, il considérait, pour sa part, ses «paysages bibliques» comme son œuvre capitale.

227

Wilhelm Schirmer

228 Site des Alpes suisses

1836
Papier sur carton. H 0,375 ; L 0,54

Historique
Depuis 1932, prêt permanent de la Staatliche
Kunstakademie de Düsseldorf.

Bibliographie
Zimmermann, 1920, n° 116 ; Hütt, 1954, p. 71 et
suiv. ; cat. Dusseldorf, 1969, p. 299 ; Theilmann,
1971, p. 40.

Vue de la vallée de l'Aar près de Meiringen,
dans l'Oberland bernois, avec un pâturage
que surplombent des montagnes (on reconnaît le Rothorn, la Planplatte et le Gummen-
hübel).

Les études à l'huile réalisées en Suisse
en 1836 donnent, dans leur touche alerte et
leur coloris clair, une impression de fraîcheur
et de spontanéité. Notre tableau, sans doute
le plus remarquable de ces paysages, réunit
à la fois des qualités de précision dans l'analyse descriptive, une grande richesse de
couleurs, et produit un effet fortement spatial.

Il convient de préciser que ces études
n'aboutirent pas à un quelconque changement du style des grandes compositions de
paysage de l'artiste. H.R.L.

Dusseldorf, Kunstmuseum.

Wilhelm Schirmer

229 Déferlement des vagues sur le rivage

1836
Toile sur carton. H 0,305 ; L 0,433

Historique
Succession de l'artiste ; depuis 1920, prêt
permanent de l'Akademie der bildenden Künste
de Karlsruhe.

Bibliographie
Zimmermann, 1920, n° 173 ; Becker, 1971, p. 105,
166 ; cat. Karlsruhe, 1971, p. 209.

Exposition
1976, Hambourg, n° 317.

Loin de la représentation de littoral traditionnelle alors, Schirmer se concentre sur un
secteur exigu, dans une vue prise légèrement
d'en haut : l'eau de la mer avec les vagues qui
affluent, déferlent sur le rivage, un peu de
plage, une bande étroite de ciel sur un horizon
relevé ; les faibles dimensions des navires

228

font comprendre qu'il y a une grande distance jusqu'au fond. Ce qui est sans pareil
à cette époque, c'est de voir Schirmer in-
clure le facteur du mouvement, ainsi que
Holsten le fit remarquer : «Le contenu du
tableau est cristallisé autour de la fugacité
du moment.»

Le déferlement de la vague, le bouillon-
nement de l'écume, l'écoulement de l'eau en
minces filets sur la plage, les traces laissées
dans le sable par l'eau qui a reflué, tout cela
est vu avec une précision telle qu'elle n'a
jamais dû trouver ailleurs d'expression picturale avant l'invention de l'instantané pho-
tographique. Schirmer reste aussi proche de
l'effet produit par la nature, dans la palette
de cette étude peinte en couches très minces
dans une gamme de tons clairs, où dominent
les tons ocrés et azurés : la teneur en sable
de l'eau effleurant ou recouvrant la plage,
l'écume de l'eau agitée, les dégradés du sable
et des pierres éparses.

Cette étude à l'huile ainsi qu'un grand
nombre d'autres constituèrent la riche moisson d'un voyage en Normandie pendant l'été
de 1836.

Le critique contemporain Püttmann cri-
tiqua ces tableaux de Normandie peints par
Schirmer en 1837 à partir des études précédentes, parlant d'un «jeu bizarre avec les
phénomènes atmosphériques» (1830, p. 203).
H.R.L.

Karlsruhe, Staatliche Kunsthalle.

Wilhelm Schirmer

230 Paysage du soir avec le château de Heidelberg

1839
Toile. H 1,500 ; L 2,260

Historique
Acquis de l'artiste en 1839.

Bibliographie
Cat. Darmstadt, 1914, p. 200 ; Zimmermann,
1920, n° 57, p. 28 ; Theilmann, 1971, p. 41 et suiv.

Daté en général de 1839, soit l'année de sa
vente, ce tableau a donc dû être exécuté anté-
rieurement au voyage en Italie que Schirmer
commença le 23 juillet de cette année. Cette
toile se place donc à la fin de la première
étape de son évolution artistique.

La composition utilise les principes de
structure des paysages idéaux : premier plan
sombre, deuxième plan plus clair, clos par
les ruines de nouveau plus sombres du château de Heidelberg qui se dresse en surplomb,
arrière-plan clair avec une montagne (le
Malibokus) et de l'eau aux reflets argentés
(le cours du Neckar), un ciel lumineux, fermé
vers le haut par des nuages gris ; la lumière
balayant les rochers, réunit proximité et
lointain. Le sentiment de continuité spatiale
manque, étant donné que les différents éléments n'ont pas pu encore être assemblés
en une unité organique. On a l'impression
que Schirmer voulait compiler de force une
multitude d'études ; tel est le jugement de

229

Theilmann. Dans ses mémoires rédigés vers 1915, Eugen Bracht, qui fut l'élève de Schirmer, se moque un peu du premier plan, de la colline qui monte, avec les gros châtaigniers à travers le feuillage desquels brille le soleil couchant, «d'œuvre... avec les châtaigniers des monts Albains et les pèlerins...» et blâme le «manque d'unité de la composition et de la vision.»

Par contre, un critique contemporain juge ainsi le tableau lors de son exposition en novembre 1839 à Dusseldorf: «L'ambiance de cette composition poétique au plus haut degré est tout à fait suave, empreinte d'un sentiment de calme, avec un léger soupçon, à peine perceptible, de mélancolie... Au stade de l'exécution, un danger surgissait tel un écueil, celui de tomber dans la mollesse. Dans l'ensemble il a été évité avec bonheur, quoiqu'un critique sévère soit tenté d'entrevoir çà et là la difficulté surmontée» (voir Theilmann).   H.R.L.

Darmstadt, Hessisches Landesmuseum.

Julius Schnorr von Carolsfeld
Leipzig 1794 - 1872 Dresde

Il est d'abord l'élève de son père, portraitiste et directeur de la Galerie de Leipzig; en 1811, il suit ses frères Ludwig et Eduard à Vienne. C'est là qu'il se lie d'amitié avec Koch et, plus étroitement encore, avec Ferdinand Olivier, avec qui il vit dans la même maison, de 1814 à 1817, et qui le guide vers le style des Nazaréens. Malgré son refus de l'Académie, il n'en recourt pas moins

230

à l'étude des antiques et des modèles. En 1817, de Rome, il est accueilli dans la Confrérie de Saint-Luc réunie autour d'Overbeck. Il va à Leipzig en 1817, puis il retrouve les frères Olivier à Salzbourg, et ils dessinent ensemble. A la fin de l'automne 1817, il retourne à Rome en passant par Florence, en compagnie de Wilhelm Müller, l'auteur des textes de nombreux lieder de Schubert. A Rome, d'où il envoie une active correspondance à Vienne sur la vie artistique romaine, il est en liaison étroite avec les Nazaréens. Schnorr reste protestant; avec ses amis

Rehbenitz et Friedrich Olivier, il forme le groupe protestant des «Capitolins», où l'on dessine beaucoup en commun; ce groupe tire son nom de la demeure où ils ont emménagé en 1819, le palais Caffarelli, sur le Capitole, à l'écart du reste de la colonie d'artistes allemands qui réside sur le Pincio. La grande exposition d'art allemand organisée à l'occasion de la visite de l'empereur d'Autriche, en 1819, a eu lieu dans ce palais. Il héberge aussi l'érudit secrétaire de la légation de Prusse, Bunsen, homme très influent, ami de Schnorr et de bon nombre d'autres artistes alle-

mands, ainsi que l'envoyé prussien auprès du Vatican, l'historien Niebuhr; c'est là qu'est le centre d'une communauté protestante fondée en 1819 pour faire contrepoids aux conversions croissantes. Malgré des frictions sporadiques avec les Nazaréens, les «Trinitaires», Schnorr est en relations amicales avec Cornelis, Overbeck, Wilhelm Schadow et Passavant, l'historien d'art. Après ses tableaux religieux, ses portraits et ses paysages, Schnorr décore la salle de l'Arioste à la Villa Massimo, de 1821 à 1827; les Chambres de Raphaël au Vatican lui ont servi d'exemple.

231

En 1825, le roi Louis Ier l'appelle à Munich *pour peindre à la Résidence un cycle de paysa- ges d'après l'Odyssée; il s'y prépare en visitant la Sicile en 1826. Il se marie avec la belle-fille d'Olivier et est nommé directeur de l'Académie de Munich. Les fresques, commencées en 1831, ne seront terminées qu'en 1867, avec l'aide de certains de ses élèves. Le sujet en est finalement la légende des Nibelungen; il peint également des tableaux d'histoire pour la salle des fêtes de la Résidence. En 1843, il fait des illustrations pour une édition des Nibelungen. De 1846 à 1871, il dirige l'Académie et la Galerie de Dresde. En 1851, il se rend à Londres. Depuis 1852, il illus-* tre la Bible *de gravures sur bois qui connaîtront une immense popularité.*

Julius Schnorr von Carolsfeld

231 Le château-fort de Wezlas avec une rivière et une famille assise sur la berge

1815
Plume. H 0,249; L 0,382
Monogrammé et daté en bas sur la pierre: *18 IS 15 Wezlas*
Provenance
Acquis en 1879 de la veuve de l'artiste; Berlin

(RDA), Staatliche Museen, Sammlung der Zeichnungen (Schnorr n° 2).

Bibliographie
Schilling, 1935, pl. 33.

Expositions
1878, Berlin, n° 465; 1878, Dresde, n° 7; 1906, Berlin, dessins n° 3089; 1965, Berlin, n° 236; 1974, Berlin, n° 1.

Partant de Vienne, où il demeurait depuis 1811, Schnorr entreprit en 1815 une excursion à pied à travers le Kamptal, en Basse-Autriche. La vue qu'il fit alors du château fort de Wezlas, près d'Allensteig, est un témoignage capital de l'esprit d'indépendance dont l'artiste faisait preuve de bonne heure comme paysagiste, continuant à développer des suggestions de Josef Anton Koch et de son cercle à Vienne. Les premiers dessins de paysage de Schnorr élèvent une simple vue de la nature au niveau de l'image d'un système unitaire et réunissent homme et nature dans une unité romantique. Ce qui caractérise beaucoup plus fort Schnorr que les autres dessinateurs du cercle des Nazaréens, c'est le style de son dessin, dur et cassant; il prouve que l'artiste s'inspirait étroitement de l'art graphique allemand de l'époque de Dürer.

G.R.

Berlin, Staatliche Museen, Kupferstichkabinett und Sammlung der Zeichnungen.

Julius Schnorr von Carolsfeld

232 La famille de saint Jean-Baptiste rendant visite à la famille de Jésus

1817
Toile. H 1,23; L 1,02
Monogrammé et daté en bas à droite sur le piquet de bois: *JS 1817.*

Historique
1846, en possession de Johann Gottlob von Quandt, de Dresde, qui l'avait probablement acheté à l'artiste; lors de la dispersion de la coll. Quandt, acquis pour la somme de 700 Reichsthaler, 1863. Inv. Gal. n° 2217.

Bibliographie
Jordan 1867, p. 8; Beenken 1944, p. 260, 76 (repr.); Brion 1967, p. 250; cat. Dresde 1975, p. 88.

Expositions
1906, Berlin, n° 1570; 1928, Dresde, n° 397; 1966, Berlin, p. 299; 1969, Stockholm, n° 423, p. 133 (repr.); 1974, Berlin, n° 19.

Ce tableau fut exécuté au cours du séjour de Schnorr à Vienne (1812-1815) dans la maison de son ami Olivier, peu avant son départ pour Rome. Du point de vue iconographique, l'œuvre se rattache au type de la «Vierge au buisson de roses» des anciens maîtres allemands, que l'on trouve fréquemment, particulièrement aux XVe et XVIe siècles, par exemple dans des peintures et des gravures de Stefan Lochner, Martin Schongauer et Albrecht Dürer. Le recours au répertoire des formes de la fin du moyen-âge se manifeste dans des détails comme le rendu minutieux de la maçonnerie et de la charpente, du portail couvert et de l'enclos d'osier tressé. Ce

tableau appartient au groupe d'œuvres de Schnorr antérieures à son séjour à Rome, où l'esprit nazaréen s'exprime déjà nettement à travers une forme plastique rigoureuse et transparente. Cette peinture représente la visite qu'Elisabeth et Zacharie, les parents de saint Jean-Baptiste, auraient faite à la Sainte Famille.

Depuis le début de son séjour à Vienne, Schnorr a été préoccupé par ce sujet, comme le prouve un carton (H 1,02; L 1,02; galerie H. Michaelsen, Berlin, 1937), daté de 1812, aujourd'hui disparu. Un dessin préparatoire à la plume (sépia, 1816) se trouve au Kupferstichkabinett de Dresde (inv. n° C. 1908-753). Un dessin à la sépia, aux Staatlichen Museen de Berlin (Kupferstichkabinett und Sammlung der Zeichnungen; inv. n° 3), également de 1816, en donne une version différente.

H.J.N.

Dresde, Staatliche Kunstsammlungen, Gemäldegalerie Neue Meister.

Julius Schnorr von Carolsfeld

233 Le chevalier dans la ruine

1819
Encre brune. H 0,191; L 0,265
Monogrammé et daté en bas à droite: *18JS19/d.14. Dec.*

Historique
Cf. n° 234

Bibliographie
May, 1943, n° 9, fig. 181.

Exposition
1972, Cologne, n° 33.

Ce dessin et les trois suivants appartiennent à une série de «dessins improvisés à la plume» que Schnorr exécuta pendant l'hiver 1819-20, à Rome, dans la maison d'un ami, l'éditeur et collectionneur de Leipzig Johann Gottlieb Quandt. Lui-même les appelait, à cause de leur genèse, «art pendant le thé» ou bien ses «dessins de thé», et il raconte à ce propos à son père: «Indirectement, c'est Quandt qui les a provoqués, et

232

233

234

cela de la manière suivante. Quand nous déambulions dans Rome, les temps médiévaux devenaient (notamment grâce aux jardins italiens de ce temps) plus vivants dans notre esprit que les époques précédentes, celles des romains. Dans les austères allées de chênes verts, nous voyions se promener des personnages d'une haute stature, des silhouettes des temps passés. Dans les bosquets de lauriers, nous regardions des couples d'amoureux, nous entendions la cithare sur la terrasse devant la fenêtre de la bien-aimée. Nous voyions le traître tendant l'oreille, non loin de la fontaine dont le clapotis couvrait le bruit de ses pas. Quandt déclara à plusieurs reprises que des représentations de ces temps-là lui feraient plaisir» (Schnorr von Carolsfeld, 1886, p. 202-203). Pour ces images «qui donnaient l'impression d'avoir été inspirées par des historiettes ou des légendes anciennes» (cité d'après May, 1943, p. 268), Quandt composa des histoires, mais celles-ci n'ont malheureusement pas été conservées. Ces dessins, où des impressions produites par l'Italie s'associent à des souvenirs historiques et poétiques, évoquent eux-mêmes des poésies romantiques.

C'est à cette liberté poétique que se conforme la manière de dessiner, formée à l'école de l'art italien du début du XVIᵉ siècle, manière délicate et légère qui laisse en quelque sorte en suspens les éléments «matériels». H.H.

Cologne, Wallraf - Richartz - Museum.

Julius Schnorr von Carolsfeld

234 Musique sur la terrasse

1819
Encre brune. H 0,191; L 0,265
Monogrammé et daté en bas à droite: *18 JS 19./d. 7. Dec.*

Historique
Klara Bianca von Quandt, Leipzig; coll. Eduard Cichorius, Leipzig; Ludwig Schnorr von Carolsfeld, neveu de l'artiste; vente chez C.G. Boerner, Leipzig, 1908; don des Amis du Wallraf-Richartz-Museum, 1938.

Bibliographie
May, 1943, n° 8, fig. 180; cat. Cologne, 1967, p. 102 (avec bibliographie; Robels, 1974, p. 95.

Exposition
1972, Cologne, n° 32.

Le contenu de ce dessin (cf. n° 233 et n°ˢ 235-36) semble étrangement insaisissable. Dans un jardin de montagne italien, trois jeunes filles écoutent un joueur de luth. Les rapports entre les personnages demeurent mystérieux; un silence immobile plane sur une scène qui se situe à mi-chemin entre rêve et réalité. H.H.

Cologne, Wallraf - Richartz - Museum.

Julius Schnorr von Carolsfeld

235 Les jeunes campagnardes

1819
Encre brune. H 0,190; L 0,265
Monogrammé et daté en bas à gauche sur la pierre: *18 IS 19 d. 17. Dec.*

Historique
Acquis en 1908, de la collection d'Eduard Cichorius, Leipzig. Inv. 1908-746.

Bibliographie
May, 1943, p. 268, n° 10, fig. 182.

Exposition
1974, Berlin, n° 32.

Ce dessin, comme les précédents et le suivant, fait partie de la série de ce que Schnorr appelait lui-même, des «dessins à la plume improvisés», au cours des soirées passées chez les Quandt à Rome pendant l'hiver 1819-20 — les Quandt y étaient arrivés fin 1819, tandis que Schnorr y séjournait déjà depuis 1818. L'artiste dessina dix-sept images

235

236

empreintes de fantaisie, à propos desquelles il écrit en 1867 au collectionneur E. Cichorius: «... ils vous font l'effet d'avoir été composés d'après des histoires ou récits anciens. Comme ce n'était pas le cas, Quandt inventait une histoire après coup pour les représentations déjà existantes et nous nous en amusions beaucoup...». G.R.

Dresde, Staatliche Kunstsammlungen, Kupferstichkabinett.

Julius Schnorr von Carolsfeld

236 L'ermite devant la ville

1820
Encre brune. H 0,192; L 0,265
Monogrammé et daté en bas à gauche:
18 IS 20 d. 3. Jan

Historique
Acquis en 1908, de la collection d'Eduard Cichorius, Leipzig. Inv. 1908-745.

Bibliographie
May, 1943, p. 268, n° 14, fig. 184; Ost, 1971, p. 158.

Exposition
1974, Berlin, n° 33.

Autre dessin de la série dont font partie les n°s 233-35. C'est à maintes reprises qu'on

voit apparaître dans l'œuvre de Schnorr von Carolsfeld le thème du moine ou de l'ermite dans un paysage; ici il est conçu sur le mode d'une légende racontée avec recueillement. En 1821, soit un an après le dessin présenté, Schnorr exécute l'*Ermite devant Olevano* (Kupferstichkabinett, Dresde), inspiré de la gravure de Dürer, *Saint Antoine devant la ville*. G.R.

Dresde, Staatliche Kunstsammlungen, Kupferstichkabinett.

Julius Schnorr von Carolsfeld

237 Jeune garçon avec un pipeau

1822
Encre brune sur tracé au crayon
H 0,439; L 0,29
Daté en bas à droite: *d. 19 Januar/ 1822.*

Historique
Acquis en 1908.

Bibliographie
Andrews, 1961, p. 114-116, fig. 7; cat. Dusseldorf, 1966, p. 65; Zeitler, 1966, p. 63-66, fig. 43.

Exposition
1972, Londres, n° 824.

Julius Schnorr von Carolsfeld, Friedrich Olivier et Theodor Rehbenitz, qui, depuis

1819, habitaient ensemble le palazzo Caffarelli sur le Capitole, perpétuèrent la tradition des *Lukasbrüder* et dessinèrent, conjointement avec d'autres, des académies et des études de draperie d'après le modèle.

La feuille présentée est un exemple de ces études faites en commun. Son pendant, presque identique en ce qui concerne le motif, par Friedrich Olivier, se trouve au Kunstmuseum de Dusseldorf (cat. musée 1966, n° 127), le dessin correspondant de Rehbenitz au Behnhaus de Lubeck. La comparaison avec Olivier permet de constater que Schnorr, dans son dessin, prend la liberté de courber légèrement le pipeau. Ainsi s'adapte-t-il aux contours curvilignes et au geste ample du garçon qui semble s'abandonner tout à fait au son de son instrument. Cela confère au dessin, au-delà de l'étude de nu proprement dite, une dimension spirituelle. Pourtant, la figure du jeune garçon retenue par Schnorr est d'une ingénuité pudique, dépourvue de sensualité. Elle reste assujettie aux canons du relief; fait caractéristique: le siège est juste esquissé et englobé dans l'ombre. C'est ainsi que le personnage devient en quelque sorte planant, en état d'apesanteur, malgré la précision du dessin qui, à l'exemple des tailles-douces de Dürer, fixe les

formes du corps et la distribution des ombres au moyen de hachures diaphanes. La pureté et la discipline de la forme, témoignage concret de la piété nazaréenne, ne conduisent point ici à quelque sécheresse aride mais concourent à une beauté spirituelle.

Onze ans plus tard, Schnorr a utilisé ce dessin dans un de ses projets pour la Residence de Munich (Semler, 1864, pl. 2). H.H.

Hambourg, Kunsthalle.

Julius Schnorr von Carolsfeld

238 Hagen est vaincu par Dietrich von Bern

1829
Plume, mine de plomb, sanguine. H 0,414; L 0,258
Monogrammé et daté en bas à gauche: *18 IS 29*;
en bas à droite: *d. 4 Dec.*

Historique
Acquis en 1882 du baron von Eckardstein, Berlin;
Berlin (RDA), Staatliche Museen, Sammlung der
Zeichnungen (Schnorr n° 30).

238

Bibliographie
Schnorr von Carolsfeld, Berlin, 1878, n° 376;
idem Dresde, 1878, n° 376; Boetticher, 1891,
t. III, p. 198.
Expositions
1965, Berlin, n° 240; 1974, Berlin, n° 77.

Illustration pour le 39e (et dernier) épisode du *Chant des Nibelungen*.

Depuis 1827, année de son arrivée à Munich, Schnorr travaillait à des projets en vue de représentations à grande échelle du chant des Nibelungen, prévues comme fresques dans plusieurs salles de la partie nouvellement érigée par Klenze de la Residence de Munich, le «Königsbau», projeté à la demande du roi Louis Ier de Bavière. Ce dessin préparatoire présente très peu de différences par rapport à la fresque correspondante dans la «Salle de la Vengeance» (*Saal der Rache*). Commencées dès 1831, les salles des Nibelungen ne furent achevées — une longue interruption ayant eu lieu entre 1835 et 1843 — qu'en 1867, et cela par des élèves de l'artiste.

Pour une édition illustrée du *Chant des Nibelungen* (dans la traduction de Gustav Pfizer), qui devait paraître en 1843 chez l'éditeur Cotta à Stuttgart, Schnorr utilise ce dessin presque inchangé pour la gravure sur bois, de même que la plupart des autres dessins préparatoires pour les fresques de Munich. G.R.

Berlin, Staatliche Museen, Kupferstichkabinett und Sammlung der Zeichnungen.

Adolph Schrödter

Schwedt sur l'Oder 1805 - 1875 Karlsruhe

Après s'être exercé très tôt au dessin, à la lithographie et à l'eau-forte, ce fils de dessinateur «publicitaire» entre comme élève à l'Académie de Berlin, en 1820. Dans le cercle des élèves de Wilhelm Schadow, il se consacre surtout à la gravure. Voulant apprendre à peindre à l'huile, il suit Schadow à Dusseldorf en 1829. C'est dans cette ville qu'il peint des tableaux de genre humoristiques; il exécute aussi des illustrations d'une grande richesse ornementale qui prennent exemple sur Dürer. En 1848, les troubles politiques l'incitent à émigrer en Amérique, mais il retourne à
Londres, et va s'installer à Francfort où il connaît le succès avec des caricatures politiques dans le style des histoires en images de Rodolphe Töpffer. De 1854 à 1859, il revient vivre à Dusseldorf; c'est dans cette ville qu'il peint des scènes de genre parodiant la sentimentalité du romantisme tardif des artistes de Dusseldorf. A partir de 1859, il est professeur de dessin à l'Ecole Polytechnique de Karlsruhe. Parmi les héritiers artistiques de Schrödter, on compte le jeune Menzel.

Adolf Schrödter

239 Thaten und Meinungen des Herrn Piepmeyer,
Abgeordneten zur constituirenden Nationalversammlung zu Frankfurt am Mayn. JHD. u. AS. Professoren der Frescomalerey, zu haben bei C.Jügel am Roszmarkt in Frankfurt.

(Exploits et opinions de M. Piepmeyer, député à l'Assemblée nationale constituante à Francfort-sur-le-Main. JHD. & AS., professeurs de peinture à fresque; disponible chez C.Jügel au Rossmarkt à Francfort.)
Livre illustré
H 0,205; L 0,27 (dimensions de la feuille)

Bibliographie
Kruse, 1925, p. 142-148, fig. 13, 14; Rümann, 1926, p. 307, n° 2322; Rümann, 1930, p. 285-286, fig. 190; Hofmann, 1956, p. 122, pl. 60.

Le monogramme J.H.D., dans le titre du livre, désigne Johann Hermann Detmold, député de Hanovre à l'Assemblée nationale de Francfort et futur ministre de la justice de l'Empire, qui rédigea le texte de l'ouvrage, celui-ci et l'auteur des illustrations collaborant d'ailleurs étroitement. Achevé en 1849, il parut alors en six cahiers. Le nom du personnage principal, qui figure dans le titre, n'a pas été inventé par les deux auteurs mais emprunté au jargon politique courant dans la Paulskirche (église Saint-Paul, siège de l'Assemblée nationale de Francfort). En effet, on désignait par «Monsieur Piepmeyer» un parlementaire louvoyant perpétuellement entre les différentes tendances de parti, qui, à force d'empressement servile et par désir instinctif de se mettre en valeur, finit par être si dépourvu de principes qu'il en tombe dans la veulerie. Le *Piepmeyer* de Schroedter et de Detmold, c'est l'histoire en images d'un député qui, par opportunisme, tantôt se pousse «un peu plus vers la droite», tantôt «un peu plus vers la gauche», et dont l'inex-

239

périence provinciale et l'ignorance politique n'ont d'égales que son infatuation et son autoritarisme.

Le livre a été conçu — en même temps que la *Mort* de Rethel (ici n° 188) et les *Electeurs* de Menzel (ici n° 147) — dans la marée de tracts et de caricatures de l'année révolutionnaire, où il représente une des rares tentatives assez réussies des artistes allemands pour intervenir satiriquement dans l'actualité politique.

Quant au style, Schroedter marche ici pour la première fois sur les traces des caricatures de Rodolphe Toepffer, où texte et images peuvent être lues en quelque sorte comme un «roman» continu, précurseur de nos bandes dessinées. Il renie ce qu'il y avait d'intentionnellement artistique dans ses «arabesques» antérieures, créées à l'imitation de Dürer, et limite son dessin à des lignes outrées et à des hachures en spirale juste esquissées, «éclaircissantes», procédant, comme il dit, «comme si quelque dilettante obscur dessinait à la plume» (Kruse, 1925, p. 145).

Le livre est ouvert à la p. 30. A gauche: «Pendant ses heures de solitude, Piepmeyer s'exerce à des mimiques, envisageant notamment le cas où d'aventure des soldats feraient irruption dans la salle des séances de l'Assemblée nationale»; à droite: «Voilà comment Piepmeyer s'imagine la statue que la patrie ne manquera pas de lui ériger un jour.»
H.H.

Hambourg, Kunsthalle.

Moritz von Schwind

Vienne 1804 - 1871 Niederpöcking (près de Munich)

Fils d'un fonctionnaire de la cour, après des études à l'université de Vienne, il se tourne en 1821 vers la carrière artistique. Jusqu'en 1823, il étudie à l'Académie de Vienne, chez Ludwig Schnorr von Carolsfeld; il fait, à l'occasion, des travaux de gravure pour vivre. Il est l'ami des poètes Lenau, Grillparzer, Anastasius Grün; bon violoniste, Schwind fait partie du petit cercle d'amis de Franz Schubert. En 1828, il se rend à Munich chez Julius Schnorr von Carolsfeld. C'est là qu'il crée des illustrations et des peintures; Cornelius lui procure plusieurs commandes de fresques pour la nouvelle Résidence. Après un voyage en Italie (1835), il peint des fresques à la Kunsthalle de Karlsruhe, ville où il s'installe en 1840. En 1844, il exécute des peintures à l'huile et des fresques à Francfort. A partir de 1847, il est professeur à l'Académie de Munich; il crée des illustrations pour la revue humoristique: Die fliegenden Blätter et pour les Münchner Bilderbogen. Après un cycle de contes (en 1854), il exécute jusqu'en 1855 les fresques des Tournois de poésie à la Wartburg. En 1857, il visite Londres et Manchester. A partir de 1848, il peint ses «Tableaux de voyage» empreints d'un sentiment romantique de la nature. En 1866 et 1867, il décore de fresques l'Opéra de Vienne. Les illustrations que Schwind a faites pour les contes et légendes allemands n'ont rien perdu, de nos jours encore, de leur popularité.

Moritz von Schwind

240 Le dénuement et l'indigence assaillant l'oisif

v. 1830
Plume sur traits de crayon. H 0,321; L 0,448

Historique
Coll. Julius Schnorr von Carosfeld; acquis en 1914; Inv. C 1914-12.

Bibliographie
Weigmann, 1906, p. 67, avec repr.; Halm, 1937, n° 29; Halm, 1961, p. 139, 142; Bernhard, 1973, p. 776.

Exposition
1937, Karlsruhe, n° 29.

Ce dessin illustrant un des *Proverbes* de Salomon (chap. XXIV, versets 33 et 34) fut exécuté pendant les premières années de Schwind à Munich. C'est à cette époque que son style graphique, inspiré par l'art de la «vieille Allemagne», se développa pour atteindre une finesse et une densité singulières de la ligne. La composition soigneusement équilibrée confère au dessin une unité qui se ressent de l'influence des peintures murales de Peter Cornelius. Le thème reste isolé dans l'œuvre de l'artiste.
G.L.

Dresde, Staatliche Kunstsammlungen, Kupferstichkabinett.

Moritz von Schwind

241 Promenade nocturne du chevalier sur l'eau

1830
Plume et lavis d'encre brune. H 0,177; L 0,133
Inscription: *Mo v Schwind 1830*

Bibliographie
Halm, 1937, n° 30; Halm, 1961, p. 137, 139 et suiv., fig. 11.

Exposition
1937, Karlsruhe, n° 30.

Cette feuille appartient à un groupe de dessins d'illustrations (cf. n° précédent) qui font ressortir l'intérêt porté par Schwind à l'art graphique allemand ancien.

La scène s'inspire d'un épisode du *Chant des Nibelungen*, où Hagen apprend de l'ondine du Danube le sort qui lui est réservé ainsi qu'à ses compagnons dans le pays des Huns; ce n'est point une illustration pure et simple du modèle littéraire, mais une inter-

210

prétation libre et imaginaire autour du thème. Mettant en valeur ici un phénomène naturel réel, dont il évoque l'atmosphère, Schwind le combine avec le monde du romantisme chevaleresque.

Signalons qu'au même moment Julius Schnorr von Carolsfeld s'intéressait de son côté à la légende des Nibelungen en vue des peintures murales du Königsbau de Munich.

Une peinture de même sujet (1851), fut détruite en 1931 dans l'incendie du Glaspalast de Munich. Une variante se trouve à la Schackgalerie de Munich. G.L.

Dresde, Staatliche Kunstsammlungen, Kupferstichkabinett.

Moritz von Schwind

242 La cantatrice Karoline Hetzenecker

1848
Toile. H 1,28; L 0,98
Signé en bas à droite: *Schwind 1848*

Historique
P. Moosmayr, Winzingen; Kunsthalle, Hambourg; 1912, Galerie Caspari, Munich; 1925, Städtische Kunstsammlungen, Nuremberg.

Bibliographie
Weigmann, 1906, p. 279.

Expositions
New-Haven, Cleveland, Chicago, 1970, n° 82; Londres, 1972, n° 241; Cologne, 1971, n° 82.

Schwind a peint peu de portraits; ce sont pour la plupart ceux de membres de sa famille ou d'artistes. Or «personne parmi eux, écrit Schümann, n'eut ses traits plus souvent retenus par ce peintre éminemment doué pour la musique, personne n'a été représenté sous des aspects plus différents que Mlle Karoline Hetzenecker, soprano du Théâtre National». C'est à Munich que Schwind a dû faire la connaissance de l'artiste, adulée du public, immédiatement après son départ de Francfort-sur-le-Main, en 1847. Elle prêta son concours aux «Montagsmusiken» (séances musicales du lundi), appelées «Montagskränzl» (petit cénacle du lundi), dans la maison du peintre. Seulement, au bout d'un an, elle se retira de la scène après avoir épousé M. von Mangst. Par la suite, elle ne semble plus avoir exercé son art que dans les salles de concert et les églises comme cantatrice d'oratorio et de lieder. Notre tableau donne l'idée de la conversion à cette nouvelle orientation.

Comme l'a remarqué Schümann «le mur du fond évoque la grande niche de l'Odéon, salle de concert munichoise érigée par Klenze entre 1826 et 1829... Des niches étaient ménagées dans le mur incurvé et abritaient, dans des couronnes de feuilles de chêne en fort relief, des bustes colossaux en plâtre de compositeurs célèbres, dus à Johann Leeb... Dans le premier décor, violemment critiqué, ne figuraient ni Glück ni Beethoven. Ce ne fut qu'au cours des années quarante que Rossini dut céder la place à Beethoven et Gluck vint encore plus tard rejoindre ce cercle de musiciens illustres. Par conséquent, les bustes représentés sur le tableau se réfèrent davantage au répertoire de la cantatrice qu'à l'aspect de la salle.» Schwind a figuré la Hetzenecker dans le costume et les attitudes de ses grands rôles, ainsi en Leonore (*Fidelio*), en Donna Elvira (*Don Giovanni*), dans les grands morceaux de soprano des *Huguenots* de Meyerbeer, des *Porteurs d'eau* de Cherubini et de *Hans Heilig* de Marschner (Weigmann, n°s 260, 261). Sur un dessin datant de 1848, les grands artistes de la scène munichoise ont pour mission d'essayer, sous les auspices célestes de Mozart et de Haendel, de persuader la cantatrice, déjà en train de

240

241

242

préparer sa toilette de noces, de faire sa rentrée au théâtre (Weigmann, n° 259). Mais l'hymen parvient quand même à l'arracher à ce milieu (Weigmann, n° 277). Puis le *Baiser de consécration de sainte Cécile* (Weigmann, n° 276) la décide définitivement à devenir cantatrice d'oratorio à l'Allerheiligen-Hofkirche de Munich. C'est pendant les années 1848-49 que datent les travaux préparatoires pour le tableau *Symphonie*, exécuté en 1852, dont le sujet est l'idylle entre la jeune cantatrice et M. von Mangstl. Leur première rencontre avait lieu au cours de l'audition de la *Fantaisie pour piano, chœur et orchestre* de Beethoven, et au fur et à mesure des mouvements, andante, scherzo, allegro, le fil des événements se poursuivit jusqu'au final heureux du voyage de noces.» H.R.L.

Nuremberg, Germanisches Nationalmuseum (propriété de la ville de Nuremberg).

Moritz von Schwind

243 Dans la forêt

v. 1848
Toile. H 0,495 ; L 0,394

Historique
Acquis en 1869 chez l'artiste par le comte Schack, pour la Schack-Galerie.

Bibliographie
Weigmann, 1906, p. 430 ; cat. Munich, 1969, p. 338 ; Börsch-Supan, 1972, p. 100 et suiv.

Depuis les racines, dans la flaque d'eau du premier plan, jusqu'aux troncs et aux branches dans la profondeur de la forêt, la composition est déterminée par des courbes onduleuses, à l'unisson d'une mélodieuse harmonie. Tandis que le traitement du terrain, du chêne et du personnage apparaît fondu, les différentes herbes ont des contours accusés. Considérées hors de leur «contexte», elles évoquent le célèbre *Rasenstück* (Touffe d'herbe) de Dürer (1503, Vienne, Albertina). La concentration du regard sur une parcelle strictement délimitée de la forêt, invention de Schwind comme le constate Börsch-Supan, se révèle dans la vision précise et complaisante de ces végétaux.

Schwind lui-même donna au tableau le titre *Des Knaben Wunderhorn* (Le cor merveilleux de l'enfant), allusion à un recueil de chansons populaires des débuts de l'époque romantique, écrit par les poètes Achim von Arnim et Clemens Brentano. Or, bien au-delà du XIXᵉ siècle, ce tableau, et d'autres peintures du même type de Schwind, diffusés par de nombreuses reproductions qui figuraient jusque dans les livres scolaires, allaient marquer de leur empreinte la conception générale du romantisme, tandis que des peintres «protoromantiques» comme Friedrich et Runge restaient quasiment inconnus jusqu'à l'exposition dite du Centenaire qui eut lieu à Berlin en 1906.

Weigmann datait l'œuvre autour de 1860 ; les comparaisons stylistiques faites par Gollek rendent plus vraisemblable une datation vers 1848. Un dessin datant de 1843 fut gravé à l'eau-forte en 1845 (par C. Müller) et publié comme illustration du poème *Im Walde* (Dans la forêt) de W. Müller ; la gravure est, stylistiquement, très proche du tableau. Un des deux dessins préparatoires a disparu, l'autre se trouve au musée de Heidelberg. Une répétition du tableau, très fidèle, a brûlé en 1931. *Dans la forêt* fait partie d'une série de tableaux exécutés entre 1848 et 1864, parallèlement aux grandes commandes et qu'il appelait lui-même *Reisebilder* (Impressions de voyage) et ne destinait pas primitivement au public. H.R.L.

Munich, Bayerische Kunstgemäldesammlungen, Schack-Galerie.

Moritz von Schwind

244 Joute de poésie sur la Wartburg

1854
Plume, aquarelle et gouache avec rehauts de blanc, sur traits de crayon. H 0,310 ; L 0,622

Historique
Coll. Hackländer ; acquis en 1880, chez Gutekunst, Stuttgart ; Berlin (RDA), Staatliche Museen, Sammlung der Zeichnungen (Schwind n° 9).

Bibliographie
Höfer, 1942.

Il s'agit d'un projet pour une fresque de la «Salle des Troubadours» *(Minnesängersaal)* de la Wartburg, qui fut exécutée en 1854-1855. On voit représenté le tournoi qui eut lieu en 1207 à la cour du landgrave Hermann de Thuringe et opposa les Minnesänger Klingsor et Wolfram von Eschenbach, tournoi qui, selon la tradition, s'était déroulé dans cette salle.

En outre, Schwind exécuta tout un programme de peintures murales illustrant l'histoire thuringienne dans différentes salles de la Wartburg, qui passent pour des témoignages essentiels de la peinture monumentale allemande du romantisme finissant. Auparavant, déjà, Schwind s'était employé deux fois à la représentation du même thème. Une première version, datant de 1837, devait peut-être servir de projet de décor pour la Kunsthalle de Karlsruhe (aquarelle conservée dans cette Kunsthalle). En 1844, il reçut la commande d'une grande toile pour le Städelsches Institut de Francfort qui, après de nombreux dessins préparatoires, fut achevée en 1846. G.R.

Berlin, Staatliche Museen, Kupferstichkabinett und Sammlung der Zeichnungen.

Erwin Speckter

Hambourg 1806 - 1835 Hambourg

Il est initié à l'art par son père qui possédait une importante collection de gravures et avait fondé en 1818, à Hambourg, le premier établissement d'impressions lithographiques du nord de l'Allemagne ; c'est là qu'il fait ses débuts de dessinateur. Il reçoit l'enseignement, entre autres, de Herterich, le maître de Runge, et bénéficie des encouragements de Rumohr. En 1823, au cours d'un voyage à travers le Schleswig-Holstein en compagnie de son frère Otto, illustrateur et lithographe populaire, et du peintre Julius Milde, il fait connaissance avec la peinture de la fin du Moyen Age. En 1825, il se rend à Munich en compagnie de Milde, où il collabore aux fresques de la Pinacothèque sous la direction de Cornelius. En 1827, il visite la Suisse avec Oldach. De 1830 à 1834, il vit à Rome où il subit l'influence d'Overbeck. Ses Briefe eines deutschen Künstlers aus Italien (Lettres d'Italie écrites par un artiste allemand) ont été publiées en 1746.

244

Erwin Speckter

245 Jacob et Rachel

1827
Toile. H 0,264; L 0,355
Signé et daté en bas à droite: *ESpekter inv.
fec. 1827.*

Historique
H.H. Duncker, Wiesbaden, acquis en 1839.

Bibliographie
Cat. Hambourg, 1969, p. 317.

«Dès que Jacob vit Rachel, fille de Laban, le frère de sa mère, et avec elle le troupeau de Laban, il s'approcha, roula la pierre qui couvrait l'ouverture du puits, et il abreuva le troupeau de Laban, frère de sa mère. Puis il donna un baiser à Rachel, pleura tout haut et lui dit qu'il était parent de son père et fils de Rébecca» (*Genèse* XXIX, 10-12).

La composition et le groupe central semblent indiquer que le tableau trouve son modèle dans l'œuvre exécutée à Rome en 1823 par le Nazaréen G.H. Naeke (à Brême), bien que l'on puisse se demander comment, à Munich, Speckter aurait pu avoir connais-

sance de cette œuvre. Le tableau de Naeke pourrait à son tour rappeler le tableau de Palma Vecchio à la galerie de Dresde.

Le jeune Speckter, qui avait vu à Lübeck la grande *Entrée du Christ à Jérusalem* d'Over-

beck, et qui, à l'époque de l'exécution de notre tableau, était à Munich un collaborateur de Cornelius, avait appris à connaître l'esprit à la fois rigoureux et délicat des Nazaréens. Le tableau est construit autour du groupe

245

formé par Rachel et Jacob, deux personnages étroitement rapprochés. Les bergers, du côté droit, sont peints dans des proportions beaucoup plus petites; on pense ici surtout à la peinture italienne d'avant Raphaël, peut-être à Fra Angelico. La juxtaposition des éléments de la composition a quelque chose de naïf; l'ingénuité des traits est d'ailleurs une des caractéristiques de l'œuvre.

Huit années plus tôt, Ingres avait peint son *Paolo et Francesca* (Angers), une autre tendre rencontre. On pense aussi à la composition d'Overbeck «*Italia et Germania*», dont la première version date de 1811 (cf. ici nº 166).   H.R.L.

Hambourg, Kunsthalle.

August Tischbein

Maastricht 1750 - 1812 Heidelberg

Elève de son père, Valentin, et de son oncle, Heinrich, à Cassel, Tischbein part pour Paris en 1772, où il restera cinq ans, avec le soutien financier du prince von Waldeck. Il y fréquente la maison du graveur Wille. C'est à Rome qu'il développera son style sensible de portraitiste sous l'influence de Füger, de Mengs et des portraitistes anglais. En 1780, il est appelé à Arolsen, près de Cassel, comme peintre de la cour du landgrave de Hesse; en 1795 il se rend à Dessau. Des commandes de portraits le conduisent également en Hollande; en 1792, à Amsterdam, il se lie d'amitié avec August Wilhelm Schlegel. Son art du portrait évolue du style aristocratique vers le style bourgeois. En 1799, il rencontre Graff à Dresde. En 1800, il est nommé directeur de l'Académie de Leipzig. De 1806 à 1808, il séjourne à Saint-Pétersbourg. Ses commandes de portraits le mettent en étroit contact avec presque tous les grands esprits de son temps.

August Tischbein

246 Portrait d'une dame jouant du luth

1786
Toile. 127 × 98 cm
Signé et daté en bas à gauche, sur le bord de la table: *Tischbein. 1786.*

246

Historique
Acquis en 1883 par la Nationalgalerie, du marchand F.O. Heese, à Berlin. Berlin (RDA), Staatliche Museen, Nationalgalerie; Inv. nº A I 340 (entre 1937 et 1949 dépôt permanent au Kaiser-Friedrich Museum).

Bibliographie
Cat. Berlin 1885, nº 503; Osborn, 1913, p. 206, repr. p. 208; Stoll, 1923, p. 3, 183; Becker, 1971, p. 38/39; Nationalgalerie, 1968, p. 11, pl. 5.

Exposition
1924, Leipzig, nº 27.

Ce tableau fut peut-être exécuté à La Haye, où Tischbein passa une grande partie de l'année 1786. Il s'agit sans nul doute d'un portrait, mais d'un portrait «mis en scène», genre fréquent au XVIIIe siècle, et qu'affectionnait Tischbein. Le mouvement oblique très accentué du modèle se retrouve fréquemment dans ses tableaux, et plus particulièrement dans les portraits de famille. Ici, il évoque une impression fugitive, soudain pérennisée par la position du visage sur l'axe vertical, autour duquel se déploient les ornements du costume. La délicate tonalité basée sur le noir, brun et bleu, et l'élégante discrétion ne sont pas sans rappeler les portraitistes anglais dont Tischbein a pu voir les œuvres lors de son séjour à Naples en 1778-80, chez l'ambassadeur Sir William Hamilton. A propos de l'attitude du modèle, Becker (1971) cite l'*Autoportrait au manchon* de Vigée-Lebrun, et souligne aussi l'influence possible de Fragonard: Tischbein avait passé cinq and à Paris (1772-1777).   C.K.

Berlin, Staatliche Museen, Nationalgalerie.

Wilhelm Tischbein

Haina (Hesse) 1751 - 1829 Eutin (Holstein)

Elève de ses oncles, Heinrich à Cassel, et Jacob à Hambourg, il s'établit à Berlin comme portraitiste en 1777, après avoir fait des voyages en Hollande et à Hanovre où il a fait la connaissance de Gleim et de Jacobi. En 1779, l'Académie de Cassel lui décerne la bourse d'études en Italie; visitant le sud de l'Allemagne, il est saisi d'enthousiasme pour la vieille peinture allemande. En 1781, il séjourne un certain temps à Zurich, chez Lavater qui le met en rapport avec Goethe. Ce dernier lui fait obtenir en 1793, une bourse du duc de Gotha pour un nouveau voyage en Italie. *A Rome, il est au contact du classicisme de David. En 1787, il exécute le célèbre portrait de Goethe dans la campagne romaine ; Goethe habite chez Tischbein. En 1789, il est directeur de l'Académie de Naples. Il peint des portraits, des paysages et des tableaux d'histoire. En 1791, il publie des écrits sur l'art antique. En 1799, il fuit Naples avec Hackert, devant l'arrivée de Napoléon. Il passe par Cassel en se rendant à Göttingen, où il fonde «l'académie de dessin pour les dames»; il entretient des relations avec August Wilhelm Schlegel et les frères Riepenhausen. Depuis 1801 il vit à Hambourg; à partir de 1808, il enseigne l'art à Eutin, dans le Holstein. Dans ses* Oldenburger Idyllenzyklus, *il tente une synthèse de la thèse de la théorie esthétique et de la poésie de la nature, suivant en cela Runge, qui lui rend visite en 1809.*

Wilhelm Tischbein

247 Goethe dans la campagne romaine

Plume. H 0,170 ; L 0,240

Historique
Probablement offert par l'artiste à Luise von Stolberg, amie de François-Xavier Fabre à Florence; don Fabre.

Bibliographie
Beutler, 1962, p. 16, fig. 12; Becker, 1971, p. 128, note 231.

Ce dessin a été publié en 1962 par Beutler comme «l'étude préparatoire pour l'état définitif», dans la genèse du thème. Le tableau, achevé en 1787 (H 1,64; L 2,06), qui a façonné jusqu'à nos jours l'image qu'on a de Goethe en Allemagne, se trouve au Städelsches Kunstinstitut de Francfort. C'est le fruit d'une demi-année de cohabitation amicale des deux artistes en Italie. Tischbein vivait depuis 1783 à Rome, où Goethe arriva le 29 octobre 1786. Il s'installa chez Tischbein, près de la Piazza del Popolo, et se transforma, grâce à un large chapeau de peintre et un ample manteau, en «pittore Filippo Miller». Tischbein conduisait le poète dans les monuments antiques; le soir, Goethe lisait à ses amis des passages de sa pièce *Iphigénie* qu'il était en train de remanier. Ces détails biographiques sont devenus dans le dessin (et plus encore dans le tableau monumental, de dimensions exceptionnelles) des éléments significatifs

de la représentation, de valeur universelle, que nous avons ici du poète. Selon les propres mots de Tischbein, Goethe «est assis sur des ruines et pense au destin des œuvres humaines». Les ruines représentent les étapes les plus importantes de l'art ancien: l'obélisque tombé sur lequel Goethe se repose, à demi étendu, est de style égyptien; le bas-relief avec Oreste et Pylade devant Iphigénie représente le style grec; le chapiteau composite, le style romain de même que le sépulcre de Caecilia Metella et l'aqueduc de l'arrière-plan, dont Goethe avait admiré l'architecture lors de ses promenades en compagnie du peintre. Tischbein évoque le souvenir du monde des idées de l'Antiquité que, dès lors, Goethe tenta lui aussi de recréer, par le lierre qui recouvre le relief d'Iphigénie (appelé aussi le fragment Albani). L'intérêt que Goethe commençait à témoigner pour l'Antiquité pendant son séjour romain inspire au peintre le style du dessin, avec ses volumes simplifiés, évidents, et sa disposition parallèle, semblable à celle d'un bas-relief. Par sa concentration formelle, ce portrait de Goethe par Tischbein occupe une place à part dans la longue tradition iconographique du personnage assis dans un paysage, étudiée par Becker. Cette tradition va en France de l'*Autoportrait en chasseur* de Desportes (1699) à Prud'hon, en passant par Watteau. Une variante anglaise est fournie par le per-

sonnage couché dans l'œuvre de J. Wright of Derby, de J.S. Copley et d'autres, où l'on ressent l'influence néo-classique. A Rome, Tischbein s'est inspiré d'exemples français et anglais; il était aussi bien reçu dans le cercle des artistes français que chez les Allemands. Becker signale un *Portrait d'un jeune homme*, sans date, étonnamment semblable au portrait de Goethe, peint par Gauffier, qui travaillait à l'époque à l'Académie de France à Rome (cette esquisse à l'huile se trouve également à Montpellier au Musée Fabre, comme ce portrait de Goethe par Tischbein). Becker tire de la ressemblance des deux œuvres la conclusion que ce type iconographique était alors devenu courant mais que, chez Tischbein, il devait être interprété, avec tous ses détails, dans l'optique d'une représentation caractéristique du poète.　　H.H.

Montpellier, musée Fabre.

Carl Vogel von Vogelstein

Wildenfels (Erzgebirge) 1788 - 1868 Munich

Sous la direction de son père, il commence par faire des copies d'après Raphaël et à dessiner d'après nature. Il est élève de l'Académie de Dresde à partir de 1804 et donne des cours de dessin dans les milieux aristocratiques. En 1807,

247

il accompagne dans son voyage un baron qui se rend à Dorpat, en Estonie; de 1808 à 1812, il est actif comme portraitiste à Saint-Petersbourg. Il séjourne à Rome de 1813 à 1820 grâce à l'aide financière du roi de Saxe. En dehors de portraits très vivants de ses amis, par exemple Thorvaldsen, Rauch, Cornelius, Overbeck, il peint des tableaux consacrés à l'histoire chrétienne. En 1820, il est professeur à l'Académie de Dresde; en 1824, il est nommé peintre de la cour de Saxe; anobli en 1831, à la suite du don qu'il fait au Kupferstichkabinett de Dresde d'une partie de son importante collection de portraits, la plupart dessinés par lui. A noter également des voyages en Italie, à Paris, à Londres, et son amitié avec David d'Angers.

Carl Vogel von Vogelstein

248 Le sculpteur David d'Angers exécutant le buste de Ludwig Tieck

1834
Toile. H 0,880; L 0,930
Signé et daté en bas à droite: *Vogel pinx.*
Dresden 1834

248

Historique
Don du Dr Heinrich Brockhaus, 1873; Inv. 475.

Bibliographie
Nagler, 1850, p. 484, 489; Hagen, 1857, I, p. 115;
Boetticher, 1891 et années suivantes, n° 18;
Haenel et Kalkschmidt, 1925, p. 202, repr. après
p. 204 (3e version); cat. Baden-Baden, 1969,
texte en regard de la fig. 92 (3e version);
catal. Leipzig, 1967, p. 213, fig. 57.

Expositions
1962, Berlin, p. 52; 1965, Berlin, n° 262;
1976, Berlin, sans n°.

Si le thème de l'atelier d'artiste prit une réelle importance dans la peinture du XIXe siècle, c'est en partie par suite de la prise de conscience croissante chez les artiste de leur rôle social. Savants, artistes, poètes comptaient parmi les représentants nouveaux de la société. La toile de Vogel est caractéristique des «portraits d'amitié» postromantiques, dont le romantisme naissant n'avait pas connu de représentations sous la forme des «ateliers d'artiste». La reprise du sujet, en renouant avec la tradition du XVIIIe siècle, commence au milieu des années vingt. Considéré auparavant uniquement comme local de travail, l'atelier devient alors également lieu de réunion et de divertissement, et salle de séjour familial. Il est à la fois humble lieu d'accueil et centre d'échanges intellectuels. L'image de l'atelier prend alors un caractère narratif. Un tel point de vue conduit à un amenuisement des personnages inclus dans le champ visuel et à la revalorisation du détail. Un trait typique de l'art du Bierdermeier est surtout, outre le groupement des figures du tableau, qui souligne assez souvent l'instantané, le jeu de rapports entre les différentes mimiques des personnages.

Sur la toile, exécutée en 1834, on voit Ludwig Tieck (1773-1853), poète du romantisme primitif et traducteur de Shakespeare, posant pour le sculpteur français David d'Angers (1789-1856) et pour le peintre Vogel. Le centre de la composition est constitué par le buste, plus grand que nature, devant lequel se tient le sculpteur qui y apporte des rectifications. Tieck, à sa droite, est assis dans un fauteuil, tenant par la main le petit-fils de Vogel. Sa fille Dorothea s'appuie contre le siège. Au second plan se tiennent Carl Gustav Carus (à droite) et un archéologue, le baron Otto von Magnus von Stackelberg. A côté de son chevalet, Vogel lui-même; derrière lui, le traducteur et collaborateur de Tieck, Wolf Heinrich, comte von Baudissin. L'atelier de Vogel se trouvait dans l'ancien bâtiment de l'Académie des Beaux-Arts, sur la Terrasse Brühl, à Dresde. Par la fenêtre on aperçoit un mât de navire (l'Elbe coule à proximité immédiate de la terrasse). On peut reconnaître au-dessus de la porte de droite une copie de l'autoportrait de Raphaël des Offices, et dans l'ébrasure de fenêtre un moulage de l'autoportrait de Peter Vischer au tombeau de Sebaldus de Nuremberg.

Au cours de son voyage à travers l'Allemagne en 1834, David d'Angers séjourna assez longtemps à Dresde (il y rencontra Friedrich, cf. ici n° 81), notamment pour modeler le buste de Tieck. Après l'avoir exécuté à Paris en marbre, David d'Angers envoya le buste colossal au poète comme cadeau d'anniversaire (aujourd'hui, à titre de prêt de la Sächsischen Landesbibliothek, à la Skulpturensammlung de Dresde).

Le tableau de Leipzig est la première version de l'œuvre; il fut gravé par E. Schuler comme vignette de papier à lettres. Une deuxième version, qui diffère par l'addition de trois personnages, passa au XIXe siècle dans la coll. de H. de Soudienko (Kiev; A.H.

249

Payne en fit une gravure). La troisième version, différant du tableau Soudienko par le changement d'un personnage, fut acquise par le roi de Saxe (cf. cat. Baden-Baden, 1969). Pour ce tableau datant de 1836, il existe un dessin à la sépia au musée d'Angers.

Il existe dans une collection privée de Munich un dessin que l'on considère comme le portrait sans doute le plus ancien que Vogel fit de Tieck (1828) (*Kunst in Dresden,* Kurpfälzisches Museum, Heidelberg, 1964, n° 678). Une toile montrant Tieck assis dans un fauteuil se trouve à la Nationalgalerie de Berlin (cat. 1968, p. 220; *Führer durch die Bildnissammlungen der Nationalgalerie 1929,* p. 160 et suiv., n° 115, repr. — où elle est datée de 1834).   M.K.

Leipzig, Museum der bildenden Künste.

Friedrich Wasmann

Hambourg 1805 - 1886 Meran

Ce fils de commerçant se forme d'abord à Hambourg, sous la direction de Ch. Suhr, puis à Dresde, chez le Nazaréen G.H. Naekeaus. En 1829 et 1830, il est boursier à Munich, où il étudie chez Cornelius et H. Hess. Dans la colonie des artistes hambourgeois vivant à Munich, il retrouve Oldach et Janssen; ce dernier deviendra le meilleur ami de Wasmann. En 1830 et 1831, il rencontre au Tyrol à plusieurs reprises Joseph Görres et Clemens Brentano qu'il fréquentera aussi, par la suite, à Munich. Il vit à Rome depuis 1832, et fait connaissance avec les Nazaréens; il se lie tout particulièrement avec Koch, Janssen et Erwin Speckter, et devient ami d'Overbeck. Il se convertit en 1835. Eu égard à ses portraits pleins de compréhension intuitive, Wasmann peut être compté à bon droit parmi les Nazaréens, mais le style souple, le coloris vigou-

reux de ses paysages va plutôt dans le sens du réalisme pittoresque de Blechen ou de Menzel. A l'expiration de sa bourse, en 1835, Wasmann vit à Munich, à Bozen, à Hambourg, à Meran en peignant des tableaux de genre et des portraits — souvent posthumes —, d'après des daguerréotypes. La vieillesse venue, la qualité artistique de ses œuvres subit une baisse sensible. Depuis les années 1860, il travaille à son autobiographie; celle-ci ne sera publiée qu'en 1915.

Friedrich Wasmann

249 Vue de la vallée de l'Adige, avec des enfants sur une colline

1831
Papier sur bois. H 0,205; L 0,358
Signé à droite: *Friedrich Wasmann Etschtal 1831.*

Historique
Bernt Groenvoldt, Hambourg; acquis en 1929.

Bibliographie
Nathan, 1964, n° 264, p. 61 et suiv.; cat. Hanovre, 1973, p. 525 et suiv.

Exposition
1971, Cologne, n° 101.

Sur un rocher en contrebas du village de Tirol, sont assises deux fillettes, dans l'ombre du rocher, un homme coiffé du haut chapeau des Tyroliens. Derrière, la vallée de l'Adige s'élargit jusqu'à la Mandelwand; devant, à gauche, Merano.

Wasmann consacre une attention particulière à l'atmosphère et à la lumière dans la vallée qui, sous le soleil de midi, est emplie de légères brumes. A l'aide de frottis colorés, de subtiles nuances allant du bleu-vert au gris pâle, apparaît l'image d'un monde insaisissable. Le rocher couvert de végétation est indiqué avec des tonalités analogues, mais plus vigoureuses; la place occupée par les fillettes semble elle aussi inaccessible.

Tandis que Nathan ne voit dans les personnages que des «accessoires» destinés à animer le tableau, — «chez Wasmann, le motif représenté est là seulement pour lui-même» —, Schümann estime qu'un motif de genre aussi singulièrement «méditatif» dans un tableau de paysage n'aurait guère

250

pu être peint sans s'inspirer des œuvres de l'école dresdoise (Friedrich, Carus, Dahl).

Un croquis rapide du motif (Hambourg) a été fait sans doute en octobre 1830, suivi de trois peintres (la première, à Hambourg; la seconde, dans la collection Schäfer; la troisième a disparu). Notre tableau, avec sa composition claire, n'est plus une étude; il fut probablement peint en 1831. Un grand fusain conservé à Hambourg (H 0,72; L 0,89), permet de supposer que l'artiste avait projeté une version peinte de plus grandes dimensions; Nathan le qualifie d'«ébauche d'un tableau de genre».   H.R.L.

Hanovre, Niedersächsisches Landesmuseum, Landesgalerie.

Friedrich Wasmann

250 Première neige à Merano

v. 1831
Papier sur carton. H 0,229; L 0,277

Historique
Acquis en 1903.

Bibliographie
Nathan, 1954, n° 189, p. 82; Gerckens, 1969, n° 200; cat. Hambourg, 1969, p. 337.

La vue sur la vallée de l'Adige est prise du nord-est; au-dessus des montagnes, au loin, la lumière du soleil couchant. Devant le massif montagneux à pic, la haute construction descendant de la Zum Heiligen Geist Spital-kirche du XVᵉ siècle, est entourée de quelques maisons. Devant les eaux écumeuses de la Passer, sur la rive dans Meran même, on voit de nombreux arbres — ce sont les traces de couleur blanche sur les arbres qui valurent au tableau son titre — le long du chemin et un bâtiment allongé. Une lumière diffuse et un coloris discret déterminent cette étude qui, malgré son caractère d'esquisse, fixe exactement la topographie. L'effet spatial de la couleur est réduit, comme le fait observer Gerckens. L'œuvre a été peinte vers 1831, lors du premier séjour de Wasmann dans le Tyrol du Sud. Les études datant de son second séjour, à partir de 1839, sont beaucoup plus sommaires.   H.R.L.

Hambourg, Kunsthalle.

Friedrich Wasmann

251 Paysage près d'un village du Tyrol

v. 1840
Lavis sur traits de crayon avec quelques rehauts de blanc. H 0,200; L 0,273

Historique
Don du Kunstverein.

Bibliographie
Nathan, 1954, p. 83, 142, n° 345, avec repr.; Heise, 1959, p. 63, fig. 44.

Les dessins de paysages de Wasmann exécutés dans les années quarante témoignent d'une évolution vers une expression picturale plus libre, dont témoignent aussi ses études à l'huile.

Dans cette feuille d'esquisse, étude préliminaire pour un tableau, les éléments concrets sont à peine identifiables; la facture sommaire du dessin laisse toutes les formes ouvertes. Au lieu d'une reproduction soignée, avec les différents éléments mis en volume avec application, la superposition de formes plates et l'emploi conjugué du crayon et du lavis suggèrent une impression d'espace, et le fond clair agit comme un élément phosphorescent. Avec ces simplifications audacieuses pour l'époque, Wasmann a inauguré dans ses études, d'une façon entièrement indépendante

251

et peut-être «naïve», des possibilités qu'illustreront des conceptions beaucoup plus modernes de la peinture de paysage. L'intériorisation du spectacle de la nature, chère aux romantiques, est ici abandonnée.　H.H.

Hambourg, Kunsthalle.

et ordonnée par le trait du dessin s'anime grâce aux différentes intensités et à la précision des indications du crayon, qui aboutit presque à un effet tactile. On trouve ainsi Wasmann sur une voie qui conduit au réalisme bourgeois du XIXᵉ siècle.　H.H.

Hambourg, Kunsthalle.

Friedrich Wasmann

253 Tête d'une femme morte

v. 1842
Crayon. H 0,233 ; L 0,196

Historique
Coll. Bernt Grönvold ; don d'Oskar Reinhart, Winterthur, et du Dr Fritz Nathan, Munich.

Bibliographie
Nathan, 1954, p. 150, nº 521 avec indications bibliographiques supplémentaires.

Dans ses mémoires (cf. Grönvold, 1915, p. 17-18) Wasmann relate comment il avait déjà, dans sa jeunesse, étudié en spectateur muet et impassible les malades et les morts à l'hôpital général de Hambourg, si bien qu'il comptait à l'origine se destiner à la profession de médecin.

Au cours de l'hiver 1846-47, une épidémie fit de nombreuses victimes à Merano ; il aurait été chargé de fixer par l'image quelques-uns des défunts. C'est pourquoi, du reste, on l'aurait surnommé le «peintre des morts» (Grönvold, 1915, p. 207).

Le présent dessin, que Nathan date vers 1842, atteste sa froide impassibilité face au phénomène de la mort. Le visage de la femme, grâce à la pureté de sa forme et au léger contraste entre les contours rigoureux du

Friedrich Wasmann

252 Tête d'un meunier de profil

v. 1841
Crayon. H 0,232 ; L 0,182

Historique
Acquis avant 1913.

Bibliographie
Nathan, 1954, p. 83, p. 142, nº 352, avec des indications bibliographiques supplémentaires.

On peut voir dans les portraits de Wasmann un ultime développement du style graphique nazaréen. Pourtant, lorsque l'artiste déclare travailler dans une «manière vieille-allemande», il entend par là moins être lui-même stylistiquement et intellectuellement proche des artistes du début du XVIᵉ siècle que partager leur sens de la réalité et peut-être aussi leur mentalité «bourgeoise». Pour le présent portrait, il a sans doute choisi le profil pour définir toutes les formes aussi nettement que possible et les visualiser de façon simple. Cette représentation très concrète

252

253

visage et les cheveux dessinés d'une manière floue, fait partout l'effet d'être sublimé et apaisé.   H.H.

Munich, Staatliche Graphische Sammlung.

Josef Wintergerst

Wallerstein 1783 - 1867 Dusseldorf

Il commence ses études à l'Académie de Munich, en 1804, puis va compléter sa formation à Vienne, où ce fils de peintre de la cour fonde en 1809, avec d'autres artistes, la Lukasbund. En 1811, il va s'établir à Rome où il vit avec Overbeck et les autres membres de la Lukasbruderschaft dans le couvent de Sant'Isidoro. Il quitte Rome dès 1813, et devient professeur de dessin à Aarau, à Ellwangen et, de 1816 à 1818, à Heidelberg. En 1822, Cornelius lui procure une place de professeur de dessin élémentaire à l'Académie de Dusseldorf, dont il est inspecteur de 1824 à 1860. Ses portraits, ses peintures historiques et religieuses se rattachent principalement à l'œuvre de Pforr.

254

Josef Wintergerst

254 Le jeune Saverio, modèle des Lukasbrüder à Sant'Isidoro, à Rome

1811
Sanguine. H 0,431 ; L 0,305 - 0,415
Signé et daté en bas à droite : *Wintergerst gezeichnet in Rom 1811.*

Historique
Coll. de la Kunstakademie.

Bibliographie
Andrews, 1964, p. 24, 99, pl. 17a ; cat. Dusseldorf, 1965, n° 210 avec indications bibliographiques supplémentaires ; Jensen, 1967, p. 26-27, repr., fig. 5.

Les *Lukasbrüder*, dans le monastère de Sant' Isidoro, à Rome, se réunissaient le soir pour dessiner ensemble des académies. A cet effet, ils ne choisissaient pas, comme cela se faisait dans les académies, des modèles professionnels bien musclés, adoptant les poses habituelles, mais de jeunes garçons ou des adolescents dont les formes plus délicates répondaient à leur idéal stylistique. La présente étude, sans pareille par son style et sa qualité dans l'œuvre de l'artiste (Jensen), prouve qu'un style commun s'est dégagé au sein de cette communauté d'artistes. En effet, en dessinant ce modèle qu'appréciaient également Overbeck et surtout Pforr, il se rapproche, sur le plan formel également, de ses amis. Quant au style, c'est d'Overbeck que la feuille est la plus proche ; quant au traitement du sujet, c'est d'un dessin de Pforr (Berlin, Nationalgalerie) qui montre le jeune garçon dans une attitude analogue (Lehr, 1924, fig. 52).   H.H.

Dusseldorf, Kunstmuseum.

Adrian Zingg

Saint-Gall 1734 - 1816 Leipzig

Après l'enseignement que lui avait donné son père, ferronnier, Zingg poursuit ses études à Zurich, chez le graveur Holzbach. Il travaille ensuite à Berne où il grave des paysages de Suisse. En 1759, il se rend à Paris, capitale de l'illustration des livres. Zingg est accueilli comme un fils, et encouragé, dans la maison du graveur Wille, qui était aussi marchand ; Diderot y habite aussi, et d'innombrables artistes la fréquentent. Au cours des sept années de son séjour à Paris, il fait des dessins d'après nature et exécute des gravures d'après des peintures hollandaises et françaises. En 1766, il enseigne à l'Académie de Dresde ; il est nommé professeur en 1803. Avec son ami Graff, il entreprend un voyage à pied dans l'Elbsandsteingebirge. En 1768, il obtient le privilège royal de dessiner toutes les localités de Saxe ; il réalise en grand nombre des cartes et des dessins de paysages. De 1808 à 1811, il publie son Introduction à la peinture de paysages, *avec des illustrations.*

Adrian Zingg

255 Le Prebischkegel, en Suisse saxonne

v. 1780
Lavis de sépia. H 0,514 ; L 0,684

Historique
Acheté à l'artiste en 1815.

Bibliographie
Wiedmann, p. 32, n° 766.

Le Prebischkegel se trouve dans l'Ebsand-steingebirge. A l'arrière-plan, à gauche, se

255

dresse le Rosenberg, situé dans la montagne moyenne de Bohême.

Deux peintres suisses, Adrian Zingg et Anton Graff, qui avaient trouvé en Saxe leur patrie d'adoption, ont sans doute aidé à ce que le nom de «Suisse saxonne» s'étende à cette région alors impraticable de la montagne de l'Elbsandsteingebirge. Ce nom apparaît en 1790 dans le journal d'Elisa von der Reckes, et en 1794, Engelhardt, dans ses *Mahlerischen Wanderungen durch die sächsische Schweiz* (Excursions pittoresques en Suisse saxonne) parle «d'une des régions de Saxe les plus effrayantes, mais aussi les plus romantiques». A la différence des paysages imaginaires ou fantastiques, les dessins à la sépia de Zingg correspondent assez bien à la réalité, et, pour l'essentiel, sont topographiquement exacts. Mais Zingg a traité librement le premier plan, en fonction de ses intentions artistiques. Il n'est pas prouvé que la croix se trouvait réellement à l'endroit où elle est placée sur le dessin.

La place centrale de la croix, la limitation de la surface à une région géographique montagneuse, les rayons de lumière rectilignes et l'atmosphère grave rappellent *La croix dans la montagne* de Friedrich, comme l'indique Werner Schmidt. Sans que l'on puisse parler d'inspiration directe, le rapport entre les deux œuvres s'explique par l'influence générale des grands dessins à la sépia de Zingg sur les premiers travaux de Friedrich.

G.L.

Dresde, Staatliche Kunstsammlungen Kupferstichkabinett.

Allemagne 1785-1849. Tableau chronologique

Année	Evénements politiques et sociaux	Littérature, philosophie, musique, sciences et techniques	Arts plastiques et œuvres exposées
1785	Ligue des princes entre la Prusse, le Hanovre et la Saxe. Soulèvement des tisserands silésiens.	Schiller: *Le théâtre comme école de morale*; Mozart: *Les Noces de Figaro*.	Départ de Schadow pour Rome. Hetsch rencontre à nouveau David à Rome. Naissance de Kersting et d'Olivier. *Philipp Hackert: Les cascades de Tivoli* (n° 96).
1786	Mort de Frédéric II de Prusse.	Voss: traduction de l'*Iliade* (jusqu'en 1793).	Hackert devient peintre de cour à Naples.
1787		Goethe: *Iphigénie*; Schiller: *Don Carlos*; Heinse: *Ardinghello*; mort de Glück; Mozart: *Don Giovanni*.	*Tischbein: Goethe dans la campagne romaine* (n° 247).
1788		Kant: *Critique de la Raison Pratique*; Schiller: *Histoire du soulèvement des Pays-Bas*; Goethe: *Egmont*.	Naissance de Dahl, Pforr et W. Schadow.
1789	Mort de l'empereur Joseph II. Soulèvement des paysans dans le Rhin et la Moselle.	Goethe: *Torquato Tasso*.	Départ de Reinhart pour Rome. Naissance de Carus et Overbeck.
1790	Soulèvement des paysans en Saxe.	Kant: *Critique du Jugement*; Goethe: la *Métamorphose des plantes*; *Faust* (fragment).	Carstens devient professeur à l'Académie de Berlin.
1791	Déclaration de Pillnitz par l'empereur Léopold II et le roi de Prusse Frédéric; Guillaume II est considérée par les révolutionnaires français comme une menace.	Herder: *Idées sur la philosophie de l'histoire de l'humanité*; Schiller: *Histoire de l'humanité*; Schiller: *Histoire de la Guerre de Trente ans*; Mozart: *La Flûte enchantée*; *Requiem*.	*Graff: Portrait de Schiller* (n° 95).
1792	François II devient empereur. Les troupes françaises investissent Spire, Worms, Mayence. Mouvement républicain dans le Palatinat.		Départ de Carstens pour Rome.
1793	Soulèvement des tisserands, troubles chez les paysans et les artisans en Silésie.	Kant: *La Religion dans les limites de la Raison Pure*.	

Année	Evénements politiques et sociaux	Littérature, philosophie, musique, sciences et techniques	Arts plastiques et œuvres exposées
1794	Le Code Civil général de Prusse en vigueur.		Friedrich entre à l'Académie de Copenhague. Naissance de Begas et Schnorr von Carolsfeld. *Hetsch: Cornélie, mère des Gracques* (n° 100).
1795	Par le traité de Bâle, la Prusse cède à la France la rive gauche du Rhin.	Kant: *Projet de paix éternelle*; Schiller: *La poésie naïve et sentimentale*; Goethe: *Les années d'apprentissage de Wilhelm Meister*; Jean-Paul: *Hesperus*.	Départ de Koch pour Rome. Naissance de Fohr. Schadow: Groupe des princesses (Berlin). *Carstens: La Nuit avec ses enfants* (n° 19).
1796			Gilly: Projet d'un monument à Frédéric II.
1797	Frédéric-Guillaume III devient roi de Prusse. Le Congrès de Rastatt, ouvert par Bonaparte, tente d'instituer un nouvel ordre politique en Allemagne.	Schelling: *Idées pour une philosophie de la nature*; Goethe: *Hermann et Dorothée*; Tieck: *Contes populaires*; A.W. Schlegel: traduction de Shakespeare (jusqu'en 1810); Wachenroder: *Effusions sentimentales d'un moine ami des arts*.	
1798	Soulèvement des tisserands en Silésie.	Fichte: *Le sytème de morale*; Goethe: les *Propylées* (jusqu'en 1800); F. et A.W. Schlegel: revue *Athenaum* (jusqu'en 1800); Tieck: *Le Monde à l'envers*; Haydn: *La Création*.	Départ de Friedrich pour Dresde, de Schick pour Paris. Mort de Carstens. Naissance de Blechen, Horny, Rottman.
1799	En Allemagne du sud, combats de la deuxième guerre de coalition.	Schleiermacher: Discours sur la religion; Novalis: *La Chrétienté ou L'Europe*; Hölderlin: *Hypérion*; Alexander von Humboldt entreprend des voyages d'exploration dans les tropiques, en Amérique (jusqu'en 1804).	Runge entre à l'Académie de Copenhague. Début des remises de prix de Weimar pour les artistes.
1800		Fichte: *Traité de la destination de l'homme*; Schelling: *Système de l'idéalisme transcendantal*; Schlegel: *Discours sur la poésie*; Schiller: *Marie Stuart*; la trilogie *Wallenstein*; Novalis: *Hymnes à la nuit*; Tieck: *Geneviève*.	Koch: Illustrations de Dante (jusqu'en 1803). *Schick: Eve* (n° 221).
1801	Paix de Lunéville: cession de la rive gauche du Rhin à la France.	Schiller: *La Pucelle d'Orléans*; mort de Novalis; Haydn: *Les Saisons*; Schlegel à Berlin avec Tieck, Novalis, Fichte et Schelling.	Controverse entre Goethe et Schadow. Départ de Runge pour Dresde. Naissance de Fries.
1802		Novalis: *Heinrich von Ofterdingen* (posthume).	Friedrich et Runge se rencontrent à Greifswald.

Année	Evénements politiques et sociaux	Littérature, philosophie, musique, sciences et techniques	Arts plastiques et *œuvres exposées*
1803	«Reichsdeputations hauptschluss»: répartition des domaines religieux, sécularisation des biens religieux; suppression de 112 petits états allemands.	Jean-Paul: *Titan*; F. Schlegel: revue *«Europa»* (jusqu'en 1805), où l'on trouve des descriptions de tableaux de Paris et des Pays-Bas.	Départ de Schinkel pour Rome. Naissance de Richter. *Reinhart: Páysage imaginaire* (n° 180).
1804		Dorothea Schlegel: (Recueils de) poèmes romantiques du Moyen-Age; Schiller: *Guillaume Tell*; Jean-Paul: *Initiation à l'esthétique; L'âge ingrat*; débuts des activités des frères Boisserée; Beethoven: *3e symphonie (Héroïque)*.	Runge: *Illustrations d'Ossian* (jusqu'en 1805).
1805		Mort de Schiller; cercle des Romantiques de Heidelberg: Brentano, Arnim, Görres, Eichendorff, les frères Grimm; Beethoven: *Sonate à Kreutzer*.	Départ de Pforr pour Vienne. Naissance de Wasmann et Kaulbach. *Runge: Les heures du jour* (n°s 203-6).
1806	Batailles d'Iéna et d'Auerstädt; effondrement de la Prusse; Napoléon fonde la Ligue du Rhin, à laquelle se joignent la plupart des princes allemands; François II renonce à la couronne Impériale: fin du Saint Empire Romain Germanique.	Kleist: *La cruche cassée*; Arnim et Brentano: *Le cor merveilleux*.	Départ d'Overbeck pour Vienne. Koch: Paysage héroïque avec arc-en-ciel (1re version). Runge: Portrait de ses parents; les Enfants Hulsenbeck.
1807	Paix de Tilsitt; début des réformes du Baron de Stein; suppression du servage et des privilèges de la noblesse.	Fichte: *Discours à la nation allemande*; Hegel: *La Phénoménologie de l'esprit*; Kleist: *Amphitryon*; Görres: *Recueils de contes populaires allemands*; Hagen: édition du *Chant des Nibelungen*.	Mort de Hackert. Naissance de Janssen et Schirmer.
1808	Organisation des villes avec leur administration propre en Prusse; Stein est renvoyé à la demande de Napoléon.	A.v. Humboldt: *Tableaux de la nature*; Goethe: *Faust I*; A.W. Schlegel: Cours d'art dramatique et de littérature de Vienne; départ de F. Schlegel pour Vienne, et conversion; Beethoven: *5e symphonie*.	Publication des dessins de Dürer pour le livre d'heures de l'empereur Maximilien. Naissance de Lessing et de Rayski. Friedrich: Autel de Tetschen; Moine au bord de la mer.
1809	Soulèvement populaire sous Andreas Hofer dans le Tyrol contre l'occupation bavaroise et française; résistance contre Napoléon dans l'Allemagne du nord.	Schelling: *Recherches sur l'essence de la liberté humaine*; Goethe: les *Affinités électives*.	A Vienne, Overbeck et Pforr fondent avec des amis le Lukasbund. *Runge: Le grand matin* (après 1808; n° 217); *Friedrich: Paysage de montagne avec arc-en-ciel* (1809-10; n° 57).
1810	Une grande partie de l'Allemagne du nord est occupée par les troupes napoléoniennes; continuation des réformes de Stein par Hardenberg: liberté d'entreprise, égalité devant l'impôt, promesse d'une représentation du pays et des provinces; fondation de l'Université de Berlin, selon	Goethe: *Traité des couleurs* (depuis 1791); Kleist: *Käthchen von Heilbronn; Michael Kohlhaas*; départ de Boisserée à Heidelberg; Beethoven: *Ouverture d'Egmont*.	Départs de Pforr et d'Overbeck pour Rome; Runge: «la sphère des couleurs». Mort de Runge. Exposition à Berlin du Moine au bord de la mer de Friedrich dont parlent Kleist, Arnim et Brentano. Schinkel: projet pour le monument funéraire de la reine Louise. *Kersting:*

Année	Evénements politiques et sociaux	Littérature, philosophie, musique, sciences et techniques	Arts plastiques et *œuvres exposées*
1810 (suite)	les vues de W. von Humboldt: liberté de l'académie, unité de la recherche et de l'enseignement.		*Friedrich dans son atelier* (n° 114); *Pforr: Entrée de Rodolphe de Habsbourg à Bâle* (n° 169); *Overbeck: Le songe de Joseph* (n° 161).
1811	Abolition des corporations et des corvées en Prusse; soulèvement des paysans en Silésie.	Mort de Kleist; Goethe: *Poésie et vérité* (jusqu'en 1814); La Motte-Fouqué: *Ondine*.	Départ pour Vienne des frères Olivier, de J. Schnorr von Carolsfeld, de Cornelius et Schadow pour Rome. *Friedrich: Matin dans le Riesengebirge* (après 1810; n° 59). *Cornelius: Dessins pour le Faust de Goethe* (vers 1811, n° 30).
1812	A l'assemblée des princes, à Dresde, Napoléon forme la Grande Armée; réforme scolaire et émancipation des Juifs en Prusse.	Hegel: *La grande logique*; les frères Grimm: *Contes d'enfants et du foyer* (jusqu'en 1815); E.T.G. Hoffmann: *Ondine* (opéra, exécuté en 1816 à Berlin avec des décors de Schinkel); F. Schlegel: «*Le Musée allemand*» (jusqu'en 1813); Beethoven: *7e et 8e symphonies*.	Mort de Pforr. Entrée de Cornelius dans le «Lukasbund». Séjour de Koch à Vienne (jusqu'en 1815).
1813	Guerres de libération contre Napoléon; bataille des Nations à Leipzig; fin de la Ligue du Rhin.	E.T.G. Hoffmann: *Le vase d'or*; Chamisso: *Peter Schlemihl*; La Motte-Fouqué: *L'anneau merveilleux*.	Mort de Graff; conversion d'Overbeck. *Friedrich: Le chasseur dans la forêt* (1813-14; n° 62).
1814	Après la victoire sur Napoléon, le Congrès de Vienne essaie de réorganiser l'Europe; la Hesse-Nassau est le premier état allemand à recevoir une constitution.	Beethoven: *Fidelio*; Schubert: *Le roi des aulnes*.	Schinkel: projet pour une cathédrale, comme monument commémoratif des guerres de libération.
1815	La Prusse et l'Angleterre battent Napoléon à Waterloo; la Russie, l'Autriche et la Prusse forme la «Sainte-Alliance», dans laquelle entreront plus tard presque tous les états d'Europe; elle détermine la Restauration européenne jusqu'en 1848.	Uhland: *Poésies*; Schubert: *Chants nocturnes du voyageur*; *Heidenröslein*.	Schadow devient directeur de l'Académie de Berlin. Carus: *Lettres sur la peinture de paysages* (jusqu'en 1824). Naissances d'Achenbach et de Menzel. *Schnorr von Carolsfeld: La famille de Saint Jean-Baptiste chez la famille du Christ* (n° 232). *Issel: Eglises à Paris* (n° 107). *Schinkel: Décors pour la Flûte enchantée* (n° 224).
1816	Formation de la «Ligue allemande» sous direction autrichienne; Bundestag à Francfort; en Prusse, l'édit de régulation mène à l'exode et à l'émigration.	E.T.G. Hoffmann: *L'élixir du diable* - Schubert: *4e et 5e symphonies*.	Départ de Fohr et Horny pour Rome. Les Nazaréens peignent les fresques de la Casa Bartholdy à Rome. Klenze devient architecte de la cour à Munich. Naissance de Rethel.
1817	Fête des étudiants allemands à la Wartburg; ils réclament l'unité de l'Allemagne.	Hegel: Leçons sur l'esthétique; Goethe et Meyer: *Le nouvel art allemand religieux et patriotique* dans «*Kunst und Altertum*»; Arnim: *Les gardiens de la couronne*; E.T.G. Hoffmann: *Contes nocturnes*.	Des artistes allemands peignent les fresques du Casino Massimo à Rome (jusqu'en 1829). Départ de Schnorr pour Rome, entrée dans le Lukasbund. *Fohr: Portraits dessinés des peintres allemands de Rome* (jusqu'en 1818, nos 45-46); *Ferdinand Olivier: Dessins de Salzbourg* (1817-18, n° 154-8).

Année	Evénements politiques et sociaux	Littérature, philosophie, musique, sciences et techniques	Arts plastiques et *œuvres exposées*
1818	La Bavière et le pays de Bade reçoivent une constitution.	Les frères Grimm: *Légendes héroïques allemandes*.	Fresques du Casino Massimo à Rome. Départ de Dahl pour Dresde; mort de Fohr; Schinkel: «Neue Wache» et Théâtre à Berlin (jusqu'en 1821). *Friedrich: Sur le voilier* (n° 66); *Fohr: Paysage dans les Monts Sabins* (n° 47); *Dillis: Vue de Saint-Pierre* (n° 41).
1819	Les «décrets de Karlsbad» pris par Frédéric-Guillaume III, roi de Prusse, et Metternich, ministre autrichien des affaires étrangères, aboutissent à un contrôle de la vie publique, grâce à la censure («poursuite des démagogues»); le Wurtemberg reçoit une constitution.	Schopenhauer: *Le monde comme volonté et comme représentation*; J. Grimm: *Grammaire allemande* (jusqu'en 1834); Schubert: quintette «*La Truite*».	Première exposition des artistes allemands à Rome. Départ de Cornelius pour Munich, projets de fresques pour la Glyptothèque (jusqu'en 1830); W. Schadow devient professeur à Berlin. Senefelder: Manuel de lithographie. *Friedrich: Deux hommes contemplant la lune* (n° 68).
1820	Georges IV devient roi de Grande-Bretagne et de Hanovre.	E.T.G. Hoffmann: *Aspects de la vie du chat Murr* (jusqu'en 1822).	Cornelius devient directeur de l'Académie de Dusseldorf.
1821		Hegel: *Philosophie du droit*; Kleist: *Le Prince de Hombourg*; Weber: le *Freischütz*;	*Oehme: la Cathédrale en hiver* (n° 151).
1822		Schubert: *8ᵉ symphonie («Inachevée»)*.	Overbeck: Entrée du Christ à Jérusalem. Schinkel: Musée de Berlin (jusqu'en 1828).
1823		Beethoven: *9ᵉ symphonie*.	Départ de Fries et Richter pour Rome. *Friedrich: La mer de glace* (vers 1823-24; n° 73).
1824		Beethoven: *Missa solemnis*; derniers quatuors à cordes.	C.D. Friedrich devient professeur à l'Académie de Dresde. Mort de Horny. Schnorr: illustrations pour la Bible (jusqu'en 1860).
1825	Arrivée au pouvoir du roi Louis Iᵉʳ de Bavière		Cornelius devient directeur de l'Académie de Munich.
1826		Eichendorff: *Scènes de la vie d'un vaurien*; Schubert: *La jeune fille et la mort*; Mendelssohn: *Ouverture du Songe d'une nuit d'été*; Publication des poèmes d'Hölderlin.	Schadow, directeur d'Académie, part avec ses élèves pour Dusseldorf. Premier voyage en Italie de Rottmann; Klenze: palais royal à Munich; *Carus: Atelier au clair de lune* (n° 23); *Blechen: Eglise gothique en ruine* (n° 5).
1827		Grabbe: *Raillerie, satire, ironie et leurs significations*; Schubert: *Le voyage d'hiver*; Rumohr: *Recherches italiennes* (jusqu'en 1832); Heine: *Le livre des chants*.	Départ de Schnorr pour Munich, fresques des Nibelungen (jusqu'en 1867). Fries rencontre Corot en Italie. *Rottmann: Taormina et l'Etna* (n° 198).

Année	Evénements politiques et sociaux	Littérature, philosophie, musique, sciences et techniques	Arts plastiques et œuvres exposées
1828	Union douanière de la moyenne Allemagne, de l'Allemagne du sud et entre la Hesse et la Prusse.	Fête de Dürer à Nuremberg; Wohler réussit la première synthèse d'un matériau organique à partir d'éléments non-organiques.	Départ de Blechen pour l'Italie. *Blechen: Vue sur des maisons et des jardins* (vers 1828; n° 6).
1829		Schlegel: *Philosophie de l'histoire*; Mort de F. Schlegel; Goethe: *Les Années de voyage de Wilhelm Meister*; Mendelssohn dirige la première exécution de la *Passion selon Saint-Matthieu* après la mort de Bach.	Mort de W. Tischbein. Départ d'Olivier pour Munich. Neureuther: dessins marginaux, vignettes pour les ballades et romances de Goethe (jusqu'en 1839). *Janssen: Autoportrait* (vers 1829; n° 109); *Koch: Macbeth et les sorcières* (n° 128); *Schnorr von Carolsfeld: dessins pour le chant des Nibelungen* (vers 1829; n° 238).
1830	Constitution en Saxe, Hanovre, Brunswick, Hesse-Cassel; troubles dans le Brunswick, à Göttingen, dans la Saxe et la Hesse électorale.		Veit devient directeur du Städelches Institut de Francfort (jusqu'en 1843); Klenze: Walhalla (jusqu'en 1842).
1831		Mort de Hegel; départ de Meyerbeer pour Paris; Meyerbeer: *Robert le Diable*, exécuté à Paris pour la première fois.	*Wasmann: Première neige à Merano* (vers 1831; n° 250).
1832	Fête de Hambach dans le Palatinat: manifestation de masse du libéralisme radical, réclamant l'unité allemande et la République; à la suite de ces événements, suppression de la liberté de la presse et de réunion.	Goethe: *Faust II*; *Poésie et Vérité*; mort de Goethe; Börne: *Lettres de Paris*.	*Blechen: Villa d'Este* (1831-32; n° 10); *Friedrich: La grande réserve* (1831-32; n° 80).
1833	Soulèvement à Francfort sous l'impulsion des étudiants; l'émigration allemande se rassemble en France et en Suisse.	Naissance de Brahms; Gauss et Weber fabriquent le premier télégraphe électromagnétique utilisable.	Mort de Fries. Olivier devient professeur d'histoire de l'art à l'Académie de Munich.
1834	L'Union douanière allemande stimule le développement économique et renforce la position de la Prusse; fondation de la Ligue des Proscrits par des compagnons allemands à Paris.		David d'Angers rend visite à Friedrich à Dresde. Voyage de Rottman en Grèce. Voyage à Paris de Rayski; *Rethel: L'usine Harkort dans le château de Wetter* (vers 1834; n° 185); *Vogel von Vogelstein: Le sculpteur David d'Angers exécutant le buste de Ludwig Tieck* (1834; n° 248); *Schirmer: Déferlement des vagues* (n° 229).
1835	La Diète fédérale allemande interdit «pour toujours» les œuvres de la «Jeune Allemagne» (Junges Deutschland) (Börne, Heine).	Büchner: *La mort de Danton*; Schumann: *Carnaval*; premier chemin de fer allemand, de Nuremberg à Fürth.	

Année	Evénements politiques et sociaux	Littérature, philosophie, musique, sciences et techniques	Arts plastiques et *œuvres exposées*
1836	Des ouvriers et artisans allemands émigrés forment à Paris la Ligue des Justes (Bund der Gerechten), première organisation politique de la classe ouvrière allemande.	Meyerbeer: création à Paris des *Huguenots*; Schumann et Chopin se rencontrent à Leipzig.	
1837	Avec l'arrivée au pouvoir de Ernst August, l'union entre Hanovre et Grande-Bretagne est dissoute. Ernst August supprime la constitution; les «Sept de Göttingen» (des professeurs, dont les frères Grimm) s'élèvent contre cette suppression, et sont renvoyés.	Lortzing: *Le Czar et le charpentier*.	*Richter: Traversée de l'Elbe devant le Schreckenstein* (n° 194).
1838		Feuerbach; *Histoire de la philosophie moderne, depuis Bacon jusqu'à Spinoza*; Mörike: *Poésies*; Schumann: *Scènes d'enfants*; Weitling: *L'humanité comme elle est et comme elle devrait être* (fondement idéologique de la Ligue des Justes).	*Brentano: Gockel, Hinkel et Gackeleia* (n° 18).
1840	Arrivée au pouvoir du roi Frédéric-Guillaume IV de Prusse; interdiction du travail des enfants de moins de neuf ans, et introduction en Prusse de la journée de dix heures pour les mineurs. Création à Londres de l'Association culturelle des travailleurs.	Edition des lettres et écrits posthumes de Runge; Schumann: *L'Amour et la vie d'une femme, les Amours du poète*.	Mort de Koch, Blechen, Friedrich. *Overbeck: Le triomphe de la religion dans les arts* (n° 167); *Menzel: Illustrations pour l'Histoire de Frédéric le Grand de Kügler* (n° 137).
1841		List: *Système national d'économie politique*; Frédéric-Guillaume IV appelle Tieck, Schelling, A.W. Schlegel, les frères Grimm et Cornelius à Berlin; Feuerbach: *L'Essence du Christianisme*; Schumann: *1re symphonie*.	Mort d'Olivier, de Schinkel.
1842	Fête de la cathédrale de Cologne; l'achèvement de la cathédrale est considéré comme un symbole de l'unité allemande.	Schelling: *Leçons sur la philosophie de la Mythologie et de la Révélation*; Droste-Hülschoff: *Le Hêtre aux Juifs*; Wagner: *Rienzi*.	
1843	Célébration du millénaire de l'Empire.	Marx part pour Paris, y rencontre Heine; Schumann et Berlioz se rencontrent à Leipzig; Wagner: le *Vaisseau fantôme*.	Cornelius: projets pour le Campo Santo de Berlin; Schnorr et Neureuther: gravures sur bois pour le chant des Nibelungen; Schwind: fresques pour la Kunsthalle de Karlsruhe (jusqu'en 1844).
1844	Soulèvement des tisserands en Silésie.	Heine: *L'Allemagne; Un conte d'hiver*; Hebel: *Maria Magdalena*.	Hübner: les Tisserands de Silésie.

Année	Evénements politiques et sociaux	Littérature, philosophie, musique, sciences et techniques	Arts plastiques et œuvres exposées
1845		A.V. Humboldt: *Kosmos* (jusqu'en 1862); Marx et Engels: *La Sainte Famille* ou *La critique de la critique critique*; Engels: *La situation de la classe ouvrière en Angleterre*; Stirner: *Le Moi individuel et ce qui lui appartient*; mort de A.W. Schlegel; Wagner: *Tannhäuser*.	Mort de Janssen; Cornelius: Les cavaliers de l'Apocalypse; *Menzel: Intérieur au balcon* (n° 136).
1846	La première association catholique de compagnons est fondée par Adolf Kolping.	La première «grande fête des chanteurs» a lieu à Cologne sous la direction de Mendelssohn.	Schnorr v. Carolsfeld devient directeur de l'Académie à Dresde. Rethel commence les fresques dans la salle de l'Empereur à l'Hôtel de Ville d'Aix-la-Chapelle. *Menzel: Le parc du Palais Prinz Albert* (n° 137).
1847	Troubles causés par la famine à Berlin et dans d'autres villes - Fondation de la Ligue des Communistes.	J. Grimm; *Histoire de la langue allemande*; Eichendorff: *De la signification éthique et religieuse de la philosophie romantique récente en Allemagne*; Freiligrath: *La Révolution; Les bruits de février*.	Mort de Kersting, Reinhart.
1848	«Le manifeste communiste» de Marx et Engels; révolution de mars en Allemagne et en Autriche; émeutes à Berlin, Vienne, Francfort: les deux grandes puissances germaniques, l'Autriche et la Prusse, écrasent les soulèvements radicaux dans l'ouest et le sud-ouest; Hecker proclame la République allemande; Metternich s'enfuit en Grande-Bretagne; Louis Ier de Bavière abdique en faveur de son fils Maximilien II. Convocation de l'Assemblée nationale allemande dans l'église Saint-Paul de Francfort; une constitution est élaborée.		Menzel: Funérailles des victimes de mars à Berlin. *Schwind: Dans la forêt* (vers 1848; n° 243).
1849	L'Assemblée nationale adopte une constitution du royaume et offre à Frédéric-Guillaume IV de Prusse, la couronne d'empereur d'Allemagne; il refuse; la constitution n'entrera jamais en vigueur; des soulèvements à Dresde, Rastatt et Karlsruhe sont écrasés par les troupes prussiennes; fin de la révolution; émigrations massives, principalement aux Etats-Unis.	Fondation de la société Bach.	*Rethel: Danse des morts* n° 190); *Hasenclever: Ouvriers devant le conseil municipal* (n° 98).

Bibliographie

Alten, 1866 - Alten, F. von. *Versuch eines Verzeichnisses der Werke und Entwürfe von Asmus Jacob Carstens*, Oldenbourg, 1866.

Andrews, 1961 - Andrews, K. «Beobachtungen an zwei Nazarener - Zeichnungen der Hamburger Kunsthalle», *Jahrbuch der Hamburger Kunstsammlungen*, 6, 1961.

Andrews, 1964 - Andrews, K. *The Nazarenes, A Brotherhood of German Painters in Rome*, Oxford, 1964.

Arnim, 1818 - Arnim, A. von. «Oliviers Berchtesgadener Landschaft», *Wünschelrute*, publié par H. Straube et Dr. I. P. H. Hornthal, n° 52, 1818.

Arnim, 1820 - Arnim, A. von. *Oliviers Berchtesgadener Landschaft, Neuer Kranz deutscher Sonette*, Nuremberg, 1820.

Aubert, 1895-96 - Aubert A. «Der Landschaftsmaler Friedrich», *Kunstchronik*, NF VII, 1895-96.

Aubert, 1911 - Aubert, A. «Patriotische Bilder von Caspar Friedrich aus dem Jahre 1814», *Kunst und Künstler*, IX, 1911.

Aubert, 1915 - Aubert, A. *Caspar David Friedrich. Gott, Freiheit und Vaterland*, publié par G. J. Kern, Berlin, 1915.

Baisch, 1882 - Baisch O. *Johann Christian Reinhart und sein Kreis*, Leipzig, 1882.

Bandmann, 1960 - Bandmann, G. «Melancholie und Musik», *Wissenschaftliche Abhandlungen der Arbeitsgemeinschaft für Forschung des Landes Nordrhein - Westfalen*, 1960.

Bang, 1944 - Bang, I. *Die Entwicklung der deutschen Märchen illustration*, Munich, 1944.

Barth, 1971 - Barth, S. *Lebensalter - Darstellungen im 19. und 20. Jahr. Ikonographische Studien*, thèse, Munich, 1971.

Baumgart, 1974 - Baumgart, F. *Vom Klassizismus zur Romantik 1750-1832*, Cologne, 1974.

Becker, 1922 - Becker, R. *Adolph Menzel und seine Schlesische Verwandtschaft*, Strasbourg, 1922.

Becker, 1949 - Becker, R. *Zur Porträtkunst Anton Graffs - Stil und Gehalt*, thèse, Göttingen, 1949 (manuscrit).

Becker, 1971 - Becker, W. *Paris und die Deutsche Malerei 1750-1840* (Studien zur Kunst des 19. Jahr., X), Munich, 1971.

Becksmann, 1957 - Becksmann, R. «Schinkel und die Gotik», *Kunstgeschichtliche Studien für Kunst Bau*, 1957.

Beencken, 1941-42 - Beencken, H. «Das Panorama von Taormina in der deutschen Landschaftsmalerei vor 1850», *Das Werk des Künstlers*, 2, 1941-42.

Beencken, 1944 - Beencken, H. *Das 19. Jahrhundert in der deutschen Kunst*, Munich, 1944.

Behne, 1924 - Behne, A. *Die Überfahrt am Schreckenstein. Eine Einführung in die Kunst*, Berlin, 1924.

Benz - Schneider, 1939 - Benz, R. et Schneider, A. von. *Die Kunst der deutschen Romantik*, Munich, 1939.

Benz, 1940 - Benz, R. *Goethe und die romantische Kunst*, Munich, 1940.

Benz, 1941 - Benz, R. «Goethe's Götz von Berlichingen in Zeichnungen von Franz Pforr», *Schriften der Goethe-Gesellschaft*, 52, Weimar, 1941.

Berckenhagen, 1967 - Berckenhagen, E. *Anton Graff, Leben und Werk*, Berlin, 1967.

Berefelt, 1961 - Berefelt, G. «Philipp Otto Runge zwischen Aufbruch und Opposition 1777-1802», *Acta Universitatis Stockholmiensis*, 7, Upsala, 1961.

Berger, 1965 - Berger, K. *Karl Blechen*, Leipzig, 1965.

Bernhard, 1973 - Bernhard, M. *Deutsche Romantik. Handzeichnungen*, 2 vol., Munich, 1973.

Beutler, 1962 - Beutler, C. *Goethe in der Campagna*, (Reclams Werkmonographien zur bildenden Kunst), Stuttgart, 1962.

Bierhaus-Rödiger, 1976 - Bierhaus-Rödiger, E. *Carl Rottmann 1797-1850. Leben und Künstlerische Entwicklung*, Munich, 1976.

Bisanz, 1970 - Bisanz, R. M. *German Romanticism and Philipp Otto Runge. A study in nineteenth century art theory and iconography*, Dekalb, 1970.

Blake, 1972 - *William Blake - Complete Writings*, Oxford, 1972.

Bock, 1914-15 - Bock, E. «Die Geschichte eines Volksbuches», *Kunst und Künstler*, 13, 1914-15.

Bock, 1923 - Bock, E. *Adolph Menzel - Verzeichnis seines graphischen Werkes*, Berlin, 1923.

Boerner, 1939 - catalogue de vente C.B. Boerner, Leipzig, 28.IV.1939 (201), *Deutsche Handzeichnungen der Romantiker Zeit*.

Boetticher, 1891-1901 - Boetticher, F. von *Malerwerke des 19. Jahr.*, 2 vol., Dresde, 1891-1901; réédition, Leipzig, 1948.

Börsch-Supan - cf. Börsch-Supan et Jähnig, 1973.

Börsch-Supan, 1960 - Börsch-Supan, H. *Die Bildgestaltung bei Caspar David Friedrich*, Munich, 1960 (thèse, Berlin, 1958).

Börsch-Supan, 1965 - Börsch-Supan, H. «Bemerkungen zu C. D. Friedrichs Mönch am Meer», *Zeitschrift des deutschen Vereins für Kunstwissenschaft*, XIX, 1965.

Börsch-Supan, 1966 - Börsch-Supan, H. «Zwei unbekannte Landschaften von C. D. Friedrich», *Zeitschrift für Kunstgeschichte*, XXIX, 1966.

Börsch-Supan, 1969 - Börsch-Supan, H. «C. D. Friedrichs Gedächtnisbild für den Berliner Arzt Johann Emmanuel Bremer», *Pantheon*, 1969.

Börsch-Supan, 1972 - Börsch-Supan, H. *Deutsche Romantiker. Deutsche Maler zwischen 1800 und 1850*, Munich, Gutersloh, Vienne, 1972.

Börsch-Supan et Jähnig, 1973 - Börsch-Supan, H. et Jähnig K. W. *Caspar David Friedrich. Gemälde, Druckgraphik und bildmässige Zeichnungen*, Munich, 1973.

Börsch-Supan, 1976 - Börsch-Supan, H. «L'arbre aux corbeaux de Caspar David Friedrich», *La Revue du Louvre et des Musées de France*, 1976, n° 4 (à paraître).

Böttcher, 1937 - Böttcher, O. *Philipp Otto Runge*, Hambourg, 1937.

Brauer, 1940 - Brauer, H. «Karl Blechen. Zu seinem 100. Todestag», *Die Kunst für Alle*, LVI, octobre 1940.

Bredt, 1918 - Bredt, E. W. *Das Neureuther Album*, Munich, 1918.

Brion, 1959 - Brion, M. *La peinture allemande*, Paris, 1959.

Brion, 1960 - Brion, M. *Kunst der Romantik*, Munich, Zurich, 1960.

Brion, 1963 - Brion M. *L'Art Romantique*, Paris, 1963.

BS - cf. Börsch-Supan et Jähnig, 1973.

Buschbaum, 1967 - Buschbaum, 1967. *Deutsche Maler im 19. Jahr. Realismus und Naturalismus*, Vienne, Munich, 1967.

Bülck, 1943 - Bülck, E. *Carl Gustav Carus, sein Leben und sein Werk im Verhältnis zu Caspar David Friedrich und dessen anderen Schülern betrachtet*, thèse, Greifswald, 1943.

Bürger, 1916 - Bürger, F. «Die Genslers. Eine Hamburger Malerfamilie der 19. Jahr.», *Studien zur deutschen Kunstgeschichte*, Strasbourg, 1916.

Buschbeck, 1959 - catalogue d'exposition, Salzbourg, 1959.

Cerf, 1928 - Cerf, L. *Souvenirs de David d'Angers sur ses contemporains, extraits de ses carnets de notes autographes*, Paris, 1928.

Chapeaurouge, 1960 - Chapeaurouge, D. de «Das Milieu als Porträt», *Wallraf-Richartz-Jahrbuch*, XXII, 1960.

Christoffel, 1922 - Christoffel, U. *Buonaventura Genelli. Aus dem Leben eines Künstlers*, Berlin, 1922.

Cohen, 1924 - Cohen, W. *Hundert Jahre rheinischer Malerei*, Bonn, 1924.

Cohn, 1909 - Cohn, M. *Franz Krüger. Leben und Werke*, Breslau, 1909.

Decker, 1957 - Decker, H. *Carl Rottmann*, Berlin, 1957.

Degenhart, 1936 - Degenhart, B. «Mostra di Pittori del'800 a Olevano Romano in Museo di Roma», *Zeitschrift für Kunstgeschichte*, 5, 1936.

Degner, 1940 - Degner, K.F. *Philipp Otto Runge. Briefe in der Urfassung*, Berlin, 1940.

Dieffenbach, 1823 - Dieffenbach, P. *Das Leben des Malers K. Fohr*, Darmstadt, 1823; nouvelle édition, Francfort, 1918.

Diehl, 1935 - Diehl, R. «Philipp Otto Runge und Clemens Brentanos. Ein Beitrag zur Buchillustration der Romantik», *Imprimatur*, 6, 1935.

Dobbert, 1896 - Dobbert, E. *Handzeichnungen von J.G. Schadow*, Berlin, 1896.

Donatus, 1816 - Donatus «Etwas über die Ausstellung von Kunstwerken bei des königl. sächs. Akademie der bildenden Künste zu Dresden», *Kunstblatt, Morgenblatt für gebildete Stände*, 1816.

Donop, 1886 - Donop, L. von. *Verzeichnis der Gräflich Raczynskischen Kunstsammlung in der Königlichen Nationalgalerie*, Berlin, 1886.

Donop, 1889 - Donop, L. von. *Die Wandgemälde der Casa Bartholdy*, Berlin, 1889.

Donop, 1902 - Donop, L. von. *Katalog der Handzeichnungen, Aquarellen und Ölstudien in der Königl. Nationalgalerie*, Berlin, 1902.

Donop, 1906 - Donop, L. von, *Adolph von Menzel - Handzeichnungen*, Berlin, 1906.

Dörries, 1942 - Dörries, B. *Deutsche Zeichnungen des 18. Jahr.*, Hanovre, 1942.

Dörries, 1950 - Dörries, B. *Zeichnungen des Frühromantik*, Munich, 1950.

Dürck-Kaulbach, 1918 - Dürck-Kaulbach, J. *Erinnerungen an Wilhelm von Kaulbach und sein Haus*, Munich, 1918.

Eberlein, 1924 - Eberlein, K. *Caspar David Friedrich. Bekenntnisse*, Leipzig, 1924.

Eberlein, 1925 - Eberlein, K. *Caspar David Friedrich in seinen Meisterwerken*, Berlin, 1925.

Eberlein, 1940 - Eberlein, K. *Caspar David Friedrich, der Landschaftsmaler*, Leipzig, 1940.

Ebert, 1959 - Ebert, H. *Buonaventura Genelli, Werkverzeichnis*, Leipzig, 1959 (non publié).

Ebert, 1971 - Ebert, H. *Buonaventura Genelli*, Weimar, 1971.

Eggers, 1858 - Eggers, «F. Gottlieb Schick», *Deutsches Kunstblatt*, IX, 1858.

Eimer, 1963 - Eimer, G. *Caspar David Friedrich und die Gotik. Analysen und Deutungsversuche. Aus Stockholmer Vorlesungen*, Hambourg, 1963.

Einem, 1938 - Einem, H. von. *C. D. Friedrich*, Berlin, 1938.

Einem, 1950 - Einem, H. von *C. D. Friedrich*, Berlin, 1950.

Einem, 1958 - Einem, H. von. *Cartens. Die Nacht mit ihren Kindern*, Cologne, 1958.

Einem, 1965 - Einem, H. von. «Gottlieb Schicks «Eva» im Wallraf-Richartz-Museum», *Miscellanea pro Arte, Festschrift Hermann Schnitzler*, Dusseldorf, 1965.

Einem, 1966 - Einem, H. von. *Die Symbolland-schaft der deutschen Romantik. Klassizismus und Romantik. Gemälde und Zeichnungen aus der Sammlung Schäfer - Ausstellung*, Nuremberg, 1966.

Emmrich, 1956 - Emmrich, I. «Zu zwei Gemälden Caspar David Friedrich aus den staatl. Gemälde-sammlungen Dresden», *Wissenschaftliche Annalen*, 1956.

Emmrich, 1964 - Emmrich, I. *Caspar David Friedrich*, Weimar, 1964.

Feist, 1956 - Feist, P. H. «Der Hallmarkt als Hafen. Zu einem Gemälde von Caspar David Friedrich», *Hallesche Monatshefte*, III, 1956.

Feist, 1967 - Feist, P. H. «Erfahrungen des Realismus», *Bildende Kunst*, IV, 1967.

Femmel, 1968 - Femmel, G. *Corpus der Goethe-zeichnungen*, IV, B, Leipzig, 1968.

Fernow, 1867 - Fernow, K. L. *Carstens. Leben und Werke*, publié et complété par Herman Riegel, Hanovre, 1867.

Feuchtmayr, 1975 - Feuchtmayr, I. *Johann Christian Reinhart 1761-1847 - Monographie und Werkverzeichnis*, Munich, 1975.

Fleischhauer, 1929 - Fleischhauer, W. *Philipp Friedrich Hetsch*, Stuttgart, 1929.

Förster, 1860 - Förster, E. *Geschichte der deutschen Kunst*, Leipzig, 1860.

Förster, 1873 - Förster, E. *Friedrich : Kunst und Leben. Aus Friedrich Försters Nachlass*, Berlin, 1873.

Förster, 1874 - Förster, E. *Peter von Cornelius*, 2 vol., Berlin, 1874.

Francke, 1921 - Francke, W. *Alfred Rethels Zeichnungen*, Leipzig-Zurich, 1921.

Friedrich, 1937 - Friedrich, K. J. *Die Gemälde Ludwig Richters*, Berlin, 1937.

Friedrich, 1940 - Friedrich, K. J. *Liebenswerte Künstlergestalten um Ludwig Richter*, Leipzig, 1937.

Friedrich, *Ecrits*, 1974 - *Caspar-David Friedrich und Bekenntnisse*, publié par S. Hinz, 2e édition, Munich, 1974.

Fritz, 1958 - Fritz, R. «Ein unbekanntes Jugendwerk von Alfred Rethel», *Wallraf-Richartz-Jahr-buch*, XX, 1958.

Gajek, 1970 - Gajek, B. «Brentanos Verhältnis zur bildenden Kunst», *Bildende Kunst und Literatur* (Studien zur Philosophie und Literatur des 19. Jahr.), 1970.

Geese, 1930 - Geese, N. *Die heroïsche Landschaft*, Strasbourg, 1930.

Gehrig, 1931-32 - Gehrig, O. *Georg Friedrich Kersting*, Leipzig, 1931-32.

Geismeier et Riemann, 1965 - Geismeier, W. et Riemann G., catalogue d'exposition, Berlin, 1965.

Geismeier, 1966 - Geismeier, W. *Zur Bedeutung und zur entwicklungs-geschichtlichen Stellung von Naturgefühl und Landschaftsdartellung bei C. D. Friedrich*, thèse Berlin, 1966 (manuscrit).

Geismeier, 1967 - Geismeier, W. «Die Nazarener

Fresken der Casa Bartholdy», *Forschungen und Berichte Staatliche Museen*, IX, Berlin, 1967.

Geismeier, 1973 - Geismeier, W. *C. D. Friedrich*, Leipzig, 1973.

Geller, 1952 - Geller, H. *Die Bildnisse der deutschen Künstler in Rom 1800-1830*, Berlin, 1952.

Gläser, 1932 - Gläser, K. *Das Bildnis im Berliner Biedermeier*, Berlin, 1932.

Goethe, 1800 - Goethe, J.W. von. «Flüchtige Übersicht über die Kunst in Deutschland», *Propylaen*, 1800, nouvelle édition Stuttgart, 1965, p. 167.

Goethe, 1832 - Goethe, «Landschaftliche Malerei», 1832, in *Goethes Werke*, XII, édit. Hambourg, p. 216-220.

Goethe, *Schriften zur Kunst*, 1954 - Goethe, J.W. von. *Gedenkausgabe der Werke, Briefe und Gespräche*. Vol. 13: *Schriften zur Kunst*, pub. par C. Beutler, Zurich, 1954.

Goeritz, 1942 - Goeritz, M. *Ferdinand von Rayski und die Kunst des 19. Jahr.*, Berlin, 1942.

Görres, 1836 - Görres, G. *Erläuterungen zu Wilhelm von Kaulbachs «Narrenhaus» nebst Ideen über Kunst und Wahnsinn*, Ratisbonne, 1836.

Grand-Carteret, 1903-04 - Grand-Carteret, J. *La montagne à travers les âges*, 2 vol., Grenoble, 1903-04.

Grashoff, 1926 - Grashoff, G. *Carus als Maler*, Berlin, 1926.

Grautoff, 1923 - Grautoff, O. *Ferdinand von Rayski*, Berlin, 1923.

Greifenhagen, 1963 - Greifenhagen, A. «Nachklänge griechischer Vasenfunde in Klassizismus», *Jahrbuch der Berliner Museen*, 1963.

Grimm, 1942 - Grimm, H. «J. A. Carstens», *Deutsche Künstler. Sieben Essais*, Stuttgart, 1942.

Grimschitz, 1941 - Grimschitz, B. *Deutsche Bildnisse von Runge bis Menzel*, Vienne, 1941.

Grossberger, 1924 - Grossberger, H. *K. P. Fohr. Ein Umriss seiner künstlerischen Entwicklung*, thèse, Heidelberg, 1924.

Grote, 1934 - Grote, L. «Dokumente romantischer Zeichnenkunst: Ferdinand Oliviers Salzburger Landschaften», *Pantheon*, I, 1934.

Grote, 1938 - Grote, L. *Die Brüder Olivier und die deutsche Romantik*, Berlin, 1938.

Grote, 1950 - Grote, L. «Caspar David Friedrich, Der Wanderer über dem Nebelmeer», *Die Kunst*, XLVIII, 1950.

Grundmann, 1931 - Grundmann, G. *Das Riesengebirge in der Malerei der Romantik*, Breslau, 1931; nouvelle édition, Munich, 1958.

Gumowski, 1931 - Gumowski, M. «Galerja obrazow A. Hr. Raczynskiego w Museum Wielkopolskim w Poznaniu», *Roczniki Muzeum Wielkopolskiego w Poznaniu*, VI, 1931, n° 167.

Günter, 1925 - Günter, O. *Friedrich Schiller, sein Leben und seine Dichtungen*, Leipzig, 1925.

Haenel et Kalkschmidt, 1925 - Haenel E. et Kalkschmidt E., *Das alte Dresden*, Munich, 1925.

Hagen, 1857 - Hagen, A. *Die Deutsche Kunst in unserem Jahrhundert*, 2 vol., Berlin, 1857.

Halm, 1937 - catalogue d'exposition, Karlsruhe, 1937.

Halm, 1961 - Halm P. «Moritz von Schwind, Jugendgedanken und reifes Werk», *Eberhard Hanfstaengl zum 75. Geburtstag*, Munich, 1961.

Hamann, 1925 - Hamann, R. *Die Deutsche Malerei*

von Rokoko bis zum Expressionismus, Leipzig et Berlin, 1925.

Hanfstängl, 1924 - Hanfstängl, E. «Die drei römischen Ansichten in der Münchner Schackgalerie», Zeitschrift für bildende Kunst, 58, 1924.

Hardenberg-Schilling, 1925 - Hardenberg K. von et Schilling E. K. P. Fohr, Fribourg, 1925.

Hartlaub, 1941 - Hartlaub, G. F. «Caspar David Friedrich Melancolie», Zeitschrift des deutschen Vereins für Kunstwissenschaft, 1941.

Hartmann, 1969 - Hartmann, W. «Dantes Paolo und Francesca als Liebespaar. Entstehung und Entwicklung eines Bildthemas in der Malerei des 19. Jahr.», Schweizerisches Institut für Kunstwissenschaft. Jahrbuch, 1968-69.

Hausenstein, 1946 - Hausenstein, W. «Eine Pariser Kirche von einem Deutschen gemalt», Das Kunstwerk, I, 1946, nº 6.

Heider, 1970 - Heider, G. Karl Blechen, Leipzig, 1970.

Heire, 1928 - Heire, A. A. J. Carstens und die Entwicklung des Figurenbildes, Strasbourg, 1928.

Heise, 1928 - Heise, C. G. Overbeck und sein Kreis, Munich, 1928.

Heise, 1959 - Heise, C. G. Grosse Zeichner des 19. Jahr., Berlin, 1959.

Helwig, 1820 - Helwig, A. von. «Gemälde von Wilhelm Schadow», Kunstblatt, 1820, nº 64.

Hempel, 1937 - Hempel, E. «Das Böhmische Mittelgebirge in seiner Bedeutung für die Kunst von Ludwig Richter und Rudolf Schuster» Forschungen zur Geschichte Sachsens und Böhmens, Dresde, 1937.

Hentzen, 1958 - Hentzen, A. «Erwerbungen der Hamburger Kunsthalle 1951-1957», Jahrbuch der Hamburger Kunstsammlungen, III, 1958.

Herbig, 1948 - Herbig, R. Begegnungen Goethes mit griechischer Kunst in Italien, Mayence, 1948.

Herzog, 1969 - Herzog, E. Die Gemäldegalerie der Staatlichen Kunstsammlungen Kassel, Hanau, 1969.

Heuss, 1957 - Heuss, Th. Alfred Rethel. Auch ein Totentanz, Reclams Werkmonographien zur bildenden Kunst, Stuttgart, 1957.

Heydt, 1938 - Heydt, «Die wichtigsten Erwerbungen der Nationalgalerie in den Jahren 1933-1937», Verein der Freunde der National-Galerie, Berlin, 1938.

Hinz - cf. Hinz, 1966.

Hinz, 1964 - Hinz, S. «Zur Datierung der norddeutschen Landschaften C. D. Friedrichs», Greifswald Stralsunder Jahrbuch, IV, 1964.

Hinz, 1966 - Hinz, S. C. D. Friedrich als Zeichner, thèse, Greifswald, 1966 (manuscrit).

Hirschberg, 1925 - Hirschberg L. Moritz Retsch, Chronologisches Verzeichnis seiner graphischen Werke, Berlin, 1925.

Höfer, 1942 - Höfer, C. «Der Sängerkrieg auf der Wartburg», Zeitschrift des Vereins für Thüring. Geschichte und Altertumskunde, XXVI, Iena, 1942.

Hofmann, 1956 - Hofmann, W. Die Karikatur von Leonardo bis Picasso, Vienne, 1956.

Hofmann, 1960-74 - Hofmann, W. Das irdische Paradies, Motive und Ideen des 19. Jahr., Munich, 1960; nouvelle édition, 1974.

Hofmann, 1974 - Hofmann, W. «Fernsicht mit zwei Rückenfiguren», dans catalogue d'exposition, Hambourg, 1974.

Holst-Sudhof, 1965 - Holst, Ch. et Sudhof, S. «Die Lithographien zu Brentanos Märchen. Gockel, Hinkel, Gakeleja (1838)», Literaturwissenschaftliches Jahrbuch, VI, 1965.

Howitt, 1886 - Howitt, M. Friedrich Overbeck. Sein Leben und Schaffen. Nach seinem Briefen und anderen Dokumenten des handschriftlichen Nachlasses, 2 vol., Fribourg, 1886.

Hummel, 1954 - Hummel, G. Der Maler Johann Erdmann Hummel, Leipzig, 1954.

Hütt, 1964 - Hütt, W. Die Düsseldorfer Malerschule, Leipzig, 1964.

Huyghe, 1961 - Huyghe, R. L'art et l'homme, 3 vol., Paris, 1957-61.

Immel, 1967 - Immel, V. Die deutsche Genremalerei im 19. Jahr., thèse, Heidelberg, 1967.

Isergina, 1956 - Isergina, A. «Ein Bild von Carl Gustav Carus in der Eremitage», Bulletin du Musée de l'Ermitage, 1956.

Isergina, 1964 - Isergina, A. «Zeichnungen von Caspar David Friedrich», Bulletin du Musée de l'Ermitage, 1964.

Jaffé, 1905 - Jaffé, E. Joseph Anton Koch. Sein Leben und sein Schaffen, Innsbrück, 1905.

Jahn, 1961 - Jahn, J. Museum der bildenden Künste Leipzig, Leipzig, 1961.

Jähnig, 1932 - Jähnig, K. W. «Eine unbekannte Elblandschaft von C. D. Friedrich», Kunst und Künstler, XXXI, 1932.

Janda, 1973 - Janda, K. H. et A. «Max Liebermann als Kunstsammler», Forschungen und Berichte der Staatlichen Museen, XV, Berlin, 1973.

Jensen, 1962 - Jensen, J. C. «Friedrich Overbecks Familienbild in Lübeck. Entstehungsgeschichte und Umkreis, 1818-1830», Pantheon, XX, 1962.

Jensen, 1963 - Jensen, J. C. «Friedrich Overbeck. Die Werke im Behnhaus», Lübecker Museumshefte, IV, Berlin, 1963.

Jensen, 1967 - Jensen, J. C. «Das Werk des Malers Josef Wintergerst», Zeitschrift des Vereins für Kunstwissenschaft, XXI, 1967.

Jensen, 1968 - Jensen, J. C. C. P. Fohr in Heidelberg und im Neckartal, Karlsruhe, 1968.

Jensen, 1974 - Jensen, J. C. C. D. Friedrich. Leben und Werk, Cologne, 1974.

Jensen, s.d. - Jensen, J. C. «Die Zeichnungen Overbecks in der Lübecker Graphiksammlung», Lübecker Museumhefte, VIII, (1968).

Jordan, 1867 - Jordan, M. «Aus Julius Schnorrs Lehr und Wanderjahren», Zeitschrift für bildende Kunst, 1867.

Jordan, 1905 - Jordan, M. Das Werk Adolf Menzels, Munich, 1905.

Journal des Luxus und der Moden, 1811 - Anonyme, «Die Kunstausstellung in Dresden, am Friedrichstage», Journal des Luxus und der Moden, 1811.

Journal des Luxus und der Moden, 1812 - Anonyme, «Über die Dresdener Kunstausstellung», Journal des Luxus und der Moden, 1812, p. 357-358.

Journal des Luxus und der Moden, 1812 - «Ausstellung von Gemälden und Zeichnungen, Weimar, 1812», Journal des Luxus und der Moden, 1812, p. 115-120.

Journal des Luxus und der Moden, 1816. D., «Über den Landschaftsmaler Friedrich in Dresden. Aus dem Briefe einer Freundin der Kunst, geschrieben im Jahre 1815», Journal des Luxus und der Moden, 1816.

Justi, 1919 - Justi, L. Deutsche Zeichnenkunst im 19. Jahrhundert. Ein Führer zur Sammlung der Handzeichnungen in der Nationalgalerie, Berlin, 1919.

Justi, 1926 - Justi, L. 200 Bilder der Nationalgalerie (Berlin) (acquisitions 1910-1925), Berlin, 1926.

Kaiser, 1953 - Kaiser, K. Adolph Menzels Eisenwalzwerk, Berlin, 1953.

Kaiser, 1956 - Kaiser, K. Adolph Menzel, Berlin, 1956.

Kaiser, 1959 - Kaiser, K. Deutsche Malerei um 1800, Leipzig, 1959.

Kaiser, 1966 - Kaiser, K. «Zur Ausstellung», dans catalogue d'exposition, Nuremberg, 1966.

Kalkschmidt, 1949 - Kalkschmidt, E. «Ludwig Richters italienische Landschaften», Die Kunst und das schöne Heim, 47e année, 3, juin 1949.

Kamphausen, 1941 - Kamphausen, A. «Asmus Jacob Carstens», Studien zur Schleswig - Holsteinischen Kunstgeschichte, V, Neumünster in Holstein, 1941.

Keisch, 1975-76 - Keisch, C. catalogue «Italia und Germania - Deutsche Klassizisten in Italien», Beiträge der Winckelmann - Gesellschaft, III, 1975-76.

Kern, 1911 - Kern, G. J. Karl Blechen. Sein Leben und seine Werke, Berlin, 1911.

Kern, 1916 - Kern, G. J. «Aus Menzels Jugend», Die Kunst für Alle, XXXI, Munich, 1916.

Kirstein, 1919 - Kirstein, G. Das Leben Adolph Menzels, Leipzig, 1919.

Klée Gobert, 1943 - Klée Gobert, R. Victor Emil Janssen 1807-1845, ein Hamburger Maler der Romantik, thèse, Berlin, 1943.

Koch, 1905 - Koch, D. P. Cornelius, Hanovre, 1905.

Koetschau, 1926 - Koetschau, K. Rheinische Malerei in der Biedermeierzeit, Dusseldorf, 1926.

Koetschau, 1929 - Koetschau, K. Alfred Rethels Kunst vor dem Hintergrund der Historienmalerei seiner Zeit, Dusseldorf, 1929.

Köhler, 1920 - Köhler, W. «Die Nacht mit ihren Kindern», Genius, I, 1920.

Köster, 1966 - Köster, P. «Wächters Lebensschiff und Richters Überfahrt am Schreckenstein», Zeitschrift für Kunstgeschichte, 1966.

Krauss, 1930 - Krauss, F. Carl Rottmann, Heidelberg, 1930.

Kruse, 1925 - Kruse, W. «Adolph Schroedter als Graphiker», Wallraf-Richartz Jahrbuch, 2, 1925.

Kuetgens, s.d. - Kuetgens, F. Die Karlsfresken Alfred Rethels, Bonn, s.d.

Kügelgen, s.d. - Kügelgen, W. von. Jugenderinnerungen eines alten Mannes, Dusseldorf-Leipzig, s.d.

Kuhn, 1921 - Kuhn, A. Peter Cornelius und die geistigen Strömungen seiner Zeit, Berlin, 1921.

Kunstblatt, 1827 - Anonyme, «Kunstausstellung in Berlin 1826», Kunstblatt, 1827, p. 162.

Kurth, 1926 - Kurth, W. Deutsche Maler in 19. Jahr., Berlin, 1926.

Kurth, 1941 - Kurth, W. Berliner Zeichner, Berlin, 1941.

Landsberg, 1938 - Landsberg, M. «Caspar David Friedrich, peintre de l'angoisse romantique», Minotaure, 12-13, 1938.

Langaard, 1937 - Langaard, J. C. J. C. Dahl's Werk, Oslo, 1937; cf. exp. Oslo, 1937.

Langner, 1963-1976 - Langner, J. «Philipp Otto Runge in der Hamburger Kunsthalle», *Bilderhefte der Hamburger Kunsthalle*, IV, Hambourg, 1963; nouvelle édition, 1976.

Lankheit, 1950 - Lankheit, K. «C. D. Friedrich und der Neue Protestantismus», *Deutsche Vierteljahrsschrift für Literaturwissenschaft und Geistesgeschichte*, XXIV, 1950.

Lankheit, 1952 - Lankheit, K. *Das Freundschaftsbild der Romantik*, Heidelberg, 1952.

Lankheit, 1965 - Lankheit, K. *Revolution und Restauration*, Baden-Baden, 1965.

Lehr, 1924 - Lehr, F. H. *Die Blütezeit Romantischer Bildkunst. Franz Pforr, der Meister des Lukasbundes*, Marbourg, 1924.

Lessing, 1923 - Lessing, W. *Wilhelm von Kobell*, Munich, 1923; 2e édition, 1966.

Lessing, 1934 - Lessing, W. «Johann Georg von Dillis», *Münchner Jahrbuch der bildenden Kunst*, NF. 11, 1934.

Lessing, 1966 - Lessing, W. *Wilhelm von Kobell*, 2e édition publiée par L. Grote, Munich, 1966.

Leonhardi, 1939 - Leonhardi, K. *G. F. Kersting*, Berlin, 1939.

Lichtwark, 1899 - Lichtwark, A. *Julius Oldach*, Hambourg, 1899.

Lichtwark, 1905 - Lichtwark, A. «Holzschnitte von Caspar David Friedrich», *Jahrbuch der Gesellschaft hamburgischer Kunst freunde*, XI, 1905.

Lindtke, 1964 - Lindtke, G. «Deutsche Romantiker im Thordwaldsen-Museum in Kopenhagen», *Der Wagen. Ein Lübeckisches Jahrbuch*, 1964.

Lioubimova, 1966 - Lioubimova, E. L. «Nouvelles publications, C. D. Friedrich», *Bulletin du musée Pouchkine*, 3, 1966.

Lippold, 1968 - Lippold, G. «Joseph Anton Koch. Zum 200. Geburtstag», *Dresdener Kunstblätter*, 1968, 5/6.

Literarisches Konversationsblatt, 1824 - Anonyme, «Über die Kunstausstellung in Dresden», *Literarisches Konversationsblatt*, 1824.

Loevenich, s.d. - Loevenich, K. *Friedrich Schiller, wie wir ihn noch nicht kannten*, hors commerce, s.l.n.d., probablement 1975 ou 1976.

Löffler, 1936 - Löffler, F. «Das Körnerhaus in Dresden», *Geschichtliche Wanderfahrten*, nº 47, Dresde, 1936.

Lohmeyer, 1929 - Lohmeyer, K. *Aus dem Leben und den Briefen des Landschaftsmalers G. W. Issel*, Heidelberg, 1929.

Lohmeyer, 1935 - Lohmeyer, K. *Heidelberger Maler der Romantik*, Heidelberg, 1935.

Lorck, 1939 - Lorck, C. von. *Carl Friedrich Schinkel*, Berlin, 1939.

Lüdecke, 1971 - Lüdecke, H. «Goethe, Delacroix und die Weltliteratur», *Goethe NF, Jahrbuch der Goethe - Gesellschaft*, XXX, 1971.

Lutterotti, 1940 - Lutterotti, O. R. von. *Joseph Anton Koch, 1768-1839*, Berlin, 1940.

Lutterotti, 1944 - Lutterotti, O. R. von - édition abrégée de Lutterotti, 1940; Innsbruck, 1944.

Lutterotti, 1966 - Lutterotti, O. R. von. «Joseph Anton Koch als Maler der Alpen», dans catalogue d'exposition, Nuremberg, 1966.

Maass, 1913 - Maass, E. *Goethes Medea*, Marbourg, 1913.

Mackowski, 1913 - Mackowski, H. *Führer durch die Bildnis-Sammlung der Königlichen National-Galerie*, Berlin, 1913.

Mackowski, 1922 - Mackowski H. *K. F. Schinkel, Briefe, Tagebücher, Gedanken*, Berlin, 1922.

Mahlberg, 1916 - Mahlberg, P. *Schinkels Theaterdekorationen*, thèse, Greifswald-Dusseldorf, 1916.

Manteuffel, 1924 - Manteuffel, K. Zoege von. «Die Zeichnungen Franz Hornys im Dresdener Kupferstichkabinett», *Cicerone*, 16, 1924.

Manteuffel, 1926 - Manteuffel, K. Zoege von. *Alfred Rethel* (Deutsche Graphik des 19. Jahrhunderts), Hambourg, 1926.

Manteuffel, 1940 - Manteuffel, K. Zoege von. «Zur Geschichte der Karlsfresken Alfred Rethels im Aachener Rathaus», *Zeitschrift des Aachener Geschichtsvereins*, 1940.

Manteuffel, 1956 - Manteuffel, K. Zoege von. *Auch ein Totentanz, Todesdarstellungen von 1828-1852*, Dusseldorf, 1956.

Märker, 1974 - Märker, P. *Geschichte als Natur - Untersuchungen zur Entwicklungsvorstellung bei C. D. Friedrich*, thèse, Kiel, 1974.

Martius, 1934 - Martius, L. «Theodor Rehbenitz», *Mitteilungen der Gesellschaft für Kieler Stadtgeschichte*, 1934.

Martius, 1956 - Martius, L. *Die schleswig - holsteinische Malerei im 19. Jahrhundert*, Neumünster, 1956.

Marx, 1972 - Marx, H. «Landschaft mit der Ruine des sogenannten Tempels der Minerva Medica. Zu einem neuerworbenen Gemälde von Johann Christian Klengel», *Dresdener Kunstblätter*, XVI, 1972.

Marx-Engels Werke, 1970 - Marx K. et Engels F. *Werke*, IX, Berlin, 1970.

Matile, 1973 - Matile, H. «Die Farbenlehre Philipp Otto Runges. Ein Beitrag zur Geschichte der Künstlerfarbenlehre, *Berner Schriften zur Kunst*, 13, Berne, 1973.

Mattausch, 1974 - Mattausch, R. «C. D. Friedrich und die deutsche Nachtwelt», *Rezeption und Transformation im 19. Jahrhundert*, Francfort - Munich, 1974.

May, 1943 - May, H. «Zur Schnorr von Carolsfelds künstlerischen Entwicklung», *Wallraf-Richartz-Jahrbuch*, 12/13, 1943.

Meier-Graefe, 1914 - Meier-Graefe, J. *Der junge Menzel*, Munich, 1914.

Menzel, 1914 - *Adolph von Menzel Briefe* (publié par H. Wolff), Berlin, 1914.

Meyer, 1781 - Meyer, K. F. *Aachener Geschichten*, Mühleim, 1781.

Menz, 1955 - Menz, H. «A. J. Carstens», *Das kleine Kunstheft*, XXI, Dresde, 1955.

Meyer, 1908 - Meyer, F. *Friedrich von Nerly*, Erfurt, 1908.

Morgenblatt für die gebildeten Stände, 1808 - Anonyme, «Korrespondenznachrichten Dresden», *Morgenblatt für die gebildeten Stände*, 1808, p. 132.

Morgenblatt für die gebildeten Stände, 1812 - Anonyme, «Korrespondenznachrichten. Von der Kunstausstellung», *Morgenblatt für die gebildeten Stände*, 1812.

La Motte-Fouqué, 1840 - La Motte-Fouqué, F. de, *Göthe und einer seiner Bewunderer*, Berlin, 1840.

Müller, 1893 - Müller, H. *Wilhelm von Kaulbach*, Berlin, 1893.

Müller-Riegel, 1869 - Müller W. et Riegel H. *Carstens Werke in angewählten Umriss - Stichen von Wilhelm Müller*, publié par Hermann Riegel, I, Leipzig, 1869.

Müller von Königswinter, 1854 - Müller von Königswinter, W. *Düsseldorfer Künstler aus den letzten fünfundzwanzig Jahren*, Leipzig, 1854.

Müller von Königswinter, 1861 - Müller von Königswinter, W. *Alfred Rethel - Blätter der Erinnerung*, Leipzig, 1861.

Münz, 1934 - Münz, L. *Die Kunst Rembrandts und Goethes Sehen*, Leipzig, 1934.

Münz, 1949 - Münz, L. *Goethes Zeichnungen und Radierungen*, Vienne, 1949.

Musper, 1964 - Musper, H. Th. *Der Holzschnitt in fünf Jahrhunderten*, Stuttgart, 1964.

Muther, 1881 - Muther, R. *Anton Graff. Sein Leben und seine Werke*, Leipzig, 1881.

Nagler, 1850 - Nagler, J. K. *Neues allgemeines Künstler-Lexikon*, XX, Munich, 1850.

Nathan, 1954 - Nathan, P. *Friedrich Wasmann. Sein Leben und sein Werk*, Munich, 1954.

Neidhart, 1963 - Neidhart, H. J. «Gotische Kirchen ruine», *Dresdener Kunstblätter*, VII, 1963.

Neidhart, 1969 - Neidhart, H. J. *Ludwig Richter*, Leipzig, 1969.

Neidhart, 1969 - Neidhart, H. J. catalogue d'exposition, Dresde, 1969.

Neidhart, 1972 - Neidhart, H. J. «E. F. Oehme and C. D. Friedrich; C. D. Friedrich 1774-1840; Romantic Landscape Painting in Dresden», dans catalogue d'exposition, Londres, 1972.

Neidhart, 1973 - Neidhart, H. J. «C. D. Friedrich und Ludwig Richter», *Jahrbuch der Staatlichen Kunstsammlungen Dresden*, Dresde, 1973, p. 99-116.

Neidhart, 1974 - Neidhart, H. J. «C. D. Friedrichs Wirkungen auf Künstler seiner Zeit», dans catalogue d'exposition, Dresde, 1974.

Nemitz, 1937 - Nemitz F. *Gottfried Schadow der Zeichner*, Berlin, 1937-38.

Novotny, 1960 - Novotny, F. *Painting and Sculpture in Europe 1780 to 1880*, The Pelican History of Art, Harmondsworth, 1960.

Novotny, 1971 - Novotny, F. *Ferdinand Oliviers Landschaftszeichnungen in Wien und Umgebung*, Graz, 1971.

Nowald, 1973 - Nowald K. «Carl Gustav Carus Malerstube im Mondschein», *Schriften der Kunsthalle zu Kiel*, 2, 1973.

Osborn, 1910 - Osborn, M. *Franz Krüger*, Bielefeld, Leipzig, 1910.

Osborn, 1913 - Osborn, M. «Johann Heinrich Tischbein der Ältere», *Velhagen und Klasings Monatshefte*, 1913.

Ost, 1971 - Ost, H. «Einsiedler und Mönche in der deutschen Malerei des 19. Jahr.», *Bonner Beiträge zur Kunstwissenschaft*, XI, Dusseldorf, 1971.

Ostini, 1906 - Ostini, F. von. *Wilhelm von Kaulbach*, Bielefeld - Leipzig, 1906.

Pan, 1897 - Revue *Pan*, 1897, t. I.

Parthey, 1863 - Parthey, G. *Deutscher Bildersaal*, Berlin, I, 1863; II, 1864.

Passavant, 1820 - Passavant, J. D. *Ansichten über die bildenden Künste und Darstellung des Ganges derselben in Toscana; zur Bestimmung des Gesichtspunktes aus welchen die neudeutsche Malerschule zu betrachten ist. Von einem deutschen Künstler in Rom.* Heidelberg-Spire, 1820.

Pauli, 1916 - Pauli, G. *Philipp Otto Runges. Zeichnungen und Scherenschnitte in der Kunsthalle zu Hamburg,* Berlin, 1916.

Pawlaczyk, 1974 - Pawlaczyk, M. «Palac W Rogalinie» - *Muzeum wnetrz i galeria malarstwa. Przewodnik,* Muzeum Narodowe W Poznaniu, Poznan, 1974.

Pecht, 1887 - Pecht, F. *Deutsche Künstler des 19. Jahrhunderts,* Nördlingen, 1887 (2e édition).

Peschel - Wildenow, 1898 - Peschel, E. et Wildenow, E. *Theodor Körner und die Seinen,* 2 vol., Leipzig, 1898.

Peters, 1962 - Peters, H. «Wilhelm von Schadow», *Annalen des historischen Vereins für den Niederrhein,* n° 164 (1962).

Pinder, 1944 - Pinder W. *Sonderleistungen der deutschen Kunst,* Munich, 1944.

Pinnau, 1965 - Pinnau, R. *Johann Martin von Rohden,* Bielefeld, 1965.

Poensgen, 1957 - Poensgen, G. *C. Ph. Fohr und das Café Greco,* Heidelberg, 1957.

Ponten, 1911 - Ponten, J. *Alfred Rethel - Des Meisters Werke,* Klassiker der Kunst, XVII, Stuttgart-Leipzig, 1911.

Ponten, 1922 - Ponten, J. *Studien über Alfred Rethel,* Stuttgart-Berlin, 1922.

Posse, 1939 - Posse, H. «A. L. Richter Überfahrt über die Elbe am Schreckenstein bei Aussig 1837», *Deutsche Kunst,* 5, 1939 (XI).

Prause, 1963 - Prause, M. *Carl Gustav Carus als Maler,* thèse, Cologne, 1963.

Prause, 1967 - Prause, M. «Spaziergang in der Abenddämmerung, ein neues Bild von C. D. Friedrich», *Zeitschrift des deutschen Vereins für Kunstwissenschaft,* XXI, 1967.

Prause, 1968 - Prause, M. *Carl Gustav Carus, Leben und Werk,* Berlin, 1968.

Prometheus, 1808 - Anonyme, «Dresdener Austellung 1808», *Prometheus,* I, 1808.

Prybram-Gladona, 1942 - Prybram-Gladona, Ch. M. de. *C. D. Friedrich,* Paris, 1942.

Püttmann, 1839 - Püttmann, H. *Die Düsseldorfer Malerschule und ihre Leistungen,* Leipzig, 1839.

Quandt, 1816 - Quandt, J.G. von. *Zeitung für die elegante Welt,* 1816.

Raczynski, 1836-41 - Raczynski, comte A. *Histoire de l'art moderne en Allemagne,* 3 vol., Paris, 1836-41.

Raczynski, 1836 - Raczynski, comte A. *Geschichte der neueren deutschen Kunst,* 3 vol., Berlin, 1836 (édit. allemande de l'ouvrage précédent); plusieurs rééditions.

Ragué, 1950 - Ragué, B. von. *Das Verhältnis von Kunst und Christentum bei Philippe Otto Runge,* Bonn, 1950.

Rave, 1940 - Rave, P. O. *Karl Blechen, Leben, Würdigungen, Werk,* Berlin, 1940.

Rave, 1941 - Rave, P. O. «Blechens italienische Skizzenbücher», *Deutschland - Italien, Festschrift für Wilhelm Waetzoldt,* Berlin, 1941.

Rave, 1943 - Rave, P. O. «Ramboux und die Wiederentdeckung altitalienischer Malerei in der Zeit der Romantik», *Wallraf-Richartz Jahrbuch,* 12-13, 1943.

Rave, 1953 - Rave, P. O. *K. F. Schinkel,* Munich - Berlin, 1953.

Redslob, 1913 - Redslob, E. «Neuerwerbungen für die Galerie und die Keramische Sammlung des Museums zu Erfurt», *Cicerone,* 1913, p. 631-645.

Reumont, 1840 - (Reumont, A. von.) *Römische Briefe von einem Florentiner,* Leipzig, I, 1840.

Richter, 1909 - Richter, L. *Lebenserinnerungen eines deutschen Malers. Selbstbiographie nebst Tagebuchniederschriften und Briefen,* publié par H. Richter, avec introduction de F. Avenarius, Leipzig, 1909.

Riegel, 1866 - Riegel, H. *Cornelius der Meister der deutschen Malerei,* Hanovre, 1866.

Riegel, 1867 - Riegel, H. cf. Fernow, 1867.

Riegel, 1876 - Riegel, H. *Geschichte der deutschen Kunst seit Carstens und Gottfried Schadow,* I, Hanovre, 1876.

Riegel, 1883 - Riegel, H. *Peter Cornelius: Festschrift,* Berlin, 1883.

Riehn, 1940 - Riehn, E. *Schinkel als Landschaftsmaler,* thèse, Göttingen, 1940.

Robels, 1974 - Robels, H. *Sehnsucht nacht Italien - Bilder deutscher Romantiker,* Munich, 1974.

Rosenberg, 1887 - Rosenberg, A. *Geschichte der modernen Kunst,* Leipzig, 1887.

Rosenblum, 1972 - Rosenblum R. «German romantic painting in international perspective», *Yale University Art Gallery Bulletin,* 33, 1972 n° 3 (colloque Yale University, novembre 1970).

Rosenblum, 1975 - Rosenblum, R. *Modern Painting and the Northern Romantic Tradition. Friedrich to Rothko,* London, 1975.

Rümann, 1926 - Rümann, A. *Die illustrierten deutschen Bücher des 19. Jahrhunderts,* Stuttgart, 1926.

Rümann, 1930 - Rümann, A. *Das illustrierte Buch des 19. Jahr. in England, Frankreich und Deutschland 1790-1860,* Leipzig, 1930.

Rümann, 1936 - Rümann, A. «Der Einfluss der Randzeichnungen Albrecht Dürers zum Gebetbuch König Maximilians auf die romantische Graphik in Deutschland», *Zeitschrift des deutschen Vereins für Kunstwissenschaft 3,* 1936.

Runge, H.S., 1840 - Runge, P.O. *Hinterlassene Schriften* (publiés par D. Runge), 2 vol., Hambourg, 1840; réédition, Göttingen, 1965.

Schaarschmidt, 1902 - Schaarschmidt, F. *Zur Geschichte der Düsseldorfer Kunst insbesondere im XIX Jahrhundert,* Dusseldorf, 1902.

Schadow, 1891 - Schadow, W. von. «Jugend Erinnerungen», *Kölnische Zeitung,* 1891, n°s 701, 704, 711, 717, 720, 723, 726, 730, 733, 736, 742, 752, 756.

Scheffler, 1911 - Scheffler, K. *Deutsche Maler und Zeichner im 19. Jahr.,* Leipzig, 1911.

Scheffler, 1915 - Scheffler, K. *Adolf Menzel - Der Mensch, das Werk,* Berlin (1915).

Scheffler, 1938 - Scheffler, K. *Adolph Menzel,* Berlin, 1938.

Scheidig, 1947 - Scheidig, W. «C. D. Friedrich. Morgennebel im Gebirge», *Zeitschrift für Kunste,* IV, 1947.

Scheidig, 1954 - Scheidig, W. *Franz Horny,* Berlin, 1954.

Schildener, 1828 - Schildener, C. «Aufforderung zu Nachforschungen über Künstler und Kunstwerke in Pommern nebst Versuch eines Verzeichnisses derselben in Greifswald», *Greifswalder Akademische Zeitschrift,* II, 2, 1828.

Schilling, 1935 - Schilling, E. *Deutsche Romantiker - Zeichnungen,* Francfort, 1935.

Schmid, 1898 - Schmid, M. *Rethel,* Bielefeld - Leipzig, 1898.

Schmidt, 1916 - Schmidt, P. F. «C. D. Friedrich», dans *Allgemeines Lexikon der bildenden Künstler,* publié par Ulrich Thieme et Felix Becker, XII, 1916.

Schmidt, 1922-28 - Schmidt, P. F. *Deutsche Malerei um 1800 - I Die Landschaft; II Bildnis und Komposition,* Munich, 1922-1928.

Schmidt, 1955 - Schmidt, W. catalogue d'exposition, Berlin, 1955.

Schmidt, 1961 - Schmidt, H. «Wilhelm Schadow», *Das Tor. Düsseldorfer Heimatblätter,* 1961, n° 3.

Schmied, 1975 - Schmied, W. *C. D. Friedrich,* Cologne, 1975.

Schmitt, 1944 - Schmitt, O. «Die Ruine Eldena im Werk von C. D. Friedrich», *Kunstbrief,* 25, Berlin, 1944.

Schmoll, 1970 - Schmoll, dit Eisenwerth, J. A. «Fensterbilder. Motivketten in der europäischen Malerei, Beiträge zur Motivkunde des 19. Jahr.», *Studien zur Kunst des 19. Jahr.,* VI, Munich, 1970.

Schmoll, 1974 - Schmoll, dit Eisenwerth, J. A. «Die Stadt im Bild. Eine Skizze zum Darstellungswandel in Prozess der Grosstadtbilding», in Grote, L., *Die Deutsche Stadt im 19. Jahr. Studien zur Kunst des 19. Jahr.,* vol. 24, Munich, 1974.

Schneider, 1938 - Schneider, A. von. «Die Briefe Joseph Anton Kochs an den Freiherrn Karl Friedrich von Üxküll», *Jahrbuch der Preussischen Kunstsammlungen,* 59, 1938.

Schnorr von Carolsfeld, 1886 - Schnorr von Carolsfeld, J. *Briefe aus Italien, geschrieben in den Jahren 1817-1827,* Gotha, 1886.

Schrade, 1931 - Schrade, H. «Die romantische Idee von der Landschaft als höschtem Gegenstände christlicher Kunst», *Neue Heidelberger Jahrbücher,* 1931.

Schrade, 1967 - Schrade, H. *Deutsche Maler der Romantik,* Cologne, 1967.

Schuberth, 1926 - Schuberth, M. E. N. *Neureuthers Leben und graphisches Werk,* thèse, Munich, 1926.

Schwarz, 1936-1958 - Schwarz, H. *Salzburg und das Salzkammergut,* Vienne-Munich, 1936; 3e édition, 1958.

Schwarz, 1965 - Schwarz, H. «Heinrich Reinhold in Italien», *Jahrbuch der Hamburger Kunstsammlungen,* 10, 1965.

Sérullaz, 1975 - Sérullaz, A. «Un dessin de C. D. Friedrich», *La Revue du Louvre et des Musées de France,* I, 1975.

Sigismund, 1907 - Sigismund, E. *Ferdinand von Rayski, Ein biographischer Versuch,* Dresde, 1907.

Sigismund, 1943 - Sigismund, E. *Caspar David Friedrich. Eine Umrisszeichnung,* Dresde, 1943.

Simon, 1914 - Simon, K. *Gottlieb Schick,* Leipzig, 1914.

Simon, 1925 - Simon, K. *Die Frühzeit des Peter Cornelius, Pempelfort,* IV, Dusseldorf, 1925.

Simson, 1942 - Simson, O. von. «Philipp Otto Runge and the myth of landscape», *Art Bulletin,* 24, 1942.

Singer, 1911 - Singer, H. W. *Julius Schnorr von Carosfeld,* Bielefeld, 1911.

Singer, 1937-38 - Singer, H. W. *Neuer Bildnis Katalog*, 5 vol., Leipzig, 1937-38.

Springer, 1858 - Springer, A. *Geschichte der bildenden Künste im neunzehnten Jahrhundert*, Leipzig, 1858.

Springer, 1884 - Springer, A. *Die Kunst des neunzehnten Jahrhunderts*, Leipzig, 1884.

Stechow, 1965 - Stechow, W. «C. D. Friedrich und der «Griper», *Festschrift für H. v. Einem*, Berlin, 1965.

Stein, 1917 - Stein, W. *Die Erneuerung der heroischen Landschaft nach 1800*, Strasbourg, 1917.

Sterling, 1959 - Sterling, Ch. «Cornelius van Dalem et Jean van Vechelen», *Studies in the History of Art dedicated to William G. Süida on his Eightieth Birthday*, London, 1969.

Sterling-Adhémar, 1959 - Sterling, Ch. et Adhémar, H. *Musée du Louvre, Peintures françaises XIXᵉ siècle*, III, Paris, 1959.

Stoll, 1923 - Stoll, A. *Der Maler Joh. Friedrich August Tischbein und seine Familie*, Stuttgart, 1923.

Straub-Fischer, 1966 - Straub-Fischer, E. «Der Salzburger Friedhof zu St Peter in den Zeichnungen deutscher Romantiker», *Mitteilungen des Gesellschaft für Salzburger Landeskunde*, CVI, 1966.

Stubbe, 1958 - Stubbe, W. «Erwerbungen der Hamburger Kunsthalle, 1951-57, Zeichnungen», *Jahrbuch der Hamburger Kunstsammlungen*, III 1958.

Stubbe, 1958 - Stubbe, W., *Deutsche Romantiker*, Berlin, Darmstadt, Vienne, 1958.

Sumowski, 1966 - Sumowski, W. «Gotische Dome bei C. D. Friedrich», dans catalogue d'exposition, Nuremberg, 1966.

Sumowski, 1970 - Sumowski, W. *C. D. Friedrich. Studien*, Wiesbaden, 1970.

Theilmann, 1971 - Theilmann, R. *Johann Wilhelm Schirmers Karlsruher Schule*, thèse, Heidelberg, 1971.

Tieck, 1828 - Tieck, L. *Schriften*, vol. 2, Berlin, 1828.

Traeger - cf. Traeger, 1975.

Traeger, 1975 - Traeger, J. *Philipp Otto Runge und sein Werk. Monographie und kritischer Katalog*, Munich, 1975.

Tschudi, 1905 - Tschudi, H. von. *Adolph von Menzel*, Munich, 1905.

Tschudi, 1906 - Tschudi, H. von. *Aus Menzels jungen Jahren*, Berlin, 1906.

Uhde-Bernays, 1921 - Uhde-Bernays, H. *Münchner Landschaft in 19. Jahr.* Munich, 1921.

Valentin, 1896 - Valentin, V. «Zum Gedächtnis Alfred Rethels», *Zeitschr. für bildende Kunst.*, NF, VII, 1896.

Vasella-Lüber, 1967 - Vasella-Lüber, M. *Philipp Otto Runges Briefe*, Zurich, 1967.

Vaughan, 1972 - Vaughan, W. *C. D. Friedrich, 1774-1840. Romantic landscape Painting in Dresden*, The Tate Gallery, Londres, 1972.

Vogel, 1898 - Vogel, J. *Anton Graff. Bildnisse von Zeitgenossen des Meisters in Nachbildungen der Originale*, Leipzig, 1898.

Vossische Zeitung, 1814 - Anonyme, *Königlich privilegierte Berlinische Zeitung, Vossische Zeitung*, 1814.

Vriesen, 1935 - Vriesen, G. *Die Innenraumbilder Georg Friedrich Kerstings*, Berlin, 1935.

Waagen-Kugler, 1850 - Waagen, G. F. et Kugler, F. *Verzeichniss der Gemälde. Sammlung des ... Consuls J. H. W. Wagener zu Berlin*, Berlin, 1850, 1861, 1870, 1873.

Waetzold, 1951 - Waetzold, S. *Philipp Otto Runges «Vier Zeiten»*, thèse, Hambourg, 1951 (manuscrit).

Wahl, 1925 - Wahl, H. *Die sieben Zeichnungen Goethes zu seinem Faust*, Weimar, 1925.

Walther, 1943 - Walther, M. *Ferdinand von Rayski. Sein Leben und sein Werk*, Bielefeld-Leipzig, 1943.

Warm, 1939 - Warm, E. *Die Entwicklung der Bildkomposition bei Ludwig Richter*, Bleicherode, 1939.

Waser, 1903 - Waser, O. *Anton Graff von Winterthur, Bildnisse des Meisters*, Zurich-Leipzig, 1903.

Waser, 1905 - Waser, O. «Zu Anton Graffs Schiller-Bildnis», *Die Schweiz*, 9, 1905.

Waser, 1926 - Waser, O. *Anton Graff 1736-1813*, Grauenfeld Leipzig, 1926.

Wegner, 1962 - Wegner, W. *Die Faust Darstellung vom 16. Jahr. bis zur Gegenwart*, 1962.

Weigmann, 1906 - Weigmann, O. *Schwind* (Klassiker der Kunst), Stuttgart-Leipzig, 1906.

Wenzel, 1964 - Wenzel, H. «Jean Honoré Fragonards «Schaukel», Bemerkungen zur Iconographie der Schaukel in der bildenden Kunst», *Wallraf-Richartz-Jahrbuch*, 26, 1964.

Wescher, 1932 - Wescher, P. «Goethe Ausstellung bei P. Cassirer», *Pantheon*, 9, 1932.

Wichmann, 1964 - Wichmann, S. *Realismus und Impressionismus in Deutschland: Bemerkungen zur Freilichtmalerei des 19. und beginnenden 20. Jahr.*, Stuttgart, 1964.

Wichmann, 1970 - Wichmann, S. *Wilhelm von Kobell, Monographie und kritisches Verzeichnis der Werke*, Munich, 1970.

Wiedemann, s.d. - Wiedemann, K. *Adrian Zingg* (manuscrit dactylographié, après 1938; Dresde, Staatliche Kunstsammlungen, Kupferstichkabinett).

Wilhelm-Kästner, 1940 - Wilhelm-Kästner, K. Rohling, L. Degner, K. F., *C. D. Friedrich und seine Heimat*, Berlin, 1940.

Wilpert, 1965 - Wilpert, G. von. *Deutsche Literatur in Bildern*, Stuttgart, 1965.

Winter, 1965 - Winter, W. «Dante - Illustrationen der Deutschen Romantiker», *Dresdner Kunstblätter*, II, 1965.

Wirth, 1955 - Wirth, I. *Mit Adolph Menzel in Berlin*, Munich, 1965.

Woerman, 1928 - Woerman, K. «Andreas und Oswald Achenbach», *Karl Koetschau zum 60. Geburtstag*, Dusseldorf, 1928.

Wolf, 1919-20 - Wolf, G. J. *Deutsche Maler Poeten*, Munich, 1919.

Wolfradt, 1924 - Wolfradt, W. *C. D. Friedrich und die Landschaft der Romantik*, Berlin, 1924.

Wolzogen, 1862 - Wolzogen, A. von. *Aus Schinkels Nachlass Reisetagebücher, Briefe und Aphorismen*, 4 vol., Berlin, 1862.

Zeitler, 1954 - Zeitler, R. *Klassizismus und Utopia* (*Figura*, 5), Stockholm, 1954.

Zeitler, 1966 - Zeitler, R. «Die Kunst des 19. Jahr.» Propylaen Kunstgeschichte, XI, Berlin, 1966.

Ziemke, 1968 - Ziemke, H. J., catalogue d'exposition, Francfort, 1968.

Zimmermann, 1920 - Zimmermann, K. *Johann Wilhelm Schirmer*, thèse, Kiel, 1919; Saalfeld, 1920.

Zimmermann, 1940 - Zimmermann, F. «Zwei Bilder Rayskis», *Dresdner Nachrichten*, 13-11-1940, n° 315.

Zimmermann, 1960 - Zimmermann, H. «Über das Studium atmosphärischer Ercheinungen in der Malerei des 19. Jahr.», *Dresdener Kunstblätter*, 12, 1960.

Zimmermann, 1964 - Zimmermann, H. «Christian Friedrich Gille ein Wegbereiter realistischer Landschaftsmalerei», *Jahrbuch der Staatlichen Kunstsammlungen Dresden 1961-62*, Dresde, 1964.

Expositions

Aix-la-Chapelle, 1959. Aix-la-Chapelle, Rathaus, 1959, «Alfred Rethel».

Bâle, 1949 - Bâle, Öffentliche Kunstsammlung, 1949, «Deutsche Romantiker. 100 Gemälde und Handzeichnungen aus der Hamburger Kunsthalle».

Bergen, Dusseldorf, 1975-76. Bergen, Dusseldorf, Kunstmuseum, 1975-76, «Düsseldorf und der Norden.»

Berlin, 1788. Berlin, Akademie, 1788, «Ausstellung der Mitglieder der Königlich - Preussischen Akademie zu Berlin» (Berlin, Exposition de l'Académie royale), 1788.

Berlin, 1812. Berlin, Exposition de l'Académie royale, 1812.

Berlin, 1816. Berlin, Exposition de l'Académie royale, 1816.

Berlin, 1826. Berlin, Exposition de l'Académie royale, 1826.

Berlin, 1832. Berlin, Exposition de l'Académie royale, 1832.

Berlin, 1876. Berlin, Nationalgalerie, 1876, «Werke von Alfred Rethel.»

Berlin, 1878. Berlin, Nationalgalerie, 1878. «Ausstellung von Werken Julius Schnorrs von Carolsfeld.»

Berlin, 1880-81. Berlin, Nationalgalerie, 1880-81. «Werke von K. F. Lessing».

Berlin, 1881-82. Berlin, Nationalgalerie, 1881-82. «Sonderausstellung. Werke von Marie von Parmentier, Karl Blechen, Adolf Schrödter und August Bromeis».

Berlin, 1905. Berlin, Nationalgalerie, 1905, «Adolph von Menzel».

Berlin, 1906. Berlin, Nationalgalerie, 1906, «Ausstellung deutscher Kunst aus der Zeit von 1775-1875», 2 vol. (introd. H. v. Tschudi).

Berlin, 1909. Berlin, Akademie der Künste, 1909, «Johann Gottfried Schadow».

Berlin, 1921. Berlin, 1921, «50 Zeichnungen, Pastell, Aquarelle aus dem Besitz der Nationalgalerie» (introduction de Max Liebermann).

Berlin, 1921. Berlin, Akademie der Künste, 1921, «Ausstellung des Landschaftsmalers Karl Blechen (1798-1840)».

Berlin, 1926. Berlin, Nationalgalerie, 1926. «Alfred Rethel».

Berlin, 1930. Berlin, 1930, «Faust auf der Bühne, Faust in der bildenden Kunst.»

Berlin, 1935. Berlin, Akademie der Künste, 1935, «Adolph von Menzel.»

Berlin, 1939. Berlin, Nationalgalerie, 1939, «Joseph Anton Koch, 1768-1839. Gemälde und Zeichnungen».

Berlin, 1953 - Berlin, Deutsche Akademie der Künste, 1953, «Patriotische Kunst aus der Zeit der Volkserhebung 1813.»

Berlin, 1955 - Berlin, Staatliche Museen, Nationalgalerie 1955, «Adolph von Menzel aus Anlass seines 50. Todestages».

Berlin, 1956. Berlin, Staatliche Museen, Nationalgalerie, 1956, «P. V. Cornelius, Vorzeichnungen für die Wandbilder in Rom, München und Berlin.»

Berlin, 1957. Berlin, Staatliche Museen, Nationalgalerie, 1957, «Deutsche Landschaftsmalerei, 1800-1914.»

Berlin, 1958. Berlin, Staatliche Museen, Nationalgalerie 1958, «Schätze der Weltkultur von der Sowjetunion gerettet.»

Berlin, Weimar, Leipzig, 1958-59. Berlin, Staatliche Museen, Nationalgalerie, Weimar, Kunstsammlungen, Leipzig, Museum der bildenden Künste, «Deutsche Zeichnungen 1720-1820.»

Berlin, 1960. Berlin, Deutsche Akademie der Künste, 1960, «Daniel Chodowiecki, Johann Gottfried Schadow, Karl Blechen, Handzeichnungen aus dem Besitz der Deutschen Akademie.»

Berlin, 1961-62. Berlin, château de Charlottenburg, 1961, «Die Nationalgalerie und ihre Stifter.»

Berlin, 1962. Berlin, Staatliche Museen, Nationalgalerie, 1962, «Deutsche Bildnisse 1800-1860.»

Berlin, 1963. Berlin, Staatliche Museen, Nationalgalerie, 1963, «Anton Graff 1736-1813.»

Berlin, 1964-65. Berlin, Staatliche Museen, Nationalgalerie, 1964, «Zeichnungen deutscher Romantiker.»

Berlin, 1965. Berlin, Staatliche Museen, Nationalgalerie, 1965, «Deutsche Romantik.»

Berlin, 1966. Berlin, Staatliche Museen, Nationalgalerie 1966, «Deutsche Kunst 19-20. Jahrhundert.»

Berlin, 1971. Berlin, Staatliche Museen, Kupferstichkabinett und Sammlung der Zeichnungen, «Deutsche Zeichnungen und Aquarelle des 19. und 20. Jahr.»

Berlin, 1972. Berlin, 1972, «Kunst der bürgerlichen Revolution von 1830 bis 1848-49, Neue Gesellschaft für bildende Kunst.»

Berlin, 1973. Berlin, Staatliche Museen, Nationalgalerie, 1973, «Karl Blechen.»

Berlin, 1974. Berlin, Staatliche Museen, Kupferstichkabinett und Sammlung der Zeichnungen, 1974, «Julius Schnorr von Carolsfeld 1794-1872 - Aus dem zeichnerischen Werk. Blätter aus Berlin, Dresden, Leipzig und Weimar.»

Berlin, 1976. Berlin, Staatliche Museen, Nationalgalerie, 1976, «Der Künstler und seine Werkstatt. Das Atelierbild von der Goethezeit bis zur Gegenwart.»

Bregenz, 1968. Bregenz, Vorarlberger Landesmuseum, 1968, «Angelika Kauffmann und ihre Zeitgenossen.»

Brême, 1959. Brême, Kunsthalle, 1959, «Um 1800. Deutsche Kunst von Schadow bis Schwind.»

Cologne, 1956. Cologne, 1956, «Der Kölner Dom Bau-und Geistesgeschichte.»

Cologne, 1966. Cologne, Wallraf Richartz-Museum, 1966-67, «Johann Anton Ramboux, 1790-1866.»

Cologne, 1971. Cologne, Kunsthalle «Deutsche Malerei des 19 Jahr.»

Cologne, 1972. Cologne, 1972, «Sehnsucht nach Italien. Deutsche Zeichner im Süden 1770-1830.»

Copenhague, 1974. Copenhague, Thorvaldsen Museum, 1974, «Romantisk tegnekunst fra Tyskland. Tegninger fra St Annen-Museum Lübeck», 1974.

Breslau, 1913. Breslau, 1913, «Jahrhundertfeier der Freiheitskriege Historische Ausstellung.»

Cottbus, 1963. Cottbus, château de Branitz, 1963, «Katalog der Leihgaben. Sonderausstellung Carl Blechen.»

Dessau, 1930. Dessau, Anhaltischer Kunstverein, 1930, «Olivier Gedächtnis - Ausstellung.»

Dresde, 1804. Dresde, Sächsische Akademie der Künste, 1804, «Verzeichniss der am Freidrichstage im Jahre 1804 in der Kurfürstl. ...» (Exposition de l'Académie).

Dresde, 1812. Dresde, Exposition de l'Académie, 1812.

Dresde, 1816. Dresde, Exposition de l'Académie, 1816.

Dresde, 1820. Dresde, Exposition de l'Académie, 1820.

Dresde, 1821. Dresde, Exposition de l'Académie, 1821.

Dresde, 1824. Dresde, Exposition de l'Académie, 1824.

Dresde, 1828. Dresde, Exposition de l'Académie, 1828.

Dresde, 1829. Dresde, Exposition de l'Académie, 1829.

Dresde, 1835. Dresde, Exposition de l'Académie, 1835.

Dresde, 1837. Dresde, Exposition de l'Académie, 1837.

Dresde, 1839. Dresde, Exposition de l'Académie, 1839.

Dresde, 1878. Dresde, Exposition de l'Académie, 1878.

Dresde, 1903. Dresde, 1903, «Ludwig Richter - Ausstellung zu Ehren des 100. Geburtstages des Meisters.»

Dresde, 1908. Dresde, 1908, «Dresdner Maler und Zeichner, 1800-1850.»

Dresde, 1913. Dresde, Sächsicher Kunstverein, 1913, «Anton Graff.»

Dresde, 1919. Dresde, Kupferstichkabinett, 1919, «Bilder des Todes vom 14. Jahr. bis zur Gegenwart.»

Dresde, 1928. Dresde, 1928, «Kunst in Sachsen vor 100 Jahren.»

Dresde, 1932. Dresde, Sächsicher Kunstverein, 1932, «Goethe.»

Dresde, 1934. Dresde, Staatliche Kunstsammlungen, Kupferstichkabinett, 1934, «Ludwig Richter Gedächtnis Ausstellung zum 50. Todestag.»

Dresde, 1940. Dresde, Neue Staatliche Gemäldegalerie, 1940, «Caspar David Friedrich: Gedächtnisausstellung zum 100. Todestag.»

Dresde, 1957. Dresde, Staatliche Kunstsammlungen, Kupferstichkabinett, 1957, «Ferdinand von Rayski - Handzeichnungen, Ölskizzen.»

Dresde, 1964. Dresde, Staatliche Kunstsammlungen, Gemäldegalerie Alte Meister, 1964, «Anton Graff.»

Dresde, 1964. Dresde, Staatliche Kunstsammlungen, Gemälde galerie Neue Meister, 1964, «200 Jahre Hochschule für bildende Künste Dresden 1764-1964.»

Dresde, 1965. Dresde, Staatliche Kunstsammlungen, Kupferstichkabinett, 1965, «Dante - Illustrationen der Deutschen Romantiker».

Dresde, 1968. Dresde, Staatliche Kunstsammlungen, Kupferstichkabinett, 1968, «J. A. Koch. Zum 200. Geburtstag. Zeichnungen.»

Dresde, 1969. Dresde, Gemäldegalerie Neue Meister, 1969, «C. G. Carus. In mortis centenarium. Zum 100. Todestag von C. G. Carus.»

Dresde, 1970. Dresde, Staatliche Kunstsammlungen, Kupferstichkabinett, 1970, «Dialoge, Kopie und Metamorphose alter Kunst in Graphik und Zeichnung von 15 jahr. bis zur Gegenwart.»

Dresde, 1974. Dresde, Staatliche Kunstsammlungen, Gemäldegalerie Neue Meister, 1974, «Caspar David Friedrich und sein Kreis.»

Dresde, 1975. Dresde, Staatliche Kunstsammlungen, Gemäldegalerie Alte Meister, 1975, (Nouvelles acquisitions de peinture allemande.)

Dusseldorf, 1958. Dusseldorf, Kunsthalle, 1958, «Meisterwerke des 18. und 19. Jahr. aus der Gemäldegalerie Dresden. Kunstverein für die Rheinländer und Westfalen.» (Cette exposition n'a pas eu lieu.)

Dusseldorf, 1962. Dusseldorf, Kunstmuseum, 1962, «Wilhelm von Schadow 1788-1862, Gedächtnis Ausstellung.»

Dusseldorf, 1967. Dusseldorf, Galerie Paffrath, 1967, «100 Jahre Galerie Paffrath.»

Dusseldorf, 1976. Dusseldorf, Kunstmuseum, 1976, «Düsseldorf und der Norden.»

Francfort, 1888. Francfort, 1888, «Ausstellung von Werken Alfred Rethels.»

Francfort, 1968. Francfort, Städelsches Kunstinstitut, 1968, «Karl Philipp Fohr 1795-1818.»

Francfort, 1975. Francfort, Städelsches Kunstinstitut, 1975, «Deutsche Malerei im 19. Jarhundert. Eine Ausstellung für Moskau und Leningrad.»

Hambourg, 1826. Hambourg, Exposition de l'Académie, 1826.

Hambourg, 1960. Hambourg, Kunsthalle, 1960, «Philipp Otto Runge. Zeichnungen und Gedächtnisausstellung aus Anlass der 150. Wiederkehr seines Todestages.»

Hambourg, 1969. Hambourg, Kunsthalle, 1969, «Meisterwerke des Gemäldegalerie.»

Hambourg, 1974. Hambourg, Kunsthalle, 1974, «Caspar David Friedrich, 1774-1840.»

Hambourg, 1976. Hambourg, Kunsthalle, 1976, «William Turner und die Landschaft seiner Zeit.»

Harvard, Rotterdam, 1972-73, Harvard, New York, Minneapolis, New York, 1972-73, Rotterdam, 1973, «German Master Drawings of the nineteenth Century.»

Heidelberg, 1925. Heidelberg, Kurpfälzisches Museum, 1925, «Carl Fohr 1795-1818.»

Heidelberg, 1964. Heidelberg, Kurpfälzisches Museum, 1964, «Kunst in Dresden 18.-20. Jahr. Aquarelle, Zeichnungen Druckgraphik; Aus-

stellung zur Erinnenung an die Gründung der Dresdner Kunstakademie 1764.»

Heidelberg, 1968. Heidelberg, Kurpfälzisches Museum, 1968, «Karl Philipp Fohr, Skizzenbuch der Neckargegend-Badisches Skizzenbuch.»

Hof, 1961. Hof, Stadtverwaltung und Kulturbund, 1961, «Johann Christian Reinhart zum 200. Geburtstag.»

Karlsruhe, 1937. Karlsruhe, Staatliche Kunsthalle, 1937, «Moritz von Schwind, Zeichnungen und Aquarelle.»

Leipzig, 1909. Leipzig, 1909, «Universitäts - Jubilaums - Ausstellung.»

Leipzig, 1924. Leipzig, Kunstverein, 1924, «Joh. Friedr. August Tischbein, 1750-1812. Gemälde und Zeichnungen aus deutschen Museums und Privatbesitz.»

Leipzig, 1926. Leipzig, Städtisches Museum, 1926, «Deutschrömische Malerei und Zeichnung 1790-1830.»

Leningrad, 1974. Leningrad, Ermitage, 1974, «C. D. Friedrich et la peinture romantique de son époque.»

Londres, 1959. Londres, The Tate Gallery et The Council Arts Gallery, «The Romantic Movement.» (Exposition du Conseil de l'Europe.)

Londres, 1972. Londres, The Tate Gallery, 1972, «Caspar David Friedrich 1774-1840. Romantic Landscape Painting in Dresden.»

Lübeck, 1926. Lübeck, 1926, «700 Jahrfeier der Reichsfreiheit Lübeck. Overbeck und sein Kreis.»

Lübeck, 1969. Lübeck, Museum für Kunst und Kulturgeschichte, 1969, «Deutsche Zeichnungen 1800-1850 aus der Sammlung Winterstein.»

Moscou, 1975. Moscou, Musée Pouchkine; Leningrad, Ermitage, 1975: voir Francfort, 1975.

Munich, Berlin, Hambourg, 1936. Munich, Berlin, Hambourg, 1936, «Deutsche Zeichnungen 1400-1900.»

Munich, 1950. Munich, Städtische Galerie, 1950, «Deutsche Romantiker in Italien.»

Munich, Nuremberg, Hambourg, Heidelberg, 1958. Munich, Staatliche Graphische Sammlung; Nuremberg, Germanisches National Museum; Hambourg, Kunsthalle; Heidelberg, Kurpfälzisches Museum, 1958, «Deutsche Zeichnenkunst der Goethezeit: Handzeichnungen und Aquarelle aus der Sammlung Winterstein, München.»

Munich, Mannheim, 1966. Munich, Haus der Kunst; Mannheim, Kunstverein, 1966, «Wilhelm von Kobell. Gedächtnis Ausstellung zum 200 Geburtstag.»

Munich, 1972. Munich, Haus der Kunst, 1972, «Das Aquarell 1400-1900.»

Munich, 1973. Munich, Haus der Kunst, 1973, «Karl Blechen.»

New Haven, Cleveland, Chicago, 1970. New Haven, Yale University Art Gallery; Cleveland, Museum of Art; Chicago, The Art Institute, 1970, «German Painting in the XIXth century.»

Nuremberg, 1966. Nuremberg, Germanisches Nationalmuseum, 1966, «Klassizismus und Romantik in Deutschland. Gemälde und Zeichnungen aus der Sammlung Georg Schäfer, Schweinfurt», Nuremberg, 1966.

Oslo, 1937. Voir bibliographie: Langaard, 1937.

Paris, 1885. Paris, Pavillon de la ville de Paris (Jardin des Tuileries), 1885, «Exposition des œuvres de Adolphe Menzel.»

Paris, 1974. Paris, Grand Palais, 1974, «Ossian.»

Pontoise, 1971. Pontoise, Musée Tavet, 1971, «Dessins du musée.»

Potsdam, 1973. Potsdam, Schloss Sanssouci, 1973, «Berliner Biedermeier; Gemälde Berliner Maler der I. Hälfte des 19. Jahrhunderts in den Berliner und Potsdamer Schlössern.»

Rome, 1819. Rome, Palazzo Caffarelli, 1819.

Rome, 1968. Rome, Villa Médicis, 1968, «Ingres in Italia.»

Rotterdam, 1973. Rotterdam, Musée Boymans van Beuningen, 1973, «Duitse tekeningen uit de 19e eeuw.»

Salzbourg, 1959. Salzbourg, Residenzgalerie, 1959, «Romantik in Österreich.»

Stendal, Weimar, 1975-76. Stendal, Winckelmann-Museum; Weimar, Kunstsammlungen, 1975-76, «Italia und Germania - Deutsche Klassizister und Romantiker in Italien.»

Stockholm, 1969. Stockholm, Nationalmuseum, 1969, «Kunstschätze aus Dresden.»

Stockholm, 1974. Stockholm, Nationalmuseum, 1974, «Goethe, Hugo, Strindberg.»

Stralsund, 1958. Stralsund, Kulturhistorisches Museum, 1958, «Norddeutsche Küstenlandschaft von Hackert bis zur Gegenwart.»

Trêves, 1935. Trêves, 1935, «Johann Anton Ramboux, 1790-1866.»

Vienne, 1955. Vienne, 1955, «Europäische Theaterausstellung.»

Vienne, 1969. Vienne, Österreichisches Museum für Angewandte Kunst, 1968-69, «Angelika Kauffmann und ihre Zeitgenossen.» Voir Bregenz, 1968.

Weimar, 1804. Weimar, 1804, «Kunstausstellung des Jahres in Weimar veranstaltet von J. W. Goethe.»

Weimar, 1958-59. Weimar, Kunstsammlungen, 1958-59, «Deutsche Zeichnungen 1720-1820.»

Weimar, 1969. Weimar, Kunstsammlungen, 1969, «Faust in der Malerei.»

Zurich, 1971. Zurich, Kunsthaus, 1971, «Kunstschätze aus Dresden.»

Table des matières

IX   Avant-Propos
Michel Laclotte

XII   Art - Nature - Histoire
Werner Hofmann

XXIV   La peinture allemande à l'époque romantique
Hans Joachim Neidhardt

XXXIII   Le dessin romantique allemand
Youri Kouznetsov

XLIII   Planches couleur

1   Catalogue

225   Tableau chronologique

234   Bibliographie

240   Expositions

Maquette:
Bruno Pfäffli (Atelier Frutiger & Pfäffli)

Photos:
Abel-Menne, Wuppertal, 165
Anders, Berlin, 6, 70, 136, 199, 226, 227
Deutsche Fotothek, Dresde, 5, 17, 21, 126, 151, 166, 176, 193, 232
Edelmann, Francfort, 169, 170
Haendler-Krah, Kiel, 116
Herzog, Aix-la-Chapelle, 189
Lohrisch, Brême, 76
Reinhold, Leipzig-Mölkau, 17, 80, 166, 232 (couleurs)
RMN 71, 81, 195
Santvoort, Wuppertal, 11, 97
Stickelmann, Brême, 4, 14
et les musées prêteurs

Photocomposition:
Union Linotypiste

Impression:
Imprimerie moderne du Lion, Paris

ISBN 2.7118.0046.6